用于国家职业技能鉴定

秘书国家职业资格培训教程

（三级秘书·国家职业资格三级）

中国就业培训技术指导中心 组织编写

中央广播电视大学出版社

北京

图书在版编目（CIP）数据

秘书国家职业资格培训教程：三级秘书·国家职业资格三级 / 中国就业培训技术指导中心组织编写. —北京：中央广播电视大学出版社，2013.8（2018.8重印）

用于国家职业技能鉴定

ISBN 978-7-304-06074-9

Ⅰ. ①秘… Ⅱ. ①中… Ⅲ. ①秘书－职业技能－鉴定－教材 Ⅳ. ①C931.46

中国版本图书馆 CIP 数据核字（2013）第 069461 号

用于国家职业技能鉴定

秘书国家职业资格培训教程（三级秘书·国家职业资格三级）

中国就业培训技术指导中心　组织编写

出版·发行：中央广播电视大学出版社

电话：营销中心 010-68180820　　总编室 010-68182524

网址：http://www.crtvup.com.cn

地址：北京市海淀区西四环中路 45 号

邮编：100039

经销：新华书店北京发行所

策划编辑：苏　醒　　　　　　　　责任编辑：谷春林

印刷：北京京华铭诚工贸有限公司　　印数：22 001～24 000

版本：2013 年 12 月第 1 版　　　　2018 年 8 月第 6 次印刷

开本：787×1092　1/16　　　　　　印张：27.75　字数：543 千字

书号：ISBN 978-7-304-06074-9

定价：55.00 元

《三级秘书·国家职业资格三级》

编审人员

主　　编：张丽琍

执行主编：刘建华　王英红

编写人员：（按章节顺序为序）

王英红　张　平　郭秀敏　郭春燕

汪玉川　苏丽莹　廖　清　刘建华

伊　强　张丽琍　周季平　胡晓涓

刘　萌

审　　定：郭　冬　张玲莉　郭建庆　唐可为

李明杰　苏　醒　谷春林

前 言

为推动秘书职业培训和职业技能鉴定工作的开展，在秘书从业人员中推行国家职业资格证书制度，中国就业培训技术指导中心组织专家依据《秘书国家职业标准》（以下简称"标准"）编写了《秘书国家职业资格培训教程》（以下简称"教程"）。

教程在编写中紧贴标准，在内容上，突出了"以职业活动为导向，以职业能力为核心"的指导思想，结合了最新的秘书职业发展趋势及工作要求，突出职业培训特色，在结构上，对旧有教程内容及层级衔接进行了部分调整。为便于考生使用，新教程分为两编，将基础知识与工作要求两本教材合二为一。各级新教程在每节前面都设有"先修内容"模块，对低级别中涉及的相关知识与技能进行了概括，这将有利于学习者知识与技能的系统化。

本教程是秘书国家职业技能鉴定的推荐用书，适用于秘书的职业培训，也可以作为高校秘书及其相关专业的专业课教学或实训教材使用，还可以供秘书职业广大从业人员自学及作为工具书之用。

本教程上编基础知识部分由王英红、张平、郭秀敏、郭春燕、汪玉川、苏丽莹、廖清、刘建华和伊强老师编写；下编工作要求中的会议管理部分由张丽琍、刘建华老师编写，事务管理部分由周季平、胡晓涓、郭春燕、刘萌老师编写，文书拟写部分（二级至五级）分别由杨文丰、郭秀敏、张平、徐飚老师编写，收发文处理和文档管理部分由刘萌老师编写。

本教程在编写过程中，得到了来自人力资源和社会保障部，北京中鸿网略教育技术有限公司，全国诸多高校、培训机构以及中央广播电视大学出版社的大力支持。在此一并表示感谢。

由于时间仓促，不足之处在所难免，欢迎广大读者及诸位同仁批评指正。

中国就业培训技术指导中心

2014 年 3 月

目 录

上编 基础知识

下编 工作要求

上　编　基础知识

第一章　秘书职业道德

【本章提示】

通过本章的学习，理解道德的含义和社会功能；掌握职业道德的本质和特点。重点掌握秘书职业道德的含义和基本内容，了解秘书职业化的基本内涵和途径；能将科学的职业道德认知上升为自觉行为，形成优良的职业道德素质，在职业活动中坚持职业操守，恪守职业道德要求，做合格的职业秘书。

第一节　职业道德概述

【先修内容】

1. 道德的含义和本质

道德是通过社会舆论、传统习俗和人们的内心信念来维系，是对人们的行为进行善恶评价的心理意识、原则规范和行为活动的总和。公民道德建设体现在社会公德、职业道德和家庭美德三个方面。它们相互联系，相互支撑，相互促进，构成公民道德建设的主体。

2. 道德的产生与发展

社会关系的形成是道德赖以产生的客观条件，人类自我意识的形成与发展是道德产生的主观条件，道德产生所需要的主客观条件是统一于生产实践的。道德发展的规律是：人类道德发展的历史过程与社会生产方式的发展进程大体一致。人类道德进步的表现是道德在社会生活中所起的作用越来越重要。对于促进社会和谐与人的全面发展的作用越来越突出；道德调控的范围不断扩大，调控的手段或方式不断丰富、更加科学合理。

3．道德与法律的关系

道德与法律区别在于：①产生的条件不同及发展途径不同；②表现形式不同；③调整范围不尽相同；④作用机制不同；⑤内容不同。道德与法的关系表现为相辅相成的关系。

4．职业的含义

职业是人们维持生计、承担社会分工角色、发挥个性才能的一种持续进行的社会活动。

5．职业对人的意义和价值

首先，职业生活占据了人的生活的核心；其次，生命价值在于职业生涯方面的成就；最后，职业是展现自我、实现人生价值的平台。

6．职业道德的内涵

职业道德，就是同人们的职业活动紧密联系的符合职业特点所要求的道德行为准则、道德情操与道德品质的总和。

7．职业道德的本质与特征

职业道德是社会经济关系决定的特殊社会意识形态；职业道德是生产发展和社会分工的产物，是人们在职业实践活动中形成的规范；职业道德是职业活动的客观要求。

8．职业道德构成要素

职业道德由意识性要素、规范性要素、行为性要素构成。

9．社会主义职业道德体系

最高层次是社会主义职业道德的核心——为人民服务。第二层次是各行各业都应当遵守的五项基本规范，即"爱岗敬业、诚实守信、办事公道、服务群众、奉献社会"。第三层次是各行各业具体的职业规范。

10．秘书职业化的内涵与发展

秘书职业化是指取得职业资质、具备职业精神、掌握专业技能、规范职业行为。

【引导案例】

美国亨利食品加工工业公司总经理霍金士突然从化验鉴定报告单上发现，他们生产的食品配方中起保鲜作用的添加剂有毒，虽然毒性不大，但长期服用对身体有害。如果悄悄从配方中删除添加剂，会影响食品鲜度，如果公布于众，会引起同行们的强烈反对。经过权衡利弊，最后他毅然向社会宣布：防腐剂有毒，对身体有害，招致从事食品加工企业的老板联合起来抵制亨利公司的产品。他在近乎倾家荡产之时，名声却家喻户晓，得到了政府支持，产品成了人们放心的热门货，规模扩大了两倍。霍金士一举登上了美国食品加工业的第一把交椅。

点评： 在市场经济环境中，"诚信"这种道德规范有它的价值和强大的生命力。它是一个人立身处世之根本，也是一个企业生存、发展的重要条件之一。

一、道德

（一）道德含义

道德是指以善恶为标准，通过社会舆论、内心信念和传统习惯来评价人的行为，调整人与人之间以及个人与社会之间相互关系的行动规范的总和。不同的时代、不同的阶级有不同的道德观念，没有任何一种道德是永恒不变的。道德由一定社会的经济基础所决定，并为一定的社会经济基础服务。

人类活动具有社会性。它可分为三类，即社会生活、家庭婚姻生活和职业生活。因此，也就相应产生了社会公德、家庭婚姻道德和职业道德。这三种道德不可分割，共同构成社会的全部道德内容。当然不同的社会制度，不同的社会阶层都有不同的道德标准。不同的文化中，所重视的道德元素及其优先性、所持的道德标准也常常有所差异。因此每个社会倡导的道德内容也各不相同。在社会主义社会里，道德建设的基本要求是：爱祖国、爱人民、爱劳动、爱科学、爱社会主义。

（二）道德的社会功能

1．调节功能

道德的调节功能是道德的最主要和最重要的功能。道德的调节功能，指的是用道德规范去调节人的行为，并通过调节人的行为调节社会关系。这种调节通过理性信念起作用，表现在道德主体之间的相互协调、社会节制和自我节制，并以自我节制为主，既指导和纠正个人的行为，也指导和纠正集体的行为，其目标是使个人与他人、个人与社会之间的关系得到完善与和谐。在社会生活中，道德的调节不是万能的。道德所能调节的社会关系，主要是社会的非对抗性的矛盾和对抗性矛盾中的非对抗性行为。在阶级社会中，还离不开政治的、法律的、宗教的等规范对社会关系的调节。

2．教育功能

道德的教育功能，主要表现在通过道德评价来影响人的道德意识和道德行为；道德教育就是通过规范引导、舆论评价、榜样激励等方式来指导人的行为，提高人们的道德水准。

3．导向功能

道德的导向功能，首先表现在它对社会经济生活的导向；道德的导向功能还表现在它可以在政治、法律中积极引导人们执行党的路线、方针、政策，引导人们自觉遵纪守法。可以这样说，只有道德价值导向明确，才能真正成为贤明、廉洁、公正的政治和法律。

4．激励功能

道德自身的"合理性"能够为人们的行为直接提供一种"正当"性、"正义"性、"应当"性的支撑。而这种合理性的精神支撑，在现实生活中会转化为一种激励性的强大精神力量，鼓舞人们敢于冲破各种艰难险阻，去追求理想的目标。构建和谐社会，这种激励性的强大精神力量，既有利于最广泛最充分地调动一切积极因素，不断激发社会活力，创造更多的社会财富；又有利于协调各方面的利益关系，化解各种社会利益矛盾，从而促进社会全体成员之间和谐相处。

（三）道德与其他社会意识形式的关系

1. 道德与政治

政治与道德二者相互区别又相互联系。它们的不同之处在于调节功能和方式上：政治作为调节阶级或国家之间关系的原则和制度，主要是通过强制性的国家制度和政策、政令起作用。道德则通过社会舆论和说服教育的方式起作用。它们的相互联系表现在：一定的政治制度和政治思想，直接影响着人们的道德关系、道德理想、道德信念和道德实践。

2. 道德与法律

道德和法律都是调整一定社会关系的行为规范，它们的主要区别有：①道德在无阶级的原始社会时期就产生了，将来发展到一切阶级差别完全消灭之后，道德仍将继续作为维护社会秩序和调整人们关系的行为准则而存在。法律是私有制和阶级、国家出现之后才产生的，到将来阶级完全消灭之后，也会随着国家的消亡而消失。②道德是说服教育和榜样感化的自律性行为规范，它的作用通过社会舆论的赞扬和谴责、表彰和批评的方式来实现；法律则是禁令或强制性的他律规范，如果触犯了法律只有依靠执法机关的审讯和裁判来解决。③道德的原则和规范只是一些原则性规定，是评价行为善恶的标准；法律则含有各种具体的明文细则，是衡量有罪、无罪或罪行性质轻重的依据。道德和法律又是相互促进和相互补充的。一方面，它们在某些内容上，相互重合、相互渗透，国家宪法一般包含社会道德的基本原则，遵纪守法又是道德的规范之一；另一方面，道德的作用范围较广泛，有些范围法律涉及不到，而道德可以补充法律的不足，起着法律所不能起的作用。同时，道德教育和道德舆论的作用，有助于提高法律的尊严和功效；而法律则能够加强道德的威力。

3. 道德与宗教

原始道德往往带有浓厚的宗教色彩，与原始宗教仪式相结合。进入阶级社会以后，世俗道德规范经常被纳入宗教的诫律中。在欧洲中世纪，宗教控制一切，道德完全被宗教化。直到资本主义产生之后，世俗道德才逐渐从宗教的束缚下解放出来。道德与宗教的原则区别在于：

（1）道德是世俗的现实社会生活中的行为规范，宗教则是一种超自然、超世俗的信仰。

（2）道德的根本精神是积极进取的，它主张为现实生活的理想而奋斗；宗教的根本精神则是消极弃世的，它宣扬为死后进入"天堂"的幻想而忍耐、禁欲和屈从。

（3）道德的作用随着社会发展而日益增长，宗教的作用则随着社会发展而日益削弱和衰亡。

二、职业道德

（一）职业道德的本质与特征

职业道德，就是同人们的职业活动紧密联系的符合职业特点所要求的道德行为准则、道德情操与道德品质的总和，它既是对本职人员在职业活动中行为的要求，同时又是本职人员对社会所负的道德责任与义务。它是一种内在的、非强制性的约束机制，是用来调整职业个人、职业主体和社会成员之间关系的行为准则和行为规范。

1．职业道德的本质

（1）职业道德是生产发展和社会分工的产物。由于社会分工，人类的生产就必须通过各行业的职业劳动来实现。随着生产发展的需要，随着科学技术的不断进步，社会分工越来越细。分工使人们的社会联系日益加强，并形成了人们之间错综复杂的职业关系。职业道德就是作为适应并调整职业生活和职业关系的行为规范而产生的。

（2）职业道德是人们在职业实践活动中形成的规范。人们对自然、社会的认识，依赖于实践，正是由于人们在各种各样的职业活动实践中，逐渐地认识人与人之间、个人与社会之间的道德关系，从而形成了与职业实践活动相联系的特殊的道德心理、道德观念、道德标准。

（3）职业道德是职业活动的客观要求。职业道德是以职业角色和职业行为为载体的一种高度社会化的角色道德。它是为实现一定的职业价值必须遵循的行为准则、规范以及一切职业活动所涉及的道德问题的总和。职业对道德的内在要求，是通过职业和职业角色的"责、权、利"来体现的。

每种职业都意味着承担一定的社会责任，即职责。职业者的职业责任的完成需要通过内在的职业信念、职业道德情感来操作。当人们以什么态度来对待和履行自己的职业责任时，就使职业责任具有了道德意义，成为职业道德责任。

每种职业都意味着享有一定的社会权力，即职权。职权不论大小都来自于社会，是社会整体和公共权力的一部分，履行职责时要求他人予以尊重和合作的权力，通过职务报偿分享社会财富的权力等。

每种职业都体现和处理着一定的利益关系，职业劳动既是为社会创造经济、文化效益的主渠道，也是个人一个主要的谋生手段，因此，职业是社会整体利益、职业服务对象的公众利益和从业者个人利益等多种利益的交会点、结合部。如何处理好它们之间的关系，不仅是职业的责任和权力之所在，也是职业内在的道德内容。

总之，职业道德是以"责、权、利"的统一为基础，以协调个人、集体、社会的关系为核心的职业行为准则和规范系统。没有相应的道德规范，职业就不可能真正担负起它的社会职能。

（4）职业道德是社会经济关系决定的特殊社会意识形态。职业道德根植于社会经济关系之中，决定于社会经济关系的性质，并随着社会经济关系的变化而变化发展着。

2．职业道德的特点

（1）历史性与社会性。职业道德的历史性表现为不同的历史发展阶段、不同的经济发展时期，有与之相适应的不同的职业道德标准。任何一种形式的职业道德，都在不同程度上体现着阶级道德或社会道德的要求。同样，阶级道德或社会道德，在很大程度上都是通过具体的职业道德形式表现出来的。职业道德不同于一般道德的地方在于，它不仅反映社会中人与人之间的社会关系特点；又会直接反映人与物（生产内容、生产手段、生产目的）的关系和特点。

（2）实践性与规范性。从职业道德接受者的情况看，如果没有置身于职业实践当中，无论有多么美好的愿望和多么强烈的接受能力，对于职业道德的规范和内容都会无从做起，这就是职业道德实践性的主要表现。职业道德的规范性表现为职业道德是通过职业道德原则、职业道德规范具体表现出来。同时，职业道德的行为规范性还表现在道德内容一般都是用合同、店规、厂纪或者从业人员守则的方式体现出来。

（3）多样性与稳定性。不同的职业就会有不同的特定职业道德标准。人类社会的任何一种职业都是一种特殊的分工，它们对社会负有特殊的使命、责任和任务，由于职业道德与一定的职业相联系，因此不同的职业内容和职业生活，形成了职业道德的不同规范。又因为每一种具体职业道德规范，只适用于一定的职业和从事这一职业活动人员自身，社会分工产生的多样性，也决定了职业道德的多样性。职业道德在不同的职业之间有相通的时代精神，又有互不等同的具体内容和要求。当一个人选定了某种职业后，他的职业就具有一定的稳定性，相应地他所应遵循的职业道德规范也就具有了稳定性。

（4）职业道德具有适用范围的局限性。每种职业都担负着一种特定的职业责任和职业义务。不论职业工作者自身的追求、情趣与信仰如何，只要从事于某一个职业，其所承担的职业责任和义务就会不同，从而形成的各自特定职业道德的具体规范就不可能完全等同。因此，职业道德具有适用范围的局限性。

（5）职业道德兼有强烈的纪律约束性。纪律是一种行为规范，他要求人们在社会生活中遵守次序、执行命令和履行自己的职责。它是调整个人和他人、个人和集体、个人和社会等关系的主要方式。纪律是介于法律和道德之间的一种特殊的行为规范。

它既要求人们能自觉遵守，又带有一定的强制性。一方面遵守纪律是一种美德，另一方面遵守纪律又带有强制性具有法令的要求。职业道德常以制度、章程、条例的形式表达纪律要求，因此职业道德就兼有强烈的纪律性。

（二）职业道德的作用

人们的道德实践范围主要发生在每个人特定的职业活动中，这就决定了职业道德必然会对人们产生巨大而广泛的影响。职业道德是社会道德体系的重要组成部分，它一方面具有社会道德的一般作用，另一方面它又具有自身的特殊作用，具体表现在：调节职业交往中从业人员内部以及从业人员与服务对象间的关系；有助于维护和提高企业的信誉，促进企业的发展；有助于提高全社会的道德水平。

（三）职业道德建设的意义

各种职业活动在现实生活中是相互联系的。所以，每个职业的道德状况必定会通过相互间的联系和交往而传递开去，造成或好或坏、或善或恶的影响。抓好职业道德建设，对于社会的稳定、经济的发展和开创精神文明建设的新局面，都具有关键性的意义。具体表现为：职业道德建设是社会主义初级阶段道德建设的突破口；职业道德建设是形成良好社会风气的驱动器；职业道德建设对人的全面发展起着陶冶作用。

第二节　秘书道德规范

【先修内容】

1. 秘书职业道德与秘书职业发展

秘书人员的职业道德是秘书人员在职业活动中应该遵守的行为规范的总和。秘书人员的职业道德是秘书工作的根基，同时它也引导着秘书工作的发展方向。优良的职业道德是秘书人员从事快节奏、高效率工作的动力；是现代秘书自我完善的必要条件；也是秘书职业活动与评价的指南。

2. 秘书职业道德具体要求

秘书职业道德包括：谦虚谨慎，文明礼貌；秉公办事，平等待人；恪守信用，严守机密；兢兢业业，甘于奉献；钻研业务，忠于职守；服从领导，当好参谋；遵纪守法，廉洁奉公；实事求是，勇于创新等8个方面。

3．秘书职业化内涵

秘书职业化是职业人训练有素的体现，其职业资质、职业素养、职业行为、职业技能等方面符合企业和职场的需要。秘书职业化包括4层含义：一是取得秘书职业资质；二是职业精神；三是专业技能；四是秘书职业行为规范。四者必须俱全，才能称为一个合格的秘书职业人。

4．秘书职业化的意义

职业化创造秘书的工作价值，职业化提升秘书个人竞争力。

5．实现职业化的途径

秘书身份职业化，取得秘书职业资质，遵守秘书职业行为规范，提高秘书职业道德素养，提高专业化的秘书技能。

【引导案例】

某公司总裁忘带办公室钥匙。就和已经下班的秘书联系，但是电话无人接听。总裁不能压抑怒火，于凌晨1时30分，通过内部电子邮件系统给秘书发了一封措辞严厉且语气生硬的"谴责信"。信的内容如下："我曾经告诉过你，想东西、做事情不要想当然，结果今天晚上你就把我锁在门外，我要取的东西都还在办公室里。原因在于你自以为是地以为我随身带了钥匙。从现在起，无论是午餐时段还是晚上放工后，你要跟你服务的每一名经理都确认无事后才能离开办公室，明白了吗？"总裁在发送这封邮件的时候，同时传给了公司几位高管。两天后，秘书通过邮件给总裁回了封针锋相对的信："第一，我做这件事是完全正确的，我锁门是从安全角度上考虑的，假如一旦丢了东西，我无法承担这个责任；第二，你有钥匙，你自己忘了带，还要说别人不对。造成这件事的主要原因都是你自己，不要把自己的错误转移到别人的身上；第三，你无权干涉和控制我的私人时间，我一天就8小时工作时间，请你记住中午和晚上放工的时间都是我的私人时间；第四，从进公司的第一天到现在为止，我工作尽职尽责，也加过很多次班，我也没有任何怨言，但是假如你们要求我加班是为了工作以外的事情，我无法做到；第五，固然咱们是上下级的关系，也请你注重一下你说话的语气，这是做人最基本的礼貌问题；第六，我要在这里夸大一下，我并没有猜想或者假定什么，由于我没有这个时间也没有这个必要。"秘书给总裁发出这封回复邮件的同时，采取相同步骤，把这封充满炸药味的邮件转发给了分公司的很多部门。这样一来，很多部门的职员都收到了这封信。这名女秘书被网民冠名为"史上最牛女秘书"。

点评：用秘书的职业道德要求来衡量，很显然，在这起风波中，秘书没有遵循秘书职业的规则行事，出现职业失误。具体表现在：下班前，没有确认服务对象（总裁）是否还有继续服务的需要；离开办公室前，没有尽到提醒服务对象（总裁）留意事项的责任；放工后没有按职业准则与总裁保持信息畅通；心理素质薄弱，不能够虚心接受领导的批评；事情发生后，面对领导的批评，她放弃了申辩、陈情，与当事人沟通的机会，采用过激手段，转发电子邮件的对象是企业公众，使"简单事情复杂化"。这5点失误反映出作为一名职业秘书，她职业道德素养有待提高。由此可见，只有很好地约束团体中的个人行为，在道德、品格上自律、自慎，不间断地学习和总结，才能成为职业化的秘书。

一、秘书职业道德与秘书职业发展

每种职业都担负着一种特定的职业责任和职业义务。由于各种的职业责任和义务不同，从而会形成各自特定的职业道德的具体规范。秘书遍布于各行各业，各行业的工作性质、社会责任、服务对象和服务手段不同，决定了职业道德规范的要求有所不同。这使得秘书这一职业的职业道德更具复杂性，秘书不但要遵守全社会共同遵守的职业道德，而且秘书所在行业的职业道德及因其本职工作特点所决定的道德规范对其都有约束作用。

秘书人员的职业道德是秘书人员在职业活动中应该遵守的行为规范的总和。它体现秘书工作者对社会所承担的道德责任和义务，它不仅调节组织内部的人际关系，而且又可以调节秘书与服务对象之间的关系。优良的职业道德是秘书人员从事快节奏、高效率工作的动力，是现代秘书自我完善的必要条件，也是对秘书职业活动评价的要素之一。因此，秘书良好的职业道德不但有助于提升秘书个人的职业竞争力也有利于维护和提高企业的信誉。

二、现代秘书职业道德的基本内容

以"爱岗敬业，诚实守信，办事公道，服务群众，奉献社会"为主要内容的职业道德规范，它不仅是各行业共同遵守的职业道德规范，同时也是秘书工作者首先必须遵守的道德规范。此外，秘书工作者还应结合秘书的职业特点把一般社会道德规范在秘书职业中具体化。现代职业秘书应该遵循以下职业道德规范。

（一）谦虚谨慎，文明礼貌

谦虚是指正确地看待自己，又正确地看待别人，也就是正确地摆正自己所处的位置。秘书谦虚谨慎的工作态度表现在工作时的神情、举止、称谓、语言等方面。秘书是企业的"窗口"。给人的第一印象往往就要体现出其仪表风度上应有的文明素养。

1. 仪表端庄

（1）着装大方。服饰反映了一个人文化素质之高低，审美情趣之雅俗。着装打扮要与活动的时间、地点、目的保持协调一致。具体说来，它既要自然得体，协调大方，又要遵守某种约定俗成的规范或原则。服装不但要与自己的具体条件相适应，还必须时刻注意客观环境、场合对人的着装要求。

（2）鞋袜搭配合理。应穿长筒丝袜和深色皮鞋。不宜穿凉鞋、旅游鞋上班。

（3）饰品和化妆要适当。佩戴首饰要适当，不可满身珠光宝气，发型要整齐规范，不可太新潮。应当化妆，但妆色一定要淡雅，不露妆痕。

（4）面部、头发和手指要整洁。

（5）站姿端正。秘书在工作中的走姿、站姿、坐姿及接待宾客、接物递物都要符合礼仪。

2．语言规范

语言规范，是人们在特定的职业活动中形成的或明文规定的语言标准或规则，是职业用语的基本要求。秘书在工作中说话要符合文明语言的基本形式。首先，态度要诚恳、亲切；声音大小要适宜，语调要平和沉稳；尊重他人。其次，用语要使用表示尊敬和礼貌的词语。

3．举止得体

秘书与人交谈时，要站稳或坐端正，显得落落大方。站立时双方相隔适当的距离，在一些正式场合不要下意识地做些小动作，那样不但显得拘谨，给人缺乏自信之感，而且也有失仪态的庄重。在正式场合，入座时要轻柔和缓，起座要端庄稳重。不能东张西望、看书看报、面带倦容、哈欠连天。否则，会给人心不在焉、傲慢无理等不礼貌的印象。自己讲话时，声调以平和稳重为宜，可以适当做些手势，但是，动作的幅度不能太大，当讲话涉及在场的其他人时，不宜以手相指，应以目示意。

4．待人热情

秘书接待工作对象时既要诚恳热情，又应当合乎彼此的身份和关系，符合礼仪规范。能主动起身打招呼，及时送上茶或咖啡，主动询问有什么事情需要办理；交谈时要表情诚恳自然，语气温和亲切。中、高级秘书在接待工作中能够妥善地处理或解决来访者的要求和意见，能够安排好领导与外宾会见、会谈，并根据涉外礼节、外宾所属国文化传统、民族习惯安排好迎送外宾工作。

（二）秉公办事 平等待人

秉公办事是指秘书在在具体职能活动中，要站在公正的立场上协调各方利益、处理各种问题，对当事各方能做到不偏不倚、不论对谁，都能按一个原则、按一个标准办事。具体工作中，秘书在言行、态度上能公平对待每一个服务对象，妥善处理各种利害关系。不能因为某个领导或者"位高权重"的人，涉及自己的切身利益，在协调时就热情有加，搞无原则的迁就照顾；而对自己认为没什么帮助、用不着的领导或部门，就冷漠有余。只有秉公办事，平等待人，秘书人员才能公平合理地协调处理好各方面的关系，才能弘扬正气、打击邪气，发挥团队整体功能、增强团队凝聚力，减少内耗、提高效率，树立威信、赢得尊重和信赖。

（三）恪守信用 严守机密

秘书必须在工作中忠于职守、人际交往中恪守信用。秘书人员恪守信用，首先是要遵守时间。包括约定会晤、安排会议、组织联络、收发函件、传递文件都要准时；其次是要严格遵守诺言，一经允诺的事情就要尽力办到，接受任务如不能如期完成，必须及时汇报。

秘书工作责任重大。在工作中保管着重要文件，经常参加各种会议，因此，秘书是知晓机密最多的人。在激烈竞争的市场经济中，这些机密往往关系到企业的盛衰，秘书一定要做到恪守机密。否则，会对企业造成不好的影响或会影响到公司的经济效益，还有可能因泄露机密而触及法律。秘书在工作中要有较强的保密意识，不在公共场所传播秘密信息；不将秘密信息告诉或不将秘密文件、资料和其他秘密载体交给家属、子女、亲友和其他不应知悉、接触的人员；不在私人交往和通信中涉及秘密信息；不使用未施加保密技术措施的信息设备（含普通电话、明码电报、普通传真、共用信息网络等）传输、处理秘密信息；不私自向境外组织、机构和人员提供秘密信息，不私自向境外提供和投寄涉密的论文、稿件及其他涉密图文音像制品；不擅自向境内公开发行出版的报纸杂志、出版社及电台、电视台、公共信息网络提供发布秘密信息和报寄涉密的论文、稿件及其他涉密图文声像制品；不擅自携带秘密文件、资料及其他秘密载体出境、进入外籍人员住地或参加外事活动；不擅自引带境外人员到国家禁止境外人员进入的区域、部门和部位活动。

（四）兢兢业业 甘于奉献

秘书工作无小事，在职业活动中，秘书要能做到自处慎行，认真踏实，以自己坚定的内心信念指导自己的行为，言行举止规范、谨慎，合乎法度。众所周知，秘书部门承担的是协助性、辅助性的"幕后"工作。秘书部门和秘书人员的基本职责职能不允许秘书从"幕后"走到台前，否则就有可能越位。这要求秘书人员要有甘于奉献的精神。

（五）钻研业务 忠于职守

对中、高级秘书来说，没有过硬的业务素质，在所从事的工作中感觉缺乏理论支持，工作中总是被动行事，不能主动掌握工作节奏，想为领导做得更多、更好却没有好的方法、思路，想更好地执行领导的政策，却总是得不到支持，而且有时不能正确理解上级的意图，导致工作失误。因此，秘书人员必须钻研业务，努力提高自身的业务素质。

秘书人员忠于职守就是要忠于秘书这个特定的工作岗位，自觉履行秘书的各项职责，忠实地对待、圆满地履行职业责任是对秘书最基本的职业道德要求。

（六）服从领导 当好参谋

作为领导工作的参谋和助手，应当严格按照领导的指示和意图办事，离开领导自行其是，是职业道德所不允许的。秘书要在服从的前提下发挥好"参"和"谋"的作用，为领导出谋献策。在领导决策民主化、科学化的今天，秘书的积极性、创造性更多地表现在进言、献策方面，秘书人员要改变以往"办事即是称职"的旧观念，要提高参与意识和谋划能力。

（七）遵纪守法 廉洁奉公

遵纪守法指的是秘书人员要遵守职业纪律和与职业活动相关的法律、法规。秘书人员在职业活动中只有遵守职业纪律和职业活动的相关法律法规，才能更好地履行秘书职责，有效地完成各项任务。

廉洁奉公要求秘书人员在职业活动中要坚持原则，不利用职务之便假借领导名义以权谋取私利，秘书工作在领导身边，"实权"不大但"用权"方便，可以通过领导来处理一些自己无权直接处理的事情。秘书要时刻提醒自己遵纪守法、廉洁奉公，要以国家、人民和本单位整体利益为重，自觉奉献，不为名利所动，以自己的实际行动抵制和反对不正之风。

（八）实事求是 勇于创新

秘书人员要坚持实事求是的工作作风。秘书工作的各个环节都要求准确、如实地反映客观实际，从客观存在的事实出发。秘书人员无论是搜集信息、汇报情况、提供意见、拟写文件，都必须端正思想，坚持实事求是的原则。在工作中，切忌主观臆断、捕风捉影，分析问题必须从客观实际出发，既不唯领导是从，也不可唯"本本"是从。秘书人员应具有强烈的创新意识和精神。不空谈、重实干，在思想上是先行者，在实践上是实干家。

三、秘书职业化与职业道德

（一）秘书职业化内涵

秘书职业化是现代秘书的基本特征，也是现代秘书工作发展的总趋势。秘书职业化是职业秘书训练有素的体现，是在职业资质、职业素养、职业行为、职业技能等方面符合企业和职场的需要。秘书职业化概括为4层含义：一是经过科学、规范的职业资格鉴定培训后取得秘书职业资质。二是职业素养，是职业秘书最基本的素质要求，主要表现在诚信、敬业、有责任心、良好的道德品质，以自己的工作为荣，对秘书职业的正确价值观与态度；三是专业技能，即秘书人员应该掌握必需的专业技能；四是秘书职业行为规范，即具有本行业特定的行为规范或行为标准，秘书人员做人处事要符合该规范和标准。四者必须俱全，才能称为一个合格的职业秘书。上述的职业化含义中最重要的是职业精神，职业精神是职业化秘书最基本的素质要求。很少有秘书是因为她能每分钟打150字，或者能快速整理文件而被称为出色的秘书。同样，也很少有秘书因为他本身的专业知识而被称为出色的秘书。

就秘书个体而言，具备以下条件可以称之为职业化：

①具备职业资格或资质。

②训练有素，行为规范。

③用理性的态度对待工作，具备职业道德和敬业精神。

④细微之处能体现专业。

⑤个性的发展适应共性。

⑥思想奔放，行为约束，意识超前。

⑦合适的时间、地点做合适的事。

（二）秘书职业化的意义

企业规模不同，用人标准有一定的差异。但是，从根本上看，他们对人才的评价主要是从两个方面做出的：一是能力，二是态度。按照能力的强弱、态度的积极与消极，由此可以得出4种类型的员工。一类："人裁"——态度很差，能力很差，是平庸的员工。这种人将失去所有的机会。对这类人只能用"人裁"来形容，因为他们最容易成为裁员的对象。二类："人材"——态度很好，能力很差，是平凡的员工，能获得一定的信任和能力及提升的机会，但他们是职业化程度低的人。三类："人才"——能力很强，态度很差，对企业不认同。他们是没有职业化的人，不被信任，只能获得短期合同。四类："人财"——能力很强，态度很好，认同企业。这类人是给企业带来财富的人，他们将获得发展机会和尊重，可以用财富的"财"字来形容他。秘书职业化程度越低，只可能是普通员工，而职业化程度高的秘书可以成为企业的"人财"。秘书要想成为企业的"人财"，就一定要提高自己的职业化程度。因为职场的竞争是职业化的竞争，职业化是最核心的竞争力。另外，如果秘书人的职业化程度很高，那么能力、价值就能够得到充分、稳定的发挥，能创造更大的工作价值。同时，职业化程度的提高可以使知识、技能、观念、思维、态度、心理等符合秘书职业规范和标准，提升秘书的竞争力。

（三）科学管理走向职业化

秘书职业化是企业对秘书的要求，也是秘书为了适应企业和个人的发展对自我的要求，只有适应企业发展的秘书才能获得更好的个人发展。不要认为职业化需要多么高深的学问和专业的训练，其实职业化更多地体现在细节上，只要比别人多想一点、多做一点，你就能比别人更接近职业化。我们只要矢志不移地坚持自己的信念与选择，从职业资质、职业素养、职业技能和职业行为规范等方面把职业化的高标准行为纳入我们的日常行为，就可以通过日积月累内化使自己成为一名出色的秘书。

1．取得秘书职业资质实现秘书身份职业化

职业资格证书制度是一项国际通行的行业准入制度，根据这一制度，国家人力资源和社会保障部颁发的职业资格证书是相关职业就业的唯一通行证。作为一种专业性很强的社会职业，秘书行业必然要求对从业人员进行资格认定。秘书资格认定制度化对秘书从业人员提出了更高、更具体的要求，促使秘书从业者不断进修业务，全面提高职业能力，努力构建合理的能力结构。

2．提高秘书职业化的素养

职业化就是职业素养的专业化，职业素养主要是指职业意识和职业态度，是否从内心尊重本职业，是否从内心尊重本职业的规则，是否能够按照职业的操作规范和流程来开展工作，是衡量一个人职业素养的重要指标。

（1）强化职业化意识，确定职业方向。职业意识是对职业活动的认识、评价、情感和态度等心理成分的综合。职业意识就是职业人士对自己，对职业以及自己与外部世界关系的认识，不仅包含对自己的认识，也包含对自己的主动改造。职业意识就是全方位地培养职业兴趣，立下职业目标，并且根据这个目标，有意识地走向成功。职业意识在职业化过程中起着关键作用。

第一，秘书职业化意识首先要树立责任意识。秘书有了责任意识才会主动承担更多的工作，在出现问题时先从自身寻找改进的方向而不是互相责怪、互相推诿。秘书有了责任意识才会郑重地兑现承诺，才会坚守职业道德，对企业忠诚。

第二，职业秘书应具备职业化目标意识。非职业化秘书在企业中常犯的错误之一是缺乏主动性，推一推，才动一动。不懂得自己主动设定上级认可的工作目标并落实到行动中。

第三，职业秘书应具备职业化的对上级沟通意识。秘书如果没有主动向主管汇报工作进程的意识，会造成要么上司被迫主动来询问，要么上司总是不知他在忙什么，造成上下级之间的不默契，影响企业效率和效能。

第四，职业秘书应具备职业化的协作意识。秘书在遇到冲突时能做到对事不对人，强调事实，注重引导讨论程序，而不是主导结果，同时尊重少数意见，避免盲点，力求寻求共同解。

第五，职业秘书应当具备职业化的礼仪意识。职业化的礼仪意识要求职业人要从仪容、表情、举止动作、服饰、谈吐和待人接物等方面展现职业人的形象，从而进一步体现企业的良好形象。

第六，职业秘书要具备学习和发展意识。职业秘书要不断进行知识和技能的更新，通过阅读、参加培训、工作实践、向先进者学习、辅导他人、自我反省等多层次的学习来保持知识结构与时俱进。

（2）培养职业化心态，提升职业高度。职业心态就是指职业活动过程中，对自己的职业以及职业能否成功的一种心理反应。我们具备良好职业心态就能够缔造成功。如果你拥有积极的心态，那么你就能在快乐与创新之中把它转换成工作的能量和动力；如果你的态度是消极的，你就会在沮丧和抱怨之中把它转换成工作的障碍和阻力。积极端正的职业心态不仅仅有益于公司和他人，更有益于我们自己。我们每个人的心灵之中，每时每刻都在进行着消极和积极的心态搏斗，而每一天搏斗的结果就决定了我们一天的生活和工作质量。一个优秀的职业化秘书应该从以下几个方面来调整自己的心态。

①阳光心态。美国成功学专家拿破仑·希尔说过这样一段话："人与人之间只有很小的差异，但是这种很小的差异却造成了巨大的差异！很小的差异就是所具备的心态是积极的还是消极的，巨大的差异就是成功和失败。"态度→行为→结果→环境是一个循环的过程，积极的态度导致良性的循环，消极的态度则导致恶性的循环，因此，拥有阳光心态，我们才能面对每日繁杂的工作；才能领略快意人生和工作的快乐。

②空杯心态。"空杯心态"就是做事的持有谦逊的心态，把自己想象成"一个空着的杯子"，而不是骄傲自满。空杯心态就是永远在学习，永远保持内心的活力。空杯心态就是在鲜花和掌声面前，看到差距；在困难和挫折面前，不失信心；受到批评要警惕、警醒，得到赞扬更要警惕、警醒。

③感恩心态。感恩是一份美好感情，是一种健康心态，是一种良知，是一种动力。人如果从来不想到别人和社会给你的一切，心里只会产生抱怨，不会产生感恩。有位哲学家说过，世界上最大的悲剧或不幸，就是一个人大言不惭地说，没有人给我任何东西。学会感恩，就会懂得尊重他人，重新看待身边的每个人，尊重每一份平凡的劳动。个人的力量毕竟是有限的，每个人都需要别人支持和配合，感激别人的付出、感谢别人的恩惠、感怀别人的恩情。心存感恩，便能充分体会到人生的快乐、人间的温暖，才会反思今后自己应该怎样做，怎样为别人做得更好。从而激发自身的价值。

④执著心态。成功的人绝不放弃，放弃的人绝不成功。百分之九十的失败者不是被打败的，而是自己放弃了成功的希望。林肯当选美国总统进驻白宫时有过一段个人历程自述：21岁，做生意失败；22岁，角逐州议员落选；24岁，做生意再度失败；26岁，爱侣去世；27岁时，一度精神崩溃；34岁时，角逐联邦议员落选；36岁时，

角逐联邦议员再度落选；45 岁时，角逐联邦参议员落选；47 岁时，提名副总统落选；49 岁时，角逐联邦参议员再度落选；52 岁时，当选美国第 16 任总统。正是执著心态成就他的成功。同样我们对待工作也应该有执著的意志，锲而不舍的精神。

⑤共赢心态。人生有"三成"，即"不成""小成""大成"。依赖别人，不积极进取的人终生一事无成；孤军奋战、不善于合作的人，只能取得小成；只有善于合作、懂得分享、利人利己的人才能实现人生的大成。

⑥付出的心态。是"舍得"有舍才有得，没有付出就没有回报。天下没有免费的午餐，成功没有捷径可走。要想成功，就必须付出时间，付出精力，付出艰辛的努力。

⑦主人翁心态。以主人翁的心态对待公司，你就会去考虑企业的成长，考虑企业的用度，你会感觉到企业的事情就是自己的事情。反之，你就会得过且过，不负责任，企业的发展与自己无关，你将难以得到认同和重用。

3. 按照秘书职业行为规范开展工作

所谓秘书职业行为规范，是指某秘书从业人员在履行职责职能活动过程中所应遵守的基本行为准则及技术操作标准。秘书行为规范包括显性和隐性规章制度。显性规章制度是指有关秘书业务工作方面的明文规定，隐性规章制度是指尚未形成文字规定但实际工作中确有约定俗成操作要求的"潜"规定。职业行为规范是效果和效率的保证，能对工作中的疏漏进行有效的防范。职业化程度高的秘书总是能够按照职业行为规范来开展自己的工作，以确保少犯或不犯错误，提高工作效率，保证工作效果。

秘书行为规范可划分宏观性行为规范和微观性行为规范。宏观性行为规范是指秘书职业与职务活动过程中的形象规范、气质规范、行为举止规范、礼貌与礼仪规范、心理调适等综合性行为规范，是职业秘书素质和素养的综合体现；微观性行为是指对秘书从事某一具体履职行为而制订的行为规则与操作标准，如，收发文规范、办事办会过程中的规范。又分为程序规范、技术规范等，是对秘书职业能力与职业水平的直接规定，也是职业秘书业务能力、业务水平的直接体现。

4. 提升专业化的秘书技能

秘书应掌握的职业技能包括基础技能和专业技能。具体来讲，所谓基础技能是从事秘书职业在内的各类现代社会职业普遍需要掌握的基础性技能，包括运用本国语、外国语进行表达和交流的能力，书写能力，计算机操作能力，社会交往、社会适应及协作能力，自我提高及创新的能力，组织管理能力，信息处理能力等。而所谓专业技能主要包括：演讲、公文写作、办公室事务处理、档案管理、会务安排、沟通协调、驾驭运用秘书的资源等技能。

职业化的优秀秘书还需要具备的 5 项能力：

（1）沟通力：世界上没有任何一门技能是万能的，如果说有，那就是沟通。因此，秘书要善于沟通，协调企业内外部的关系。

（2）判断力：为了实现领导的指示，秘书必须正确领会领导意图。不论是日常的还是突然而来的工作，秘书必须从各个角度对问题进行思考和分析，尽快地做出判断，准确无误地应付，或者当机立断地去做，不致出现失误或漏洞。美国克莱斯勒汽车公司总裁艾科卡说过："如果你已经有了95%的资料，但想再取得其余的5%，却还得花费六个月。到了那时，市场行情已经变了，你的资料也过时了。生活的全部要点就是：选择时机。"

（3）服务力：对一个组织来说，其秘书服务工作的好坏将直接影响机构的运转、办事效率和公众形象。因此，秘书工作者必须树立提高服务能力，做好为领导服务，为职能部门和所属下级机关服务，为全体社会公众服务。

（4）信息力：对于上司来说，秘书的一项主要工作就是为自己调查和收集有用而又全面的决策信息，并且及时地向自己报告。同时，随着市场国际化的发展和企业规模的扩大，越来越多的管理者要到国外进行投资、经济管理或进行国际贸易交际、商务谈判，签订合同等，这就要求秘书具备一定的信息的收集处理和分析利用的能力。

（5）团队力：优秀秘书必须具备团队精神。在一个群体中工作，单凭个人力量去打拼，要完成秘书职责几乎是不可能的事情。中、高级秘书有责任采取切实有效的措施凝聚团队成员力量，从而提高组织系统运作的高效率。唯其如此，秘书才能把个人目标与团队目标紧紧联系在一起，共同实现本组织管理或经营目标。

思考与练习

（1）道德的含义、起源、发展以及社会功能是什么？
（2）如何认识道德与其他意识形态的关系？
（3）职业道德的本质和特点是什么？
（4）职业道德在社会主义道德建设过程中的作用和意义是什么？
（5）如何理解秘书职业道德的含义和基本内容？
（6）怎样理解秘书职业化的基本内涵和实现途径？

第二章 文书基础

【本章提示】

　　本章介绍党政公文的概念与制发程序、党政公文的格式、党政公文的要素和表达方式。第一节介绍党政公文的概念与制发程序；第二节介绍党政公文的格式；第三节介绍党政公文的 4 个要素，即材料、主题、结构与语言；第四节介绍党政公文的表达方式，包括叙述、说明、议论等。掌握了党政公文基本的格式要求和写作知识，可以为应用文书写作打下良好的基础。

第一节 党政公文的概念与制发程序

【先修内容】

　　1. 应用文书的概念与制发程序

　　（1）掌握应用文书的概念。应用文书又称文书，是各级机关、企事业单位、社会团体和个人为办理事务而形成和使用的、具有特定效用和惯用格式的文体的总称。

　　（2）了解应用文书的类别及分类标准。应用文书可以分成不同的类别，按形成者的不同分，可分为公务文书和私人文书；按行文方向分，可分为上行文、下行文、平行文；按紧急程度分，可分为特急件、急件、平件；按机密程度分，可分为绝密公文、机密公文、秘密公文、普通公文；按使用功能分，可分为党政公文、事务文书、商务文书、诉讼文书、传播文书、礼仪文书、科技文书等。

　　（3）应用文书一般有起草、审核、定稿、公布及操作等程序。应掌握起草、审核及公布等程序的相关知识。

　　2. 事务文书的概念与制发程序

　　（1）掌握事务文书的概念。事务文书是应用文书的一个重要类别，是机关、团体、企事业单位处理日常事务所使用的文书。

（2）了解事务文书的类别划分。常见事务文书大致可分为计划类文书、汇总类文书、记录类文书、礼仪类文书、告白类文书、规章类文书、书证类文书、会议类文书等8种。应了解各类别文书所包含的具体文种。

（3）掌握事务文书的制发程序及各程序的具体要求。事务文书的制发程序一般包括起草、审核、定稿、公布及操作等环节。重要的事务文书要经领导审阅签发，或者审阅后口头表示同意才能正式发布。

【引导案例】

办公室秘书完成文书起草之后，请办公室负责人高叶审核。由于当时手头工作正忙，高叶没有细审，在简单问了几个问题、大致看了看文稿后便放行通过了。下午，高叶被叫到经理办公室，受到了批评。原来，高叶把关不严，没有发现文稿中的两个明显错误。

点评： 审核是保证文书质量的重要环节，审核者一定要有强烈的责任意识，即使再忙，也必须认真完成审核工作，不能马虎应付。

党政公文在各行各业管理工作中应用广泛，对制作的质量要求非常高。本节主要介绍党政公文的含义与分类，以及党政公文的制发程序。

一、党政公文的概念与分类

党政公文是党政机关实施领导、履行职能、处理公务的具有特定效力和规范体式的文书。在实际应用中，党政公文运用相当普遍，在各类机关、团体、企事业单位中广泛应用，因而又被称为"通用公文"。

《党政机关公文处理工作条例》（以下简称《条例》）规定，党政公文共包括15种：决议、决定、命令（令）、公报、公告、通告、意见、通知、通报、报告、请示、批复、议案、函、纪要。

按照不同的标准，党政公文可以分为不同的类别，常见的分类方法有以下几种：

按照机密程度分，可分为绝密文书、机密文书、秘密文书和普通文书。

按照性质、特点和功用分，可分为知照性文书（通知、通报、纪要、公告、公报）、规范性文书（决议、决定、通告、批复）、指令性文书（命令）、报请性文书（报告、请示、议案）、商洽性文书（函）、建议性文书（意见）等。

按照行文的方向分，可分为上行文（报告、请示）、下行文（命令、决议、决定、公告、公报、通告、通知、通报、批复）、平行文（函）。

二、党政公文的制发程序

为保证质量，党政公文有严格的制发程序。按照《条例》的规定，公文制发有起草、审核、签发、复核、登记、印制、核发等程序。其中，起草、审核和签发属于公文拟制程序；复核、登记、印制、核发属发文办理程序。

（一）起草

（1）符合国家法律法规和党的路线方针政策，完整准确体现发文机关意图，并同现行有关公文相衔接。

（2）一切从实际出发，分析问题实事求是，所提政策措施和办法切实可行。

（3）内容简洁，主题突出，观点鲜明，结构严谨，表述准确，文字精练。

（4）文种正确，格式规范。

（5）深入调查研究，充分进行论证，广泛听取意见。

（6）公文涉及其他地区或者部门职权范围内的事项，起草单位必须征求相关地区或者部门意见，力求达成一致。

（二）审核

（1）行文理由是否充分，行文依据是否准确。

（2）内容是否符合国家法律法规和党的路线方针政策；是否完整准确体现发文机关意图；是否同现行有关公文相衔接；所提政策措施和办法是否切实可行。

（3）涉及有关地区或者部门职权范围内的事项是否经过充分协商并达成一致意见。

（4）文种是否正确，格式是否规范；人名、地名、时间、数字、段落顺序、引文等是否准确；文字、数字、计量单位和标点符号等用法是否规范。

（5）其他内容是否符合公文起草的有关要求。

（三）签发

公文应当经本机关负责人审批签发。重要公文和上行文由机关主要负责人签发。党委、政府的办公厅（室）根据党委、政府授权制发的公文，由受权机关主要负责人签发或者按照有关规定签发。签发人签发公文，应当签署意见、姓名和完整日期；圈阅或者签名的，视为同意。联合发文由所有联署机关的负责人会签。

（四）复核

已经发文机关负责人签批的公文，印发前应当对公文的审批手续、内容、文种、格式等进行复核；需做实质性修改的，应当报原签批人复审。

（五）登记

对复核后的公文，应当确定发文字号、分送范围和印制份数并详细记载。

（六）印制

公文印制必须确保质量和时效。涉密公文应当在符合保密要求的场所印制。

（七）核发

公文印制完毕，应当对公文的文字、格式和印刷质量进行检查后分发。

第二节 党政公文的格式

【先修内容】

1. 应用文书的格式

掌握应用文书的基本格式。格式是指文书的外观样式，即文书的用纸、印装的规格和需要标志的各要素所构成的外部形态。应用文书一般都有标题、称谓、正文、署名和日期等格式要素。

2. 事务文书的格式

掌握事务文书的格式规范以及事务文书格式要素的编排方式。在字体、字号、用纸及印装方面，单位内部使用的事务文书可以相对简便；正式的或对外使用的文书，在字体字号、用纸及印装规格方面一般可参照党政公文的格式标准。事务文书常见的格式要素有标题、称谓、正文、结束语、祝福语、附注、署名和日期等。

【引导案例】

一天，机关办公室收到一份公文，秘书发现其格式不太规范：标题与正文字号相同，用印不端正，印制也比较粗糙。办公室主任马上将情况报告了领导。后经核实，这是一份伪造的公文。

点评：这个事例从反面提醒秘书，公文格式的规范化是非常重要的。如果格式不规范，公文的权威性、严肃性就会受到影响，甚至其真实性也会受到质疑。办公室负责人要经常审核文稿，这关乎公文的质量，一定要认真负责，严格把关。

国家质量监督检验检疫总局于 2012 年 6 月 29 日发布了《党政机关公文格式》（国家标准 GB/T 9704—2012），并于 2012 年 7 月 1 日起正式实施，这是我国目前党政公文制作在格式方面应遵循的唯一标准。本节介绍党政公文的格式，包括党政公文的用纸和印装规格，以及各格式要素的标志规则。

一、党政公文的用纸和印装规格

（1）公文用纸技术指标。一般使用纸张定量为 60 g/m2 ～ 80 g/m2 的胶版印刷纸或复印纸。纸张白度 80%～ 90%，横向耐折度≥ 15 次，不透明度≥ 85%，pH 值为 7.5 ～ 9.5。

（2）公文用纸规格。公文用纸幅面尺寸采用国际标准 A4 型纸，尺寸为：210 mm×297 mm。布告、公告、通告等公布性公文，其用纸幅面尺寸大小，可根据实际需要确定。

（3）公文页边与版心尺寸。公文用纸天头（上白边）为 37 mm±1 mm，公文用纸订口（左白边）为 28 mm±1 mm，版心尺寸为 156 mm×225 mm（不含页码）。

（4）公文行数和字数。一般每面排 22 行，每行排 28 个字，并撑满版心。特定情况可作适当调整。

（5）公文文字的颜色。如无特殊说明，公文中文字的颜色均为黑色。

（6）印制装订要求。版面干净无底灰，字迹清楚无断画，尺寸标准，版心不斜，页码套正。左侧骑马订或平订，不掉页。包本装订公文的封皮（封面、书脊、封底）与书芯应吻合、包紧、包平、不脱落。

二、党政公文的格式要素及其标志规则

党政公文版心内的格式各要素可以划分为版头、主体、版记三部分。公文首页红色分隔线以上的部分称为版头；红色分隔线（不含）以下、公文末页首条分隔线（不含）以上的部分称为主体；公文末页首条分隔线以下、末条分隔线以上的部分称为版记。

（一）版头部分

党政公文版头部分包括份号、密级和保密期限、紧急程度、发文机关标志、发文字号、签发人、版头中的分隔线等 7 个要素。

（1）份号。即份数序号，公文份数序号是将同一文稿印制若干份时每份公文的顺序编号。涉密公文应当标注份号。份号顶格编排在版心左上角第一行。

（2）密级和保密期限。公文密级一般分为三级，即"绝密""机密""秘密"。保密期限是对公文密级时效的规定说明。涉密公文应当标注密级和保密期限。密级和保密期限一般用 3 号黑体字，顶格编排在版心左上角第二行，保密期限中的数字

用阿拉伯数字。如同时标注密级和保密期限，密级与保密期限之间可用"★"隔开。

（3）紧急程度。紧急程度是对公文送达和办理的时限要求，分为"特急"和"加急"。紧急程度一般用3号黑体字，顶格编排在版心左上角。

（4）发文机关标志。由发文机关全称或者规范化简称加"文件"二字组成，也可直接使用发文机关全称或者规范化简称。发文机关标志居中排布，上边缘至版心上边缘为35mm，推荐使用小标宋体字，颜色为红色，以醒目、美观、庄重为原则。

联合行文时，发文机关标志可以并用联合发文机关名称，也可以单独用主办机关名称。如需同时标注联署发文机关名称，一般应将主办机关名称排列在前。

（5）发文字号。发文字号是向外发文的登记编号，是公文的"身份标志"，是公文格式中不可缺少的组成部分。发文字号由发文机关代字、年份、发文顺序号组成。联合行文时，使用主办机关的发文字号。年份、发文顺序号用阿拉伯数字标注；年份应标全称，用六角括号"〔〕"括入；发文顺序号不加"第"字，不编虚位（即1不编为01），在阿拉伯数字后加"号"字。平行文、下行文发文字号编排在发文机关标志下空二行位置；上行文居左排布，并左空一字，与最后一个签发人姓名处在同一行。

（6）签发人。签发人即文件签发者，是发文机关的主要负责人。上行文应标注签发人的姓名。签发人由"签发人"三字加全角冒号和签发人姓名组成，编排在发文机关标志下空二行位置，与发文字号平行，签发人居右空一字，发文字号居左空一字。"签发人"三字用3号仿宋体字，签发人姓名用3号楷体字。

如有多个签发人，签发人姓名按照发文机关的排列顺序从左到右、自上而下依次均匀编排，一般每行排两个姓名，回行时与上一行第一个签发人姓名对齐。

（7）版头中的分隔线。编排于发文字号之下4mm处，居中，红色，长度与版心等宽。

（二）主体部分

主体部分包括标题、主送机关、正文、附件说明、发文机关署名、成文日期、印章、附注和附件等9个要素。

（1）标题。公文标题是对公文主要内容的概括和揭示，其作用是向阅读者传达公文的基本内容。标题由发文机关名称、事由和文种组成，发文机关名称可用全称，也可用规范化简称。

标题一般用2号小标宋体字，编排于红色分隔线下空二行位置，分一行或多行居中排布；回行时，要做到词意完整，排列对称，长短适宜，间距恰当。标题中除法规、规章名称加书名号外，一般不用标点符号。

（2）主送机关。上行文原则上只能有一个主送机关，周知性公文（如公告、通告等）可以不写主送机关。主送机关编排于标题下空一行位置，居左顶格，回行时仍顶格，最后一个机关名称后标全角冒号。

（3）正文。一般用 3 号仿宋体字，编排于主送机关名称下一行。公文中的数字和年份数目字不能回行。结构层次一般不超过 4 层，序数依次可以用"一、""（一）""1.""（1）"标注。

（4）附件说明。公文如有附件，需加附件说明，在正文下空一行左空二字编排"附件"二字，后标全角冒号和附件名称。

（5）发文机关署名、成文日期和印章。发文机关署名、成文日期和印章是党政公文的 3 个格式要素，这 3 个要素构成了公文生效的标志。

发文机关署名应署发文机关全称或者规范化简称。

成文日期是公文的生效时间。成文日期用阿拉伯数字将年、月、日标全，年份应标全称，月、日不编虚位。

加盖印章是公文生效的标志，是鉴定公文真伪最重要的依据。公文中有发文机关署名的，应当加盖发文机关印章。上行文一定要加盖印章；联合下行文时，所有联署行文机关均须署名并加盖印章；有特定发文机关标志的普发性公文和电报可以不加盖印章。印章用红色，不得出现空白印章。

发文机关署名、成文日期和印章 3 个要素的编排方式如下：

1）加盖印章的公文。成文日期一般右空四字编排。单一机关行文时，一般在成文日期之上、以成文日期为准居中编排发文机关署名，印章端正、居中下压发文机关署名和成文日期，使发文机关署名和成文日期居印章中心偏下位置，印章顶端应当上距正文（或附件说明）一行之内。联合行文时，一般将各发文机关署名按照发文机关顺序整齐排列在相应位置，并将印章一一对应、端正、居中下压发文机关署名，最后一个印章端正、居中下压发文机关署名和成文日期，印章之间排列整齐、互不相交或相切，每排印章两端不得超出版心，首排印章顶端应当上距正文（或附件说明）一行之内。

2）不加盖印章的公文。单一机关行文时，在正文（或附件说明）下空一行右空二字编排发文机关署名，在发文机关署名下一行编排成文日期，首字比发文机关署名首字右移二字，如成文日期长于发文机关署名，应当使成文日期右空二字编排，并相应增加发文机关署名右空字数。联合行文时，应当先编排主办机关署名，其余发文机关署名依次向下编排。

3）加盖签发人签名章的公文。单一机关制发的公文加盖签发人签名章时，在正文（或附件说明）下空二行右空四字加盖签发人签名章，签名章左空二字标注签发人职务，以签名章为准上下居中排布。在签发人签名章下空一行右空四字编排成文日期。联合行文时，应当先编排主办机关签发人职务、签名章，其余机关签发人职务、签名章依次向下编排，与主办机关签发人职务、签名章上下对齐；每行只编排一个机关的签发人职务、签名章。

（6）附注。公文印发传达范围等需要说明的事项。"请示"件应在附注位置注明联系人及联系电话。公文如有附注，应居左空二字加圆括号编排在成文日期下一行，回行时顶格。

（7）附件。附件是公文正文的说明、补充或者参考资料。附件是正文内容的组成部分，与正文具有同等效力。附件格式要求与正文相同。附件应当另面编排，并在版记之前，与公文正文一起装订。"附件"二字及附件顺序号用 3 号黑体字顶格编排在版心左上角第一行。

（三）版记部分

版记一般包括版记中的分隔线、抄送机关、印发机关和印发日期等要素。

（1）版记中的分隔线。版记中的分隔线与版心等宽，首条分隔线位于版记中第一个要素之上，末条分隔线与公文最后一面的版心下边缘重合。

（2）抄送机关。抄送机关是除主送机关外需要执行或者知晓公文内容的其他机关，用 4 号仿宋体字，在印发机关和印发日期之上一行、左右各空一字编排。"抄送"二字后加全角冒号和抄送机关名称，回行时与冒号后的首字对齐，最后一个抄送机关名称后标句号。

（3）印发机关和印发日期。指公文的送印机关和送印日期。印发机关和印发日期一般用 4 号仿宋体字，编排在末条分隔线之上，印发机关左空一字，印发日期右空一字，用阿拉伯数字标志，后加"印发"二字。

党政公文除上述通用格式外，还有 3 种特定格式：

（1）信函格式。发文机关标志上边缘至上页边为 30 mm，联合行文时，使用主办机关标志。发文机关标志下 4 mm 处印一条红色双线（上粗下细），距下页边 20 mm 处印一条红色双线（上细下粗），线长均为 170 mm，居中排布。如需标注份号、密级和保密期限、紧急程度，应当顶格居版心左边缘编排在第一条红色双线下。发文字号顶格居版心右边缘编排。版记不加印发机关和印发日期、分隔线，位于公文最后一面版心内最下方。

（2）纪要格式。纪要标志由"×××××纪要"组成，不加"文件"两字。纪要格式可以根据实际制定。纪要一般不加盖印章。

（3）命令（令）格式。发文机关标志由发文机关全称加"命令"或"令"字组成，居中排布，上边缘至版心上边缘为 20mm。发文机关标志下空二行居中编排令号，令号的作用等同于发文字号，一般采用"第 ×× 号"的形式，不编虚位。

附：党政公文式样

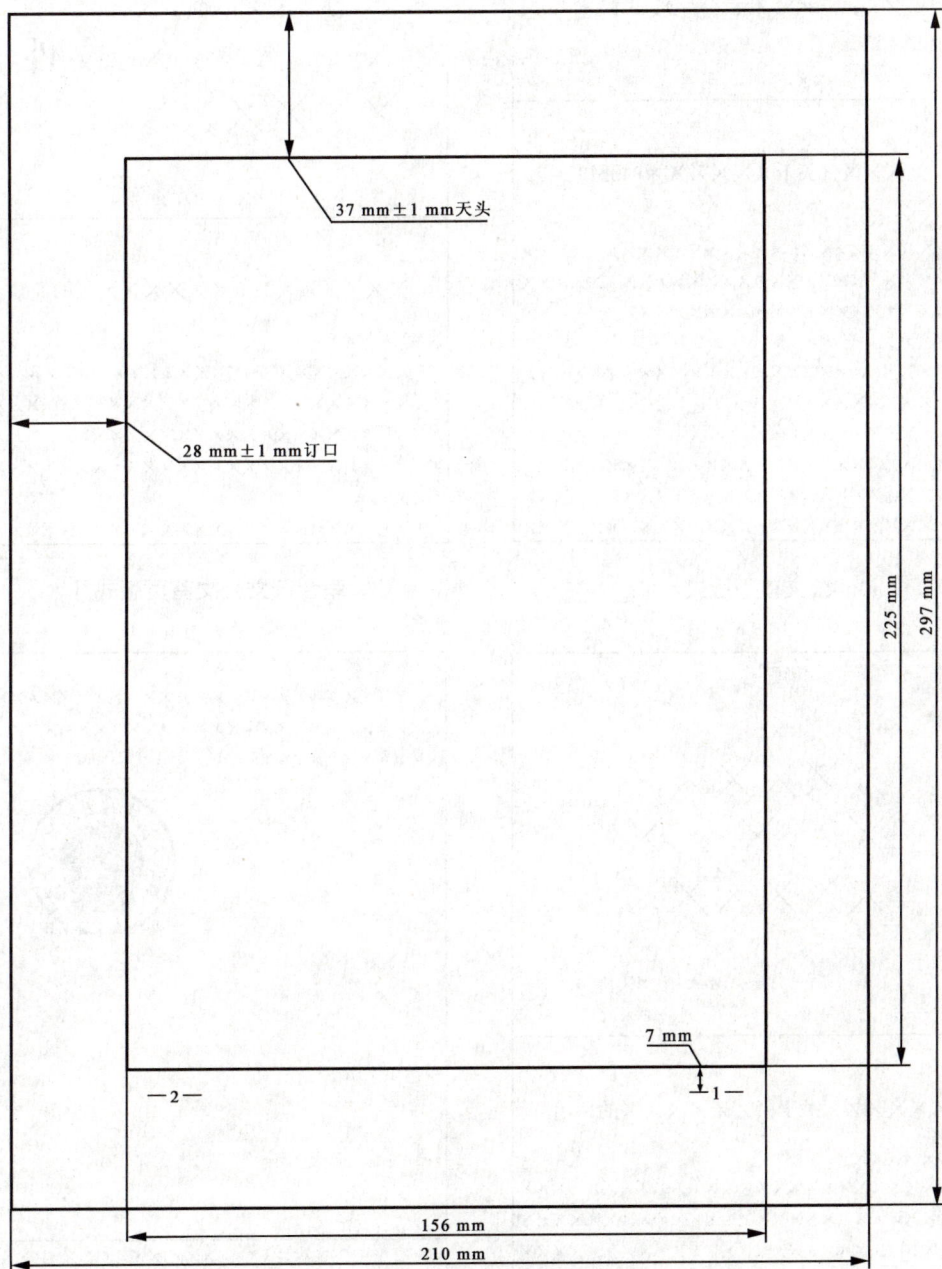

37 mm±1 mm天头

28 mm±1 mm订口

225 mm

297 mm

7 mm

—2—

1

156 mm

210 mm

A4 型公文用纸页边及版芯尺寸

000001

机密★1年

特急

×××××文件

×××〔2012〕10号

×××××关于×××××的通知

×××××××:

×××××××××××××××××××××
×××××××××××××××××××××
×××××××××××××××××××××
××××。

×××××××××××。

×××××××××××。

×××××××××××××××××××××
×××××××××××××××××××××

— 1 —

公文首页版式

000001

机密★1年

特急

××××××

× × × 文件

××××××

×××〔2012〕10号

×××××××关于××××××的通知

×××××××:

×××××××××××××××××××××
×××××××××××××××××××××
×××××××××××××××××××××
××××。

— 1 —

联合行文公文首页版式1

000001

机 密

特 急

×××××

× × ×

×××××

签发人:××× ×××

×××

×××〔2012〕10号

×××××关于××××××的请示

×××××××:

×××××××××××××××××××××
×××××××××××××××××××××
×××××××××××××××××××××
××××。

×××××××××××××××××××××

— 1 —

联合行文公文首页版式2

×××××××××××××××。

×××××××××××××××××××××
×××××××××××××××××××××
××××××××××。

2012年7月1日

(×××××)

— 2 —

抄送:×××××××,××××××,×××××,×××××,
×××××。

×××××××× 　　　　　　2012年7月1日印发

公文末页版式1

28

XXXXXXXXXXXXXXX。
　　XXXXXXXXXXXXXXXXXXXXX
XXXXXXXXXXXXXXXXXXXXXX
XXXXXXXXX。
　　　　　　　　XXXXXXXXXX
　　　　　　　　2012 年 7 月 1 日
　（XXXX）

抄送：XXXXXXXX,XXXXXX,XXXXX,XXXXX,
　　　XXXX。
XXXXXXXX　　　　　　2012 年 7 月 1 日印发
— 2 —

公文末页版式 2

XXXXXXXXXXXX。
　　XXXXXXXXXXXXXXXXXXXXXX
XXXXXXXXXXXXXXXXXXXXXX
XXXXXXXX。

　　　　　　　　2012 年 7 月 1 日
　（XXXX）

抄送：XXXXXXXX,XXXXXX,XXXXX,
　　　XXXX。
XXXXXXXX　　　　　　2012 年 7 月 1 日印发
— 2 —

联合行文公文末页版式 1

XXXXXXXXXXXXX。
　　XXXXXXXXXXXXXXXXXXXXX
XXXXXXXXXXXXXXXXXXXXXX
XXXXXXXXXX。

　　　　　　　　2012 年 7 月 1 日
　（XXXX）

抄送：XXXXXXXX,XXXXXX,XXXXX,XXXXX,
　　　XXXX。
XXXXXXXX　　　　　　2012 年 7 月 1 日印发
— 2 —

联合行文公文末页版式 2

XXXXXXXXXXXX。
　　XXXXXXXXXXXXXXXXXXXXXX
XXXXXXXXXXXXXXXXXXXXXX
XXXXXXXXX。

附件：1. XXXXXXXXXXXXXXXXXXXX
　　　　XXXXX
　　　2. XXXXXXXXXXX

　　　　　　　　XXXXXXX
　　　　　　　　X　X　X　X
　　　　　　　　2012 年 7 月 1 日
　（XXXX）

— 2 —

附件说明页版式

第三节 党政公文的要素

【先修内容】

1. 应用文书的写作要点
（1）掌握应用文书主题的概念、要求及确立依据。
（2）掌握应用文书材料运用的 4 个环节，即材料的占有、鉴别、选择和使用。
（3）掌握应用文书结构的内容和要求。
（4）掌握应用文书语言的要求和常见专用语言。
2. 事务文书的写作要点
（1）掌握事务文书主题的类型、特点和表现方法。
（2）掌握事务文书材料的选择和使用。
（3）掌握事务文书结构的原则和类型。
（4）掌握事务文书语言的要求和常见要素的表达。

【引导案例】

由于决策失误，加之市场竞争的影响，公司业绩大幅下滑，董事会要求公司就此问题作出说明。经理让高叶写一份情况报告，而高叶因为正在撰写公司年度工作报告，就将此任务交给了市场部。等高叶收到市场部撰写的报告后，发现这份报告只是罗列了大量的数据材料，缺少分析，没有提炼，少有的一些观点也淹没在数字材料中，几不可见。

点评： 情况报告写作的目的是向上级汇报出现了什么问题、为什么出现这种情况、应该怎样应对该问题。因此，撰写此类报告，首先要概述出现的情况，然后从主、客观分析出现问题的原因，最后提出应采取的措施。在情况报告的写作中，若缺少分析与对策，就失去了报告的价值。

本节主要介绍公文的 4 个要素——主题、材料、结构和语言。通过对本节的学习，可以帮助我们明确在公文写作中主题、材料、结构和语言的作用与要求，了解在撰写公文时如何确立主题，如何选材、用材，如何结构文章及如何运用语言。

一、主题

1．公文主题的特点

公文主题常常是领导在下达拟稿任务的同时交代给公文起草者的，有时还需要起草者在领会领导意图之后再确定。与文学作品主题表达相比，公文主题有以下特点：

（1）被动立题。公文写作大多是"遵命写作"，是因为工作需要或上级领导授意而作，而不是公文撰写者个人内在写作动机或情感冲动引发的。公文主题多来源于工作职责、业务职能、上级指示、领导意图，是领导旨意的体现。

（2）针对性强。公文的主要功能是实用，在公文撰写中，要求针对现实问题，通过分析研究，提出解决方案或处理意见，形成公文主题。在公文主题的形成过程中，始终存在着明确的目的性和针对性。

（3）形成时限短。公文主题受现行效用的影响，它的确立时间是与发文所针对的实际情况同步的，有时就在几天之内。更有甚者，在领导下达拟稿任务的瞬间主题就已形成。特别是面临一些突发事件，必须采取紧急措施处理，这种情况下的发文就要立即确定主题。

（4）主题表现直截了当。公文由于其突出的实用性，要求发文者在公文中鲜明地表达自己的观点，简明扼要地阐明写作意图，直截了当地表明发文目的，以使受文者快速了解公文内容，方便办文办事。

2．确立公文主题的要求及依据

公文主题要求正确、务实、集中和鲜明，确立公文主题的依据如下：

（1）依据领导意图确立主题。

（2）依据政策法规确立主题。

（3）依据工作需要确立主题。

二、材料

公文材料是指公文制作者为了表现公文主题，从现实公务活动中收集并写入公文中的一系列内容，包括根据、背景、目的、事实、数据、政策、法规、措施、办法、意见等。公文要靠材料说明问题，公文材料包括理论材料和事实材料，这是提炼公文主题的基础和依据。拥有充足的优质材料，对提高公文的质量具有重要的作用。

三、结构

公文结构是指对公文主题和材料所作的合理有序的组织和安排，也叫布局谋篇。

1．公文结构的安排原则

公文结构的安排要注意以下方面：

（1）根据表达主题的需要安排结构。

（2）根据事物的内在联系安排结构。

（3）根据思维的逻辑规律安排结构。

（4）根据不同文种的特点安排结构。

2．公文结构的篇章类型

公文的篇章类型，是指公文结构的外在形态。概括而言，公文的篇章类型主要分为篇段式和条款式两种。

（1）篇段式

根据段落划分情况，篇段式又可以具体分为篇段合一式和分层表达式两种形式。

①篇段合一式，即公文通篇只有一段，一段即为一篇。这种形式适用于批转、转发、印发公文的通知或内容单纯、行文简短的批复等。

②分层表达式，即将公文分成两层（开头＋主体）或三层（开头＋主体＋结尾）表达。这种形式适合于内容比较复杂、篇幅较长的公文。这里的"层"实际是指部分。分层表达式是多数公文采用的篇章形式。当公文的思想内容比较复杂时，篇幅往往较长。采用分层表达式，可以清晰地反映公文内容，便于收文单位更好地理解公文。

（2）条款式

也叫分条列项式，即通篇采用条款说明的方式，主要适用于规约类公文。其突出的优点是条理清晰、排列有序、简洁明了，便于理解和执行。根据法规内容的复杂程度，条款式又可分为"章、条、款"组合而成的"章断条连式"、先总述再分条款的"总述条文式"和全部内容由"条"组成的"一条到底式"。在条款式中，"条"是最基本的单位。

除上述两种篇章形式外，某些专门职能部门，例如工商、税务、财政、专利管理部门等的文件大都采用表格形式。这种形式具有清新明了、一览无余的特色。

四、语言

公文是通过规范得体的语言表达写作意图和主题思想的，撰写公文必须熟悉公文的语言规范，掌握公文专门用语的使用要领。

1．公文语言的使用规范

写作公文语言要注意如下方面：

（1）使用书面语，一般不用口语。

（2）适当使用一些文言词语和文言句式。公文中经常使用诸如"业经"、"兹有"、"为荷"、"凡……者"等文言词语和文言句式，体现了公文语言庄重和简明的特点。

（3）使用特定的专门用语。汉语中有些词语在公文中使用频率很高，它们不但具有特定含义，而且用法也比较固定。如叙述缘由的用语有"为了"、"根据"、"遵照"等；表示经办的用语有"业经"、"已经"等；表示祈请的有"请求"、"盼予"等；表示结尾的用语有"特此报告"、"此复"等。专门用语的正确使用，更能显示出公文语言的特殊风格。

2. 公文语言的基本要求

拟写公文的过程，实际上就是语言运用的过程。要写好公文，必须明确公文语言表达的准确严密、简练明了、庄重严肃和恰当得体等几个基本要求。

第四节 应用文书的表达方式

【先修内容】

1. 应用文书的表达方式

应用文书的表达方式主要有叙述、议论、说明等。叙述是把人物的经历、行为或事物发展变化的过程表述出来的方式。议论是指作者通过事实材料和逻辑推理来阐明自己的观点，表明赞成什么或反对什么的表达方式。说明是对事物的形状、性质、特征、成因、功能，或对人物的经历、特征、状况等进行客观解释、介绍的表达方式。

2. 事务文书的表达方式

事务文书常用的表达方式有叙述、议论、说明。事务文书叙述以记事为主，以概括叙述为主，多用顺叙。要求叙述事件完整，叙述客观真实，叙述线索清晰。事务文书议论重视数据和材料，常与说明、叙述等方式结合使用。论证要求客观直接，理性务实。事务文书说明常用的方法有定义说明、数字说明和图表说明。要求用语准确客观，表述简明清晰，文字通俗易懂。

【引导案例】

研发部经过艰难攻关，改进了公司核心产品的关键技术，为公司带来巨大的经济利益，公司决定奖励研发部。秘书拿着写好的表彰通报请高叶审阅，高叶认为通报中对研发部工作事迹的叙述太过详细，且就事论事，让秘书修改。

点评：表彰通报正文的写作，一般由情况原因、分析评价、决定事项、希望要求4个部分组成。撰写此类通报，在进行分析评论时，要将表彰的人和事上升到较高的理性认识程度，切忌就事论事。否则，很难使受文单位及其人员的认识得到升华。

表达方式是指撰写文章时对有关内容所采用的具体表述方法和形式。公文具备应用文书的一般属性，最主要的表达方式有叙述、议论、说明。公文往往综合运用叙述、议论、说明，以叙述为基础，以议论为手段，以说明为目的。

本节主要介绍公文叙述、议论、说明的 3 种表达方式。

一、叙述

叙述是一种记载和陈述人物的经历与事件发展变化过程的表达方式。起草公文时，要用叙述方式反映事物发展变化的过程，使人清楚地了解事情的来龙去脉。撰写通报、报告、请示等公文，均离不开叙述的表达方式。

1．公文中叙述的特点

公文中的叙述有如下特点：

（1）平铺直叙。叙述有多种方式，但在公文写作中，大多采用平铺直叙，就是按照事物发生发展的先后顺序进行叙述，使叙事的层次段落与管理活动的发展顺序相一致，符合管理活动中提出问题、分析问题、解决问题的工作程序，便于人们认知、理解与执行。

（2）实叙其事。实叙其事就是以客观事实为基础，坚持一切从实际出发、实事求是的原则。这是公文的性质决定的。公文是国家机关、企事业单位以及其他组织开展公务活动的重要工具，它所叙述的情况，包括请示和答复的问题、指导和商洽工作、交流经验等，都是客观真实的，这是保证公文所传达的意见和决策正确、科学的首要条件。

（3）概括叙事。公文以处理公务为目的，以高效快捷为办事原则。因此，公文对时间、地点、人物、事件、原因、结果等叙述要素的表达，往往简洁明了、高度概括，便于受文者透过现象抓住事物的本质。

2．公文中对叙述的要求

公文中对叙述的要求如下：

（1）要素完备。事件的发生离不开时间、地点、当事人（或有关单位）、起因、过程、结果等要素，它们构成了一个合乎事实逻辑的完整事件，是发文单位针对事件进行定性、予以表彰或批评处理不可缺少的依据。一旦出现要素错漏，就难以使人了解事件全貌。

（2）概要精当。公文对事实的叙述，崇尚直截了当、简明扼要，叙述事件不必全面、细致地详述，概述即可。采用概括叙述，既可以交待清楚事件，使人产生清晰的印象，又可以保证公文篇幅短小，便于批阅和处理。

（3）线索清楚。公文中的叙述，要求使受文者一看便知、一听即懂，明白晓畅，以便其迅速了解事件本身的主要情况。因此，公文叙事要做到线索清晰、脉络分明。

秘书国家职业资格培训教程

上编·第二章 文书基础

二、议论

1．公文中议论的特点

在撰拟公文的实践中，发文者经常要用议论的形式来阐明道理，表明观点和主张。公文中的议论方式不同于普通论说文的议论手法，有如下特点：

（1）就事论理。公文的议论重在就事论理，即正面表明发文机关所持的观点和态度。通过说明一个观点、一种态度形成的理由、根据，对所涉及的事物进行评价、分析，为公文所表达的观点或态度、得出的判断或结论提供依据。

（2）强调论断。公文写作中的议论，注重在分析的基础上明确地进行评价、判断或表态。为了快捷有效地处理公务，公文中各种决策意见的得出不需要运用充足的论据进行论证，而是在叙述或说明事实的基础上，进行简要的总结、分析和论断，以进一步阐述发文者的观点和态度。

（3）严肃明快。在事务文书写作中运用议论时，一是对任何事物的评价都要实事求是，以理示人、以理服人。二要明快，一般以正面议论为主，直截了当地阐明观点，不拐弯抹角，不回避矛盾。

（4）点到为止。事务文书写作中的议论，一般不必三要素齐全、论证过程完整，往往在叙述事实后便下结论，或提出观点后即举例证明，无需周详的论证推理过程。不做长篇大论，往往点到为止。

2．公文中常用的论证方法

公文中常用的论证方法如下：

（1）举例论证法。即通过列举典型事例，从中归纳论点、得出结论的方法。举例的目的是借助事例论证观点。使用例证法需注意的是，用作论据的事实要典型，而且量要适度。事实论据要真实可靠，对事实论据的叙述宜简洁、概括，以免喧宾夺主，淹没论点。

（2）对比论证法。指通过对事实材料的比较得出结论，并以此为论据说明论点的方法。有比较才有鉴别，这种方法可使论点更加鲜明突出，文章更有说服力。

（3）因果论证法。指通过对事物的因果关系进行剖析来证明论点的方法。因果论证法有助于增强论证的科学性与说服力，使议论更加深入透彻。运用因果论证法关键在于深入分析事物的成因，并科学认定由此带来的必然结果，从而准确揭示事物因果之间的逻辑关系，得出正确结论。

三、说明

说明是指对人物、事项进行介绍、解说的一种表达方式，常用于交代事件背景，解释法规条文，说明知照事项，介绍有关人员或单位的基本情况等。命令、决定、通知、通告报告、通报等文种中的政策规定、具体措施、工作方法、实施步骤等内容，主要靠说明方式完成。

1. 公文中说明的对象

在公文写作中，说明常常在陈述或议论过程中出现，与叙述和议论关系密切。以说明的方式来介绍背景材料、交代情况，具体体现在以下几方面：

（1）说明事物的性质、特点。即用简明的语言，把某事物区别于其他事物的性质、特点概括出来，给人一个明确的认识。

（2）说明事物的范围。公文中在表达事物的外延时，通常采用说明的方式。

（3）说明事物的类别。即把公务活动中应当说明的对象，按照一定的标准划分不同的类别，一类一类地加以说明。这种方法用得好，不仅可以帮助人们掌握说明对象的概貌乃至一些具体情况，而且头绪清楚、层次分明，容易让人接受。

（4）说明公务完成的手段。公文中要经常涉及解决某一问题的措施、完成某一任务的手段，在表述这些内容时，常常采用说明的表达方式。

（5）说明发文机关的主张。主张是公文主旨的扩充和延伸，即意见、要求和观点等，公文中对这些内容的表达基本都是使用说明的方式。

（6）说明事物的优劣、进退、好坏或成败。可以通过引用一些数据，对事物进行肯定或否定性的说明。

2. 公文中说明的要求

（1）科学客观。对事物的说明要有科学性，一定要符合客观事物的规律，抓住事物的本质，不可主观臆断。

（2）清楚明白。要把主张、意见、办法、措施等交代清楚，以利于阅文者去贯彻、执行和办理，也就是要直截了当地告诉人们什么是对的、什么是错的，明确界限，直陈要求。

（3）浅显易懂。公文中说明事物的目的，是为了让人明白、理解这种事物，所以说明的文字一定要浅显易懂，详尽透彻。

思考与练习

（1）党政公文可以分为哪些类别？

（2）公文制发包括哪些程序？各个程序有什么具体要求？

（3）党政公文中署名、印章、成文日期3个格式要素应当如何编排？

（4）党政公文有哪些特定格式，与通用格式有哪些不同？

（5）党政公文的写作包括哪几个基本要素？

（6）公文的表达方式有哪几种？

第三章 办公自动化基础

【本章提示】

　　本章主要介绍秘书工作中常用的办公自动化基础知识，包括计算机基础知识、常用办公软件的应用以及互联网的应用常识。通过本章的学习和一定的练习、操作，学习者应能够熟练地使用相关的办公软件进行文字处理、表格加工、多媒体演示以及网络沟通等工作。

第一节 计算机基础知识

【先修内容】

　　1. 计算机系统的组成

　　计算机系统包括硬件系统和软件系统两部分。运算器、控制器、存储器、输入设备和输出设备是组成计算机硬件的 5 个基本部分。要掌握硬件各组成部分的功能特点、性能指标及常规硬件的维护方法。中央处理器（CPU）主要由控制器和运算器组成，是计算机的核心部件，衡量 CPU 性能的指标主要是主频与字长。存储器分为内存储器和外存储器，其主要性能指标是存储速度与存储容量。内存储器可以分为随机存储器和只读存储器，常用的外存储器有硬盘、软盘、光盘及其他可移动存储设备。输入设备是向计算机输入数据和信息的设备，目前最常用的输入设备是键盘和鼠标。输出设备是将计算机处理的最终结果或中间结果以某种形式表现出来的设备，最常用的输出设备是显示器与打印机。

　　计算机的软件系统可以分为系统软件和应用软件两大类。系统软件通常是负责管理、控制和维护计算机各种软硬件资源的软件，是计算机系统的必备软件，常见的系统软件主要是各类操作系统。应用软件是为了某种特定的用途而被开发的软件，具有很强的专用性，比较常见的应用软件有文字处理软件、信息管理软件、辅助设计软件、实时控制软件、教育与娱乐软件等。计算机系统是硬件与软件有机结合的整体。

2．计算机常规硬件维护

要注意对硬盘、光盘、键盘、鼠标和显示器等硬件设备进行维护。硬盘正在读写文件时不能关掉电源，要注意防尘、防止震动并且定期整理硬盘。正确地保养光盘会延长光盘的使用寿命，防止数据的丢失，应尽量保持盘面的干燥、清洁，避免划伤盘面，正确清洗光盘，保持适宜的存放温度，防止光盘变形。键盘应该定期进行清洁，减少灰尘进入。机械式鼠标的维护主要是保持传动轴的清洁；光电机械式鼠标使用时要注意尽量避免摔碰鼠标，或是强力拉扯导线；光电鼠标要特别注意保持感光板的清洁和感光状态良好。显示器在不用的时候，一定要关闭或者降低其显示亮度，要正确清洁显示屏表面，注意保持适宜的工作环境，注意防磁，减少不必要的触碰或者振动。

3．计算机日常使用

使用计算机要遵循正确的开关机顺序，否则会对机器造成损伤。正确的开机顺序是先打开外部设备再启动主机，关机时顺序相反。计算机的启动分为冷启动与热启动两种。关闭计算机要按照操作系统规定的规范的关机步骤关机，以防止丢失未存储的数据信息或损坏程序。使用"睡眠"模式可以有效保护计算机，使计算机睡眠前不需要关闭程序和文件。"死机"是一种常见的计算机运行故障状态，硬件与软件原因都可能造成"死机"，恢复办法是重新启动系统。计算机"死机"时应该进行热启动，处理"死机"故障时，要注意排除"假"死机现象。

计算机病毒具有传染性、隐蔽性、潜伏性、破坏性、不可预见性等特点，必须了解计算机中毒的症状，注意防治。预防计算机病毒的主要方法是切断病毒的传播途径。电脑中必须安装杀毒软件，经常对系统进行维护。当发现计算机感染病毒后，必须及时进行查杀。

【引导案例】

办公室的电脑运行速度开始变慢，有时打开一个 Word 文档就需要不少时间。高叶使用杀毒软件查杀后，发现不是病毒造成的，于是高叶运行 Windows 中的"磁盘清理程序"清除了垃圾文件，又运行磁盘碎片整理程序，大大减少了文件碎片。经过维护，电脑的运行速度果然有所提高。

点评：大多数人能够对计算机硬件进行清理与维护，却往往忽视软件系统的维护。事实上，大量的垃圾文件、无用程序、文件碎片都会严重影响到计算机的运行速度，因此，定期的软件系统维护也是非常重要的。清理磁盘、整理碎片以及检查磁盘是经常用到的软件维护操作。

计算机是一种能对各种数字化信息进行处理的工具，它是一台能够存储程序和数据并能自动执行程序的机器，计算机可以协助人们获取信息、处理信息、存储信息和传递信息。本级主要介绍对计算机硬件系统及软件系统进行常规维护的方法。

一、常规硬件维护

（一）常规清理

计算机使用过一段时间后，在显示器、主机箱表面及其他外部设备上都可能会出现灰尘。如果不及时清除，时间一长，灰尘就会侵入内部，使内部的电脑部件发生接触不良甚至损坏。以下是常规清理应注意的事项：

（1）关闭主机及所有外部设备的电源。

（2）使用柔软干净的湿布，难以清除的污渍可以使用中性清洁剂。使用的布不要太湿，以免水滴入设备内部。

（3）擦拭键盘时，注意不要让液体洒到键盘上，否则会使键盘受损，导致接触不良或短路等故障。

（4）机械式鼠标在使用一段时间后，滚动球上附着的灰尘会进入鼠标内部，导致鼠标灵敏度降低。只需把鼠标底盖卸下，取出滚动球，用湿布擦干净并晾干后再重新装好即可。使用光电式鼠标要注意不要把鼠标放在强光下照射，否则会影响鼠标指针的移动。

（二）使用屏幕保护程序

使用屏幕保护程序可以延长显示器的使用寿命。Windows 7提供了多个屏幕保护程序，用户还可以使用保存在计算机上的个人图片来创建自己的屏幕保护程序，也可以从 Web 下载屏幕保护程序。设置或更改屏幕保护程序的方法是：

（1）在"控制面板"中打开"外观和个性化"。

（2）单击"个性化"中的"更改屏幕保护程序"，打开"屏幕保护程序"设置对话框。

（3）单击该选项卡中的"屏幕保护程序"下拉列表，将会看到系统提供的所有屏幕保护程序；选取一种屏幕保护程序，单击"预览"按钮，可显示该屏幕保护程序的动态演示外观，若要结束屏幕保护程序预览，可以移动鼠标或按任意键；单击"设置"按钮，自定义该屏幕保护程序的显示选项；利用"等待"按钮设置系统启动屏幕保护程序之前要等待的时间。

（4）设置完成后，单击"确定"按钮即可。

用户可以卸载自己安装的屏幕保护程序，但不能卸载 Windows 提供的屏幕保护程序。

二、软件系统的维护

计算机在长时间使用之后，系统运行速度可能会变慢，或者经常出现一些异常情况。这种状况有时并不是因为病毒引起的，只需要进行简单的软件系统维护，就可以解决这一问题。

（一）清理磁盘

计算机在使用过程中，由于软件的安装、删除，会产生大量的临时文件和无用的文件，这些文件占据了很大的硬盘空间，影响了系统的运行速度。这时可以运行 Windows 中的"磁盘清理程序"来清除这些垃圾文件。

操作时，在 Windows 开始菜单中依次选择"所有程序"→"附件"→"系统工具"→"磁盘清理"，程序启动后出现一个驱动器选择窗口。通过下拉列表选择要清理的驱动器，选好后单击"确定"按钮，出现"磁盘清理"对话框。在该对话框中选择想删除的文件，单击"确定"按钮，出现删除文件提示。单击"删除文件"按钮，磁盘清理程序就会清除系统中不需要的文件。

（二）整理碎片

硬盘在经过长时间的使用后，会产生大量的文件碎片，导致文件的读写速度变慢。磁盘碎片整理程序将计算机硬盘上的破碎文件和文件夹合并在一起，可以使系统更有效地访问文件和文件夹，更有效地保存新的文件和文件夹。同时，磁盘碎片整理程序还将合并可用空间，以减少新文件出现碎片的可能性。

在 Windows 开始菜单中选择"所有程序"→"附件"→"系统工具"→"磁盘碎片整理程序"，会出现"磁盘碎片整理程序"对话框，选择要整理的硬盘，单击"碎片整理"，程序就会先开始分析磁盘，然后整理所选择的硬盘。

在 Windows 7 中，用户还可以让系统自行启动碎片整理。单击"配置计划"按钮，出现"磁盘碎片整理程序计划配置"对话框，在该对话框中可以设置碎片整理程序启动的频率、日期、时间及磁盘。

（三）检查磁盘

硬盘在长时间使用后，由于一些错误的文件操作，可能会造成硬盘上的文件存储混乱或丢失，这时可以使用 Windows 中的"磁盘检查"来检查并修复这些错误，并且可以试图恢复硬盘上的坏扇区。

运行"磁盘检查"的方法是：在"计算机"窗口中选定要检查的驱动器，单击鼠标右键，在弹出的快捷菜单中选择"属性"，出现磁盘属性对话框，单击"工具"选项卡。单击"工具"选项卡中的"开始检查"按钮，出现"磁盘检查选项对话框"，选择好后单击"开始"按钮，系统即开始检查磁盘。

第二节 Windows 应用基础

【先修内容】

1. Windows 7 工作界面

Windows 桌面由背景、图标和任务栏组成。任务栏由"开始"按钮、中间部分和通知区域三部分构成。单击"开始"按钮可打开"开始"菜单，"开始"菜单是计算机程序、文件夹和设置的主门户，由左窗格、搜索框、右窗格三个主要部分；中间部分显示已打开的程序和文件；通知区域位于任务栏的最右侧，包括一个时钟和一组图标。

Windows 窗口由标题栏、菜单栏、工具栏、边框、滚动条、状态栏以及工作区等基本元素组成，可以对 Windows 窗口进行移动、改变窗口的大小、滚动窗口的内容、切换窗口、排列窗口等操作。

Windows 对话框中常见的组成元素有标题栏、文本框、数值框、列表框、下拉式列表框、单选按钮、复选框、滑块、命令按钮等。Windows 对话框分为模态对话框与非模态对话框两类。Windows 对话框可以移动和关闭，但不能改变大小。

Windows 中的菜单主要有开始菜单、控制菜单、快捷菜单、下拉菜单以及级联菜单等，菜单的设置遵循着一定的约定，如按功能分组、具有虚实选项等。

2. Windows 文件管理

Windows 可以对文件以及文件夹进行创建、选取、复制、移动、删除、重命名等操作。创建文件夹最简单的方法是使用快捷菜单。鼠标左键单击文件或文件夹，即可选中对象，按住 Shift 键或 Ctrl 键再单击，可以选取多个连续或不连续对象。复制或移动对象的最简单方法是直接用鼠标把选中的文件或文件夹拖放到目的地，也可以使用"剪贴板"进行。选定对象后，直接按 Del 键可将删除对象移入回收站，若按 Shift + Del 组合键则文件会被直接删除。重命名文件或文件夹可以使用快捷菜单，也可以通过单击其名称设置插入点、再输入新名称的方式进行。

通过 Windows 资源管理器可以运行程序、打开文档、移动或复制文档、格式化和复制软盘。Windows 资源管理器的启动方法有多种，最常用的方法是在桌面双击"计算机"图标。资源管理器窗口布局有导航窗格、"后退"和"前进"按钮、工具栏、地址栏、收藏夹、库、菜单栏、搜索框、细节窗格、预览窗格等。资源管理器提供了多种查看文件及文件夹的方法与效果，用户可以选择列表方式、详细信息方式、平铺方式、内容方式等进行查看。Windows 7 还提供了小图标、中等图标、大图标、超大图标的查看方式，以满足不同用户的需求。打开文件夹中的对象可以双击，也可以使用快捷菜单。

Windows 7 具有很强的搜索功能，提供了查找文件和文件夹的多种方法。使用"开始"菜单上的搜索框、使用文件夹或库中的搜索框都可以搜索到所需要的文件，用户还可以将搜索扩展到特定库或文件夹之外。

【引导案例】

每次使用 Word、Excel 时都需要单击"开始"按钮进行寻找，高叶觉得太麻烦，于是，他在桌面建立了 Word、Excel 的快捷方式，这样以后每次启动时只需单击快捷方式就可以了。高叶顺便清理了一下桌面，将一些不用的图标删除掉，还换了一幅风景画做背景。经过清理，高叶觉得桌面看着舒服多了。

点评： 计算机桌面一开机便能看见，是用户最多接触的部分，因此，Windows 7 提供了个性化用户桌面的多种方法。秘书可以根据自己的喜好设计个性化的电脑桌面，但要记住的是，办公场所的电脑是用于工作的，桌面的设置要符合工作要求，不能过于花哨。

操作系统是用户和裸机之间的接口，其作用是使用户更方便地使用计算机。自从个人计算机问世以来，性能强大、工作稳定、简单易用的操作系统一直是人们的追求。微软公司的 Windows 产品自 1985 年问世以来，通过几十年的不断开发和升级，已经成为应用最为广泛的桌面操作系统。本节以 Windows 7 为例，主要介绍其桌面的个性化设置方法及程序管理功能的使用。

一、个性化桌面

一些人喜欢桌面干净整齐，上面只有几个图标或没有图标。而一些人将很多图标都放在自己的桌面上，以便快速访问经常使用的程序、文件和文件夹。Windows 7 提供了多种方法以供用户设计个性化的桌面。

（一）在桌面创建快捷方式

如果想要从桌面上轻松访问偏好的文件或程序，可创建它们的快捷方式。快捷方式是一个表示与某个项目链接的图标，而不是项目本身。用户可以为桌面或文件夹中的任何应用程序、文档、控制面板、打印机和磁盘等创建快捷方式。双击快捷方式便可以打开该项目。如果删除快捷方式，则只会删除这个快捷方式，而不会删除原始项目。快捷方式用一个左下角带有弧形箭头的图标表示。向桌面上添加快捷方式的步骤是：

（1）找到要为其创建快捷方式的项目。

（2）右键单击该项目，单击"发送到"，在出现的菜单中单击"桌面快捷方式"。该快捷方式图标便会出现在桌面上。

（二）从桌面上添加和删除图标

常用的桌面图标包括"计算机"、个人文件夹、"回收站"和"控制面板"等。添加或删除常用桌面图标的步骤如下：

（1）右键单击桌面上的空白区域，在出现的菜单中单击"个性化"。

（2）在左窗格中，单击"更改桌面图标"，出现"桌面图标设置"对话框。

（3）在"桌面图标"下面，选中想要添加到桌面的每个图标的复选框，或清除想要从桌面上删除的每个图标的复选框。

（4）设置好后，单击"确定"按钮。

（三）将文件夹中的文件移动到桌面上

有时需要将文件夹中的文件移动到桌面上，其操作非常简单，只需打开包含该文件的文件夹，然后将该文件拖动到桌面上即可。

（四）从桌面上删除图标

右键单击该图标，然后单击"删除"即可。如果该图标是快捷方式，则只会删除该快捷方式，原始项目不会被删除。

（五）移动图标

Windows 将图标排列在桌面左侧的列中。用户可以通过将其拖动到桌面上的新位置来移动图标，还可以让 Windows 自动排列图标。右键单击桌面上的空白区域，在快捷菜单中单击"查看"级联菜单中的"自动排列图标"。Windows 将图标排列在左上角并将其锁定在此位置。若要对图标解除锁定以便可以再次移动它们，可以再次单击"自动排列图标"，同时清除旁边的复选标记。

默认情况下，Windows 会在不可见的网格上均匀地隔开图标。若要将图标放置得更近或更精确，需要关闭网格。右键单击桌面上的空白区域，指向"查看"，然后单击"将图标与网格对齐"以清除复选标记。重复这些步骤可将网格再次打开。

（六）隐藏桌面图标

如果想要临时隐藏所有桌面图标，而实际并不删除它们，可以右键单击桌面上的空白部分，单击"查看"，然后单击"显示桌面图标"以从该选项中清除复选标记。可以通过再次单击"显示桌面图标"来显示这些图标。

二、程序管理

用户要完成大量的日常工作需要各种应用程序作为工具，Windows 的程序管理功能可以使用户很方便地安装、运行基于 Windows 的应用程序，以及应用程序之间的切换和信息共享等问题。

（一）启动程序

Windows 7 提供了多种启动程序的方法，主要包括：

（1）在"计算机"或"Windows 资源管理器"中双击程序图标。打开程序文件所在的文件夹，找到程序图标并双击它，这是启动程序的一个基本方法。

（2）使用快捷方式。如果用户在"开始"菜单中、桌面上或某一文件夹中曾经创建过某程序的快捷方式，那么只需要双击该程序的快捷方式即可。

（3）通过文档启动应用程序。从"计算机"或"Windows 资源管理器"窗口中直接双击文档图标，也可启动应用程序。

（4）从"开始"菜单打开程序。"开始"菜单最常见的一个用途是打开计算机上安装的程序。若要打开"开始"菜单左边窗格中显示的程序，可以单击它。单击后该程序就打开了，并且"开始"菜单随之关闭。

如果看不到所需的程序，可单击左边窗格底部的"所有程序"。左边窗格会按字母顺序显示程序的长列表，后跟一个文件夹列表。单击其中一个程序图标即可启动对应的程序，然后关闭"开始"菜单。文件夹中有更多程序。例如，单击"附件"就会显示存储在该文件夹中的程序列表。单击任一程序可将其打开。若要返回到刚打开"开始"菜单时看到的程序，可单击菜单底部的"后退"。

如果不清楚某个程序是做什么用的，可将指针移动到其图标或名称上。会出现一个文字框，该文字框通常包含了对该程序的描述。例如，指向"记事本"时会显示这样的消息："使用基本文本格式创建和编辑文本文件"。此操作也适用于"开始"菜单右边窗格中的项目。

随着时间的推移，"开始"菜单中的程序列表也会发生变化。出现这种情况有两种原因。一是安装新程序时，新程序会添加到"所有程序"列表中。二是"开始"菜单会检测最常用的程序，并将其置于左边窗格中以便快速访问。

（二）切换程序

在 Windows 7 中，切换应用程序有多种方法。

1．通过任务栏切换

所有同时打开的应用程序的图标都显示在任务栏上。单击任何一个应用程序图标，该应用程序窗口即被打开，且置于屏幕最上层。

2．通过单击指定活动窗口

如果用户要看的应用程序窗口被当前窗口覆盖住，但用户可以看见它，可单击该窗口的任何部位，该窗口即成为当前窗口。这样可以在不同窗口间实现切换。如果用户要看的应用程序窗口被当前窗口覆盖住，用户可以用鼠标左键单击当前窗口的标题栏，按住不放，将当前窗口拖走，直到可以看到要看的窗口为止。

（三）安装与卸载应用程序

1．安装程序

一般来说，绝大部分Windows应用程序的安装过程都是大致相同的。一般情况下，软件安装盘都具有自动安装功能，将该安装光盘放入光驱中，即可自动启动安装程序向导，根据向导的提示执行安装过程就可以完成软件的安装。

2．卸载程序

通过调用该应用程序组自己的卸载程序，用户可以实现对程序组的删除操作。在"开始"菜单"所有程序"级联菜单中的程序组里找到卸载程序单击即可。一般启动卸载程序之后，系统会提示是否确定删除此程序组，确定后提示选择卸载模式，一般选择默认的"Automatic"选项。卸载完成后，系统提示成功信息。

利用控制面板的"程序"也可以进行应用程序的卸载。用户可以检查"程序和功能"对话框，在当前安装的程序列表中找到要删除的程序，然后单击"卸载"即可卸载选中的程序。

如果在当前安装的程序列表中没有该程序，用户还可以检查该程序所在的文件夹，查找标记为Remove或Uninstall的卸载程序，双击即可卸载。

第三节 Word 应用基础

【先修内容】

1．文档的输入与保存

需掌握Word 2010的启动方法，掌握新建、打开、关闭、保存文件、保存为其他格式文档的方法。启动Word 2010的最简便方式是通过快捷方式启动。启动时系统会自动创建一个新文档，用户也可以通过"新建"命令按模板样式创建新文档。

双击某个 Word 文档可以打开该文件，单击 Word "文件" 下拉菜单下 "最近所用文件" 中的文档名称也可打开文件，还可以使用 Word 的 "打开" 命令打开文件。单击 "保存" 命令或者按 "Ctrl + S" 键即可进行保存操作，使用 "另存为" 命令可以改变正在编辑的文件的名字、路径或文件格式。关闭文档的最常用方法是单击屏幕右上角的 "关闭" 按钮。

2．文本编辑

掌握文本编辑的方法。在 Windows 任务栏右侧的输入法图标上单击，可弹出输入法菜单，从中可选择输入法。在文档中移动插入点最基本的方法是把 I 形指针指向新位置，然后单击鼠标左键。用鼠标选取文本只需把鼠标指针定位于要选定文本块的开始处，按住鼠标左键进行拖动即可。使用 "复制" 按钮（或按 "Ctrl+ C" 键）和 "粘贴" 按钮（或按 "Ctrl+ V" 键）可以复制文本，短距离内复制文本可以使用鼠标拖放的方法来实现，使用 "剪贴板" 对话框可以一次粘贴多项文本。使用 "剪切" 按钮（或按 "Ctrl+ X" 键）和 "粘贴" 按钮（或按 "Ctrl+ V" 键）可以移动文本。"Del" 键和 "Backspace" 键可以删除文本。单击 "撤销" 按钮允许把刚删除的内容恢复过来，单击 "恢复" 按钮可以将刚刚撤销的操作恢复。插入与改写是 Word 的两种编辑方式，按键盘上的 "Insert" 键可以实现编辑状态的切换。键盘上未能提供的符号可以通过单击 "插入" 选项卡中 "符号" 组框中的 "符号" 命令输入。使用查找和替换功能，可以迅速找出并替换指定的文本、格式和样式等。

3．格式设置与打印输出

掌握设置格式的方法。Word 2010 的字符格式命令集中在 "开始" 选项卡的 "字体" 组中，提供了字体、字号、字形等一些常用的格式设置，使用时只需选定文本后单击相应的格式按钮即可。如果要设置上下标、阴影等特殊格式，必须通过 "字体" 对话框才能完成。Word 2010 的段落格式命令集中在 "开始" 选项卡的 "段落" 组中，使用时只需选定段落后单击相应的格式按钮即可。如果要设置比较特殊的段落格式，可以通过 "段落" 对话框来完成。"格式刷" 可以用来复制格式。在 "页面布局" 选项卡的 "页面设置" 组中，提供了文字方向、页边距、纸张方向、纸张大小、分栏等常用的页面设置命令。在打印选项卡中，可以进行打印预览，也可以选择打印机、设置打印份数及打印范围等。

4．表格处理

掌握创建、编辑与修改表格的方法。使用 "插入表格" 按钮可以创建规则表格，使用 "插入表格" 对话框可以建立空表格，使用表格工具可以绘制复杂的不规则表格。在表格的单元格中编辑文本的方法与在表格外的文档中基本相同。可以用鼠标单击并拖动的方法来选定部分单元格或文本。合并单元格可以单击 "表格工具" 选项卡 "布局" 中的 "合并单元格" 按钮，还可以使用 "设计" 选项卡中的 "擦除" 按钮擦除相应的表格线来达到目的。拆分单元格可以通过表格工具 "布局" 选项卡中的 "拆分单元格" 命令进行。插入或删除行（列）也是在表格工具 "布局" 选项卡中进行的。

使用鼠标可以改变行高或列宽，表格中的文字可以通过设置字体字号、对齐方式等来进行格式化。使用"边框和底纹"对话框，可以给表格添加边框与底纹。单击表格工具"布局"选项卡中的"重复标题行"命令，可以自动重复表格标题。单击表格工具"设计"选项卡中"表样式"组中的任意一种格式，即可令表格套用该格式。

【引导案例】

高叶奉经理之命，制作公司的内部刊物。他使用了 Word 的许多高级排版功能来美化文档。标题的艺术字效果很是醒目，首字下沉使版面更加生动，分栏的使用使版面形式活泼，插入的图片颇富点睛效果，偶尔使用的段落底纹也很吸引眼球……经理看后大为赞许，也得到同事们的好评。

点评：Word 具有强大的图文处理功能，特殊的编排技巧如首字下沉、分栏、插入图片、使用艺术字等能够为文档增色，大大增强文档的吸引力。不过要注意的是，形式是为内容服务的，在关注形式的同时，千万不要忘记内容才是第一位的。

1989 年，微软公司发布首款基于 Windows 系统的 Word，此后，与操作系统一样，微软公司的 Word 也在不断升级。Word 功能强大、操作简单，目前已经成为最受办公人员欢迎的文字处理软件之一。秘书在工作过程中，经常需要制作一些图文并茂的文档，如公司内部刊物等，Word 提供了许多高级排版功能，如首字下沉、分栏、插入图片、使用艺术字等，这些特殊的编排技巧，可以使文档形象生动，从而增强文档的吸引力。本级主要介绍美化 Word 文档的一些技巧，包括插入各种对象、页面设置、添加边框和底纹等。

一、插入各种对象

（一）设置艺术字标题

Word 提供的艺术字功能可以制作出非常漂亮的文档，特别是对文档标题的修饰更是非常完美。设置艺术字的操作步骤如下：

（1）单击"插入"选项卡中的"艺术字"命令，出现"艺术字库"样式表。

（2）在该表中选择需要的样式单击，出现编辑框，同时自动调出"绘图工具"选项卡。

（3）在编辑框中输入需要的文字。

利用"绘图工具"选项卡用户还可以对艺术字的形状与文本的填充、轮廓、效果进行设置。单击"艺术字样式"组右侧的对话框启动器，可打开"设置文本效果格式"对话框，在该对话框中，可以对艺术字的阴影效果、三维效果等进行设置。

（二）首字下沉

使用 Word 所提供的首字下沉功能，可以使第一个字占据几行的位置，制造出特殊的效果。具体操作步骤如下：

（1）将插入点移到要设置首字下沉的段落中。

（2）单击"插入"选项卡中的"首字下沉"命令，出现"首字下沉"列表。

（3）单击"下沉"或"悬挂"按钮，可按默认样式设置格式。如果需要做出更改，可单击"首字下沉选项"，出现"首字下沉"对话框。

（4）在"位置"区中，选择首字下沉的方式。

（5）要为首字设置字体，可以单击"字体"框右边的向下箭头，从下拉列表中选择所需的字体。

（6）在"下沉行数"数值框中，设置首字所占的行数。

（7）在"距正文"数值框中，设置首字与正文之间的距离。

（8）单击"确定"按钮，就可以完成首字下沉设置的操作。

要取消首字下沉，可以在该对话框的"位置"区中选择"无"选项，单击"确定"按钮。

（三）插入剪贴画或图片

1．插入剪贴画

在文档中插入图片可以起到画龙点睛的作用。Word 的剪辑库中包含了大量的图片，如地图、人物、建筑物和风景等，用户可以直接在文档中插入这些图片。插入剪贴画的步骤如下：

（1）将插入点置于需要插入剪贴画或图片的位置。

（2）单击"插入"选项卡中"剪贴画"命令，出现"剪贴画"任务窗格。

（3）在"搜索文字"框中输入图片的主题词，选择好"结果类型"，单击"搜索"按钮，Word 将会把符合条件的图片搜索出来。

（4）单击选中的图片，即可将图片插入到文档中。

2．插入图片

插入图片的方法比较简单，具体操作如下：

（1）将插入点置于需要插入图片的位置。

（2）单击"插入"选项卡中"图片"命令，出现"插入图片"对话框。

（3）找到图片所在的文件夹，选定图片后单击"插入"按钮，即可将选中的图片插入到文档中。

3．调整图片的大小

插入的剪贴画或图片的大小如果与文字不协调，可以调整图片的大小。调整图片大小的步骤如下：

（1）单击要调整大小的图片，使其周围出现尺寸控点。

（2）用鼠标拖动尺寸控点改变图片的大小（拖动 4 个角上的控点可以按比例缩放图片；拖动上下控点可以改变图片的高度；拖动左右控点可以改变图片的宽度）。

（3）当大小合适时，松开鼠标左键。

4．移动图片

调整好图片大小后，就需要将其移动到文章合适的位置。移动图片的具体操作方法是：

（1）单击要移动的图片。

（2）将鼠标指向图片的任意位置，注意不要指向句柄。

（3）按住鼠标左键拖动，拖到目标位置后，松开鼠标左键。

5．复制和删除图片

使用"开始"选项卡中的"复制"和"粘贴"命令，可以对图片进行复制。复制图片的步骤如下：

（1）单击要复制的图片以将其选定。

（2）单击"开始"选项卡中的"复制"按钮。

（3）将插入点移到新的位置。

（4）单击"开始"选项卡中的"粘贴"按钮。

删除图片的方法很简单，只需先选定要删除的图片，然后按 Delete 键。

6．裁剪图片

如果要裁剪图片，可以按照以下步骤进行：

（1）选定要裁剪的图片。

（2）单击"图片工具"选项卡"格式"组中的"裁剪"按钮，并将鼠标指针指向图片的控点。

（3）按住鼠标左键沿剪裁方向拖动，达到所需的范围时，松开鼠标左键 即可。

（4）裁剪完毕，再次单击"裁剪"按钮。

要注意的是，被裁剪的图片部分并不是真正被清除，而只是被隐藏起来。如果要使被裁剪的图片部分重新显示出来，可以在单击"裁剪"按钮后，向相反方向拖动尺寸控点。

7．图文混排

为了使插入的图片能够环绕在正文的周围，需要设置图片的文字环绕方式。Word 默认的正文环绕方式是"上下型环绕"，用户可以选择不同的文字环绕方式。

通过对话框来设置环绕方式的步骤是：

（1）鼠标右键单击插入的剪贴画，在出现的快捷菜单中单击"自动换行"命令，出现文字环绕列表。

（2）选择一种环绕方式单击即可。如果要进行更精确的设置，可以单击"其他布局选项"，出现"布局"对话框。

（3）在"环绕方式"组框中选择需要的文字环绕方式。

（4）如果选择了"四周型"、"紧密型"或"穿越型"环绕方式，则可以在"自动换行"组框中选择更详细的环绕设置，如"两边"、"左侧"、"右侧"或"最宽一侧"。

（5）在"距正文"组框中设置图片上、下、左、右各边与文字之间的距离。

（6）单击"确定"按钮，Word 将按照设置使正文环绕图片排列。

二、页面设置

Word 2010 的页面格式命令集中在"页面布局"选项卡中，"页面设置"组中提供了常用的页面格式如文字方向、页边距、纸张方向、纸张大小、分栏等命令按钮。若想进行更详尽的页面设置，可以单击"页面布局"选项卡下"页面设置"组右侧的对话框启动器，弹出"页面设置"对话框，该对话框中包括了 Word 所能提供的所有页面格式。该对话框中有页边距、纸型、版式、文档网格等选项卡，用户可以进行相应的设置。

（一）文字方向

默认情况下，输入的文字自左向右沿水平方向排列。在一些特殊情况下，有时需要更改文字方向，Word 提供了多种文字方向排列方法。

更改文字方向的具体操作步骤为：打开要更改文字方向的文档，然后单击"页面布局"选项卡中的"文字方向"命令，出现"文字方向"列表，在列表框中单击所需的排列方式即可。也可单击"文字方向选项"命令，打开"文字方向"对话框，在该对话框中可以选择应用范围，在"预览"框中可以进行预览。单击"确定"按钮，即可得到相应的结果。

（二）页边距

Word 有默认的页边距，为使文档更加美观，可根据需要重新设置。设置页边距的具体操作步骤如下：

（1）将插入点置于要改变其页边距的节中。

（2）单击功能区"页面布局"选项卡中"页面设置"组中的"页边距"命令，出现下拉列表，在下拉列表中选择一种合适的页边距。

（3）如果列表中没有所需要的页边距，可以单击列表最下方的"自定义边距"命令，出现"页面设置"对话框。

（4）在"页边距"区域内可以在"上""下""左""右"框中输入页边距尺寸以及装订线的位置与值；在"纸张方向"区域内可选择页面的方向；在"应用于"

列表中可以将设置应用于部分或整篇文档。

（5）设置好后，单击"确定"按钮。

（三）纸张方向

默认情况下，纸张方向为纵向，有时需要横向使用纸张，如在显示一张列数较多的宽表格时。Word 2010 改变纸张方向的操作非常简单，只需单击"页面布局"选项卡中的"纸张方向"命令，在打开的下拉列表中只有"纵向"与"横向"两个选项，单击所需要的方向即可。

（四）纸张大小

Word 提供各种打印纸张的大小，也提供自定义选项设置特殊的纸张大小。秘书办公用纸通常有两种型号，即 A4 与 B5。Word 默认的纸张大小是 A4。

选择纸张大小的具体操作步骤如下：

（1）单击功能区中的"页面布局"选项卡，在"页面设置"组中单击"纸张大小"命令，出现下拉列表。

（2）在下拉列表中单击大小合适的纸张即可。

（3）如果列表中没有所需要的尺寸，可以单击列表最下方的"其他页面大小"命令，将会出现"纸张"对话框。在"纸张大小"框中，选择用于打印的纸张大小。如果要自定义纸张大小，可以在"宽度和高度"框中输入所需的尺寸。

（4）在"应用于"列表框中，选择纸张大小的应用范围。

（5）设置完毕，单击"确定"按钮。

（五）建立分栏

报纸杂志上经常可以看到多栏格式的文章。用户可以使用 Word 轻松地制作出多栏格式的文档。设置分栏格式的操作步骤如下：

（1）选中要设置分栏的段落。

（2）单击"页面布局"选项卡中的"分栏"命令，出现分栏列表。

（3）单击相应的按钮，会按预设格式进行分栏。如果需要进行更详细的设置，可单击"更多分栏"命令，出现"分栏"对话框。

（4）在"预设"框中选择所需的分栏数，在"应用于"框中选择文档中需要设置分栏格式的部分。还可以对列数、栏宽、间距等进行设置。

（5）设置好后，单击"确定"按钮。

（六）设置页面边框

Word 可以给页面设置边框。给页面添加边框的具体操作步骤如下：

（1）单击"页面布局"选项卡中的"页面边框"命令，出现页面边框对话框。

（2）选择"设置"下除"无"以外的选项。

（3）根据需要，可指定"样式""颜色"和"宽度"。

（4）在"艺术型"列表框中指定图样，可使用装饰性的边框作为页面边框。此时，在"预览"中会显示出所选边框的示例。

（5）如果只添加部分边框时，可选择示例中的边框或是预览左方或下方的按钮，以指定添加边框的位置。

（6）如果要指定边框的应用范围，可在"应用于"列表框中选择特定的区域。

（7）单击"选项"按钮，出现"边框和底纹选项"对话框。

（8）在"测量基准"列表中选择"文字"或"页边"，然后在"边距"组框中指定页面边框与正文或文字之间的距离。

（9）单击"确定"按钮，返回到"边框和底纹"对话框中。

（10）单击"确定"按钮，即可给页面添加边框。

三、添加边框与底纹

边框和底纹通常用于美化文档的版面。在 Word 中，既可以给文本添加边框和底纹，也可以给段落添加边框和底纹。

（一）添加段落边框

给段落添加边框的具体操作步骤如下：

（1）将插入点置于要添加边框的段落中，或者选定多个段落。

（2）单击"开始"选项卡"段落"组"边框"按钮右侧的小按钮，出现边框线类型。

（3）根据需要选择相应的框线即可。如果要进行更精确的设置，可单击最下方的"边框和底纹"命令，出现"边框和底纹"对话框。

（4）在"应用于"列表框中指定边框的使用范围。

（5）在"设置"框中有 5 个选项：

选择"无"，不加边框，如果已给段落添加边框，则加以删除；

选择"方框"，在所选内容的四周都加上边框；

选择"阴影"，在所选内容的四周都加上边框，并给边框应用预设的阴影格式；

选择"三维"，在所选内容的四周都加上边框，并应用预设的三维边框格式；

选择"自定义"，则用"预览"图示中的按钮创建自定义边框。

（6）在"样式"列表框中选择边框的类型。

（7）如果想设置边框的颜色，则单击"颜色"列表框右边的向下箭头，从下拉列表中选择一种颜色；如果想设置边框线的宽度，则单击"宽度"列表框右边的向下箭头，从下拉列表中选择边框线的宽度。

（8）设置完毕，单击"确定"按钮即可。

（二）添加段落底纹

给段落添加底纹必须在"边框和底纹"对话框中进行，具体操作步骤如下：

（1）将插入点置于要添加底纹的段落中，或者选定多个段落。

（2）单击"开始"选项卡"段落"组"边框"按钮右侧的小按钮，出现边框线类型。

（3）单击列表最下方的"边框和底纹"命令，出现"边框和底纹"对话框，单击"底纹"选项卡，出现"底纹"对话框。

（4）在"应用于"列表框中指定底纹使用的范围，从"填充"框中选择底纹的填充颜色。

（5）如果有必要，在"图案"列表框中选择图案的样式，在"颜色"列表框中选择图案的颜色。

（6）单击"确定"按钮，即可给选择的段落添加底纹。

（三）添加字符边框

给字符添加边框，只需选定要加边框的文字，然后单击"开始"选项卡上"字体"组中的"字符边框"按钮 即可。

注意：段落边框与字符边框的效果是有很大不同的。如图 3-1 所示，上面的自然段是给字符添加边框的效果，而下面的自然段是给段落添加边框的效果。

（四）添加字符底纹

给字符添加底纹的操作非常简单，只需两步操作：选定要添加底纹的字符，单击"开始"选项卡上"字体"组中的"字符底纹"按钮 即可。

同边框一样，段落底纹与字符底纹的效果是有很大不同的，如图 3-2 所示，上面的自然段是给字符添加底纹的效果，而下面的自然段是给段落添加底纹的效果。

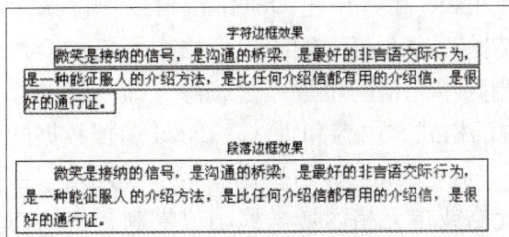

图 3-1 字符与段落边框效果比较

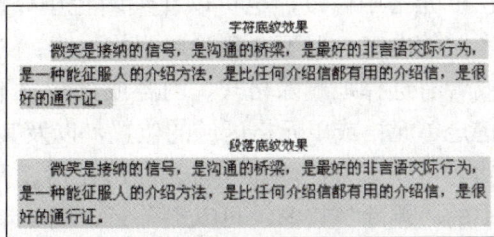

图 3-2 字符与段落底纹效果比较

第四节 Excel 应用基础

【先修内容】

1．工作簿的创建与关闭

掌握创建与关闭工作簿的方法。Excel 是微软办公套装软件的一个重要组成部分，启动 Excel 的操作与 Word 类似。每个 Excel 工作簿中包含若干个工作表，工作表主要由电子表格组成，位于工作表左侧的阿拉伯数字为各行的行号，位于工作表上方的英文字母为各列的列标，列与行纵横相交形成单元格。创建、打开、保存、关闭工作簿的操作方法与 Word 中文档的操作方法基本一致。

2．数据的输入

能够在 Excel 工作表中正确输入数据。选取单元格的最基本方法是当鼠标指针变成空心十字形状时，将其移动到想要选定的单元格内单击左键。选定连续单元格区域，可以通过拖动鼠标选定，也可以使用鼠标与 Shift 键配合选定；选定不连续单元格区域，需鼠标与 Ctrl 键配合选定；单击工作表的行号或列标可以选定整行或整列，按住 Shift 键或 Ctrl 键再单击可以选定连续或不连续的行或列；单击"选定全部工作表"按钮可以选定整个工作表。

数值型数据输入后，Excel 自动将其靠单元格右边对齐。输入字符型数据要将单元格设置为文本格式。在单元格中输入可识别的日期和时间数据时，单元格的格式会自动转换为相应的"日期"或者"时间"格式。在 Excel 中，可以利用自动重复与自动填充功能输入数据，还可以设定数据有效性，为单元格设置提示信息。

3．数据的编辑与格式化

能够对工作表中的数据进行编辑。修改已输入的数据，可以双击单元格，直接在单元格中修改，也可以在编辑栏中修改。Excel 中，单击 Delete 键可以删除选定区域的内容，但不会删除单元格本身；"清除"命令可以删除单元格中所有内容，或者有选择地删除格式、内容或批注，不删除单元格的位置；"删除"命令将删除选定单元格或单元格区域的位置，以及其中的格式、内容和批注。Excel 追加数据的功能可以很方便地插入与删除单元格、行、列，单击"开始"选项卡"单元格"组中的"删除"按钮，可以删除行、列、单元格或单元格区域。移动或复制行和列的内容时，Excel 会移动或复制其中包含的所有信息，包括数值、格式等等。在 Excel 中，可以移动或复制整个单元格区域或其内容。也可以移动或复制单元格的特定内容或属性。

掌握行高和列宽设置的方法。调整行高或列宽可以使用鼠标进行，也可以使用"格式"命令进行。在默认情况下，单元格中的文本靠左对齐，数字靠右对齐，默认的水平对齐方式为"常规"，垂直对齐方式为"居中"。可以使用选项卡中的对齐按钮设置对齐方式，也可以使用对话框设置对齐方式。能够进行单元格的合并与文本的换行操作。单元格中输入的文本会显示在一行中，可以设置自动换行，也可以手动换行。

掌握文本格式及数字格式的设置方法。对单元格中的文字进行格式设置，其操作方法与在 Word 中基本一致。Excel 提供的数字格式有常规格式、数值格式、货币格式、会计专用格式、日期格式、时间格式、百分比格式、分数格式、科学记数格式、文本格式、特殊格式、自定义格式等。数字格式集中在"开始"选项卡的"数字"组中，也可以利用对话框进行数字格式的设置。

能够为工作表设置边框和底纹。为使数据表更加清晰，便于输出，可以为数据表设置边框线。为了突出重点，便于区分，还可以为单元格设置底纹样式。

能够进行格式复制与格式套用。运用格式刷工具，可以把格式复制到目标单元格、行或列。Excel 提供了丰富的表格样式，可以直接套用这些样式。可以给单元格设置条件格式，规定单元格中的数据达到设定条件时的显示方式。

4．工作表的操作

掌握对工作表进行操作的方法，能够对工作表进行添加、改名、移动、复制、删除等操作。单击工作表标签右侧的"插入工作表"按钮，可以增加一个新工作表。单击要改名的工作表标签，输入新的名称可以重命名工作表。移动或复制工作表可以用鼠标直接拖动，也可以使用"移动或复制工作表"命令。删除工作表最方便的方法是使用快捷菜单中的"删除"命令。

【引导案例】

高叶奉经理之命对上半年公司各项产品的营业额做个简单的统计分析。高叶将各月的销售情况汇总到一张工作表中后，利用求和、求平均值，最大值、最小值等函数对各项产品分别做了简单统计，并且制作了折线图，非常清楚地表明了各种产品在各月的销售额，各产品的销售趋势、销售高峰与低谷在图中也一目了然。经理看后非常满意。

点评：Excel 具有强大的图表与数据分析功能，可以帮助用户对数据进行一些统计分析。秘书必须掌握使用 Excel 制作图表的方法，目前已知的所有图表几乎都能用 Excel 制作出来，图表的表现力远强于文字。函数输入功能也是秘书必须要掌握的，这可以大大减轻一些统计工作量。

1987 年，诞生了第一款适用于 Windows 系统的 Excel。目前，Excel 是微软办公套装软件的一个重要组成部分，是秘书办公中使用频率很高的软件。Excel 具有强大的图表功能，能够创建各种图表，更直观、更形象地表达数据信息。Excel 同样具有强大的数据运算与统计功能，这些功能主要是通过 Excel 中的公式和函数来实现的。本级主要介绍 Excel 的图表操作以及有关公式与函数的内容。

一、图表的制作

图表可以更直观地显示相关数据信息。Excel 图表类型丰富，编辑方便，可以充分满足秘书工作的需要。

（一）图表类型

Excel 中图表类型众多，有标准图表类型，有自定义图表类型，不同的图表类型适用不同特性的数据。常见的图表有以下几种：

（1）柱形图：柱形图是 Excel 默认的图表类型，用长条显示数据点的值。柱形图用于显示一段时间内的数据变化或显示各项之间的比较情况。在柱形图中，通常把分类项放在水平轴（X 轴）上标出，把数据值放在垂直轴（Y 轴）上标出，以强调数据随时间的变化。

（2）条形图：条形图显示各个项目之间的比较情况，类似于柱形图，主要强调各个数据项之间的差别。一般把分类项放在垂直轴（Y 轴）上标出，把数据值放在水平轴（X 轴）上标出。

（3）折线图：折线图是将同一系列的数据在图中表示成点并用直线连接起来，可以显示随时间变化的连续数据，适用于显示某段时间内数据的变化及其趋势。在折线图中，类别数据沿水平轴均匀分布，所有值数据沿垂直轴均匀分布。

（4）饼图：饼图是把一个圆面划分为若干个扇面，每个扇面代表一项数据值。显示一个数据系列中各项的大小与各项总和的比例。饼图中的数据点显示为整个饼图的百分比，只适用于单个数据系列间各数据的比较。

（5）面积图：排列在工作表的列或行中的数据可以绘制到面积图中。面积图强调数量随时间而变化的程度，也可用于引起人们对总值趋势的注意。例如，表示随时间而变化的利润的数据可以绘制在面积图中以强调总利润。通过显示所绘制的值的总和，面积图还可以显示部分与整体的关系。

（6）XY 散点图：散点图显示若干数据系列中各数值之间的比较，或者将两组数绘制为 XY 坐标的一个系列。散点图有两个数值轴，沿水平轴（X 轴）方向显示一组数值数据，沿垂直轴（Y 轴）方向显示另一组数值数据。散点图将这些数值合并到单一数据点并以不均匀间隔或簇显示它们。散点图通常用于显示和比较数值，例如科学数据、统计数据和工程数据。

（7）股价图：股价图通常用来描述股票价格走势，显示股价的波动，也可用于处理其他数据。例如，可以用股价图来显示每天或每年温度的波动。

（8）曲面图：曲面图在寻找两组数据之间的最佳组合方面很有用。曲面图中的颜色和图案表示具有相同数值范围的区域。当类别和数据系列都是数值时，可以使用曲面图。

（9）圆环图：圆环图显示各个部分与整体之间的关系，可以包含多个数据系列。它与饼图有类似之处，但饼图只有一个数据系列。

（10）气泡图：气泡图是一种特殊类型的 XY 散点图。气泡的大小可以表示数据组中数据的值，泡越大，数据值就越大。

（11）雷达图：雷达图比较若干数据系列的聚合值，由一个中心向四周辐射出多条数值坐标轴，每个分类都有自己的数值坐标轴，并由折线将同一系列中的值连接起来。

（二）创建图表

1. 插入图表

Excel 允许用户单独建立一个统计图表。在"插入"选项卡中有一个"图表"组，列出了常见的图表，使用时只需选定数据区域后选择相应的图表类型即可。例如要插入一个二维簇状柱形图，可以按以下操作步骤进行：

（1）选择要包含在图表中的数据单元格区域。在创建图表时，如果只选择了一个单元格，Excel 会自动将紧邻该单元格且包含数据的所有单元格绘制在图表中。

（2）单击"插入"选项卡上"图表"组的"柱形图"按钮，出现柱形图子图表类型列表。

（3）在下拉列表中选择柱形图的子类型。单击"二维簇状柱形图"之后，即会插入一个柱形图。

2. Excel 图表的组成部分

Excel 图表一般包括以下组成部分：

（1）图表区：整个图表及其全部元素。

（2）绘图区：是指通过轴来界定的区域，在二维图表中，包括所有数据系列。在三维图表中，包括所有数据系列、分类名、刻度线标志和坐标轴标题。

（3）数据系列：在图表中绘制的相关数据点，这些数据源自数据表的行或列。在图表中，数据系列表现为一组具有同样颜色或图案的图形。可以在图表中绘制一个或多个数据系列。饼图只有一个数据系列。

（4）数据点：在图表中绘制的单个值，这些值由条形、柱形、折线、饼图或圆环图的扇面、圆点和其他被称为数据标记的图形表示。相同颜色的数据标记组成一个数据系列。

（5）坐标轴：界定图表绘图区的线条，用作度量的参照框架。y 轴通常为垂直坐标轴，包含数据；x 轴通常为水平轴，包含分类。

（三）编辑图表

创建图表以后，可以修改图表的任何一个元素。

1．选定图表对象

在 Excel 图表中，单击图表区域可激活图表；单击图表对象可激活图表对象。图表激活之后，当光标悬停在图表中时，系统会显示文字提示框，告知用户光标目前所在区域的名称。单击即可选中要编辑的图表对象。图表对象被选中之后，会在周围出现一个浅绿色的细线矩形框和 8 个浅绿色小点的控制柄，同时会在功能区出现"图表工具"选项卡。选中的对象，可以进行移动、复制、删除，更改格式、填充效果等。

2．移动和缩放图表

在图表上单击选中图表，然后将鼠标指针移到图表区，按住鼠标左键拖动，即可使图表移动位置。

用户可以根据需要任意改变图表的大小。只需选中要改变大小的图表，在图形四角及四边的标记处拖动鼠标即可。

3．重新设定图表选项

选定所插入的图表后，会出现"图表工具"选项卡，该选项卡中有"设计"、"布局"、"格式"三个选项卡。利用选项卡中的按钮，可以对图表的标题、坐标轴、网格线、图例和数据标志、数据表等重新进行设定。例如要添加图表标题，可以进行如下操作：

（1）单击要为其添加标题的图表中的任意位置。此时将显示"图表工具"，其上增加了"设计"、"布局"和"格式"选项卡。

（2）在"布局"选项卡上的"标签"组中，单击"图表标题"，出现图表标题列表。

（3）单击"居中覆盖标题"或"图表上方"。

（4）在图表中显示的"图表标题"文本框中键入所需的文本。

标题文本选中后可以使用功能区（"开始"选项卡上的"字体"组）上的格式设置按钮。若要设置整个标题的格式，则可以右键单击该标题，单击"设置图表标题格式"，然后在出现的对话框中选择所需的格式设置选项。

4．更改图表类型

对于已经创建好的图表，可以根据需要更改图表的类型，重新选择图表样式。具体操作步骤是：

（1）单击已创建的图表。

（2）单击"插入"选项卡上"图表"组中的对话框启动器按钮，打开"更改图表类型"对话框。

（3）选择一种图表类型及其子图表类型。

（4）单击"确定"按钮，完成更改。

5．增加图表数据

往创建好的图表中添加数据系列的操作步骤是：在工作表上选定含有待添加数据的单元格，单击"开始"选项卡"剪贴板"组中的"复制"按钮，然后选定要添加数据的图表，再单击"剪贴板"组中的"粘贴"按钮即可。

6．更新图表数据

图表建立之后，就被链接到建立它们的工作表数据，当更新了工作表时，图表也会被自动更新。所以，用户只要向工作表增加或删除数据，Excel 就会自动完成对图表的更新。

7．删除图表数据系列

同时删除工作表和图表中的数据的操作非常简单，只要把工作表中的相应数据删除就行了，图表会自动进行更新。如果只删除图表中的数据，而不改变工作表中的数据，只需选中图表，然后单击要删除的数据系列，然后按下"Del"键即可。

二、公式

用户可以在数据表中输入公式，对数值进行各种计算。只要正确地输入公式，Excel 就可以帮助用户计算出结果。而且，公式的运算结果还会随着工作表数据的改变而自动改变，随时更新计算结果。Excel 还为用户提供了几百个内置函数，函数是 Excel 的内置公式，可以帮助用户减少编写公式的时间，方便进行繁杂的计算工作，提高工作效率。

（一）公式的输入

公式是计算、分析数据的等式，能对数据进行算术运算和逻辑运算。Excel 公式一般包括运算符、单元格引用、值或字符串、工作表函数以及它们的参数，用户还可以输入用以改变公式运算顺序的括号。

如果在公式中同时输入了多个运算符，要特别注意运算符的运算优先级，不同运算符的优先级是不一样的。括号在 Excel 的内部优先次序中排在最前面，其次是负号、百分比、求幂、乘除运算、加减运算、文本链接，最后是比较类运算符。如果一个公式中有多个运算符，Excel 将按运算符的优先次序进行计算。如果公式中的运算符优先级相同，则从左到右进行计算。

Excel 公式中，可以直接输入数据值进行运算，也可以输入存放数据的单元格地址来进行计算。

输入公式与输入文本类似，可以在单元格中输入，也可以在编辑栏中输入。输入一个公式的操作与输入其他类型的数据类似，不同的只是在输入公式时必须以"="

作为开始，然后才是公式的表达式。输入公式的步骤是：

（1）单击要输入公式的单元格；

（2）输入等号和公式；

（3）单击回车键或者单击编辑栏中的"输入"按钮。

公式输入完成，单击回车键，单元格中就会只显示运算结果，不再显示公式内容。但在编辑栏中，Excel 显示的仍然是公式的内容，以方便用户检查和修改。

在公式中引用单元格或单元格区域时，可以通过鼠标单击或拖动的方式输入单元格或单元格区域地址，代替手动输入，这样可以节省时间，减少误操作。

（二）单元格的引用

1．相对引用

公式中的相对引用是引用单元格的相对位置，在这种引用方式下，当把一个含有单元格地址的公式复制到一个新的位置或者范围时，公式中的单元格地址会发生改变。

在默认状态下，Excel 对单元格的引用采用的是相对引用，当生成公式时，对单元格或区域的引用通常是基于它们与公式单元格的相对位置。例如单元格 C3 包含公式"=B1+B2+D6"，Excel 将在距单元格 C3 左上方的两个单元格和右下方第三个单元格处的单元格中查找数据，这就是相对引用。

当复制使用相对引用的公式时，被粘贴公式中的引用将被更新，并指向与当前公式位置相对应的其他单元格。比如单元格 C3 中的公式被复制到单元格 D3 中，单元格 D3 中的公式将会变为"= C1+C2+E6"，即在单元格 D3 左上方的两个单元格和右下方第三个单元格处的单元格中查找数据。

2．绝对引用

所谓绝对引用是指把公式复制到新位置时，公式中的固定单元格地址保持不变。绝对地址的引用是通过对单元格地址的冻结来实现的，方法是在单元格地址的行号和列标前加上美元符号"$"。

例如，单元格 C3 中包含公式"= B1+B2+D6"，现在将公式复制到 D3 单元格中，则公式中的 3 个引用都将改变。用户可以在不希望改变的引用前加"$"，比如要对单元格 B1、B2 进行绝对引用，就在公式中加入美元符号："=$B$1+$B$2+D6"，这样，当把公式复制到 D3 单元格时，可以看到编辑栏中出现"=$B$1+$B$2+E6"，绝对地址 B1、B2 不变，相对地址 D6 变成了 E6。

3．混合引用

有时，需要在拷贝公式时只有行或者只有列保持不变。在这种情况下，就需要使用混合引用。所谓混合引用就是指在一个单元格地址引用中，既有绝对地址引用，也有相对地址引用。例如，单元格地址"$B5"就表明保持"列"不发生变化，但"行"

会随着新的拷贝位置发生变化。同样，单元格地址"B$5"表明保持"行"不发生变化，但"列"会随着新的拷贝位置发生变化。

4. 三维引用

一个工作簿是由多张工作表组成的，如果数据分布在不同的工作表中，要完成数据的汇总，就必须能够读取在每张工作表中的数据，这就是三维引用，意即在一本工作簿中从不同的工作表引用单元格。

三维引用的一般格式为：工作表名加单元格地址。例如在工作表"Sheet2"的单元格 C3 中输入公式"=Sheet1！ A1+A2"（输入工作表时单击工作表标签，会自动插入，并出现"！"号），就表明要引用工作表"Sheet1"中的单元格 A1 和当前工作表的单元格 A2 相加，结果放到当前工作表中的 C3 单元格。

（三）Excel 中的运算符

运算符是公式的基本元素，一个运算符代表一种运算方式，Excel 的运算符主要包括 4 类：

（1）算术运算符：算术运算符用来完成基本的数学运算，如加法、减法、乘法和除法。算术运算是秘书在工作中经常用到的，应当熟练掌握。

（2）比较运算符：比较运算符用来对两个数值进行比较，产生的结果为逻辑值 True（真）或 False（假）。比较运算符主要有等于、大于、小于、大于等于、小于等于、不等于等。

（3）文本运算符：文本运算符只有一个，即"&"，用来将一个或多个文本链接成为一个组合的整体文本。例如"Micro"&"soft"的结果为"Microsoft"，"中"&"国"的结果为"中国"。

（4）引用运算符：引用运算符用来将单元格区域合并运算。主要包括 3 种：

区域运算符（冒号：）：生成对两个引用之间的所有单元格的引用，包括这两个引用，如"A3:B9"。

联合运算符（逗号，）：将多个引用合并为一个引用，如 SUM（B5:B15，D5:D15）

交叉运算符（空格 ）：生成对两个引用共同的单元格的引用，如"B7:D7 C6:C8"。

（四）移动和复制公式

移动、复制公式的操作和移动、复制单元格的操作方法一样，选中包含公式的单元格后，单击"开始"选项卡"剪贴板"组中的"剪切"、"复制"按钮，然后选中要粘贴公式的位置，单击"粘贴"的命令即可。若要在相邻的单元格中批量复制公式，还可以使用直接拖动填充柄的方式复制公式，拖动的方法与数据自动填充方法一样。

当移动公式时，公式中的单元格引用并不改变。当复制公式时，单元格绝对引用也不改变，但单元格相对引用将会改变，这会对计算结果产生影响。

（五）Excel 公式中常见的错误值

在 Excel 中，有一些专门针对公式运算中常见错误的检查规则，如果启用了这些规则，当公式出现错误，不能计算出结果时，系统会自动显示错误值，以提醒用户。常见的错误值有：

#####：列不够宽，或者使用了负日期或时间。

#REF!：公式引用了一个无效单元格。

#NUM!：公式或函数中使用了无效的数值。

#NULL!：指定了两个并不相交的区域的交点。

#NAME?：公式中使用了 Excel 不能识别的文本或名称。

#N/A：公式中引用的数值对函数或公式不可用。

#DIV/0!：该公式使用了 0 作为除数，或者公式中使用了一个空单元格。

三、函数的使用

（一）Excel 中函数的类别与构成

1．函数的类别

Excel 提供了几百个内置函数，按照其功能的不同，可以分成以下 10 类。

（1）数学和三角函数：处理各种数学计算。

（2）文本函数：用于在公式中处理文字串。

（3）财务函数：对数值进行各种财务运算。

（4）工程函数：主要用于工程分析，如对复数进行处理，在不同的数值系统间进行转换等。

（5）数据库函数：分析和处理数据清单中的数据。

（6）日期与时间函数：在公式中分析和处理日期值和时间值。

（7）信息函数：用于确定保存在单元格中的数据类型。

（8）查找和引用函数：对指定的单元格、单元格区域返回各项信息或运算。

（9）统计函数：对数据区域进行统计分析。

（10）逻辑函数：用于进行真假值判断，或者进行复合检验。

2．函数的构成

每个函数由一个函数名和相应的参数组成。典型函数的结构一般是：

函数名（参数 1，参数 2，…）

函数名是函数的名称，每一个函数都有自己唯一的函数名称。函数中的参数可以是数字、文本、逻辑值、表达式、引用，甚至可以是其他函数。各参数之间，用逗号"，"间隔。

例如：求和函数 SUM（A3，B5，C2，D2:D4）表示的是求 A3、B5、C2 3 个单元格和 D2:D4 单元格区域中各单元格数据之和。"SUM"是函数名称，A3、B5、C2、D2:D4 是参数，参数用圆括号括起来，参数的具体值要由用户提供。

（二）Excel 中常用函数介绍

1．MAX 函数

功能：求出一组数中的最大值。语法：MAX（number1，number2…）。注意：如果参数中有文本或逻辑值，则忽略。

2．MIN 函数

功能：求出一组数中的最小值。语法：MIN（number1，number2…）。注意：如果参数中有文本或逻辑值，则忽略。

3．SUM 函数

功能：返回某一单元格区域中所有数字之和。语法：SUM（number1，number2…）。注意：参数表中的数字、逻辑值及数字的文本表达式可以参与计算，其中逻辑值被转换为 1，文本被转换为数字。如果参数为数组或引用，只有其中的数字将被计算，数组或引用中的空白单元格、逻辑值、文本或错误值将被忽略。

4．AVERAGE 函数

功能：计算区域中数值的平均值（算术平均值）。语法：AVERAGE（number1，number2…）

5．COUNT 函数

功能：返回数字参数的个数。它可以统计数组或单元格区域中含有数字的单元格个数。语法：COUNT（value1，value2…）。

（三）函数的输入

Excel 中的函数是一些预定义的公式，可以通过将其引入到工作表中进行运算。

在 Excel 中，输入函数一般有两种方法。

1．手动输入法

如果用户对函数相当熟悉，可以手动输入函数。输入函数与输入公式类似，具体操作是：单击要输入公式的单元格。依次输入等号、函数名、左括号、参数和右括号。回车确定。

例如，单元格 B3 中有数值 1，单元格 D3 中有数值 3，要在单元格 C5 计算两个单元格数据的平均值，可以输入"=AVERAGE（B3，D3）"，回车，则将在 C5 单元格计算出 B3 和 D3 单元格数据的平均值"2"。

2．用"插入函数"命令输入公式

具体操作过程如下：

（1）单击要输入公式的单元格。

（2）单击"公式"选项卡上"函数库"组中的"插入函数"按钮，出现"输入函数"对话框。

（3）在该对话框中，可以在"搜索函数"文本框中输入函数名，然后单击"转到"按钮，也可以直接从"或选择类别"下拉列表框中选择函数的类型，然后在"选择函数"列表框中选择函数。选定函数后，列表框的下方会出现关于该函数功能的简单提示。

（4）选择好函数后，单击"确定"按钮，弹出"函数参数"对话框。

（5）在弹出的"函数参数"对话框中，根据实际需要设置函数参数。单击"函数参数"对话框中各参数框，分别在其中手动输入数值、单元格或单元格区域引用等。如果引用的是工作表中的单元格，可以用鼠标点击或拖动的方式选定单元格或单元格区域。如果"函数参数"对话框挡住了工作表中的数据单元格，可以将对话框拖开，或者单击参数框后面的折叠按钮，将对话框折叠。

（6）设置好参数后，单击"确定"按钮，会计算出结果。

3．数据的自动计算

对行或列中所有连续的数字求和或求平均值，这是在 Excel 数据处理时经常要用到的操作。为方便用户，Excel 为这些函数设置了专门的菜单选项。

（1）单击行或列连续数字的最后一个单元格。

（2）单击"公式"选项卡上"函数库"组中"自动求和"按钮中的三角按钮，弹出下拉菜单。

（3）根据需要在弹出的菜单中选择自动运算函数，例如，如果单击"平均值"命令，则 Excel 会自动计算连续单元格数据的平均值，并在单元格区域显示虚框，如果 Excel 自动选择的区域无误，则单击回车键，计算出虚框区域的平均值。

利用这一功能，用户可以进行求和、求平均值、计数、最大值、最小值的运算。

选定要计算的单元格区域后，在 Excel 工作表状态栏右半部分，会显示所选区域数值的平均值、计数值和求和值。这样，用户不需要进行繁杂的输入、计算，就能随时知道选定区域数据的常用运算结果。

如果想在状态栏上显示更多的计算结果，可以在状态栏上单击鼠标右键，弹出"自定义状态栏"列表后，勾选"最大值""最小值"或"数值计数"，便可以增加显示计算结果的项目。

第五节 PowerPoint 应用基础

【先修内容】

1．创建演示文稿

掌握 PowerPoint 2010 的启动方法，掌握新建、关闭以及保存演示文稿的方法，理解 PowerPoint 视图方式的运用，掌握创建幻灯片的方法，能够创建标题幻灯片、标题和内容幻灯片并对幻灯片的文字进行处理。启动 PowerPoint 的方法与 Word 基本一致，其主编辑界面显示为一张待编辑的幻灯片。PowerPoint 常用的视图方式主要有普通视图、幻灯片浏览视图、备注页视图和幻灯片放映视图，此外还有母版视图、阅读视图等视图方式。使用"新建幻灯片"按钮可以插入一张空的幻灯片，单击幻灯片占位符可以添加文字，双击可以添加指定的对象。PowerPoint 演示文稿的保存、关闭方法与 Word 等软件相同。掌握幻灯片的编辑方法，能够对幻灯片进行选定、复制、移动、删除等操作，能够更改幻灯片版式，掌握快速打开最近使用过的演示文稿的方法，能够对演示文稿进行页面设置与打印设置，按要求打印演示文稿。

2．修饰幻灯片

能够利用 PowerPoint 的修饰功能对幻灯片进行修饰。掌握设置幻灯片标题字体格式的设置方法，能够应用幻灯片主题，能够对文本与段落格式进行设置与修改。在 PowerPoint 中，修改文本与段落格式的方法与 Word 基本是一致的。应用幻灯片主题能够快速而轻松地设置整个幻灯片的格式，可以将主题应用于选定幻灯片、相应幻灯片或者对所有幻灯片应用新主题。能够按要求设置幻灯片的背景，可以为幻灯片设置不同的颜色、阴影、图案或者纹理的背景，也可以使用一幅图片作为背景，使用"背景样式"下拉列表或者"设置背景格式"对话框都可以设置幻灯片背景。能够对占位符的格式进行设置，设置填充颜色和边框线条以及占位符的大小和位置等。

3．插入各种对象

掌握在幻灯片中插入表格的方法，能够在 PowerPoint 中创建表格，能够从 Word 中复制和粘贴表格，能够从 Excel 复制并粘贴一组单元格，能够在 PowerPoint 中插入 Excel 电子表格。掌握在幻灯片中插入剪贴画及图片的方法，掌握在幻灯片中插入艺术字的方法，能够在幻灯片中添加艺术字，能够将现有文字转换为艺术字。掌握在演示文稿中插入图表的方法，能够制作新的图表幻灯片、能够在已有的幻灯片中添加图表。掌握在演示文稿中插入形状的方法，能够在文件中添加单个形状、多个形状，能够向形状添加文字及项目符号或编号列表，能够向形状添加快速样式，能够改变形状类型并删除形状。掌握在演示文稿中插入媒体对象的方法，能够在演示文稿中添加音频剪辑，能够从演示文稿嵌入、链接视频文件。

4．放映幻灯片

能够设置放映的动画效果，能够设置幻灯片切换方式，能够设置幻灯片放映方式，包括放映类型、放映范围、放映选项、换片方式等。掌握幻灯片的几种放映方式，幻灯片有4种放映方式，即从头开始、从当前幻灯片开始、自定义幻灯片放映、广播幻灯片。通过放映控制快捷键可以控制PowerPoint放映，能够正确使用PowerPoint放映控制快捷键及快捷菜单。

【引导案例】

高叶正在为经理的年度报告修改PPT。他觉得PPT内容大多是一些文字条目，无法给听众留下深刻印象。于是他使用了PowerPoint 2010的将文本转换为SmartArt图形功能，根据内容选择插入了不同的SmartArt图形。修改后的PPT虽然没有增加任何内容，但表现力大为增强。

点评： 图片具有非常强的表现力，能够给听众留下较为深刻的印象，一张好的图片抵得过千言万语。PowerPoint 2010提供了将文本转换为SmartArt图形的功能，这是从2007版以后才具有的新功能。利用这一功能，可以很容易地把项目文字图形化，从而吸引听众的注意力。

一套完整的PPT文件一般包含片头动画、PPT封面、前言、目录、过渡页、图表页、图片页、文字页、封底、片尾动画等；所采用的素材有文字、图片、图表、动画、声音、影片等。幻灯片的表现形式应当是丰富的，如果只有文字的展示排列，就会显得过于单调。在幻灯片中插入各种对象，可以丰富幻灯片的表现形式，使幻灯片更直观、更形象，更富感染力。本级主要介绍主题样式、背景样式的应用及插入超链接、插入SmartArt图形的方法，同时介绍设计放映幻灯片的一些高级操作。

一、创建演示文稿

（一）根据已安装的模板新建演示文稿

PowerPoint 2010内置了许多漂亮的模板和主题方案，用户依据这些模板，可设置出具有专业水准的演示文稿。具体操作步骤如下：

（1）启动PowerPoint 2010。

（2）单击"文件"，在弹出的菜单列表中单击"新建"，打开"新建演示文稿"对话框。

（3）在左侧窗格中，显示出可用的模板和主题。

（4）选择合适的模板，在右侧会显示预览，单击"创建"按钮即可根据自己的需要新建一个空演示文稿。

（二）修改最多可取消操作次数

出现误操作时，可以单击快速访问工具栏上的按钮撤销操作。PowerPoint 默认可取消操作的最多次数是 20 次。如果想增加可取消操作的次数，可以对设置进行修改。步骤如下：

（1）单击"文件"菜单下"选项"按钮，弹出"PowerPoint 选项"对话框；

（2）在"PowerPoint 选项"对话框左侧窗格中，单击"高级"，右侧出现高级选项对话框；

（3）在"最多可取消操作数"框中输入需要的数字。注意，数字必须大于或等于 3，小于或等于 150；

（4）单击"确定"按钮，完成设置。

二、修饰幻灯片

（一）修改主题格式

主题颜色、主题字体和主题效果三者构成一个主题，对这三者进行修改，可以得到较为显著的修饰效果。

1. 修改主题颜色

修改主题颜色能够得到颇为显著的修饰效果。通过一个单击操作，即可将演示文稿的色调进行更改。

一个主题颜色包含 12 种颜色槽。4 种水平颜色用于文本和背景。用浅色创建的文本总是在深色中清晰可见，而用深色创建的文本总是在浅色中清晰可见。6 种强调文字颜色，它们总是在 4 种潜在背景色中可见。最后 2 种颜色不会在图片中显示，而是为"超链接"和"已访问的超链接"保留。

主题颜色可以很得当地处理浅色背景和深色背景。主题中内置有可见性规则，因此用户可以随时切换颜色，系统会自动配置保证所有内容将仍然清晰可见且外观良好。

当单击"主题"组中的"颜色"时，主题名称旁边显示的颜色代表该主题的强调文字颜色和超链接颜色。选择一种单击，即可按内置的样式更换主题的颜色。

用户也可以对应用该主题的各个内容部分的颜色进行设置。要创建自己的自定义主题颜色，可以按照以下步骤进行：

（1）在"主题"组中单击"颜色"，出现主题颜色列表；

（2）在列表的下方单击"新建主题颜色"，出现"新建主题颜色"对话框；

（3）在该对话框中对各类颜色进行设置。设置时只需单击每一类颜色右侧的按钮，会打开"主题颜色"对话框，在该对话框中单击需要的颜色即可；

（4）设置好后，在下方的"名称"栏中输入一个自定义的颜色名称，单击"保存"按钮即可。

创建好自己的主题颜色组后，在"颜色"按钮上和"主题"名称旁边显示的颜色将得到相应的更新。

2．修改主题字体

主题字体是应用于文件中的主要字体和次要字体的集合。对整个文档使用一种字体始终是一种美观且安全的设计选择。当需要营造对比效果时，使用两种字体将是更好的选择。每个 Office 主题均定义了两种字体：一种用于标题，另一种用于正文文本。二者可以是相同的字体，也可以是不同的字体。

更改主题字体将对演示文稿中的所有标题和项目符号文本进行更新。当用户单击"设计"选项卡"主题"组中的"字体"时，用于每种主题字体的标题字体和正文文本字体的名称将显示在相应的主题名称下。单击其中的一种设置，即可为当前演示文稿更改主题字体。

单击主题字体列表下方的"新建主题字体"，将打开"新建主题字体"对话框。在该对话框中可以自定义主题字体。设置好字体后，在"名称"框中为新的主题字体命名，单击"保存"按钮即可。新设置的主题字体名称会显示在主题列表中。

3．更改主题效果

主题效果指定如何将效果应用于图表、SmartArt 图形、形状、图片、表格、艺术字和文本。通过使用主题效果库，可以替换不同的效果及以快速更改对象的外观。虽然用户不能创建自己的主题效果集，但是可以选择要在自己的主题中使用的效果。

每个主题中都包含一个用于生成主题效果的效果矩阵。此效果矩阵包含 3 种样式级别的线条、填充和特殊效果。这些样式级别称为"笔画""色调"和"深度"。通过组合 3 种格式设置，用户可以生成与同一主题效果完全匹配的视觉效果。

每个主题都具有不同的效果矩阵以获得不同的外观。例如，一个主题可能具有金属外观，另一个主题的外观可能看起来像磨砂玻璃。

单击"设计"选项卡"主题"组中的"效果"，出现主题效果列表。用于每种主题效果的名称将显示在相应的主题效果下，单击其中的一种设置，即可为当前演示文稿更改主题效果。

（二）修改背景样式

背景样式是 PowerPoint 独有的样式，它们使用新的主题颜色模式，新的模型定义了将用于文本和背景的两种深色和两种浅色。背景样式中提供了 6 种强调文字颜色，它们在 4 种可能出现的背景色中的任意一种上均清晰可见。

在每个主题中包含 3 个背景填充定义：细微、中等和强烈。通过将这 4 种背景色和 3 种主题背景进行组合，可以获得 12 种可能的背景样式。

在内置主题中，背景样式库的首行总是使用纯色填充。要访问背景样式库，可以在"设计"选项卡的"背景"组中，单击"背景样式"，出现背景样式列表，单击其中的一种样式，即可对演示文稿的背景样式进行修改。要注意的是，背景样式列表与目前演示文稿所应用的主题有关，应用的主题不同，出现在列表中的背景样式也会有所不同。

若仅希望在演示文稿的部分幻灯片中应用背景样式或主题，可以右键单击相应背景样式或主题，然后单击快捷菜单上的"应用于选定幻灯片"。

三、插入各种对象

（一）插入超链接

在 PowerPoint 中，超链接可以是从一张幻灯片到同一演示文稿中另一张幻灯片的连接，也可以是从一张幻灯片到不同演示文稿中另一张幻灯片，到电子邮件地址、网页或文件的连接。

可以从文本或对象（如图片、图形、形状或艺术字等）创建超链接，其具体步骤如下。

（1）在"普通"视图中，选择要用作超链接的文本或对象。

（2）在"插入"选项卡上的"链接"组中，单击"超链接"，出现"插入超级链接"对话框。

（3）在对话框的"链接到"下，可以进行选择：

要链接到同一演示文稿中的幻灯片，单击"本文档中的位置"，然后在右侧的"请选择文档中的位置"进行选择：要链接到当前演示文稿中的幻灯片，可以在"请选择文档中的位置"下，单击要用作超链接目标的幻灯片；要链接到当前演示文稿中的自定义放映，可以在"请选择文档中的位置"下，单击要用作超链接目标的自定义放映。选中"放映后返回"复选框。

要链接到不同演示文稿中的幻灯片，单击"现有文件或网页"。然后在右窗格中找到包含要链接到的幻灯片的演示文稿，单击"书签"，然后单击要链接到的幻灯片的标题。

要链接到 Web 上的页面或文件，单击"现有文件或网页"。单击"查找范围"右侧的"浏览 Web"按钮，将会打开浏览器。在浏览器中或者在"浏览过的网页"中找到并选择要链接到的页面或文件。

要链接到电子邮件地址，单击"电子邮件地址"。在"电子邮件地址"框中，键入要链接到的电子邮件地址，或在"最近用过的电子邮件地址"框中，单击电子邮件地址。在"主题"框中，键入电子邮件的主题。

要链接到一个新文件，单击"新建文档"，在"新建文档名称"框中，键入要创建并链接到的文件的名称。如果要在另一位置创建文档，可以在"完整路径"下单击"更改"，浏览到要创建文件的位置，然后单击"确定"。在"何时编辑"下，单击相应选项以确定是现在更改文件还是稍后更改文件。

（4）设置好后，单击"确定"按钮即可。

如果在主演示文稿中添加指向演示文稿的链接，则在将主演示文稿复制到便携电脑中时，需要确保将链接的演示文稿复制到主演示文稿所在的文件夹中。如果不复制链接的演示文稿，或者如果重命名、移动或删除它，则当从主演示文稿中单击指向链接的演示文稿的超链接时，链接的演示文稿将不可用。

若要删除演示文稿中的某些文本或对象的超链接，可以执行下列操作：选择要删除其超链接的文本或对象。在"插入"选项卡上的"链接"组中，单击"超链接"，出现对话框。在"编辑超链接"对话框中单击"删除链接"。也可以选中要删除其超链接的文本或对象后单击鼠标右键，在弹出的快捷菜单中单击"取消超链接"即可。

（二）插入 SmartArt 图形

1．SmartArt 图形概述

SmartArt 图形是信息和观点的视觉表示形式。可以通过从多种不同布局中进行选择来创建 SmartArt 图形，从而快速、轻松、有效地传达信息。

与文字相比，插图和图形更有助于读者理解和记住信息。使用 SmartArt 图形和其他新功能，只需单击几下鼠标，即可创建具有设计师水准的插图。用户可以在 Excel、PowerPoint、Word 或 Outlook 的电子邮件中创建 SmartArt 图形。虽然不能在其他 Office 程序中创建 SmartArt 图形，但可以将 SmartArt 图形作为图像复制并粘贴到那些程序中。

由于 PowerPoint 演示文稿通常包含带有项目符号列表的幻灯片，所以当使用 PowerPoint 时，用户可以将幻灯片文本转换为 SmartArt 图形。用户还可以使用某一种以图片为中心的新 SmartArt 图形布局快速将 PowerPoint 幻灯片中的图片转换为 SmartArt 图形。此外，用户还可以在 PowerPoint 演示文稿中向 SmartArt 图形添加动画。

创建 SmartArt 图形时，系统会提示用户选择一种类型，如"流程""层次结构"或"关系"。类型类似于 SmartArt 图形的类别，并且每种类型包含几种不同布局。

2．创建 SmartArt 图形

创建 SmartArt 图形并向其中添加文字的具体操作步骤如下：

（1）在"插入"选项卡的"插图"组中，单击"SmartArt"，出现"选择 SmartArt 图形"对话框。

（2）在对话框中，单击所需的类型和布局。

（3）单击"确定"按钮，将会在幻灯片上插入图形并显示文本窗格。

（4）单击"文本"窗格中的"文本"，然后键入文本。也可以从其他位置或程序复制文本，然后粘贴文本。

（5）输入完毕，单击幻灯片的任意空白位置即可。

3．将幻灯片文本转换为 SmartArt 图形

将文本转换为 SmartArt 图形是将现有幻灯片转换为专业设计的插图的快速方法。例如，只需一次单击，就可以将日程幻灯片转换为 SmartArt 图形。用户可以从众多内置布局中挑选，以增加幻灯片的视觉吸引力。将指针放在缩略图上，可以找出最适合项目符号列表的 SmartArt 图形布局。为 SmartArt 图形选择了布局后，幻灯片中的文本将自动放入形状中，并且基于所选的布局进行排列。将幻灯片文本转换为 SmartArt 图形的具体操作步骤如下：

（1）单击包含要转换的幻灯片文本的占位符。

（2）在"开始"选项卡的"段落"组中，单击"转换为 SmartArt 图形"，出现列表库。

（3）在列表库中包含最适合于项目符号列表的 SmartArt 图形布局。若要查看完整的布局集合，可以单击"其他 SmartArt 图形"。鼠标停留在图形布局上，幻灯片中将会预览效果。

（4）单击所需的 SmartArt 图形布局，即可在幻灯片中插入选中的 SmartArt 图形。

4．在 SmartArt 图形中添加或删除形状

内置的 SmartArt 图形有时需要添加或删除形状，添加形状的具体操作步骤如下：

（1）单击要向其中添加另一个形状的 SmartArt 图形。

（2）单击最接近新形状的添加位置的现有形状。

（3）在"SmartArt 工具"下的"设计"选项卡上，在"创建图形"组中单击"添加形状"下的箭头。

（4）在列表中选择添加位置。

也可以从"文本"窗格中添加形状。若要从"文本"窗格中添加形状，可以单击现有窗格，将光标移至文本之前或之后要添加形状的位置，然后按 Enter 键。

若要从 SmartArt 图形中删除形状，可以单击要删除的形状，然后按 Delete 键。若要删除整个 SmartArt 图形，可以单击 SmartArt 图形的边框，然后按 Delete 键。

5．SmartArt 图形和图表的区别

SmartArt 图形和图表的使用是有区别的。SmartArt 图形是信息和观点的可视表示形式，而图表是数字值或数据的可视图示。一般来说，SmartArt 图形是为文本设计的，而图表是为数字设计的。

适宜使用 SmartArt 图形的情况有：创建组织结构图；显示层次结构，如决策树；演示过程或工作流中的各个步骤或阶段；显示过程、程序或其他事件的流；列表信

息；显示循环信息或重复信息；显示各部分之间的关系，如重叠概念；创建矩阵图；显示棱锥图中的比例信息或分层信息；通过键入或粘贴文本并使其自动放置和排列来快速创建图示。

适宜使用图表的情况有：创建条形图或柱形图；创建折线图或 XY 散点（数据点）图；创建股价图（用于描绘波动的股价）；创建曲面图、圆环图、气泡图或雷达图；链接到 Microsoft Excel 工作簿中的实时数据；当更新 Microsoft Excel 工作簿中的数字时自动更新图表；使用"假设"计算，同时希望能够更改数字并看到所做的更改立即自动反映到图表中；自动添加基于数据的图例和网格线；使用特定于图表的功能，如误差线或数据标签。

四、设计放映幻灯片

（一）幻灯片动画效果的设置

1. 设置动画效果选项、计时或顺序

用户可以在"动画"选项卡上为动画指定效果、开始时间、持续时间或者延迟计时，并对动画顺序进行调整。

（1）若要为动画设置效果选项，可以在"动画"选项卡上的"动画"组中，单击"效果选项"右侧的箭头，然后单击所需的选项。

（2）若要为动画设置开始计时，可以在"计时"组中单击"开始"菜单右侧的箭头，然后选择所需的计时。指示动画效果开始计时的图标有 3 种类型：

"单击时"：动画效果在用户单击鼠标时开始。

"与上一动画同时"：动画效果开始播放的时间与列表中上一个效果的时间相同。此设置在同一时间组合多个效果。

"上一动画之后"：动画效果在列表中上一个效果完成播放后立即开始。

（3）若要设置动画将要运行的持续时间，可以在"计时"组中的"持续时间"框中输入所需的秒数。

（4）若要设置动画开始前的延时，可以在"计时"组中的"延迟"框中输入所需的秒数。

（5）若要对列表中的动画重新排序，可以在"动画"任务窗格中选择要重新排序的动画，然后在"动画"选项卡上的"计时"组中，选择"对动画重新排序"下的"向前移动"使动画在列表中另一动画之前发生，或者选择"向后移动"使动画在列表中另一动画之后发生。

2. 查看幻灯片上当前的动画列表

用户可以在"动画"任务窗格中查看幻灯片上所有动画的列表。"动画"任务窗格显示有关动画效果的重要信息，如效果的类型、多个动画效果之间的相对顺序、受影响对象的名称以及效果的持续时间。

若要打开"动画"任务窗格，可以在"动画"选项卡上的"高级动画"组中，单击"动画窗格"。屏幕右侧会出现动画窗格，各个效果将按照其添加顺序显示在"动画窗格"中。

（二）幻灯片切换效果的设置

1．设置切换效果的计时

若要设置上一张幻灯片与当前幻灯片之间的切换效果的持续时间，可以执行下列操作。

（1）在"切换"选项卡上"计时"组中的"持续时间"框中，键入或选择所需的速度。

（2）若要指定当前幻灯片在多长时间后切换到下一张幻灯片，可以采用下列步骤之一：在单击鼠标时切换幻灯片，可以在"切换"选项卡的"计时"组中，选择"单击鼠标时"复选框。在经过指定时间后切换幻灯片，可以在"切换"选项卡的"计时"组中，在"设置自动换片时间"框中键入所需的秒数。

2．向幻灯片切换效果添加声音

用户可以为幻灯片的切换效果添加声音，具体操作步骤如下。

（1）在包含"大纲"和"幻灯片"选项卡的窗格中，单击"幻灯片"选项卡。

（2）选择要向其添加声音的幻灯片的缩略图。

（3）在"切换"选项卡的"计时"组中，单击"声音"旁的箭头，然后选择声音来源。若要添加列表中的声音，可以选择所需的声音；若要添加列表中没有的声音，可以选择"其他声音"，找到要添加的声音文件，然后单击"确定"。

3．设置切换效果的属性

PowerPoint 2010 中的许多（但不是全部）切换效果都具有可自定义的属性，用户可以对这些属性进行设置。具体操作步骤如下。

（1）在普通视图中的"幻灯片"选项卡上，单击要修改其切换效果的幻灯片的缩略图。

（2）在"切换"选项卡上的"切换到此幻灯片"组中，单击"效果选项"并选择所需的选项。

（三）设置自定义放映幻灯片

用户可以只播放演示文稿中的部分幻灯片，这种功能可以通过设置自定义放映的方式来实现。

1．定义自定义放映幻灯片

用户可以将欲放映的部分幻灯片自定义为一组幻灯片，在放映时，用"自定义幻灯片放映"功能。具体操作步骤如下。

（1）单击"幻灯片放映"选项卡"开始放映幻灯片"组中的"自定义幻灯片放映"按钮，出现"自定义放映"对话框。

（2）在"自定义放映"对话框中单击"新建"按钮，打开"定义自定义放映"对话框。

（3）在左窗格中选定要放映的部分幻灯片。在选定时，按住 Ctrl 单击，可选定不相邻的多张幻灯片；单击第一张幻灯片，再按住 Shift 单击最后一张幻灯片，可选定相邻的多张幻灯片。

（4）选定幻灯片之后，单击"添加"按钮，将选定的幻灯片添加到右侧自定义幻灯片列表。如果添加了不需要的幻灯片，可以选中它，然后单击"添加"按钮下方的"删除"。在这里的删除只是将幻灯片从自定义放映中取消，不会删除演示文稿中的幻灯片本身。

（5）在"幻灯片放映名称"文本框中为自定义放映幻灯命名。单击"确定"按钮返回"自定义放映"对话框。

（6）单击"关闭"按钮，完成设置。

设置好后，单击"幻灯片放映"选项卡"开始放映幻灯片"组中的"自定义幻灯片放映"按钮，会出现设置好的自定义放映的名称，单击即会播放。

2. 隐藏部分幻灯片

一个演示文稿的内容可能比较丰富，涵盖了主题涉及的多个方面。对于特定观众来说，某些幻灯可能不是其关心的，或者演讲者不希望某几张幻灯片在播放时出现。在这种情况下，可以利用隐藏功能，把不需要展示的幻灯片隐藏起来。具体操作步骤是。

（1）选定要隐藏的幻灯片。

（2）单击"幻灯片放映"选项卡"设置"组中的"隐藏幻灯片"按钮。

这样，选中的幻灯片即被隐藏起来。在"普通视图"的预览窗格中，或者在"浏览视图"中，可以看到被隐藏的幻灯片的编号周围会显示灰色方框标志。

选中被隐藏的幻灯片，再次单击"隐藏幻灯片"按钮，可以取消隐藏。

第六节 多媒体应用基础

【先修内容】

1. 多媒体计算机概述

掌握多媒体计算机的基本概念及系统组成。一般的多媒体系统由多媒体硬件系统、多媒体操作系统、媒体处理系统工具和用户应用软件四部分组成。多媒体信息的类型有文本、图像、动画、声音以及视频影像等，它们各具特点。多媒体技术具有集成性、控制性、交互性、非线性、实时性、互动性、信息使用的方便性、信息结构的动态性等特点，多媒体技术广泛应用于各个领域。典型的媒体播放器具有解压缩、消除抖动、错误纠正和用户播放等功能，需掌握媒体播放器的使用。

2. 图形（图像）的基本知识

掌握图形（图像）的类别与技术指标。目前的图形（图像）格式大致可以分为位图与矢量图两大类，整合位图图像和矢量图形的优点，是处理数字图像的最佳方式。图形（图像）的相关技术指标主要有 3 个，即分辨率、色彩数、图形灰度。图像总是按照一定的文件格式来提供信息，比较常用的有 BMP 格式、JPEG 格式、GIF 格式、TIFF 格式、PSD 格式等。图像的色彩用亮度、色调和饱和度来描述。图形制作和图像浏览工具分为图形（图像）制作软件和图形（图像）浏览工具两大类。

利用 Word、PowerPoint 等工具，可以对图形图像进行基本的处理。掌握裁剪图片的方法，能够按精确尺寸裁剪图片，能够将图片裁剪为特定形状；掌握图片颜色修正的方法，能够更改图片亮度、更改图片对比度、调整图片的模糊度；掌握更改图片颜色效果的方法，能够更改图片的颜色浓度、更改图片的色调、对图片进行重新着色、更改颜色的透明度；掌握应用图片样式与效果的方法，能够应用图片样式、添加或更改图片效果、将艺术效果应用于图片。

3. 音频与视频的基本知识

了解音频处理技术的概况，理解乐器数字接口 MIDI 的概念，掌握常见声音文件格式，如 MP3 格式、WAV 格式、MIDI 格式、CDA 格式的特点，了解常见音频播放软件的功能及使用方法。能够使用数码录音笔进行录音，了解录音笔的工作原理、录音模式与基本功能，掌握数码录音笔的使用方法与维护保养的注意事项。

了解动态图像组成的基本原理，掌握常见的影像视频格式和流式视频格式的分类与特点。目前常用的影像文件格式有 AVI 和 MPEG 两种，常见的流式视频格式有 RM 格式、RMVB 格式、MOV 格式、ASF 格式、SWF 格式等。了解常用的视频播放器的功能及使用方法。

掌握 Windows7 多媒体中心的基本运用，了解 Windows7 多媒体中心的功能，能够安装 Windows Media Center，掌握使用 Windows Media Center 观看图片和视频的方法，能够查找和查看图片、创建幻灯片放映、查找和播放视频文件、查找和播放音乐、创建播放列表、在 Windows Media Center 中播放 CD 及 DVD、将媒体文件添加到 Media Center 等。

【引导案例】

高叶准备把公司年会上拍摄的一些照片传到公司网站上。打开照片文件夹后他发现有些照片拍得不够理想，有几张甚至出现"红眼"。于是高叶打开美图秀秀，对存在问题的照片进行了处理。经过处理的照片清晰自然，色彩明亮，很好地反映出年会的气氛。照片上传后，得到了好评。

点评：数码相机早已成为普及度很高的办公设备，拥有拍照功能的手机也几乎是人手一个，于是，每次活动之后，有大量的数码照片可供挑选。当然，由于种种条件的限制，照片难免存在缺陷，数码摄影的好处之一就是可以利用软件对照片进行处理。用户可以调整照片的亮度、对比度、色彩饱和度、清晰度等，有些软件提供的"一键美化"功能使用户只需点击一下即可获得效果理想的照片。在这样一个多媒体的时代，秘书必须掌握图片、音频、视频文件处理的简单操作。

多媒体计算机技术是应用计算机技术将各种媒体以数字化的方式集成在一起，从而使计算机具有表现、处理、存储多种媒体信息的综合能力和交互能力。多媒体技术具有广阔的发展前景。本级主要介绍多媒体计算机的软硬件组成、照片处理软件的使用、录音基本知识及 Windows Live 影音制作的相关内容。

一、多媒体技术概述

（一）多媒体计算机的硬件

在多媒体计算机之前，传统的微机或个人机处理的信息往往仅限于文字和数字。为了使计算机能够集声、文、图、像处理于一体，人类发明了有多媒体处理能力的计算机。多媒体计算机的主要硬件除了常规的硬件如主机、软盘驱动器、硬盘驱动器、显示器、网卡之外，还要有音频信息处理硬件、视频信息处理硬件及光盘驱动器等部分。

（1）音频卡：音频卡用于处理音频信息，它可以把话筒、录音机、电子乐器等输入的声音信息进行模数转换（A/D）、压缩等处理，也可以把经过计算机处理的数字化的声音信号通过还原（解压缩）、数模转换（D/A）后用音箱播放出来，或者用录音设备记录下来。

（2）视频卡：视频卡用来支持视频信号（如电视）的输入与输出。可细分为视频捕捉卡、视频处理卡、视频播放卡以及 TV 编码器等专用卡，其功能是连接摄像机、VCR 影碟机、TV 等设备，以便获取、处理和表现各种动画和数字化视频媒体。

（3）采集卡：采集卡能将电视信号转换成计算机的数字信号，便于使用软件对转换后的数字信号进行剪辑处理、加工和色彩控制，还可将处理后的数字信号输出到录像带中。

（4）图形加速卡：图文并茂的多媒体表现需要分辨率高，而且同屏显示色彩丰富的显示卡的支持，同时还要求具有 Windows 的显示驱动程序，并在 Windows 下的像素运算速度要快。现在带有图形用户接口 GUI 加速器的局部总线显示适配器使得 Windows 的显示速度大大加快。

（5）扫描仪：扫描仪将摄影作品、绘画作品或其他印刷材料上的文字和图像，甚至实物，扫描到计算机中，以便进行加工处理。

（6）光驱：光驱分为只读光驱（CD-ROM）和可读写光驱（CD-R，CD-RW）（可读写光驱又称刻录机），用于读取或存储大容量的多媒体信息。

（二）多媒体计算机的软件

多媒体计算机的软件系统包括多媒体计算机操作系统、开发工具以及用户应用软件等。

1. 多媒体操作系统

多媒体计算机的操作系统必须在原基础上扩充多媒体资源管理与信息处理的功能，具有实时任务调度、多媒体数据转换和同步控制、对多媒体设备的驱动和控制、图形用户界面管理等功能。

2. 多媒体创作工具

多媒体应用软件的创作工具用来帮助应用开发人员提高开发工作效率，它们大体上都是一些应用程序生成器，它们将各种媒体素材按照超文本节点和链结构的形式进行组织，形成多媒体应用系统。Authorware、Director、Multimedia Tool Book 等都是比较有名的多媒体创作工具。

3. 多媒体编辑工具

多媒体编辑工具是为用户提供的用于编辑多媒体素材的应用软件，包括字处理软件、绘图软件、图像处理软件、动画制作软件、声音编辑软件以及视频编辑软件。以下是常用的多媒体编辑工具。

（1）文字处理：记事本、写字板、Word、WPS。

（2）图形图像处理：PhotoShop、CorelDraw、Freehand。

（3）动画制作：AutoDesk Animator Pro、3DS MAX、Maya、Flash。

（4）声音处理：Ulead Media Studio、Sound Forge、Audition（Cool Edit）、Wave Edit。

（5）视频处理：Ulead Media Studio、Adobe Premiere、After Effects。

（三）多媒体技术的发展趋势

未来对多媒体的研究，主要有以下几个研究方面：数据压缩、多媒体信息特性与建模、多媒体信息的组织与管理、多媒体信息表现与交互、多媒体通信与分布处理、多媒体的软硬件平台、虚拟现实技术、多媒体应用开发。

展望未来，网络和计算机技术相交融的交互式多媒体将成为 21 世纪多媒体发展方向。所谓交互式多媒体是指不仅可以从网络上接受信息、选择信息，还可以发送信息，其信息是以多媒体的形式传输。利用这一技术，人们能够在家里购物、点播自己喜欢的电视节目。21 世纪的交互式多媒体技术的实现将以电视或者以个人计算机为基础。

多媒体的未来是激动人心的，我们生活中数字信息的数量在今后几十年中将急剧增加，质量上也将大大地改善。多媒体正在以迅速的、意想不到的方式进入人们生活的多个方面，大的趋势是各个方面都将朝着新技术综合的方向发展，这其中包括：大容量光碟存储器、国际互联网和交互电视。这个综合正是一场广泛革命的核心，它不仅影响信息的包装方式和我们如何运用这些信息，而且将改变人们互相通信的方式。现在，多媒体正在成为便携式个人多媒体。

二、图片的基本知识

（一）色彩模式

色彩模式是指图像在计算机中以什么方式显示或打印输出。不同的色彩模式有不同的用途，除了可以确定图像中显示的颜色数量外，还将影响通道数和图像的文件大小。常见的色彩模式有 RGB 模式、CMYK 模式、Lab 模式、位图模式、灰度模式、双色调模式、索引模式和多通道模式。

（1）RGB 模式：RGB 模式是 Photoshop 中最为常用的一种色彩模式，在该模式下，图像是由红、绿、蓝 3 种不同的比例混合而成。对于彩色图像中的每个 RGB（红色、绿色、蓝色）分量指定一个 0（黑色）~255（白色）之间的强度值，当这 3 个分量值相等时，结果是中性灰色；当所有分量值均为 255 时，结果是纯白色；当这些值都为 0 时，结果是纯黑色。

（2）Lab 模式：Lab 模式是一种亮度分量 L 和 a、b 两个颜色分量来表示颜色的模式，其中 L 分量表示图像的亮度，其取值范围为 0~100；a 分量表示由绿色到红色的光谱变化，取值范围为 -102~120；b 分量表示由蓝色到黄色的光谱变化，取值范

78

围和 a 分量相同。要将 Lab 图像打印到其他彩色设备，应首先将其转换为 CMYK 模式。

（3）CMYK 模式：在制作要用印刷色打印的图像时，应使用 CMYK 模式。该模式通过青（C）、洋红（M）、黄（Y）、黑（K）4 种颜色构成。由于在 CMYK 下的图像文件会占用很大的磁盘空间，并会使得很多 Photoshop 滤镜和其他功能无法使用，所以一般从 RGB 图像开始编辑，只是在印刷时才将图像的色彩模式转换为 CMYK 模式。

（4）位图模式：位图模式使用两种颜色值（黑色或白色）之一来表示图像中的像素。在转换时只有处于灰度模式或多通道模式下的图像才能转化为位图模式。

（5）灰度模式：灰度模式是由具有 256 级灰度的黑白颜色构成，灰度图像中的每个像素都有一个 0（黑色）到 255（白色）之间的亮度值。使用黑白或灰度扫描仪生成的图像通常以灰度模式显示。

（6）双色调模式：双色调模式是用一种灰色油墨或彩色油墨来打印一幅灰度图像，在并不需要全彩色印刷的情况下可用双色调模式来印刷，这样可以降低印刷成本。当需要将其他色彩模式的图像转换成双色调模式时，先要将其转换成灰度模式后才能再转换成双色调模式。

（7）索引模式：索引颜色模式用最多 256 种颜色生成 8 位图像文件，即该图像只有 256 种颜色。当转换为索引颜色时，Photoshop CS3 将构建一个颜色查找表，用以存放并索引图像中的颜色。如果原图像中的某种颜色没有出现在该表中，则程序将选取最接近的一种，或使用仿色——用现有颜色来模拟该颜色。

（8）多通道模式：在多通道模式下，图像包含了多种灰阶通道。将图像转换为多通道模式后，系统将根据原图像产生相同数目的新通道，每个通道均由 256 级灰阶组成。该模式常被用于处理特殊打印。

（二）照片处理软件

照片处理软件是一类对数码照片进行分析、修复、美化、合成等处理的软件，在图形图像处理领域，照片处理软件属于图像处理软件的分支，是专门针对数码照片工作的软件。

1. 照片处理软件概述

照片处理软件是对数码照片进行修复、美化处理的软件的总称。这类软件不仅有应用于专业用途的，还有用于家庭娱乐的，使得不仅专业人士可以实现对照片的处理，普通家庭用户也可以实现照片的加工处理。照片处理软件诞生最重要的意义，在于打破了专业图形图像处理软件在该领域的垄断，使得对照片的处理在家庭用户中普及。

2. 照片处理软件的应用

照片处理软件在当前的应用，主要在于对数码照片进行修复和增强。对数码照片进行修复和增强，指对由于拍摄条件、相机本身或拍摄方式等原因引起的照片偏差进行处理。一般常见的照片拍摄意外情况有以下几种。

（1）"紫边"现象。由于受到逆光或强光照射的影响，拍摄出来的相片会在暗部和高亮部交界处出现紫色的色边，摄影界常称之为"紫边"。简单而言，紫边现象就是景物边缘发紫，任何相机都有可能出现紫边，尤其是在逆光、反差大的情况下经常会出现。

（2）"红眼"现象。使用闪光灯拍摄时，人或动物肉眼的毛细血管被意外拍摄，导致拍摄的照片眼部呈现红色，摄影界常称之为"红眼"。人类红眼现象一般是在光线较暗的环境下拍摄的时候，瞳孔放大让更多的光线通过，因此视网膜的血管就会在照片上产生泛红现象，而对于动物来说，即使在光线充足的情况下拍摄也会出现这类现象。

（3）白平衡不准确。由于环境光影响，白色物体呈现非白色，我们的肉眼能够根据环境光判断原本的颜色，但数码相机因无法判断，就会出现拍摄的照片白平衡不准确的情况。

照片处理软件的修复和增强功能，即指对这些拍摄意外的处理。

3．照片处理主流软件

（1）Adobe 系列。在图片处理上，Adobe 系列软件几乎涵盖了目前所能想到的图片处理的各种效果，但由于其定位的专业性，Adobe 系列软件在具有功能强大的特点的同时，也比较难于操作。对于专业用户，可以通过自己的专业技能实现各种复杂的效果，当然其实现的过程也是相当不易的。对于非专业用户，能够使用到的就只是软件最基本功能，当然能达到的效果也是极其简单的。最常用的 Adobe 图片处理软件是 Photoshop。

（2）彩影。彩影是目前国内功能强大、使用人性化的全新一代高画质、高速度数字图像处理软件。在当前图像处理领域，要么一些软件过于大型专业，让初学者望而却步，让专业人士效率不高；要么就是过于傻瓜，功能太过简单，创意难以得到有效发挥，产品品质和处理速度也良莠不齐。彩影的推出满足了这样一个中间群体的需要。

彩影的适宜群体：普通家庭用户、摄影爱好者、需要快速进行图片处理的专业人士、图形设计师等。

（3）其他简单的照片处理软件。目前也有一些操作非常简单的照片处理软件，有些甚至不需要额外学习就能直接操作。如光影魔术手、美图秀秀、可牛影像等。这类软件大多可以一步到位设置最合适的图片亮度、对比度、色相、色阶、色彩平衡等，此外还提供人像美容、场景选择、文字、边框等常用效果。这类软件可以使用户无须任何 PS 技巧即可轻松制作出具有特殊效果的照片。

（三）数码照片处理技巧

下面以美图秀秀为例，介绍数码照片的基本处理技巧。

美图秀秀是一款很好用的免费图片处理软件，比 PS 简单很多。独有的美化、美容、饰品、文字、边框、场景、闪图、娃娃、拼图等功能，可以让用户迅速做出影楼级照片。目前美图秀秀在各大软件站的图片类中高居榜首。下面以美图秀秀 3.7 为例来介绍其基本功能。

1. 美化照片

（1）下载安装后打开美图秀秀。在首页单击"美化图片"，然后打开一幅照片。

（2）在左侧的"基础"选项卡中，可以对照片的亮度、对比度、色彩饱和度、清晰度进行设置，只需鼠标左键按住滑块拖动即可；单击"高级"选项卡，可对照片进行智能补光；单击"调色"选项卡，可对色相进行调整；单击"一键美化"功能，系统会自动处理照片，以达到美化效果。

（3）左侧下方有各种画笔，可制作出不同的效果。例如单击"背景虚化"，可打开"背景虚化"操作窗口，此时整张照片都会被虚化，只需拖动鼠标左键显示出清晰的区域，然后单击"应用"按钮即可。

（4）右侧窗口显示的是各种特效。使用时只需选中一种特效单击，即可为照片添加此种特效。

（5）单击照片下方的"对比"，可以显示美图前与美图后两张照片，以供用户查看效果。单击预览，可以打开"图片预览"窗口进行查看。

（6）处理好照片后，单击屏幕右上方的"保存与分享"，可以将处理好的照片保存起来或者分享到网络上。

2. 人像美容

打开美图秀秀。在首页单击"人像美容"，然后打开一幅照片，可以进入照片"美容"窗口。在该窗口中，可以对照片中的人像进行美容处理，包括美形、美肤、眼部处理等。使用时非常简单，只需点击所需要的功能，然后按提示操作即可。

3. 添加文字

利用文字工具，可以在照片的任何位置添加文字。打开一幅照片后，单击"文字"选项卡，出现添加文字窗口。窗口左侧提供了静态文字、漫画文字、动画闪字等类别。使用时只需选择一种类别单击，在出现的文字编辑框中输入要添加的文字，设置好文字的字体、颜色等属性后关闭编辑框即可。添加到照片中的文字可以拖动到任意位置。

4. 添加边框

美图秀秀提供了丰富的边框可供用户选择。打开一幅照片后，单击"边框"选项卡，出现添加边框窗口。窗口左侧显示了边框的类别，单击一种类别，在窗口右侧即会显示该类别下的边框样式，选中一种样式单击，即可为照片添加选定的边框样式。

此外，利用美图秀秀，还可以为照片添加饰品、更换场景、制作闪图、制作娃娃、进行拼图等。

三、录音基本知识

（一）录音的基本概念及技术流程

1. 录音的基本概念

录音又称"录声"，是使声音通过传声器、放大器转换为电信号，用不同的材料和工艺记录下来的过程。录音是将声音信号记录在媒质上的过程，将媒质上记录的信号重放出声音来的过程称为放音。录音和放音两过程合称录放音。

录音方法分为机械录音（唱片录音）、磁性录音、光学录音等。随着激光技术的发展，出现了激光录音法，提高了录音的音质。就录放音制式而言，有单声道和立体声录放音之分。单声道录放音过程包括传声器拾音、放大、录音，再由单个放大器和扬声器系统重放。双声道立体声录放音是基于人的双耳定位效应和双声源听音效应，由双声道系统完成记录和重放声音的过程。

2. 数字录音

数字录音又称数码录音技术，是通过计算机中的数字音频接口，将（话筒或其他）音频信号导入到计算机，录制成波形文件进行存储，再通过多轨录音软件按照需要进行编辑（包括复制、剪切、粘贴），组合成所需要的完整文件，最后再输出录制成 CD 或其他音频格式。

这种技术就像编辑 Word 文档那样简单，进行拼接、删减、整合，实现了无损编辑。

数字录音对于录制歌曲的意义在于可以从数次录制的同一首歌曲中选出较好的，重新组合成一个新的音频文件，用于制作出成品音频。

3. 录音的基本过程

无论多么复杂的录音，其基本过程有 5 个步骤：

（1）拾音过程：拾音就是收集声音的过程；

（2）声、电转换过程：将声音信号转换为电信号。以上两个过程由 MIC 完成。

（3）声音调节过程：包括前期的 EQ（EQ 是均衡器的缩写）、压限、音量等等，这实际上是对电流的调节；

（4）声音的记录过程：通过多轨机、电脑、录音机等进行记录；

（5）声音的处理过程：即平常所说的缩混过程。

（二）Windows 7 录音机的使用

Windows 7 下有个简便的录音功能，可以简单快速地实现录音。用户可以使用 Windows 7 录音机来录制声音并将其作为音频文件保存在计算机上。

1．使用 Windows 7 录音机进行录音

使用 Windows 7 录音机的基本步骤如下：

（1）确保有音频输入设备（如麦克风）连接到计算机。

（2）依次单击"开始"、"所有程序"、"附件"、"录音机"，打开"录音机"。

（3）单击"开始录制"，开始录音。只需要对着麦克就可以来记录声音。录音开始后，"开始录制"键变为"停止录制"，若要停止录制音频，可以单击"停止录制"。

（4）录制完毕后单击"停止录制"，弹出"另存为"对话框。

（5）单击"文件名"框，为录制的声音键入文件名，然后单击"保存"将录制的声音另存为音频文件。

（6）如果要继续录制音频，可以单击"另存为"对话框中的"取消"，然后单击"继续录制"，可以继续录制声音。

注意：若要使用录音机，计算机上必须装有声卡和扬声器。如要录制声音，则还需要麦克风或其他音频输入设备。Windows 7 系统自带的录音机并不专业，要进行专业的个人原创或者翻唱作品的录音，可以选择专业的录音软件，比如 Samplitude，最起码也得是 cool edit 这样的软件。

2．Windows 7 录音选项设置

使用 Windows 7 录音机，系统默认是录制麦克风的声音。用户还可以录制电脑播放的声音，具体操作步骤如下。

（1）右键单击状态栏右侧的喇叭图标，在弹出的快捷菜单上单击"录音设备"，打开"声音"对话框。

（2）在对话框的"录制"选项卡中，默认的设备只有麦克风。

（3）在下面的空白处单击右键，从快捷菜单中选中"显示禁用的设备"复选框，出现"立体声混音"设备。

（4）鼠标右键单击"立体声混音"，在出现的快捷菜单中"设置为默认设备"。

（5）设置好后，单击"确定"按钮。

这样，就可以把 Windows 7 中默认隐藏的声卡录音设备打开。调出 Windows 7 录音机，播放计算机中存储的任意音频或视频文件，单击 Windows 7 录音机的"开始录制"，即可以录制从计算机喇叭播放出来的声音。

如果要录制麦克风的声音，在第（4）步中把麦克风设置为默认设备就可以了。

四、Windows Live 影音制作

Windows Live 影音制作是微软最新发布的 Windows LiveEssential 套件里的一个重要部件，利用 Windows Live 影音制作工具，用户可以将照片、音乐和视频剪辑快速转换为流畅的电影视频，甚至刻录成 DVD。另外还可以添加特殊效果、过渡特技、

声音和字幕以丰富视频画面，使其看起来也更加生动有趣。Windows Live 影音制作只支持 Windows Vista 和 Windows7 系统，Windows XP 用户不能安装和使用。

（一）快速制作视频短片

1．下载安装 Windows Live 影音制作

Windows Live 影音制作是一个免费软件，用户可以到微软官方网站免费下载该软件。下载时分为在线安装和完全下载两种方式，如果不想安装 Windows Live 的其他组件，可以在安装的时候取消掉。

2．打开 Windows Live 影音制作

安装完成后，依次单击"开始"按钮、"所有程序"、"Windows Live 影音制作"，即可启动程序。Windows Live 影音制作窗口的主要组成部分有：

（1）下拉菜单：位于左上角主页选项卡的左边；

（2）功能区工具栏：横跨整个影音制作窗口；

（3）预览窗口：位于左侧的黑色大窗口；

（4）情节提要窗口：位于预览窗口右边的大区域；

（5）播放控制：位于预览窗口下面；

（6）放大时间标度：位于故事板右下角，采用滑块控制。

3．添加照片和视频

要使用 Windows Live 制作影片，电脑上需要有一些照片和视频。用户可以从数码相机、闪存卡、DVD 或手机导入照片和视频。建议在制作照片视频前使用光影魔术手、可牛影音、美图秀秀或者 Photoshop 先处理好图片，以避免在视频制作的过程中出现黑边。视频和声音文件也要事先准备好。添加照片和视频的步骤如下。

（1）单击"开始"选项卡"添加"组中的"添加视频和照片"，打开"添加视频和照片"对话框。

（2）在对话框中选择所要使用的照片和视频，然后单击"打开"按钮，选中的照片和视频会添加到故事板中。

添加视频和照片时，用户可以通过按住 Ctrl 或 Shift 键选择多个文件来一次性添加多个文件，然后单击"打开"按钮。

4．添加音乐

添加音乐的操作步骤如下。

（1）在"开始"选项卡的"添加"组中，单击"添加音乐"，出现"添加音乐"对话框。

（2）在对话框中，单击要使用的音乐文件，然后单击"打开"，选中的音乐会添加到故事板的照片中。

5．选择主题

Windows Live 影音制作还提供了几款主题，有怀旧型的，有现代气息的，也有

平淡型的，使用主题可以不用为每张照片单独添加效果，主题会自动添加效果。因而，使用轻松制片主题，只需单击，即可制作出精彩的电影。

在"开始"选项卡的"轻松制片主题"组中，单击要使用的主题，如选择"电影"主题，系统会自动添加标题、片尾、过渡、效果及更多内容。

6. 输入片头片尾相关信息

使用主题后，在片头片尾处可输入时间、录制地点、导演、演员等信息。设置好后，可单击预览窗口下的播放键进行预览，查看效果。

7. 保存与输出

预览播放满意后就可以保存了，先保存项目，然后再选择保存电影。

单击左侧影音制作下拉菜单下的"保存项目"，打开"保存项目"对话框，在对话框中输入项目名称，单击"保存"按钮即可保存项目。

单击在"开始"选项卡的"共享"组中的"保存电影"，出现"保存电影"对话框。在对话框中输入文件名称，选择好保存位置，单击"保存"按钮，系统会按照默认设置输出视频文件。

（二）丰富视频画面的技巧

1. 设置图片的过渡效果

Windows Live 提供了许多的切换效果以供用户选择。设置切换效果的操作十分简单，只需选定照片或视频，从"动画"选项卡"过渡特技"组中选择一种切换效果单击，即可将该切换效果应用到选定的照片或视频中。

将鼠标移过"过渡特技"组中的切换效果选项时，在预览窗口中会看到照片或视频切换到下一个时的实时预览效果。

如果要添加某一个切换到多个项目，可以单击要开始的照片或视频，然后按住 Shift 键并单击要结束电影的照片或视频，选择应用范围。然后单击要使用的切换让它自动应用到选定的范围中。

2. 设置照片的平移和缩放

单击功能区的"动画"选项卡，在"平移和缩放"组中可以查看对显示的单独照片进行平移和缩放的选项。如果要查看更多选项，可以单击右下角的向下箭头。

如果要设置或更改平移和缩放效果，只要转到"动画"选项卡，选定照片，单击一种平移和缩放效果即可。

3. 设置视频效果

单击功能区的"视频效果"选项卡，会显示可以应用到照片和视频的效果。添加效果到照片或视频以前，将鼠标移过每个效果，可以在预览窗口中查看到它们的实际效果。

找到喜欢的视频效果后，单击可让它自动添加到选定的照片或视频。如果要移除该效果，可以单击"视觉效果"菜单上的"无效果"（左边第一个），效果即会消失。

4．添加片头、片尾与字幕

用户可以把下载好或者制作好的片头片尾插进去，也可以使用 Windows Live 影音制作添加片头和片尾。添加时，只要在"开始"选项卡"添加"组中单击"片头"或"片尾"即可添加。添加的时候可以选择字幕的动画效果以及片头片尾的颜色。

用户可以在电影的任何部分添加字幕。使用 Windows Live 可以很方便地添加字幕，只要选中照片或者场景单击"开始"选项卡"添加"组中的"字幕"即可添加字幕。在注明"在此输入文本"的区域写好字幕后，可以选择字幕切换和出现的动画效果。

用户可以使用功能区"文本工具"的"格式"选项卡更改文字的字体、大小、颜色、效果等，也可以使用"文本时长"设置希望字幕出现的秒数。

制作片尾时，可以添加录制地点、导演、演员等信息。单击故事板上最后一张照片或最后一个视频，然后单击功能区"开始"选项卡"添加"组中"片尾"右侧的小三角，在出现的菜单上单击需要添加的信息，然后输入文本即可。

5．编辑音频

添加音乐后，"音乐工具"的"选项"选项卡变为可用。使用音频编辑工具，可以在影片中获得绝佳音效。通过添加配乐和使用编辑功能调整音量、音乐淡入或淡出等效果，可使录制的影片显得精美和专业。

（1）音乐淡入或淡出。这一功能使音频在开始时缓缓淡入并在结束时自然淡出，会使影片的画面和音效显得专业。

要使音乐淡入或淡出，可以单击音乐。然后在"音乐工具"下"选项"选项卡上的"音频"组中执行以下一项或两项操作：

若要使音乐淡入，可以单击"淡入"列表，然后单击音乐淡入的速度。

若要使音乐淡出，可以单击"淡出"列表，然后单击音乐淡出的速度。

（2）更改音乐的起始点和终止点。用户可以剪辑音乐的起始点或终止点，从而在最终的影片中仅播放需要的歌曲部分。

若要剪辑音乐的起始点或终止点，可以单击相应的音乐，然后将情节提要上的播放指示器拖动到要在影片中开始或停止播放音乐的位置，执行以下操作之一。

若要为音乐设置新的起始点以使其在当前位置开始播放，可以在"音乐工具"下"选项"选项卡上的"编辑"组中，单击"设置起始点"。

若要设置新的终止点以使音乐在当前位置停止播放，可以在"音乐工具"下"选项"选项卡上的"编辑"组中，单击"设置终止点"。

（3）更改音频音量。用户可以更改音乐或视频中音频的音量。这样，无论播放什么音频或音乐，影片中的音量都正合适。

要更改音乐的音量，可以单击相应音乐。在"音乐工具"下"选项"选项卡上的"音频"组中，单击"音乐音量"，然后左右移动滑块以降低或提高音量。

要更改视频中音频的音量，可以单击相应视频。在"视频工具"下"编辑"选项卡上的"音频"组中，单击"视频音量"，然后左右移动滑块以降低或提高音量。

（4）拆分歌曲。如果要在故事板的某个点拆分歌曲，可以在要拆分的点前面单击照片或视频。在功能区的"音乐工具"中"选项"选项卡上单击"拆分"，然后拖动和移动音乐轨道到情节提要上想放置的任意位置。

（5）在电影中添加多首歌曲。如果想在电影中添加一首以上的歌曲，可以在要添加新歌曲的位置选择照片或视频，然后单击"开始"选项卡"添加"组中"添加音乐"按钮下边的向下箭头，在弹出的下拉菜单中单击"在当前点添加音乐"，在打开的对话框中选择另一首歌曲。

（6）同步图片和音乐。使图片和音乐同步协调播放，Windows Live 影音制作可以很轻松实现这个功能。只需要在"项目"选项卡"音频"组中单击"匹配音乐"即可。在这个选项卡下还可以实现宽屏（16:9）和标准（4:3）模式的切换。

6．添加解说与配音

WindowsLive 影音制作一次仅允许播放一段配音，这意味着用户无法让电影中的音频、配音和解说同时播放。如果需要在背景添加解说并在电影的音频以外还有配音，可以按以下步骤操作。

（1）依次单击 Windows7 的"开始"按钮、"所有程序"、"附件"、"录音机"，打开 Windows 7 录音机。

（2）当 WindowsLive 影音制作项目在背景中打开时，单击录音机的"开始录音"并立即在影音制作项目中单击播放控制播放影音。

（3）解说电影。如果中途出错，可停止影音制作项目的播放，单击录音机的"停止录音"（不要保存文件）并重新开始。

（4）完成解说后，单击录音机的"停止录音"并将音频文件保存在计算机上容易找到的位置。

（5）返回 WindowsLive 影音制作，在故事板时间线找到要添加解说的点（从头或在当前点），并单击"开始"选项卡"添加"组中的"添加音乐"。可将刚刚录制的对音频文件的解说添加到项目中。

（6）单击功能区的"音乐工具"选项卡，编辑解说轨道。将音频轨道对齐到希望解说在电影中开始的位置。然后开始播放电影。录制解说时如果没有注意到视频，音频和视频可能不同步，在希望音频开始的点单击设置起始点。这样可以调整音频让起始点在最初放置音频轨道的位置开始，有效地让音频与电影同步。

（7）设置好解说与配音后，导出并保存电影。

（8）在 Windows Live 影音制作中打开一个新项目。

（9）单击"开始"选项卡"添加"组中的"添加视频和照片"，添加最新导出的电影。

（10）单击"开始"选项卡"添加"组中的"添加音乐"，给刚刚导出的视频添加一段背景音乐。如果需要调整音频级别，可以单击"项目"选项卡上的"混音"，将滑块左右移动使电影或音频轨道的音量发生改变。

（11）再次导出并保存电影。

这样，背景音乐与解说就可以在视频中同时播放出来了。

（三）编辑影片

使用影音制作中的视频编辑功能，可以使电影按照用户希望的方式显示。

1．剪辑视频

若要剪辑视频的开头或结尾，以便在最终的电影中仅显示所需要的视频部分，可以单击要剪辑的视频，然后将播放指示器拖动到希望视频在电影中开始或停止播放的位置，执行以下操作之一。

（1）若要设置新的起始点，可以在"视频工具"下的"编辑"选项卡上的"编辑"组中，单击"设置起始点"。

（2）若要设置新的终止点，可以在"视频工具"下的"编辑"选项卡上的"编辑"组中，单击"设置终止点"。

2．拆分视频

用户可以将一个视频分割成两个较小的视频，然后继续进行编辑。例如，分割视频后，可以将其中一个视频放到另一个之前以改变其在电影中的播放顺序。

若要将一个视频分割成两个，可以单击视频，然后将播放指示器拖动到要分割视频的位置，在"视频工具"下"编辑"选项卡上的"编辑"组中，单击"拆分"。

3．剪裁视频

用户可以将一个视频进行剪裁，以剔除不需要的内容。剪裁视频的具体操作步骤如下。

（1）单击视频，在"视频工具"下"编辑"选项卡上的"编辑"组中单击"剪裁工具"，出现"剪裁"窗口。

（2）在播放指示器中拖动起始滑块和终止滑块，选择要剪裁的部分。也可以在选项卡中输入起始点和终止点的值。

（3）设置好后，单击"保存裁剪"返回影音制作窗口，裁剪好的视频将出现在窗口中。

4．更改视频的播放速度

用户可以在影音制作中加快或减慢视频的播放速度，使视频在电影中播放得更快或更慢。

要更改视频的速度，可以单击相应视频，然后，在"视频工具"下"编辑"选项卡上的"调整"组中，单击"速度"列表，然后单击一个速度。

第七节 计算机网络应用基础

【先修内容】

1. 网络基础知识

计算机网络包括了通信子网、资源子网和网络通信协议。计算机网络通常是由计算机软硬件、通信设备及传输介质等组成。数据传输介质包括有形物理设备（如双绞线、同轴电缆和光缆）以及无形的设备（如短波、微波和卫星信道）两类。按照网络覆盖的范围，计算机网络可分为局域网和广域网。局域网是指连接近距离计算机的网，广域网是指实现计算机远距离连接的网。计算机局域网的硬件设备一般包括服务器、网络工作站、网卡、集线器和打印共享器等，广域网主要包括调制解调器、中继器、网桥和路由器等设备。

人们利用互联网，可以获得各种信息服务，如查询数据与信息、电子通信、电子教育、电子娱乐、电子购物等。要了解互联网的常用术语如主页、超链接、下载、BBS 等。掌握互联网地址和域名的规则。互联网中的每台计算机都被分配一个唯一的 IP 地址，由网络号和主机号两部分组成。域名采用具有实际意义的字符串来表示，采用圆点将层次域隔开，分成层次字段。顶级域名分为机构性域名和地理性域名两大类。

2. 网络应用知识

掌握 IE 浏览器的基本浏览操作。浏览器是互联网服务的客户端浏览程序，在 Windows 7 中集成了 IE 9 浏览器。应掌握 IE 浏览器的基本浏览操作，能够保存当前页面信息以及页面中的图像，能够使用收藏夹收藏网站。使用 IE 的"另存为"命令可以保存当前页面信息，保存类型有 4 种，即"网页，全部""网页，仅HTML""Web 档案，单个文件""文本文件"。保存页面中的图像可以使用快捷菜单中的"图片另存为"命令，也可按住鼠标左键将图像直接拖动到目标文件夹中。利用收藏夹功能，可以把经常浏览的网址储存下来。可以使用剪贴板将网页内容复制到 Word 或其他文档中，还可以一次性地把网页上所有图片文件都保存下来，IE 缩放功能能够放大或缩小网页的视图。在选项卡行上的文本框中键入字词或短语，可以在网页中查找文本和其他信息。

3. 电子邮件的使用

掌握电子邮件的功能，了解电子邮件的地址组成及电子邮件服务器的类型，能够申请免费电子邮箱，能够收发电子邮件。电子邮箱是指互联网上某台计算机为用户分配的专用于存放往来信件的磁盘存储区域。邮箱地址由一个被"@"分为两部分的字符串组成。和用户直接相关的电子邮件服务器有发送邮件服务器（SMTP）和接收邮件服务器（POP3）两种。各大网络运营商都推出了自己的免费邮箱产品，用户可以申请一个免费邮箱。提供电子邮件服务的网站都有自身的邮件管理系统，用户可以直接在该网站上收发电子邮件。

4．网络信息的查询

掌握网络信息查询方法，能够检索信息。从网上获取信息需要使用搜索引擎，信息查找方法一般有两类：一是按关键字查找，二是按内容分类逐级检索。检索出的每一条目包含了页面标题、摘要文字和页面网址等，单击可直接跳转到相应的页面。搜索引擎一般由搜索器、索引器、检索器和用户接口等四个部分组成，衡量搜索引擎的基本指标主要有查全率、查准率、检索速度、收录范围、死链接、用户负担等。Google 与百度是目前国内最常用的搜索引擎，除此外，雅虎、中国搜索、搜狗、新浪爱问、奇虎、网易等也是常见的搜索引擎。

【引导案例】

公司的每个员工都有 QQ 号，因此，QQ 成为公司员工沟通信息的重要手段。但近来高叶发现，个别员工经常使用 QQ 聊天、玩游戏，严重影响了工作。于是，高叶在"网络使用注意事项"中增加了 2 条针对 QQ 的要求，禁止在工作期间进行私人聊天，尤其严禁上班时间利用网络玩游戏。

点评：随着互联网的发展，新的技术不断涌现。即时通讯工具 QQ 以其卓越的即时信息沟通能力获得了用户的青睐。很多软件、网站都是兼具工作与娱乐功能，QQ 也不例外。在工作时间内，应严格遵守公司网络使用制度与职业道德，不上网做与工作无关的事情，这是基本的职业素质。

计算机网络萌芽于 20 世纪 60 年代，如今已经成为十分重要的基础设施，在现代生活中扮演着非常重要的角色，成为信息化社会的基础。秘书必须学会在网络环境下使用计算机，通过网络进行交流，获取信息。本级主要介绍浏览器的高级操作、搜索引擎的工作原理及语法规则、网络即时通讯工具的使用。

一、浏览器的使用

（一）IE 浏览器的操作

1．将站点锁定到任务栏

将经常访问的网站锁定到 Windows 7 桌面上的任务栏，可以很方便地访问这些网站。网站的锁定十分简单：只需将该网站的选项卡拖到任务栏上，该网站的图标将停留在这里，直到用户将其删除。单击该图标时，该网站就会在 Internet Explorer 中打开。

每当打开已锁定的网站时，该网站的图标就会出现在浏览器的顶部，这样，就可以方便地访问用户所固定的原始网页。此时，"后退"和"前进"按钮将改变颜色，以匹配图标的颜色。

2．通过 Internet Explorer 9 的地址栏进行搜索

用户可以直接从 Internet Explorer 9 的地址栏搜索 Internet，还可以选择要使用的搜索引擎，也可以让搜索引擎在用户键入搜索词时提供搜索词和搜索结果的建议。在地址栏中搜索 Internet 的具体操作如下：单击打开 Internet Explorer，在地址栏中键入一个字或短语，在展开的地址栏底部选择一个搜索提供程序图标，然后按 Enter 键即可。

3．使用选项卡

通过单击最近打开的选项卡右侧的"新建选项卡"按钮，可以打开一个选项卡。使用选项卡式浏览，可以在一个窗口中打开多个网页。若要同时查看两个选项卡式网页，可以单击一个选项卡，然后将其从 Internet Explorer 窗口拖出来，在新窗口中打开该选项卡的网页。

4．使用下载管理器

下载管理器可以列出用户从 Internet 下载的文件，显示这些文件在计算机上的存储位置，并使用户能够方便地暂停下载、打开文件和执行其他操作。

（1）打开下载管理器。在 Internet Explorer 中，单击"工具"按钮，然后单击"查看下载"，即可打开下载管理器。

（2）跟踪下载。下载文件时，该文件会显示在下载管理器的顶部，以前下载的文件会按下载的先后顺序进行显示。每个已下载文件所显示的信息包括：名称和文件扩展名、来源网站、文件大小、在计算机上的位置、可用操作（如"打开"和"暂停"）等。

（3）选择下载的存储位置。用户可以更改计算机上的默认下载位置，只需在下载管理器中单击"选项"，打开"下载选项"对话框，在"默认下载位置"单击"浏览"按钮，然后为下载选择好一个默认目标文件夹。

下载文件时，如果不要求用户选择位置，文件将自动存储在默认位置。

（4）从下载管理器中删除文件。用户可以从下载管理器中删除个别文件,方法是：在下载管理器中单击选中该文件，然后单击"取消"按钮即可。若要从下载管理器中删除所有文件，可以单击"清除列表"按钮。要注意的是，从下载管理器的列表中删除文件并不会从计算机中删除该文件。

（二）临时 Internet 文件夹的使用

首次在 Web 浏览器中查看网页时，网页存储在"Internet 临时文件"文件夹中。这可以加快显示用户经常访问或已经查看过的网页的速度，因为 Internet Explorer 可以从硬盘上而不是从 Internet 上打开这些网页。

1．查看临时 Internet 文件

查看临时 Internet 文件的步骤如下。

（1）单击打开 Internet Explorer，依次单击"工具"按钮→"Internet 选项"→"常规"选项卡。

（2）在"常规"选项卡的"浏览历史记录"下单击"设置"，出现"Internet 临时文件和历史记录设置"对话框。

（3）在"Internet 临时文件和历史记录设置"对话框中，单击"查看文件"，即可打开临时文件和历史记录所在的文件夹。

2．删除临时 Internet 文件

最好定期删除临时 Internet 文件，这样可以释放硬盘空间。删除临时 Internet 文件的步骤如下。

（1）单击打开 Internet Explorer，依次单击"工具"按钮→"Internet 选项"→"常规"选项卡。

（2）在"浏览历史记录"下单击"删除"按钮，出现"删除浏览的历史记录"对话框。

（3）在"删除浏览历史记录"对话框中，选中要删除的信息的复选框，单击"删除"按钮返回。

（4）单击"确定"按钮，关闭对话框。

3．利用临时 Internet 文件夹保存文件

临时 Internet 文件夹中包含了所浏览网页的图片、动画、视频等信息，利用该文件夹，可以保存在网页上使用常规方法无法保存的文件，例如动画与视频等。以保存视频或动画文件为例，使用临时 Internet 文件夹保存文件的具体操作步骤如下。

（1）单击打开 Internet Explorer，待看完视频或动画，该视频或动画文件已经保存到电脑中。

（2）依次单击"工具"按钮→"Internet 选项"→"常规"选项卡，然后在"浏览历史记录"下单击"设置"，出现"Internet 临时文件和历史记录设置"对话框。

（3）在对话框中，单击"查看文件"，即可打开临时文件和历史记录所在的文件夹。看完的视频与动画文件都在这里。

（4）在临时文件夹中搜索所需要的视频或动画文件。文件夹中的文件较多，可以按大小进行排序，最大的几个就是视频文件。也可以在该文件夹中搜索视频或动画类型文件，再在搜索结果中找到需要的视频或动画文件。

（5）找到文件，选中后右键单击该文件，单击"复制"，然后将文件粘贴到其他文件夹。

对图片也可以利用这种方式进行保存。要注意的是，在整个保存过程中最好不要关闭 IE，因为有些浏览器会在关闭时自动删除临时文件。

（三）其他浏览器简介

IE 浏览器因为捆绑在 Windows 操作系统中，因而大部分微软用户目前都在使用 IE 浏览器，IE 浏览器成为目前最通用的浏览器，对绝大部分网页都能支持。除 IE 浏览器外，国内用户还会使用一些各具特点的浏览器，如傲游浏览器、腾讯 TT、360 安全浏览器、搜狗浏览器等。

傲游浏览器：傲游浏览器是一款基于 IE 内核的浏览器，它允许在同一窗口内打开任意多个页面，以减少浏览器对系统资源的占用率，提高网上冲浪的效率。傲游浏览器还具有防止恶意插件，阻止各种弹出式、浮动式广告，加强网上浏览安全的功能。傲游浏览器最大的特点是占用内存极低，并且可以按自己的习惯排列按钮，特别适合配置差的机器。

腾讯 TT：腾讯有广大的 QQ 用户，登录 QQ 就会出现它的网站新闻。腾讯 TT 具有浏览快速、多线程的架构，能够让每一个网页都在独立线程中运行，互不影响，速度更快。优化的性能体验、更好的内存释放、更强的兼容性，使得 TT 运行更稳定。腾讯 TT 是以 IE 为内核的浏览器，并以 IE 为基础进行一些优化调整。TT 的一个最大的优点就是占用资源很小，机器配置一般的用户推荐使用。

360 浏览器：360 是中国最大的杀毒软件，其浏览器提供自动过滤广告、病毒的功能。360 浏览器拥有全国最大的恶意网址库，采用恶意网址拦截技术，可自动拦截挂马、欺诈、网银仿冒等恶意网址。独创的沙箱技术，在隔离模式即使访问木马也不会感染。360 安全浏览器基于 IE 内核，是一款专为安全上网而设计的浏览器。

搜狗浏览器：是一款给网络加速的浏览器，可明显提升公网教育网互访速度。搜狗浏览器通过业界首创的防假死技术，使浏览器运行快捷流畅且不卡死，具有自动网络收藏夹、独立播放网页视频、Flash 游戏提取操作等多项特色功能，并且兼容大部分用户使用习惯，支持多标签浏览、鼠标手势、隐私保护、广告过滤等主流功能。

二、搜索引擎的使用

搜索引擎是指根据一定的策略、运用特定的计算机程序从互联网上搜集信息，在对信息进行组织和处理后，为用户提供检索服务，将用户检索相关的信息展示给用户的系统。百度和谷歌等是搜索引擎的代表。

（一）搜索引擎的工作原理

搜索引擎的工作原理可以简单表示为：从互联网上抓取网页→建立索引数据库→在索引数据库中搜索排序。

1．在互联网上抓取网页

搜索引擎的数据采集包括人工采集和自动采集两种方式：人工采集是指由专门的信息人员跟踪和选取有用的 WWW 站点或页面；自动采集是通过自动采集器（如网络机器人 Robots、网络蜘蛛 Web Spider、爬行者 Crawler 等）软件自动跟踪并循环检索网页信息。

互联网信息具有高度的开放性，随时有大量的信息更新，自动采集器软件能自动按周期检索网页信息。保证了搜索到的数据的实时性和完整性。然而，自动采集的目的性差，采集到的信息混乱、无序，质量较差，满足不了高要求的专业检索的需要。因此，在专业检索领域人工采集仍发挥着重要作用。

2．建立索引数据库

由分析索引系统程序对收集回来的网页进行分析，提取相关信息（包括网页所在 URL、编码类型、页面内容包含的关键词、关键词的位置、生成时间、大小、与其他网页链接的关系等），根据一定相关度算法进行大量复杂的计算，得到每一个网页针对页面文字中及超链接中每一个关键词的相关度（或重要性），然后利用这些相关信息建立网页索引数据库。

3．在索引数据库中搜索排序

当用户输入关键词搜索后，由搜索系统程序从网页索引数据库中找到符合关键词的所有相关网页。因为所有相关网页针对该关键词的相关度在索引数据库中早已算好，所以只需要按照现成的相关度数值排序，相关度越高，排名越靠前。最后，由页面生成系统将结果的链接地址和页面内容摘要等内容组织起来反馈给用户。

（二）搜索引擎的语法规则

搜索引擎一般是通过搜索关键词来完成搜索过程的。但是，当用户输入关键词后，搜索引擎返回的结果并不尽如人意，很多时候，返回的大量冗余信息让用户无所适从。如果想要得到最佳的搜索效果，就要使用搜索的基本语法来组织要搜索的条件。大多数的搜索引擎都支持逻辑查询，用户可以用不止一个单词，然后加上适当的逻辑字符来缩小搜索范围，从而显著提高搜索结果的准确度。

1．直接输入关键字

直接键入关键字，搜索引擎就把包括关键字的网站和与关键字意义相近的网站地址一起返回给用户。例如：输入"网上教学"，搜索引擎就会把"网上学习""远程教学"以及"网上教学"等内容的网址一起反馈给用户，因此这种查询方法往往会返回大量不需要的信息。

2．使用逻辑操作符

搜索引擎中常用的逻辑操作符是：and、or、not。

and 表示逻辑"与"。and 操作符用于搜索包括两个以上关键词的情形，可以帮助改善并限制搜索结果。例如：输入关键词"电脑 and 硬盘"，则查询出既包含"电脑"也包含"硬盘"的文档。

or 表示逻辑"或"。or 操作符同 and 操作符相反，寻找用 or 连接的几个关键词中至少包含一个的文档。当使用 or 操作符时，通常返回大量的结果。例如：输入关键词"游戏 or 视频"，则查询结果为或者包含"游戏"或者包含"视频"的文档。

not 表示逻辑"非"。使用 not 寻找包含 not 前的关键词但排除 not 后的关键词的文档。例如：输入关键词"新闻 not 文化"，则查询结果为包含"新闻"但排除其中有"文化"这个词语的文档。

组合逻辑操作符时，还应当考虑它们的顺序规则。因为逻辑操作符优先级不同，执行时便有一定的顺序，"与"和"非"命令通常在"或"命令前执行。

3．使用"＋、－"连接号和通配符

"＋"表示要求的词：如果要求特定单词包含在索引的文档中，可以在它前面加一个"＋"号，并且在加号和单词之间不能有空格。如："＋Internet"，就会找出包含"Internet"的网站。

"－"表示排除的单词：如果要排除含有特定词的文档，可以在它前面加一个"－"号。如果想查找"网络病毒"而不包含"蠕虫"，应写为：＋网络病毒－蠕虫。

通配符：进行简单查找的时候，可以在单词的末尾加一个通配符来代替任意的字母组合。通配符一般为"＊"号。例如：输入"电＊"后的查询结果可以包含电脑、电影、电视等内容。星号不能用在单词的开始或中间。

4．使用逗号、括号或引号进行词组查找

逗号的作用类似于 or，也是寻找那些至少包含一个指定关键词的文档。不同的是"越多越好"是它的原则。因此查询时找到的关键词越多，文档排列的位置越靠前。例如输入查询关键字"计算机，多媒体，Windows XP"，则查询时同时包含"计算机""多媒体"和"Windows XP"的文档将出现在前面。

括号的作用和数学中的括号相似，可以用来使括在其中的操作符先起作用。例如输入"（网址 or 网站）and（搜索 or 查询）"，则实际查询时，关键词就是"网址搜索""网址查询"，或者是"网站搜索""网站查询"。

使用双引号组合关键词，可以告知搜索引擎将关键词或关键词的组合作为一个字符串在其数据库中进行搜索，即用来查询完全符合关键字串的网站。例如要查找关于电子杂志方面的信息，可以输入"electronicmagazine"，这样就把"electronicmagazine"当作一个短语来搜索。如果不加双引号，搜索引擎就会查出包含"electronic"（电子）及"magazine"（杂志）的网页，会偏离主题。

以上是搜索引擎中一些基本的语法知识，各搜索引擎的具体使用方法有可能与上述有些差别，建议在使用搜索引擎时，最好研究一下所选搜索引擎主页上的说明，研究这些说明，就能极大地提高用户的搜索效率。

三、即时通讯工具的使用

除了电子邮件外，即时通讯软件也成为网民最常用的网络工具，即时通讯软件的主要功能在于及时沟通信息，传输文件只是其附带的一个功能，不过由于即时通讯工具对传送文件的大小没有限制，所以成为远距离传送多媒体文件的重要方式。

（一）即时通讯工具简介

即时通讯（Instant messaging，IM）是一个终端服务，允许两人或多人使用网络即时地传递文字信息、档案、语音与视频交流。即时通讯是一种使人们能在网上识别在线用户并与他们实时交换消息的技术，作为使用频率最高的网络软件，即时通讯已经突破了作为技术工具的极限，它是迄今为止对人类社会生活改变最为深刻的一种网络新形态。

目前国内即时通讯产品市场竞争异常激烈，以腾讯QQ、微软MSN、网易POPO、新浪UC、雅虎通等为代表的众多即时通讯产品拥有大批使用者，而其具备的高交互性特点和新功能也让更多的网民对其爱不释手。随着网络购物的热潮，阿里巴巴网站适时推出了淘宝旺旺，方便买家卖家的交流，其与用户账户捆绑的独特方式，也保证了买卖双方最大限度的沟通。

（二）QQ的使用

1. QQ的安装、注册与登录

（1）下载QQ软件：在浏览器地址栏中输入http://im. qq. com/qq/，可以下载最新版本的QQ。

（2）安装QQ软件：双击下载的安装文件，出现安装向导，单击"下一步"按钮，然后按照屏幕提示进行安装。

（3）申请注册QQ号码：安装好QQ后，在进行通讯之前，必须先申请一个QQ号码，申请QQ号码的具体操作方法如下：

第一步，依次单击"开始"菜单→"所有程序"→"腾讯软件"→"腾讯QQ"，出现用户登录界面。

第二步，单击该界面中的"申请账号"，将链接到申请QQ号码网页。单击"网页免费申请"，在出现的页面中单击QQ号码，进入基本信息填写页面。

第三步，在该页面中填入基本信息，单击"下一步"按钮，将要求用户再次输入密码保护信息。输入完毕，单击"下一步"按钮，将得到免费的QQ号码。

（4）登录 QQ：有了 QQ 号码之后，就可以登录 QQ 了。在用户登录界面中输入申请到的 QQ 号码和密码，单击"登录"按钮即可。首次登录 QQ 时，为了保障信息安全，用户可以选择相应的上网环境，有普通模式、网吧模式和消息保护模式 3 种。选择一种模式后单击"确定"按钮，即可进入 QQ 主面板。

2．查找添加 QQ 好友

新号码首次登录时，好友名单是空的，要和其他人联系，传输信息，必须先添加好友。添加好友的具体操作过程如下：

（1）单击主面板右下方的"查找"，打开"查找／添加好友"窗口。QQ 为用户提供了多种方式查找好友。若用户知道对方的 QQ 号码或昵称，即可进行"精确查找"，还可以"按条件查找"。

（2）选择一种查找方式，输入查找条件，单击"查找"按钮，将查找符合条件的用户并显示出来。

（3）选中希望添加的好友，单击"加为好友"按钮，出现对话框。在该对话框中输入验证信息，验证信息因人而异，目的在于让对方接受自己，接受添加为好友。验证信息也可以不填。设置好后，单击"下一步"按钮。

（4）在新出现的对话框中设置备注、分组等信息，设置好后，单击"下一步"按钮。

（5）对方上线后，会收到请求添加为好友信息。对方只有选择"接受请求并加（对方）为好友"或"接受请求"两项，才能成功添加好友。

（6）对方接受请求后，发送方会收到好友请求通过信息，单击"确定"按钮，即可完成添加好友。添加好友成功后，主面板中"我的好友"处会出现刚添加的好友。

3．发送即时消息

登录后，在主面板中双击好友头像，出现聊天窗口。在聊天窗口下方的信息框中输入消息，点击"发送"，即可向好友发送消息，聊天过程将会显示在上方的窗口中。

4．传送文件

用户可以通过 QQ 向好友传递任何格式的文件，例如图片、文档、歌曲、视频等。QQ 支持断点续传，传送大文件也不必担心中途中断。

QQ 发送和接收文件的操作过程如下。

（1）在聊天窗口中，单击"传送文件"按钮，出现"打开"对话框。

（2）在该对话框中找到需要传送的文件，单击"打开"按钮，将会向对方发送接收文件的信息。

（3）接收方单击"接收"命令，将会接收文件。

（4）文件传送完毕后，发送方的聊天窗口中会出现发送完毕的提示信息。

（5）接收方的聊天窗口中也会出现成功接收文件的信息。

（6）传送完毕，关闭聊天窗口。

点击"传送文件"按钮右侧的小三角，单击"传文件设置"，可以设置接收文件路径及安全等级。

思考与练习

（1）如何对计算机进行常规清理？

（2）如何维护计算机的软件系统？

（3）如何个性化 Windows 7 桌面？

（4）Windows 7 具有哪些程序管理功能？

（5）在 Word 文档中如何进行页面设置？

（6）在 Word 文档中如何插入并设置图片格式？

（7）试比较 Word 与 Excel 的图表功能。

（8）在 Excel 中如何使用公式与函数？

（9）如何在幻灯片中插入超链接及 SmartArt 图形？

（10）如何设置幻灯片放映的切换效果？

（11）照片处理软件的主要功能是什么？目前主流照片处理软件有哪些？

（12）Windows Live 影音制作的功能有哪些，应如何使用？

（13）简述利用临时 Internet 文件夹保存文件的方法。

（14）搜索引擎的工作原理与语法规则有哪些？

第四章 沟通基础

【本章提示】

通过本章学习，了解沟通中会遇到哪些障碍及如何克服那些障碍。在语言沟通方面，了解倾听的含义、作用和类型，掌握倾听的技巧，培养倾听的能力；在非语言沟通方面，了解服装的类型、颜色的作用和饰物的作用，掌握服饰语言表达的技巧。了解人际冲突的含义、作用及产生的原因，能够掌握处理人际冲突的方法和步骤。能够掌握赞扬的技巧。掌握与媒体沟通的原则和方式，明确应该对媒体说什么和不能说什么。掌握与组织外部上下游企业沟通的作用和方式。了解美、英、法、德、日等国的文化特点和文化禁忌，在实施跨文化沟通时，能够做到尊重对方的文化习惯，避免涉及对方的文化禁忌。理解谈判信息的重要性，掌握谈判信息搜集、整理、传递、保密的方法，能够根据谈判信息的搜集标准，做好涉外谈判的信息准备工作，以为谈判决策提供参考资料。

第一节 沟通的基本概念与内容

【先修内容】

1. 沟通的定义

沟通是指人与人之间、人与群体之间为了某种目的所进行的信息传递和反馈的过程。

2. 沟通的内涵

沟通的内涵有 4 个方面，一是沟通是信息的传递与反馈。二是信息传递得准确是沟通成功的关键之一，信息的传递者要非常清楚信息传递的最终目的，根据最终目的，确定向谁传递、如何传递信息。三是信息理解得准确是沟通成功的另一关键点，有效的沟通不是让别人接受自己的观点，而是要使对方完全明白你的观点。四是沟通是双向动态反馈过程，有效的沟通必须是有回应的沟通，即使他（她）的回应仅仅是一个眼神、一个动作，也是一次有效的沟通。

3．沟通的过程

沟通的过程有以下 8 个环节：明确沟通目标，译成编码，发送编码，接受编码，翻译编码，理解编码，反馈信息，理解反馈。

4．沟通要素

沟通的要素有 7 个方面：一是发送者与接受者，由于沟通过程是双向的，把一方定义为发送者，另一方定义为接受者都是相对的，有时在沟通中两者的身份会发生转变。二是编码和解码，编码是将信息编成可传递的码，解码就是接受者将接收到的信息翻译、还原为原来的含义，是沟通过程中另一重要环节，它主要由接受者的理解能力决定。三是信息，接受者之所以能知道，或自以为知道发送者内心的思想和观点，靠的就是发送者发送的信息。四是渠道，渠道就是信息发送者发送信息的途径，或者说是媒介。五是背景，沟通所处的总体环境。它可能是看得见的，也可能看不见。沟通的背景通常有 4 种：心理背景、社会背景、文化背景和物理背景。六是障碍，指在沟通过程中，影响信息顺畅传递和正确理解的因素。也可称为噪声。七是反馈，反馈就是接受者将信息返回给发送者。沟通过程是一个互动过程，沟通双方不断地将接收的信息返回给对方。

5．沟通原则

沟通的基本原则有 4 个：一是正确表达，它主要包括以下几个方面：内容正确、概念正确、方式正确、态度正确。其中态度正确是指态度要诚恳、礼貌。要尊重对方的风俗、人格和自尊心等。二是适当表达，即在沟通时要选对时间、地方和对象。三是清晰表达，即表达内容和表达形式都要清晰。四是礼貌表达，即表达时态度要勤恳、礼貌。

6．沟通的类型

沟通的类型有：正式沟通与非正式沟通，语言沟通与非语言沟通，单向沟通与双向沟通，上行沟通、下行沟通与平等沟通，人际沟通、组织沟通与跨文化沟通，直接沟通与间接沟通。

7．沟通的渠道

所谓沟通渠道就是信息在传递与交流时所经过的通道。沟通渠道形式结构不同，沟通的效率和效果也不同。它包括正式沟通渠道和非正式沟通渠道，语言沟通渠道与非语言沟通渠道，单向沟通渠道与双向沟通渠道，上行沟通渠道、下行沟通渠道和平行沟通渠道，人际沟通渠道、组织沟通渠道和跨文化沟通渠道，直接沟通渠道与间接沟通渠道。

8．沟通策略

沟通策略是指在沟通客体的背景、兴趣、偏好、态度和目的的基础上，确定相应的沟通策略。包括客体策略、主体策略、信息策略和渠道策略。

本节学习的主要内容是了解沟通中会遇到哪些障碍及如何克服沟通障碍。

【引导案例】

畅达公司的销售林森这天连续遇到两件不顺心的事，心情不佳。销售部经理注意到了他的情绪不对，于是约他一块吃饭。吃饭的时候，经理没怎么说话，只是偶尔提一个问题，而林森却不断地说话，待他说了一个多小时的话后，他的心情好了许多，已经满怀信心准备再把那个业务争取回来。

点评： 沟通不是说教，而是另有技巧。销售部经理虽然没怎么说话，好像没有沟通，其实，他积极地倾听也是在沟通。他默默地、专注地倾听促使林森把想说的话都说出来，林森不愉快的心情也就随之消除了。

一、沟通障碍克服技巧

（一）沟通的障碍

沟通过程有 8 个环节，每个环节都可能出现障碍，但归纳一下，主要是三方面因素容易出现障碍：信息发送者、信息接收者和信息传递渠道。

1. 发送者的障碍

在发送信息前，发送者要判断信息传递的目的，根据信息传递的目的进行编码，然后将信息传递出去。在这些环节中，信息发送者的判断力，此时此刻的情绪、倾向、感受、表达能力等都会影响其将信息传递出去。信息传递者所面临的障碍主要表现在：

（1）理解力不佳。由于某种原因，发送者对信息发送的目的理解得不是很准确，对要发送信息与什么样的渠道匹配理解不准，对反馈回来的信息理解不准，因此，对信息的编码不准，对渠道的选择有错误，对反馈来的信息判断失误，这就造成了信息传递中的一系列障碍。

（2）表达能力不强。要发送的信息一定要表达清晰，如果语言模糊不清，发音不清晰、书写不清楚等都会使发送信息失真，致使接收者无法准确理解要发送的信息，也就无法反馈正确的信息。

（3）判断能力不够。对发送信息的渠道判断有误，将会导致信息传递受阻；对发送信息的时间判断有误，有可能会使信息沟通失效；对信息发送的对象判断有误，将会降低信息交流的效果，对发送信息的地点判断有误，将会降低信息交流的价值。判断的错误也会造成沟通的障碍。

（4）经验不足。经验不足会使信息发送者不能抓住信息的重点，不能清晰地表达，不能选择最恰当的渠道，不知道什么时间、地点最适合此信息发送，也太清楚反馈信息的弦外之音等，这些都会成为信息传递与反馈的障碍。

2．接收者的障碍

在沟通过程中，信息接收者要对接收到的信息进行解码，从而理解信息；然后根据对解码的理解将信息反馈。在这一过程中会出现以下障碍。

（1）信息译码不准确：在信息交流过程中，接收者有时会根据自己的主观意愿、特定的经历、特别的需要等对编码进行翻译，就造成了信息的失真。如有一个名人跌伤了，于是关于他怎么受伤的，伤成什么样会有各种版本的解释，有的可能与真实情况相差很远。

（2）信息的筛选不当：当收到发送的信息后，接收者会对信息进行筛选，在反馈时就会有选择地反馈。如对自己喜欢的信息就会积极反馈，对自己不喜欢的信息就会消极反馈；对有些消息进行过滤，而对有些信息则会添油加醋。

（3）信息的承受力不强：有些信息是接收者难以承受的，如悲伤的结局，残酷的画面，严肃的批评，巨大的失败等，那些承受力差的接收者就会选择忽略信息、或修改信息；而承受力强的接收者则会正视信息，全面、如实地反馈信息。

（4）有心理上的障碍：有些接收者在人际沟通时受过伤害，有过不良的情绪体验，因而对信息发送者，对某些信息存有较强的戒备心理，会拒绝接收传递过来的信息，甚至会抵制信息沟通。

（5）有思想差异：由于接收者在年龄、文化修养、社会经验、性别等方面的差别，使他们对发送来的信息无法理解，甚至误解以致造成冲突，致使沟通中断。

（6）有文化差异：在交流中文化所产生的影响是巨大的。文化不同，对传递来的信息理解不同，对信息的重要性关注也不同。如蜗牛在中国人眼里是速度慢的象征，如果谁说某人像蜗牛，那等于骂他。但在某些欧洲国家的人眼里，蜗牛是坚固的象征，如果说他制造的东西像蜗牛一样，他会很高兴。因此，如果信息发出者与信息接收者不是一个文化圈的人，那么发出的信息的本意和信息理解之意肯定不一样，这样就会造成信息沟通上的障碍。

3．沟通通道的障碍

沟通通道的问题也会影响到沟通的效果。沟通通道障碍主要有以下几个方面：

（1）选择的沟通渠道不当。非正式沟通渠道更好的信息，却选用了正式沟通渠道，结果造成关系变僵。

（2）沟通媒介不当造成的障碍。几种不同的沟通媒介并行时，不同的媒介传递的信息不一致，形成相互冲突，会使信息接收者感到迷惑。如在表彰会上表彰某人时，内容却含有批评的意思。还有的障碍是沟通媒介与信息接收者不匹配，如对北京人说广东话。

（3）沟通渠道过长。沟通的层次过多，致使信息流失或变形。

（4）外部干扰。信息传递时被噪声干扰。如打电话时周围噪声太大。

（二）沟通的技巧

在沟通中可能由于主观和客观的原因会造成一些沟通障碍，但只要明白沟通在哪些方面会产生障碍，用什么样的沟通技巧可以消减这些障碍，沟通就会顺利进行。

1．明确沟通目的

在双方进行沟通前和沟通中，都必须非常清楚沟通的目的是什么，想让对方理解什么。只有这样才能有正确的沟通媒介、沟通渠道、沟通环境等，才能实现成功沟通。

2．选择合理的沟通环境

沟通前选择沟通环境时，不仅要注意沟通地的环境，还要注意区域环境、社会环境和社会情境及人际关系。

3．采取正确的沟通态度

在沟通之初要注意营造友好的沟通气氛以保障沟通顺利进行。友好的沟通气氛的形成，首先要求沟通主动者充分表达对对方的信任和帮助与合作的意愿，要注意调整角色，进行换位思考，不要强制别人听，而是吸引别人听。

4．选择合理的沟通方式

要充分考虑沟通对象的差异，选择恰当的沟通方式。在充分了解接收者的心理特征、知识背景、社会地位等基础上，确定沟通的方式。可以选择饭店交谈，座谈会上交流，晚会上交流或家里交流等。

5．充分利用反馈

在沟通时，对方说话时要及时给予反馈，可以用提问，可以用发挥，可以用概括总结，可以用非语言的表情、动作等配合对方的讲话。

6．学会积极倾听

积极倾听就是要沟通双方能站在对方的立场上，运用对方的思维方式理解信息。要做到积极倾听，要能做到：专心、移情、客观、完整。专心就是能够认真倾听对方所要表达的细节，移情就是情感上能与对方感同身受，客观就是切实把握沟通的真实内容，完整就是全面把握信息，不是一知半解。

7．注意非语言信息

非语言信息由于往往是无意识的，是内心真实情感的自然流露，因此，就更能打动人。如果想要在沟通时以情动人，或是想要加强语言的力量，就应该注意你发出的非语言信息；如果是接收者，就要密切注意对方的非语言表现，以准确理解对方沟通的目的。

第二节 语言与非语言沟通

【先修内容】

1. 接打电话的技巧

电话沟通是语言沟通的一种，也是办公室工作的一项工作。接打电话的技巧主要是解决以下几个问题：对方啰啰嗦嗦时怎么办，如何请人代接电话，如何请对方再打电话来，如果遇到紧急事情应该怎么办，对方发脾气时怎么办，怎么在电话中拒绝事情，当对方态度不礼貌时应该怎么办，长时间出差在外时怎么沟通。

2. 接打电话的注意事项

接电话的第一声要让声音透出亲切、热情，使对方心里愉快，使双方对话能顺利展开，对该单位有了较好的印象。无论是接电话还是打电话，都要保持饱满的情绪。这给人的感觉是我愿意与你联系。打电话时，要像与对面的人谈话一样，真的在愉快地笑，这样你在电话里的声音就带有愉快的色彩。打电话时，尽量专心致志地打电话，不要做别的事。有时候一边打电话一边做事，如与别人说笑、上网，对方是能感觉到的。打电话时要姿态端正，这样，所发出的声音才亲切悦耳，充满活力。要努力准确理解对方所表达的意思，并准确反馈自己的意思。

3. 交谈的方法

交谈是人与人之间交流信息、沟通感情、开展工作、增进了解的一种重要工具。是人的知识、阅历、教养和才智的综合体现。交谈时要注意：听其言，观其行；选择恰当的时机与地点；因人而异选择话题；做好谈话前的准备；注意谈话分寸。

4. 非语言沟通的含义

非语言沟通是相对于语言沟通而言的，是指通过身体动作、体态、语气语调、空间距离等方式交流信息、进行沟通的过程。它包括肢体语言、姿态语言、表情语言、服饰语言和环境语言等。根据外国心理学家的研究，在信息传递的过程中，语言沟通只占7%，声音占38%，非语言占到55%。

5. 非语言沟通的特点

非语言沟通具有伴随性的特点，它是与语言表达相伴随而进行的，二者没有先后之分。非语言沟通具有独立性的特点，即非语言不一定与语言完全一致。当一个人说喜欢的时候，他的表情语言也许并不是喜欢。非语言沟通具有无意识性的特点，当一个人不高兴时，不自觉地皱着眉头。非语言沟通具有情境性的特点，相同的非语言符号，在不同的情境中，会有不同的意义。非语言沟通具有真实性的特点，人们的非语言表达有时不受意志的控制，当他说他毫不畏惧的时候，他发抖的手却说明他其实很害怕。非语言沟通具有个性化的特点，一个人的非语言表达，同说话人的性格、气质是紧密相关的。

6. 肢体语言沟通

肢体语言，又称身体语言，是指通过头、眼、颈、手、肘、臂、身、胯、足等人体部位的活动传达人的思想的一种沟通方式。

7. 表情语言沟通

人的面部表情是最有效的非语言沟通形式。嘴、眼、眉都能准确传递出内心的真实感情、想法和目的。一个表情丰富的人其面部表情传递出的信息是非常丰富的，喜、怒、哀、乐、忧等都会从面部表现出来。

8. 姿态语言沟通

人的姿态是内心世界的外部表现，它是人们身体不断变化所呈现的状态。它包括站姿、坐姿、身体接触等。不同的姿态传递不同的信息。

本节学习的主要内容是在语言沟通方面，了解倾听的含义、作用和类型，掌握倾听的技巧，培养倾听的能力；在非语言沟通方面，了解服装的类型、颜色的作用和饰物的作用，掌握服饰语言表达的技巧。

【引导案例】

英国的前首相撒切尔夫人一上台便抛弃了"共识政治"，信奉货币理论，削减福利开支、打击工会力量等，手段强硬，被称为"铁娘子"。同时，她的服饰也是她这一形象的有力诠释。珍珠项链、胸针、大圆耳环、长袖衬衫、蓝泡泡套裙装、得体的高跟鞋，也为女性从政人士确立了新的传统。

点评： 撒切尔夫人作风强硬，性格坚韧。她简洁的发型，醒目的珍珠项链，大宽肩的雅格狮丹套裙折射出一副令人生畏的形象；这种震撼的装束，在男性主宰的政治环境中显得必不可少。

一、语言沟通

（一）倾听的含义、作用和类型

1. 倾听的含义

倾听是一种能力，并不是与生俱来的，而是需要训练的，因为不善于倾听导致的沟通问题比表达不佳导致的沟通问题多得多。倾听是人用耳朵去听别人说话，并对听到的语言进行分析和反馈。也就是说，倾听不是被动的"听"的过程，而是主动的参与过程。

2．倾听的作用

倾听在沟通中与说一样重要。会倾听的人到处受欢迎。一位心理学家曾说："以同情和理解的心情倾听别人的谈话，我认为这是维系人际关系，保持友谊的最有效的方法。"倾听的作用主要是：

（1）体现对别人的尊重。一个人可以耐心地听别人说话，可以给对方满足感，激发对方的表达欲望。当一个人可以对你滔滔不绝的时候，那他一定是接受了你这个人，甚至可以把你当成知心朋友。

（2）充分获取信息。倾听可以尽可能多地掌握信息。不同的人表达信息的层次是不一样的，有的人说的仅是个人感受，有的人表达的是一群人的意愿；不同的人表达信息的方面也是不一样的，有的表达的信息与科学有关，有的表达的信息与社会学有关；不同的人传递信息的量也是不一样的，有的人说了几十分钟可能只有一个问题，有的人虽然只说了几句话，却使人收获丰富；不同的人表达信息的方式也是不一样的，有的人直抒胸臆，有的人含蓄深沉。如果你会倾听，就不仅可以从他们的语言中获得丰富的信息，也可以从他们传递的非语言中推断出丰富的信息。

（3）倾听是一种理解。你之所以能专注地听对方的话，表明你明白对方所说的话，你愿意听对方说话。这其实就是一种理解。对他人的理解能给人留下良好的印象。

（4）倾听能掩盖自身的弱点与不足。俗话说"沉默是金""言多必有失"，倾听可以不必谈论你不熟悉、不知道的事，未曾仔细考虑的问题，倾听也可以避免引起冲突的表态，倾听后对别人意见的归纳和总结可以作为自己的意见提出，这样不仅可以弥补自身的不足，而且还能够让别人产生受到尊敬和重视的感觉。

（5）倾听是说服别人的关键。倾听的目的是沟通，如果沟通的目的是为了说服别人，那么倾听可以使你更充分地了解沟通对象：他们的动机、他们的弱点等，从而掌握说服他们的钥匙。同时，倾听也使对方感到你已经充分考虑了他的意见，因此，当你提出意见时，他会更容易接受。

3．倾听的类型

（1）侧重于人的倾听。注重的是说话的人，关注的中心是说话人的情感，并不是说话的内容。

（2）侧重于内容的倾听。关注的是那些新奇、刺激、复杂、富有挑战性的信息。倾听的目的是了解知识、技能或就某一问题征求别人的意见。

（3）侧重形式的倾听。听者关注的是得体、恰当、准确的表述。如外交上的沟通。

（4）感情移入式倾听。这是最受欢迎的倾听，是指倾听者设法从他人的观点中理解他人的感受并作出相应的反应。情感移入式倾听中，是倾听者把自己的感情移入到说话者一边，而不是自己一边，以说话者的立场理解说话者的意图、观点、价值观等。

（5）享乐式倾听。是指倾听者是在一种轻松、愉快的形式下进行的，并为了轻松、愉快而倾听。享乐式倾听并不都是轻松的。有的倾听仅仅是为了放松高度紧张的神经，这是轻松的倾听；有的享乐是倾听式为了某种专业的享受，是比较复杂的过程，如理解音乐的主题，理解一部历史作品的价值等。

（6）随意式倾听。这是数量较多的一种倾听。随意式倾听并不追求倾听全部信息，只是倾听信息的大致内容或梗概，目的只是把握信息的主题和中心思想，或仅仅是消磨时间、放松心情。

（7）假专心倾听。虽然倾听者的眼睛也一直注视着说话者，甚至不时点头、微笑，但他的思想根本不在理解说话者传递的信息，早已跑到九霄云外。这种倾听由于在倾听过程中没有付出努力，因此，所获得的信息没有什么价值。

（8）心不在焉型倾听。交谈时，倾听者总是心神不定，局促不安，甚至东张西望、左顾右盼，心不在焉。也有的倾听者在倾听时毫无表情，始终是一种漠然态度。这种倾听达不到倾听效果，甚至相反。

（二）倾听的技巧

倾听的实质是说话者与倾听者的一种互动过程。倾听是沟通中的重要能力之一。

1. 有效倾听的技巧

有效倾听既是一种技巧，也是一种能力，还是一种艺术。在面对面沟通中，倾听不仅要做到"耳到"，还要做到"眼到""心到""脑到"。

（1）要用积极的态度倾听。要保持良好精神状态，专心地听对方谈话，面带微笑、态度谦虚，始终用目光注视对方。不要做无关动作，如看表、修指甲、打哈欠等。

（2）善于附和。可以用"是的""嗯，很好""对"等肯定词附和。也可以通过体态语言，给予积极的反馈。如：赞成对方说话时，可以轻轻地点一下你的头；对他所说的话感兴趣时，展露一下你的笑容；也可以用皱眉等表情反馈其讲话内容。

（3）学会复述。用自己的话重复说话者所说的内容。如："你是说你没去过故宫""你女儿考上北京大学了呀！"这既是对对方的尊重，也是检查自己获得的信息是否准确，还是控制话题的最佳办法。

（4）善于归纳谈话内容。"我明白了，你是为了学会打球。""你的意思是我们应该先去试试再做决定。"这既是表达对对方的尊重，也是检查自己是否理解了对方。这可以使谈话更深入。

（5）适当的提问。适时适度的提问是对说话者的鼓励，可以刺激他有兴趣讲下去，听的人也可以得到更多的信息。

（6）适时引入新话题。人们喜欢从头到尾安静地听他说话，而且更喜欢被引出新的话题，以便能借机展示自己的价值。你可以试着在别人说话时，适时地加一句："你能不能再谈谈对某个问题的意见呢？"

（7）要听出弦外之音。一个聪明的倾听者，不仅能听出表层的意思，还要明白说话者言语之后的目的所在，也要能从其语情语势、身体的动作看出其真正的意思，把握说话者的真实意图。只有这样，才能做到真正的交流、沟通。

（8）要巧妙地表达你意见。赞成对方意见时，可以直接表达，如："我完全赞成你的看法"；如不赞成对方的意见，不要轻易提出否定意见。可以配合对方的证据，提出你自己的意见，比如说："既然他喜欢她，为什么不帮助她，而像你说的是打击她呢？"

2．倾听中应注意的事项

（1）不要中途打断对方，让他把话说完。讲话者最讨厌的就是别人打断他的讲话。因为这样，在打断他的思路的同时，又让他体会到你不尊重他。事实上，我们常常听到讲话者这样的不平："你让我把话说完，好不好？"

（2）不要先入为主。虽然倾听前已经对谈话者或谈话内容有了一定的看法，但不要带着这些看法去倾听。很多时候，人们事先了解的情况不客观。

（3）不要轻易下结论。对于谈话者所说的话、身体语言所传递的信息不是非常清楚时，不要轻易下结论，最好亲口问问。不好问时，可以用非语言的方式表达出来，如迷惑的眼神等。

（4）不要心存偏见。在交谈时不要以自己的主观意见和思维定势来推测对方动机，或评价对方所说内容，应尽量客观。

（5）避免分心的举动。倾听时不要小动作太多，以免分散说话者的注意力，影响沟通效果。

（6）让对方把意思表达完全。无论你多么想把话题转到别的事情上去，达到你和他对话的预期目的，但你还是要等待对方讲完以后，再转移话题。

二、非语言沟通

（一）服饰的类型、颜色和饰物

服饰语言是指穿着打扮能更多地传递个人的感情及审美趋向。

1．服装的类型

制服：是非常集体化的服装，它表明穿着者属于某一集体。它有时由单位统一发放，并要求某一时间必须穿着。

职业装：一般指工作期间、正式场合所着的服装。

休闲装：工作之余穿着的服装，穿着舒适是其特点。

2．服装的颜色

黑色：西方是丧服的颜色，但也是正式场合男士最常选的服装颜色。

白色：是中国丧服的颜色，也是西方婚庆礼服的颜色，正式工作场合首选的颜色。

红色：中国婚庆的颜色。

黄色：明黄在中国是皇权的颜色。

紫色：无论是在古代中国，还是在古代欧洲，都是权贵的颜色。

灰色：是正式工作场合常选的颜色，仅次黑色和白色。

褐色：与灰色一样，是正式工作场合常选的颜色，仅次黑色和白色。

3．饰物

饰物是整体装饰中重要的组成部分，但属于从属部分。它佩戴的要领是与主体服装协调，与个人特点协调，与所处环境协调。

手套、帽子：男士不可在室内戴，而女士则可以戴。

领带、领结：是西装的灵魂，正式场合穿礼服时必须配领带与领结，以黑、白两色为首选。领结适合比较轻松的场合。

包：女士手提包应套在手上，不能拎在手上；手包大小与体形一致，不能过大或过小；女士钱夹可手拿或放在提包中。男士公文包应以黑色、棕色为主；皮夹只能放在西装上衣内侧口袋。

（二）服饰的语言

1．服装色彩的搭配

（1）全身色彩以 3 种颜色为宜。一般情况下，身上衣服的颜色不超过 3 种，就不会出位。一般整体颜色越少，越能体现优雅的气质。

（2）自然色系搭配法。暖色系除了黄色、橙色、橘红色以外，所有以黄色为底色的颜色都是暖色系。暖色系一般会给人华丽、成熟、朝气蓬勃的印象，除了白、黑这两安全色外，最好使用驼色、棕色、咖啡色。冷色系是以蓝色为底的颜色，最好选用黑、灰、彩色与之搭配，避免用驼色、咖啡色系搭配。

（3）渐变色搭配

① 只选用一种颜色、利用不同的明暗搭配，给人以和谐、有层次的韵律感。

② 不同颜色，但色调相同，相互搭配，同样给人以和谐的美感。

（4）花色衣服的配色。如果主要服装是花色，与之相配的颜色选择，一是黑、白、灰；二是选择其中任一颜色作为与之相搭配的服装色，给人以整体、和谐的印象。三是同样一件花色单品，与其搭配的单品选择花色单品中的不同色彩组合的搭配，不但协调、美丽，还可以改变心情感受。

（5）巧用小件配饰品。搭配恰当的饰品，能让整身装扮更有动感，让服装显得更有品质感，让穿着的人显得更有活力。

① 穿职业装时最宜佩戴珍珠或做工精良的黄金、白金首饰，穿晚装时可戴宝石或钻石首饰，穿休闲装时戴个性化或民族风格的首饰。颈饰最配的服装是"V"型领的，其次是比较大的圆领，然后是合身的高领。首饰最好成套佩戴。

② 包的选用要考虑其颜色、形状与衣服、场合搭配，也要考虑与自身的搭配。

③ 丝巾不仅可以保暖，还可以为形象增色。但要注意与季节、场合和服装搭配。

2．服装类型的选择

（1）服装与季节要一致。不能为了美丽冬天穿得太少。

（2）服装与身份、年龄一致。中年人不要穿少女的服装样式，年轻人也不要穿得太老气。

（3）服装与场合一致。正式场合应穿正装，晚宴应该穿得华丽一些，娱乐时可以穿休闲装。

（4）服装与性别一致。在正式场合，最好是女穿裙，男穿套装。

第三节 人际沟通

【先修内容】

1．人际沟通的含义和特点

所谓人际沟通，就是指人与人之间进行信息传递和情感交流的过程。

人际沟通的特点有：沟通双方都是积极的主体；人际沟通的主要工具是语言；人际沟通是动态的；沟通的双方应有统一的或近似的编码系统和译码系统。

2．人际沟通的作用

人际沟通的作用概括起来主要有 7 个方面：一是可以丰富人的知识和经验；二是有助于协调和改善人际关系；三是有助于心理的健康；四是能对自己的认识更客观；五是帮助正确地决策；六是团队建设的基础；七是组织管理的基础。

3．影响人际沟通的因素

影响人际沟通的因素有 4 个方面：一是信息的来源，影响信息来源的因素主要包括信息源的语言文字表达能力、思考能力以及手势、表情等表达的情况；信息源的态度，包括自信、尊重对方、引起对方对沟通的兴趣等；信息源的知识程度，包括知识、社会经验、人情世故等；信息源的社会地位，当信息源处于较高社会地位时，更容易使接收者相信。二是信息本身，影响信息本身的因素主要有语言和其他符号的排列与组合次序、信息的内容、信息的处理情况。三是信息传递的渠道，同一信息经过不同的信息渠道传递，其效果大不一样。四是信息的接收者，同样的信息，会在不同心理的接收者那里产生不同的效果；同一个接收者，在不同心理状态下对于信息的接收情况也会不一样，比如处于喜悦情绪状态的人容易接受他人所提出的要求。

4．人际沟通的原则

人际沟通的原则有：真诚相待、与人为善、礼貌谦逊、灵活多变、物质和精神相结合。

5. 办公室中说话的方法与技巧

一是要主动问候；二是要使用礼貌用语；三是与人说话时态度要谦虚、热情，声音清晰、亲切；四是要恰当使用幽默；五是说话时要切忌自吹自擂，妄自菲薄，具有攻击性，言不由衷。此外，还要能应对特殊事件，如：听不清对方话语、接到打错了的电话、遇到自己不知道的事、领导亲友来访、接到顾客索赔电话的时候，要懂得应对技巧。

6. 倾听

在倾听的时候，要注意适当地使用目光接触，对讲话者的语言和非语言行为一直保持注意，不要随意打断对方的讲话，使用语言和非语言的表达表示回应，用亲切自然的语气来提问，显示出对讲话者的兴趣，表现出关心的态度，并愿意听。

7. 电话交谈的方法与注意事项

电话沟通是秘书工作的重要内容，了解拨打电话、接听电话的注意事项对于秘书工作具有重要的作用。一是注意打电话前想好自己要说什么；二是打电话时先要表明自己的身份；三是要确定对方是否方便通话；四是要尽早表明自己打电话的目的；五是注意不要占用对方过多的时间；六是随时记录；七是正确结束通话。

8. 克服人际沟通障碍的策略

克服人际沟通障碍的策略：要有积极的心态；简化语言，讲话要有重点；善用比喻、类比、举例等修辞方法；进行换位思考。

9. 赢得人心的技巧

恰当地赞美别人，真诚地关心别人，力所能及地帮助别人，认真地倾听别人，记住对方的名字。

本节学习的主要内容是了解人际冲突的含义和作用，人际冲突产生的原因；能够掌握处理人际冲突的方法、解决人际冲突的步骤；在面临人际冲突时，能够选择恰当的方式去处理和解决；能够掌握赞扬的技巧。

【引导案例】

荣兴食品厂为了扭转因进口糖果的冲击而造成的亏损局面，发动全厂职工献计献策，并根据其效益设立奖金方案。职工张军向厂长建议生产一批不含糖又易消化的椒盐糕点之类的食品，供应医院，并投放市场试销。与此同时，厂长也收到了一份李秘书做市场调查后写成的内容相同的调查报告。厂长办公会研究后，决定批量生产椒盐饼干、糕点，投放市场后一抢而光。在5 000元奖金将要发放时，张军四处说，李秘书利用职权侵害了他的利益，非要搞个水落石出不可。李秘书却泰然处之，平平静静，和往常一样，一副什么事也没发生的样子。

点评：案例中的李秘书在面对张军宣传不利于自己的说法时，采取了回避的方式，没有和张军发生正面冲突。作为秘书，在面对和自己有关的冲突时，采取了高姿态不与对方争利益，有理也让人，以大局和团结为重，牺牲了自己的利益，是明智的选择。

一、人际冲突与管理

（一）人际冲突的作用和产生的原因

1．人际冲突的作用

人际冲突指的是由于人与人之间在认识、行为、态度及价值观等方面的差异而产生的冲突。人际冲突是客观存在的，因为人与人不可能完全一致，总会有不同的想法，不同的认识。冲突既具有消极作用，也具有积极作用。

（1）冲突的积极作用。如果能有效地解决冲突，冲突就会显示出积极的作用。冲突可以让冲突双方意识到自己的问题在哪儿，促使对问题的公开讨论，从而使问题尽快解决。组织内部员工之间的竞争冲突可以提高成员在组织事务中的参与程度，可以通过冲突的化解增进成员间的沟通与了解；冲突的解决可以化解积怨，使矛盾双方重归于好。当冲突产生时，迫使人们去寻求新的解决方案，反而能激发成员的创造力，从而给组织带来活力，同时也可以避免个人停滞不前。冲突早日显现出来，如果能够妥善处理，就能够宣泄当事者的愤怒与敌意，避免过度累积各种负面情绪，导致关系破裂。

（2）冲突的消极作用。冲突如果解决不好，冲突双方会因为人际关系的压力而心理健康受到影响。在组织内部，冲突会造成组织内部成员之间的不满与不信任，使组织内相互的关系变得紧张，导致成员和组织的封闭与涣散，影响工作效率，阻碍组织目标和个人人生理想的实现。因为冲突，团体中的凝聚力、向心力会受到破坏，导致组织内部的混乱，严重的甚至会影响组织的生存。

2．人际冲突产生的原因

（1）误解。由于缺乏沟通或沟通中的语义、语音的模糊，人与人之间往往因为误解而发生冲突。这种冲突双方有分歧，但是这种分歧并没有客观的基础，不是真正的冲突，而是虚假的冲突。但如果没有消除误会，就会发展为真正的冲突。例如，你的同学召集生日聚会，你没有收到邀请，为此你不高兴，而他也正因为你没有去参加聚会而不满。事实上，他本来打电话邀请你，因为你不在，拜托你同寝室的同学转告你，但是你的同学却忘记了这回事。这时，双方的冲突纯粹是因为误会。

（2）个性差异。有人喜欢热闹，有人喜欢安静；有人喜欢扎堆儿，有人喜欢一个人；有人好动，有人好静；有人开朗大方，有人内向文静；有人是急脾气，有人是凡事不着急；个性的差异往往导致人与人之间的冲突。

（3）缺乏合作精神。社会化的大生产使得企业中的分工更细，组织内部各部门之间需要互相合作才能完成目标。但是有的人总是以自我为中心，缺乏与别人合作的精神。不与别人合作，就会导致各部门之间冲突，使工作瘫痪。

（4）对有限资源的争夺。资源是有限的，而人的需求往往是无限的，因此在争夺有限资源的过程中，就产生了冲突。在组织内部的各个部门之间，经常为了争夺有限的人员、设备和资金等资源而发生冲突。

（5）行为方式和做事风格上的差异。做事粗枝大叶的人和做事细腻耐心的人往往会产生冲突，急风暴雨的行为方式和和风细雨的行为方式也会产生冲突。由于人与人的行为方式和做事风格不同，在协作过程中往往会产生冲突。

（6）文化及价值观的差异。在不同文化背景下成长的人习俗往往不同，对问题也有不同的理解，这种差异也会导致冲突。而价值观的不同更容易使人与人之间发生冲突，例如对金钱利益的追求和对社会贡献的追求之间必然会发生矛盾。

（7）追求目标上的差异。每个人的追求目标不一样，组织内部每个部门的追求目标也不一样，当大家去追求不同的目标时，就会产生分歧和冲突。

（8）对问题的看法、认识不同。人际冲突最直接的原因就是对同一个问题不同的人有不同的看法，不同看法之间往往是相互排斥的，或者是互相矛盾的。

（二）掌握解决人际冲突的步骤

当处在冲突的情境或有人际冲突上的困扰时，我们可以从以下几个方面加以解决：

（1）意识到冲突的存在。

（2）有面对冲突的勇气与决心。

（3）双方进行沟通、交涉。

（4）找出问题的症结和冲突所在。

（5）想出解决的方法及应该进行的步骤。

（6）付诸实施并检讨其有效性。

（三）处理人际冲突的技巧

处理人际冲突的方式有回避、迎合、妥协、强迫与合作。

1. 回避

回避是指在冲突的情况下采取退缩或中立的倾向，有回避倾向的人不仅回避冲突，而且通常担当冲突双方的沟通角色。当其被要求对某一争论表示态度时，他往往推托说："我还没有对这一问题作深入的了解"或"我必须收集到更多的资料"，等等。管理者采取这一态度并不能解决问题，甚至可能给组织带来不利的影响。

但在以下情况下采取回避的方式可能是有效的：冲突的内容或争论的问题微不足道，或只是暂时性的，不值得耗费时间和精力来面对这些冲突；当管理者的实际权力与处理冲突所需要的权力不对称时，回避的态度可能比较明智。例如，作为一名中低层管理者面对公司高层管理者之间的冲突时，采取回避的方式可能会好一些。

2．迎合

迎合是指在冲突的情况下尽量弱化冲突双方的差异，更强调双方的共同利益。采取这一方式的主要目的是降低冲突的紧张程度，因而是着眼于冲突的感情面，而不是解决冲突的实际面，所以这种方式自然成效有限，当以下情况发生时，采取迎合的方式可有临时性的效果：当冲突双方处于一触即发的紧张局面；在短期内为避免分裂而必须维护调和的局面。

3．强迫

强迫是指利用奖惩的权力来支配他人，迫使他人遵从管理者的决定。在一般情况下，强迫的方式只能使冲突的一方满意。经常采用此种管理方式来解决冲突是一种无能的表现，有此倾向的管理者通常认为冲突是一方输另一方必然赢。当处理下级的冲突时，经常使用诸如降级、解雇、扣发奖金等威胁手段；当面临和同级人员之间的冲突时，则设法取悦上级以获得上级的支持来压迫冲突对方，因此经常采用这种解决冲突的管理方式往往会导致负面的效果。

以下情况运用这种方式具有一定的作用：必须立即采取紧急的行动；为了组织长期的生存与发展，必须采取某些临时性的非常措施。

4．妥协

妥协是指在冲突双方互相让步的过程中以达成一种协议的局面。在使用妥协方式时应注意适时运用，特别注意不要过早采用这一方式，如果过早会出现以下问题：冲突双方可能没有触及到问题的真正核心，而是就事论事地加以妥协，因此缺乏对冲突原因的真正了解。在这种情况下妥协并不能真正地解决问题，也可能放弃了其他更好的解决方式。

这种解决冲突的方式适用于以下情况：对双方而言，协议的达成要比没有达成协议更好；达成的协议不止一个。

5．合作

合作是指冲突双方愿意共同了解冲突的内在原因，分享双方的信息，共同寻求对双方都有利的方案，采用这一方式可以使相关人员公开地面对冲突和认识冲突，讨论冲突的原因和寻求各种有效的解决途径。

在下述情况下适于采取合作的方式：相关人员具有共同的目标并愿意达成协议；一致的协议对各方都有利。

二、赞扬的技巧

学会赞美他人的人，才会真正被他人称赞。赞扬是一种沟通的技巧，也是一种美德。赞扬别人的技巧主要有以下几个方面。

（一）赞扬的态度要诚恳

赞扬别人不是应付别人，也不是走形式，而是要发自内心地去赞美别人，态度要诚恳热情。如果轻飘飘地说几句好听的话来应付，别人感受不到你的诚意，是不会有效果的。

（二）赞扬要实事求是

赞扬可以激励别人，但必须实事求是，而不是夸大其辞。如果夸张地赞扬一个人，就会引起别人的不满，降低自己的威信，被赞扬者也不一定能信服你；这样的赞扬反而起不到应有的效果。

（三）赞扬人的行为

赞扬别人的时候尽量具体地赞扬他的行为和做的某件事情，或者某个细节，不要笼统地赞扬整个人，这样的赞扬会起到更好的效果，也会让他自己和周围的人能明确地看到他的长处。

（四）当面赞扬和背后赞扬相结合

通常，赞扬往往是当面指出别人的长处，但也不一定完全如此。有时候，如果我们能选择一个适当的时机进行"背后赞扬"，在别人的背后说其好话，往往能取得更好的效果。背后赞扬别人，是各种赞扬的方法中最能让人高兴的。如果当着我们的面赞扬我们，或许我们会感到虚假，或者怀疑他的动机，而背后赞扬，却能凸显真诚。

（五）赞扬方式因人而异

每个人的生活环境不同，导致人们的性格千差万别。在对不同类型的人进行调查中发现：大家都喜欢赞扬，但并非所有的赞扬都受大家的欢迎，都能发挥它的作用。人们不喜欢千篇一律的赞扬，没有分别的赞扬，反而会使赞扬产生副作用。

第四节 组织沟通

【先修内容】

1. 上行沟通的策略

上行沟通是指自下而上由下属主动发送信息给上司。上行沟通的策略主要有：一是上下级之间相互信任，二是注意安排多种形式的上行沟通，三是维护领导层的内部一致性。秘书在向多个领导汇报工作时，要严格按照领导的职责分工进行，不要胡乱交叉汇报。

2. 上行沟通的作用

上行沟通的作用主要有：一是可以提供员工参与管理的机会；二是减少员工的不满和缓解员工的压力；三是营造民主管理气氛，提高企业的凝聚力；四是让上级及时了解下级和整个组织的运行状况；五是让上级及时了解员工对工作和组织的态度；六是便于上级及时发现问题、解决问题。

3. 下行沟通的策略

下行沟通是指信息从上级传递到下属，是自上而下的沟通。下行沟通的策略有：一是制订沟通计划，建立沟通制度；二是精简沟通环节；三是采用多种渠道和形式进行下行沟通。

4. 下行沟通的目标和作用

下行沟通的目标和作用：一是传递工作指示，让员工了解组织的工作计划；二是让员工了解工作任务，明确自己的职责；三是让员工了解自己的工作绩效，了解所享受的各种福利待遇和真正的实利；四是让员工了解组织的目标，增强责任感和使命感。

5. 纵向沟通的障碍

在上行沟通和下行沟通中，信息往往会受到阻碍，造成沟通不畅。影响纵向沟通的障碍有：一是企业组织机构的复杂化导致信息传递困难；二是管理者忽视企业内部的纵向沟通；三是管理层和员工之间的隔阂；四是人为把控信息。

6. 横向沟通的策略

横向沟通又称平行沟通，是部门之间和员工之间的沟通。横向沟通的主要策略有：一是树立内部客户的观念；二是选择正确的沟通形式；三是换位思考；四是注意倾听，而不是一味陈述。

7. 横向沟通的原则

横向沟通的原则主要有：一是以大局为重，多补台不拆台；二是对待分歧，要求大同存小异；三是对待升迁、功利，要持平常心，不要嫉妒他人；四是跟同事交往时，要保持适当距离；五是跟同事产生矛盾时，要宽容忍让，勇于道歉，理智妥善地解决。

8. 横向沟通的作用

横向沟通的作用主要有：一是有利于组织总目标的实现；二是实现各部门信息共享和资源共享；三是营造组织的良好氛围。横向沟通顺畅的组织，部门与部门之间互相合作。

9. 提高组织沟通效率的对策

创造良好的沟通环境、领导重视组织内部沟通、建立合理的沟通渠道、选择合适的沟通方式、注重组织沟通反馈机制的建立。

10. 与顾客沟通的内容与方式

提供产品和服务、与顾客直接沟通、通过电子手段与顾客沟通、顾客调查、广告宣传、公共关系、CIS 设计。

本节学习的主要内容是掌握与媒体沟通的原则和方式，明确应该对媒体说什么和不能说什么，掌握与组织外部上下游企业沟通的作用和方式。

【引导案例】

在 ×× 公司的新产品记者招待会上，有记者问总经理秘书，贵公司新生产的豆浆机与老品牌阳阳豆浆机相比，你们有什么优点，对方有什么不足？总经理秘书陈述了本公司新产品的优点，但却没有被记者诱导去陈述阳阳豆浆机的缺点，没让记者抓住把柄。

点评： 在与新闻媒体沟通时，一定要慎重，要清楚什么该说，什么不该说。案例中的总经理秘书深知对竞争对手的产品评论往往会让记者大做文章，因此虽然有记者问到了，但也只强调自己产品的特点，而对竞争对手的产品不予评论，这无疑是明智的。

一、与媒体沟通

（一）与媒体沟通的原则

（1）绝不抨击竞争对手，尽量避免谈论对手。抨击竞争对手的做法是最没水平的做法，只能自己贬低自己的形象。

（2）慎重提及营业额、利润、股票等财务信息。营业额、利润、股票等财务信息是企业的内部机密，公布出去有时会引起不必要的麻烦，因此面对媒体时要慎重。

（3）不得谈论总部未公布的信息。即使你已经了解到总部的计划，但总部还未公布，就不能预先说出去，凡事都会有变化，以防万一。

（4）不得谈论未公布的产品或战略。未公布的产品或战略是企业竞争的手段，提前泄漏出去会影响到企业的发展。

（5）不得对未公布的合并与收购进行评论。合并与收购涉及企业利益，不能事先对媒体公开。

（6）未经伙伴许可，不得公开合作细节和进展。合作细节和进展涉及合作伙伴的利益和权利，不能己方擅自公开。

（7）未经客户许可，不得公布未经发布的消息和案例。

（8）永远不要议论或攻击媒介。不要惹恼媒介，对媒介的议论和攻击是搬起石头砸自己的脚，会给自己带来很多的麻烦。

（9）不要对不同媒介进行公开比较，或贬低其他媒介。面对一家媒介贬低其他媒介会引起媒介的猜疑和反感，对方会猜想对着另一家媒介你又会不会批评他们。

（二）明确对媒体应该说什么和不说什么

在与媒介记者沟通时，切记：只给媒介真实和准确的新闻和素材，而不是相反；媒介可以购买，但新闻不能；记者是你的朋友，但不是商业伙伴；永远只说你自己，不要诋毁和攻击竞争对手；永远只说你想说的，而不是所有事情；正确的媒介策略，稳定、持续的媒介关系会使你受益良多；不要忽视媒介，但也不要滥用媒介。

（1）可以对媒体说的内容包括：经过公关部规划的内容要点；公司内部统一的口径；其他授权公开的内容。

（2）不能对媒体说的内容包括：对当地政府或政策的负面评论；对公司内部人事、策略变化的负面评论；公司同事之间的家长里短；竞争对手的非正式消息；未经授权的其他任何内容。

（三）与媒体沟通的方式

1. 新闻发布

企业将涉及自身的新闻事件通过媒体发布，传递给公众有关企业的各项信息和企业动向，让企业不时出现在公众视野中，加深公众对企业的印象。

2. 记者招待会

利用企业的重大事件举行记者招待会是企业与媒体沟通的良好方式。企业可借此机会发布企业的好消息，消除可能存在的一些误解，建立与媒体的良好关系。记者也方便与企业领导直接沟通，获得一些新信息，核实一些正在传递的信息。

3. 企业宣传

利用新闻媒体的特殊方式宣传企业，可以在新闻媒体上刊登介绍企业的相关文章，如知名人物、企业案例、名人文章等。

4．制造新闻事件

企业可以故意制造一些新闻事件来引起媒体和公众的关注，如与别人合作举办研讨会，举行隆重的仪式活动等，但要注意选择合适的方式，不要为了引起注意而破坏了自己的形象。

二、与上下游企业沟通

（一）组织外部沟通的作用

1．为组织创造良好的外部环境

组织进行良好的外部沟通，可以为自己创造出良好的外部环境。与顾客的沟通、与社区的沟通、与上下游企业的沟通、与媒体的沟通等都能为企业营造良好的关系，为企业的发展创造良好的环境。

2．为组织获取有效的信息

组织外部沟通可以让组织了解到各方面的信息，为组织的决策提供参考。组织与顾客的沟通可以更好地了解到顾客的需求、意见和建议，与上下游企业的沟通可以了解供应商和经销商的情况，与媒体的沟通可以获知媒体对本企业的期望和意见等，这些情况都可以为组织制定相关策略提供参考。

3．拓展发展空间

通过外部沟通，组织可以建立新的进货与销售渠道，与客户和社区、媒体建立新的关系，这为组织的发展拓展了新的空间。

4．塑造组织形象

在与外部沟通的过程中，组织可以将自己的基本情况、组织理念、目标、文化等信息传递给公众和相关组织，塑造自己的形象，让外界对组织更为了解。

5．为顾客提供服务

在与顾客沟通的过程中，可以让顾客更好地了解产品的性质、功能、特点等。通过有效的外部沟通，可以更好地为顾客提供服务。

（二）掌握与上下游企业沟通的方式

上下游企业主要指企业的供应商和经销商。供应商要供给企业合格的原材料和产品零部件，经销商要将企业的产品卖给顾客，因此企业和供应商、经销商是一条链上的，彼此之间的沟通十分重要。企业与上下游企业沟通的方式主要有以下几种。

1．通过网络进行沟通

在现在的信息社会中，网络技术发达，企业与上下游企业可以建立固定的网络联系，通过网络快速沟通信息，既能提高工作效率，又能节省成本。

2．邀请对方参与决策

企业对上下游企业的依赖性很强的话，在企业做出重大决策时应邀请对方参与。因为企业的举动会对上下游企业产生重要影响。如企业增加订单，就需要供应商提供更多的原材料；企业的产品价格调整，就直接影响到经销商的利益。

3．提供帮助和支持

上下游企业的经营好坏也影响到企业的经营，因此需要互相帮助和扶持。作为大型的企业，更应该为上下游的中小企业提供帮助（如资金的担保、技术的培训、销售方面的培训等），企业可以通过帮助与他们建立良好的合作关系，也为自己赢得利益。

4．正确处理矛盾和问题

企业在与上下游企业合作的过程中，难免会产生矛盾和问题。遇到问题，企业应积极与对方协商处理，而不是互相推卸责任，将关系搞僵。只要态度诚恳，对方也会积极地来共同解决问题。但是在处理问题的过程中，也不能一味地妥协退让，该坚持的态度要坚决。

5．商务谈判

企业与上下游企业的合作往往通过商务谈判进行，在谈判过程中，双方可以交流各种信息和需求，进行很好的沟通。

第五节 跨文化沟通

【先修内容】

1．跨文化沟通含义

跨文化沟通是指属于不同文化背景下的信息发送者与接收者之间发生的沟通行为，即信息的发出者是一种文化的成员，而接受者是另一种文化的成员。跨文化沟通可能发生在国际间，也能发生在国内不同的文化群体之间。

2．跨文化沟通的障碍

跨文化沟通的障碍主要表现为以下几个方面：一是语言表达障碍，即便是同一类语言，在不同的国家或区域文化之中使用的规则也会不同；二是非语言表达障碍，在跨文化沟通中，非语言沟通最容易产生误解；三是缺乏文化共享性造成的障碍，由于文化差异，双方的价值观、行为习惯等方面的不同，双方对事物的感知和偏好都不尽相同，就造成了沟通上的障碍；四是民族优越感造成的障碍，常常表现为用自身的文化价值观和标准作为至高无上的衡量尺度去解释和评判其他文化中的群体，其后果就是引发民族之间的矛盾和冲突；五是定型观念造成的障碍，定型观念最大的害处就是过分地简化或类化，根据某一群体的共同特征将其分门别类，并作为认知固定下来；六是文化冲击造成的障碍，陌生的环境给人们带来的不适、不安、焦虑的感觉。在这种焦虑的心理影响下，人们往往缺乏沟通的积极性，即使沟通活动勉强进行，沟通的效果也很差。

3．跨文化沟通的原则

一是理解的原则，在实施跨文化沟通之前，首先要充分地认知双方的文化差异，理解对方文化的特点，对沟通对象的言行举止有一个合理的预判；二是尊重的原则，不同的文化背景会形成不同的价值观和行为习惯，在实施跨文化沟通时，要树立尊重对方文化的意识，要克服文化优势感，平等对待跨文化的沟通对象；三是包容的原则，在进行跨文化沟通时，对沟通对象表现的差异性应保持一种开放、宽容的态度，不能因为对方与我方的差异性而否定、批判对方，要积极去适应对方的文化特点；四是融合的原则，任何国家或区域文化都有其优秀的特质，在实施跨文化沟通过程中，要尽可能吸收对方文化的精华。

4．文化差异的维度

荷兰学者霍夫斯泰德（Hofstede）提出了"文化五维度理论"，从个体主义与集体主义、权力距离、不确定性规避、男性度和女性度、长期导向和短期导向五个维度分析了不同文化的差异性。

5．跨文化沟通的策略

进行跨文化沟通时，应采取如下策略：识别文化差异，提升语言与非语言表达能力，消除本土文化中心主义，弱化文化冲突，借助外力化解纷争，增进文化交流。

本节学习的主要内容是了解美、英、法、德、日等国的文化特点和文化禁忌，在实施跨文化沟通时，能够做到尊重对方的文化习惯，避免涉及对方的文化禁忌。

【引导案例】

××公司承办大型国际展销会，来了很多国家的销售代表。会务组在接待外国来宾时，特别准备了当地非常有特色的手工艺品作为商务礼品送给来宾。当秘书小王把一个非常精美的孔雀造型的手工艺品送到了一位法国销售代表手上时，对方却露出了不悦的表情……

点评：不同国家的文化有不同的特点和禁忌，在实施跨文化沟通时，要实施恰当的礼仪，选择合宜的话题和表达方式，避免触及对方的文化禁忌，引发矛盾和冲突。

一、各国文化特点

（一）美国文化特点

美国是崇尚个人主义的社会，强调个性自由及个人的成就，注重个人空间和隐私；美国人一般比较开放，人际关系很容易建立，美国人常常会对陌生人微笑以示友好；同时美国文化具有多样性的特点，美国是一个多民族的国家，包容了不同民族的文化特点。

（二）英国文化特点

英国人很注重礼貌修养，先人后己的礼让行为很普遍，谈话总习惯轻声细语，很少大声喧哗；在正式场合（商务会面或晚宴）要着相应正装；拜访朋友前要提前通知对方，并准时赴约，准备礼物；英国人也都具有强烈的社会责任感，对公共事业、慈善事业等都很关注，人们都自觉地遵守公共秩序，做事喜欢一板一眼，讲究规矩。

（三）法国文化特点

法国是一个充满着浪漫气息、多姿多彩的国家，法国人诙谐幽默、天性浪漫，注重优雅，注重服饰的搭配，注重生活情趣，喜好社交，喜爱艺术和娱乐活动；对妇女谦恭礼貌是法国人引以自豪的传统；但法国人的组织纪律性差，比较散漫，约会时，要对法国人的姗姗来迟做好心理准备；此外，法国人拥有极强的民族自尊心和民族自豪感，在他们看来，世间的一切都是法国最棒。

（四）德国文化特点

有人把德国文化比喻为记事本，德国人的时间观念非常强，注重事情的计划性，约定好的时间，无特殊情况，绝不轻易变动；德国人非常注重规则和秩序，凡是有明文规定的，都会自觉遵守，凡是明确禁止的，绝不会去违反；德国人大都喜欢清静的生活，除特殊场合外，不大喜欢喧闹；德国人也很讲究穿戴得体，环境整洁；待人接物虽然严肃拘谨，但态度诚恳坦率，注重礼仪。

（五）日本文化特点

日本是个十分重视也十分善于吸收他国文化的民族，把东西方文化很好地融合在一起。日本人具有强烈的群体性，集体合作意识强，习惯于听从命令，善于在集体事物中发挥体现自我价值；日本人是完美主义者，他们痴迷于秩序，组织纪律性很强，工作极为认真；待人诚实、谦逊、彬彬有礼；对外来事物、思想持开放态度，对外来人却持排斥态度。

二、各国文化禁忌

（一）美国文化禁忌

美国人忌"13"和"星期五"；不喜欢谈个人私事，特别尊重个人隐私权；与美国人谈论时，避免言语具有民族偏见、性别歧视、年龄歧视、阶级歧视、同性恋歧视、残障歧视等；交谈时，不要与美国人站得太近，他们会觉得不舒服，要注意保持一定的社交距离；不要在美国人面前谦虚，谦虚并非美德，反而会被认为是虚伪；在饮食方面，不愿吃各种动物的内脏。

（二）英国文化禁忌

英国人也是忌讳"13"和"星期五"；在英国与人交谈时，要注意自己的身体语言，不要靠对方太近，不要用手来指着他人，这样的行为被认为是不友好的行为；拜访朋友前要提前通知对方，不速之客会让人讨厌，做客时要准备一些小礼物送给主人，送花时忌菊花和白色百合花；做客时应准时到达，早到会被认为是不礼貌的，到英国人家中用餐后应留下来进行社交谈话，如果一吃完就告辞也是非常不礼貌的；英国人喜欢在吃饭的时候聊天，但要注意，吃东西和说话交替进行，吃东西的时候张大嘴说话，是不礼貌的行为；英国人在饮食方面，不吃动物的头、足和内脏。

（三）法国文化禁忌

法国人也忌讳"13"和"星期五"；忌黄色和墨绿色；忌孔雀和仙鹤；视菊花、杜鹃花与核桃等为不祥之物；在送法国人礼物时，宜选具有艺术品位和纪念意义的物品，不宜送刀、剑、剪、餐具或是带有明显的广告标志的物品；男士向一般关系的女士赠送香水，也是不合适的；在接受礼品时若不当着送礼者的面打开其包装，则是一种无礼的表现。

（四）德国文化禁忌

德国人也忌讳"13"和"星期五"；德国人忌讳提前祝贺生日；聚会时，迟到或早到都被视为缺乏礼貌；在社交场合，举止要庄重，漫不经心的态度会被认为是对客人的不尊重；在交谈时，避免问及对方的年龄、职业、收入、婚姻状况、宗教信仰、政治面貌等，遇到对方生病，除伤风感冒或外伤等常见病之外，不要问及病因及病情，否则会招来好窥视别人秘密之嫌；访友时，切不可搞"突然袭击式"的登门拜访，都要事先约定。

（五）日本文化禁忌

日本人忌讳"4"与"9"两个数字，因为日文中"四"与"死"发音相同，"九"与"苦"发音相同；与日本人交谈时，称呼对方及他人要使用"先生""夫人""小姐"等，不能直称其名，且鞠躬是很重要的礼节；与日本人交换名片时，要向对方的每一位成员递送名片，不能遗漏；日本人不喜欢有狐狸图案的礼品，他们把狐狸视为贪婪的象征。

第六节 涉外谈判

【先修内容】

1．谈判

谈判是指利益相关的主体为了取得对自己有利的结果而进行协商的过程。

2．谈判的构成要素

谈判的构成要素主要包括 5 个方面：一是谈判主体，谈判主体是指参与谈判的当事人。谈判主体是谈判活动的主要因素，可以是自然人，也可以是一个团体；可以是双方，也可以是多方。谈判活动的成效很大程度上取决于谈判主体的主观能动性和创造性。二是谈判客体，谈判客体是进入谈判活动领域的议题，就是指在谈判中双方要协商解决的问题，是谈判者利益要求的体现。谈判议题是谈判的起因、谈判的目的、谈判的内容，可以说谈判议题是谈判活动的中心。三是谈判目的，参与谈判的各主体都希望通过谈判来达到一定的目的。没有谈判目的，谈判是不完整的，只能称为闲谈。四是谈判策略，谈判策略是指谈判主体为解决谈判议题而依据谈判发展所采取的斗争方式和处理问题的方法及技巧。五是谈判结果，一次完整的谈判都会有一个结果，结果可能是有输有赢，也可能是多赢，还可能是破裂。

3．谈判的分类

根据谈判的目标可将谈判划分为不成结果的谈判、意向书与协议书的谈判、准合同与合同谈判、索赔谈判；根据谈判接触的方式可将谈判分为面对面谈判、电话谈判、书面谈判、网络谈判；根据谈判的输赢导向可将谈判分为对抗式谈判与合作式谈判；根据谈判的地点可将谈判分为主场谈判、客场谈判、主客场轮流谈判、中立地谈判；根据谈判主体数量可将谈判分为双边谈判和多边谈判。

4．涉外谈判的特点

一是涉外谈判沟通受谈判主体之间文化差异的影响大，不同的文化取向会造成谈判主体之间语言与非语言表达的障碍；二是涉外谈判要以国际法规、国际惯例为准绳，谈判人员要熟悉国际法规、国际惯例，以及对方国家的有关法律、法规；三是涉外谈判的影响因素更为复杂，谈判的难度更大，需要搜集大量的谈判信息，做好充分的准备工作。

5．涉外谈判的基本过程

涉外谈判主要分 4 个阶段：第一阶段是准备与计划阶段，它包括确定谈判目标、收集谈判信息、组建谈判队伍、确定谈判时间和地点、制订谈判方案与计划 5 个步骤。第二阶段是开局和报盘阶段，它包括开局和报盘两步骤。第三阶段是讨价还价和让步阶段，双方充分利用谈判技巧，进行反复较量，彼此放弃某些利益，逐渐接近或趋于一致。第四阶段是结束和实施阶段，它包括签订协议、落实协议和谈判总结 3 个步骤。

6．涉外谈判的基本原则

涉外谈判过程中应坚持平等性与互利性两大基本原则。

本节学习的主要内容是能够理解谈判信息的重要性，掌握谈判信息搜集、整理、传递、保密的方法，能够根据谈判信息的搜集标准，做好涉外谈判的信息准备工作，为谈判决策提供参考资料。

【引导案例】

美国一家电子公司将要与中国相关的公司谈判电子产品的进出口问题，秘书李爽被选入了公司涉外谈判信息搜集小组。李爽除了搜集了大量关于产品与市场等信息外，还注意到一个信息，美国代表团的团长只带了 6 件衬衣，这可能意味着他打算只在中国呆 6 天。他把此信息报告给公司谈判负责人后，负责人制订了相应的谈判策略，最后谈判结果接近公司预期目标。

点评：在涉外谈判准备过程中，信息搜集者要善于观察，及时发现有用信息。这些信息有时虽然很小，但也会直接影响到谈判策略与技巧的实施，以及谈判目的的实现。

一、涉外谈判信息的搜集与准备

（一）谈判信息的定义与作用

1．谈判信息的定义

谈判信息是指与谈判有关的各种数据和资料，主要包括对方信息、市场信息、交易条件信息、竞争对手信息、文化环境信息等。

2．谈判信息的作用

（1）谈判信息是制订谈判策略和计划的依据。在涉外谈判中，谁能在谈判信息上拥有优势，掌握对方的真正需要和利益界限，谁就有可能制订正确的谈判策略，在谈判中掌握谈判的主动权。

（2）谈判信息是谈判双方互相沟通的纽带。谈判信息是谈判双方或多方之间沟通的媒介，掌握了充分的谈判信息，就能从中发现机会和风险，捕捉达成协议的契机，使谈判活动从无序到有序，消除不利因素，促使谈判各方达成协议。

（3）谈判信息是控制谈判过程的手段。在谈判过程中，要从对方的言行表现中获取准确信息，及时反馈，使谈判活动得到及时调节、控制，按照既定的谈判目标顺利推进。

（二）谈判信息获取的方法和来源

1．文献调查法

文献调查法是根据现有的资料和数据进行调查、分类、比较研究的谈判信息准备方法。这种调查方法的资料来源很广，一是可以搜集统计资料，主要包括我国、对方国家以及国际组织提供的各类统计月刊或统计年鉴等；二是可以搜集报纸杂志、专业书籍中披露的相关资料；三是搜集专门机构提供的资料，如政府机构、金融机构、对外贸易机构、市场信息咨询机构等；四是搜集对方组织的资料，如对方组织的出版物、商品目录与商品说明书、报价单、财务报告等。

2．观察法

观察法是调查者在现场对被调查事物及被调查者的行为与特点进行观察测度的一种谈判信息准备方法。调查者可以参观对方的生产经营的场所，如参观对方的公司、工厂，以查清对方的经营实情；调查者还可以通过安排非正式的初步洽谈，创造接触机会，当面观察、了解对方的态度、意图、特点，以及沟通风格等；调查者也可以通过购买对方的产品进行观察研究，分析产品的结构、工艺等以确定其生产成本。

3．访谈法

访谈法是围绕着某些内容向被调查者征询意见，以搜集资料的一种谈判信息准备方法。调查者可以向对方组织内部的知情人士实施访谈，如对方组织现在或过去的雇员、对方组织内部受排挤的人员等；也可以向与对方有过合作、往来的人员访谈，如对方的客户、供应商、中间商、对方的主管部门、对方的咨询顾问、对方主要往来的金融机构等。

（三）谈判信息的加工整理

谈判信息资料的整理一般分为以下4个阶段：

（1）筛选阶段，这一阶段的工作主要是检查所搜集资料的适用性，这是一个去粗取精的过程。

（2）审查阶段，这一阶段的工作是识别资料的真实性、合理性，这是一个去伪存真的过程。

（3）分类阶段，这一阶段的工作主要是按一定的标准对资料进行分类，使之条理化。

（4）评价阶段，这一阶段的工作就是对资料做比较、分析、判断，得出结论，为谈判活动提供参考。

（四）谈判信息搜集的标准

1．准确

准确是指谈判信息资料的真实性。真实是谈判信息的生命，不真实的信息会把谈判决策引向歧途。为保证谈判信息的真实性，要求谈判信息的来源要真实可靠；信息加工时要注意鉴别，去伪存真；不明确的信息需要暂时搁置起来。

2．全面

全面是指信息资料的完整性、系统性和连续性。残缺不全的信息会导致谈判中的判断失误。因此，搜集谈判信息时要广泛搜集与谈判有关的全方位的信息资料，避免遗漏重要信息。

3．适用

适用是指搜集的谈判信息要适合谈判工作的实际需要。切实适合谈判决策或解决问题的信息就具有适用性。因此，要求搜集谈判信息时必须有明确的目的；整理谈判信息时，要根据谈判目的挑选中意的信息资料，送交决策者作为谈判决策时参考。

4．及时

及时是指谈判信息的时效性；谈判信息应尽可能灵敏地反映最新动态，这就要求及时搜集发展变化的新情况；且谈判信息的搜集、整理、分析、传递的速度要快。

（五）谈判信息的传递与保密

在做好涉外谈判信息搜集与整理的基础上，还需要十分注意谈判信息的传递与保密工作。

1．谈判信息的传递

谈判信息的传递是指谈判人员同己方组织之间的联系。如果在外地谈判，需要事先规定好沟通方式和沟通制度，并制定好沟通的流程及责任人，以便谈判人员迅速、有效地与企业进行沟通，也便于在出现问题后追究责任。

2．谈判信息的保密

与谈判有关的人员都需要注意谈判信息的保密，做到不随意乱放文件，不给对方窥探秘密的机会；不随便在公共场所谈论有关谈判的事宜，必要时使用暗语；不要过分信任临时代理人或服务员，不随便托人代发电报、传真等；最后的底牌只让关键人物知道；在谈判达成协议前，不应对外公布谈判信息。

思考与练习

（1）沟通的障碍主要有哪些？

（2）克服沟通的办法是什么？

（3）倾听的技巧有哪些？

（4）如何使服饰与工作、身份协调？

（5）如何处理人际冲突？

（6）赞扬的技巧有哪些？

（7）与媒体沟通的原则有哪些？

（8）与上下游企业沟通的方式有哪些？

（9）分别说一说美国、英国、法国、德国、日本等国家文化的主要特点有什么？

（10）分别说一说美国、英国、法国、德国、日本等国家文化的禁忌主要有什么？

（11）涉外谈判信息的搜集方法和来源有哪些？

（12）搜集涉外谈判信息时，应把握哪些标准？

第五章 速记基础

本章主要阐述速记的概念、方式，与文字和现代办公设备的关系，速记在秘书工作中如何应用；手写速记（汉字、拼音速记）的基本原理、方法，介绍三级秘书在工作实践中如何创制汉字合体字及创制拼音速记略写符号的原则；计算机速记（录）的种类、特点、原理及应用等。

第一节 认识速记

在四级秘书教材中，对速记的概念、与文字的关系等知识都进行了讲述，高级别学习者也要了解和掌握这些基础知识。

1. 什么是速记

（1）速记概念。速记是一种运用简单符号和略写方法快速记录语言和思维的一种高效应用技术。

（2）速记方式。目前，我国推行的主要速记方式是手写速记（汉字、拼音速记）和计算机速记（录）。

（3）速记与文字的关系。速记和文字一样，都是以记录语言的意义为目的的书写符号。但就其功能来讲，二者具有很大的区别。文字作为交际、交流思想的辅助工具，把语言从时间上保留下来，克服了语言在时空上的局限性；而速记是为补救文字形体繁芜、书写缓慢的缺陷被创造出来、被利用起来的，它是文字的辅助工具。

速记的特点就是快，速记能把语言完整无误地记录下来，用速记代替文字记录语言，可以大大减轻书写过程中的劳动强度。

例如：速符句子

1)

汉字：速记是一种高效的应用技术。

2)

汉字：社会主义建设的辉煌成就显示了社会主义的强大生命力。

以上两句话用速符书写就简单、便捷。

2．速记在秘书工作中的作用

（1）记录有声语言

1）用速记记录领导口授意见、口授文件的内容，能做到既详尽又迅速。

2）用速记记录来访人员的意见或要求，既节省时间，又能向领导做详细汇报。

3）用速记记录电话内容（特别是长途电话）既详细又节约电话费用。

4）用速记做会议记录。

在本级新课内容中，将重点讲授"会议记录"的4种方法。

（2）记录无声语言

1）用速记及时、准确地摘抄资料，收集、积累、储备信息，协助领导做好工作。

2）用速记起草文稿、草拟发言提纲及各类公文，能节省许多宝贵时间，大大提高工作效率。

3）秘书用速记记"秘本"。"秘本"是秘书人员记载有关资料的本子。秘书用速记记"秘本"，不仅方便、高效、记得详细，关键是能起到保密作用。

3．速记与现代办公设备的关系

任何一种办公设备工具，都有自己的特点、功能和应用范围，都不可能是万能的。（具体论述见五级教材）

本级学习者应理解，速记与电脑（计算机）以及录音机等办公设备之间的差异在于处理信息手段的不同，但作为记录语言信息的功能是一样的。它们各具特色，各自发挥所长，可在各种场合选择或配合使用。

速记在秘书工作中起着重要的作用，其中记录有声语言——做会议记录，是秘书经常性的工作。在本节新课内容中，对三级秘书学习者来说，除了要了解速记含义、与文字及现代办公设备的关系，理解用速记记录有声、无声语言外，还应重点掌握什么样的会议用什么样的会议记录方法，更是工作需要的。现就会议记录的主要几种方法详细介绍一下，供三级秘书学习者学习、参考。

【引导案例】

某中央机关（部委）高级速记秘书小刘，手写速记、电脑速录个人全能，经常参加我领导人与外宾的会见、会谈，负责现场速记（录）工作。有一次，在会谈中，他所携带的无声速录机意外出现故障，情急之下，他用手写速记完成了余下时间的会谈速记任务，结束后回到办公室，边看着自己的速记符号，边用笔记本电脑翻译整理，以最快的速度把会谈记录全文提交给我领导人办公室，顺利、圆满地完成了任务。事后，领导人办公室对他精湛、全面的速记技艺给予了充分肯定和高度评价。

点评：作为一名高级速记秘书，速记的过程是一种创造性劳动。它要求秘书，不仅要具备娴熟、高超的速记技能，还要求具备较高的职业素养（严守国家或企业秘密）、良好的身体条件（应对长时间、高强度的注意力，高度集中的脑力和体力劳动）及过硬的心理素质等，才能驾驭现场突发情况，处变不惊。本案例中，秘书小刘的临场表现，充分证明了这一点。

另外，通过本案例也证明，现代办公设备与手写速记的关系，即现代办公设备永远不会取代手写速记，它们之间的关系是相互配合、相得益彰的。

秘书用速记做会议记录

秘书做会议记录的主要方法有 4 种。

（一）完全记录法

完全记录法对讲话内容做一字不差的记录（一般领导的或首长的重要讲话、中外会谈采用此法）。

（二）精详记录法

记录时，把可记可不记的或重复的语句段落删掉，做到尽可能注重"精"和"详"的记录（一般的会议记录都选择此种）。

（三）精要记录法

精要记录法又称"摘要记录法"或"纲要记录法"。记录讲话时，只记录主要内容、重点内容或典型事例（一般汇报会、座谈会或研讨会等一些小型的会议用此种）。

（四）补充记录法

补充记录法主要用于有讲稿的讲话记录（秘书只需记录讲话人离开讲稿时的一些穿插补充的说明或事例）。

上述4种会议记录方法，三级秘书要能够根据各种不同的会议性质、情况或要求灵活掌握运用。

第二节 手写速记知识

【先修内容】

在四、五级秘书教材中，对手写速记的基本原理，略写方法等知识进行了系统讲述，这些知识点是三级秘书学习者不容忽视的（高级别考试内容涵盖低级别考试内容）。要求要系统学习、全面掌握。

（一）汉字速记

1. 汉字速记基本原理

（1）汉字速记是汉字草书的快写。汉字草书是有规律、有系统的"草率"化，可以说它是一种表意的、记录汉语的符号。一般采用行草或草书。

（2）汉字速记是对汉语字、词、句、段做合理精简和缩略的快写。汉字速记时可运用简化汉字、非简化汉字，还可根据汉语中词、词组、句子的结构规律运用好语词、语句、语段的各种略写方法。

下面，仅以汉语中的反义字、词、词组、句子为例，略写时可采用：

反义字：多 '（多少）　　　　　　大 '（大小）

反义词：成功 "（成功失败）　　　国内 "（国内国外）

反义词组：个人利益 "—（个人利益与集体利益）

反义句子：虚心使人进步 "——。（虚心使人进步，骄傲使人落后）。

（3）汉字速记是灵活运用借代的快写。为了以简驭繁，汉字速记时可用同音字、汉语拼音字母、各学科符号、象形会意符号等借代方法。

例如：

1）同音字借代。

乙 = 意、疑、移、艺、益、椅、遗、译、毅、翼……

乙义（意义）　　　　　　怀乙（怀疑）　　　　　　刚乙（刚毅）

2）汉语拼音字母借代。

Zz（政治）　　　　　　　　秘 s（秘书）

Js（建设）　　　　　　　　首 d（首都）

3）各学科符号借代

①数学： //——平行　　　　　　　　=——等于

②物理： T——时间　　　　　　　　S——面积

③英语： Tel——电话　　　　　　CO——公司

④金融： ￥——人民币　　　　　　＄——美元

⑤标点符号：

　　警惕　　　　提高警惕　　特别提高警惕

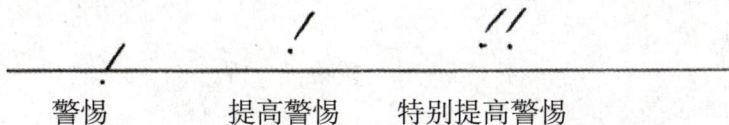

4）象形会意符号借代

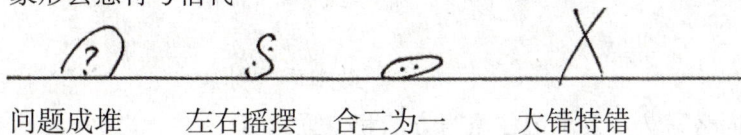

　　问题成堆　　　左右摇摆　　合二为一　　　大错特错

在整理速记稿时，根据上下文意，改正借代符号。

2．汉字速记略写创制规则

要求学习者熟练掌握汉字快写法，掌握各种不同类型的词语、词组、语句等的创制规则。要会区分各类词语、词组、语句的略写位置和方法，并能举一反三地理解、运用。

（1）双音节词略写法

1）演变双音节词。由单音节词逐渐演变而成的双音节词，快写时，可将双音节词略写为单音节词。例如：

树木——树　　　　　　　　　　海洋——海

纸张——纸　　　　　　　　　　河流——河

2）双音节的单纯词。单纯词又叫"联绵词"，快写时，写出第一个音节，第二个音节就能推知而出。例如：

忐——忐忑　　　　　　　　徘——徘徊

叮——叮咛　　　　　　　　澎——澎湃

3）相同、相近双音节词。由两个意义相同或相近并列组合而成的合成词，如："帮助""正直"等，快写时，只写第一个音节，第二个音节省略。例如：

善——善良　　　　　　　　购——购买

准——准确　　　　　　　　道——道路

4）相反、相对双音节词。两个意义相反或相对的双音节词，如："伸缩""大小"等，快写时，只写出第一个音节，第二个音节用"\"斜直线代替。例如：

多\——多少　　　　　　　　动\——动静

收\——收发　　　　　　　　胜\——胜败

5）注释格双音节词。注释格词是语素通过注释和被注释的关系构成的新词，如："癌症""鲤鱼"等，快写时，省略被注释音节。例如：

菠——菠菜　　　　　　　　　　　鲫——鲫鱼
韭——韭菜　　　　　　　　　　　鲈——鲈鱼

6）同义、近义双音节词。两个词声音不同，意义却相同或大体相同，或声音不同意义相接近。如："医生"～"大夫"、"斟酌"～"掂量"等，快写时，可选音节少、笔画少、好写的词写。例如：

①选音节少的

安静——静　　　　　　　　　　　桥梁——桥

②选笔画少的

诞辰——生日　　　　　　　　　　聪慧——伶俐

③选好写的

慎重—小心　　　　　　　　　　　璀璨——灿烂

（2）三音节词略写法。要求记住略写方法和位置。

1）两个有实在意义的语素加后缀三音节词。两个有比较实在意义的语素，加一个半虚化或虚化了的语素（后缀）如"性、家、者、员、化"等。快写时，将后缀用拼音字母的声母代替，写在第一个音节的"右上方"，第二个音节省略。例如：

组^x——组织性　　灵^x——灵活性　　教^j——教育家
企^j——企业家　　管^z——管理者　　劳^z——劳动者
信^y——信息员　　现^h——现代化

2）肯定三音节词。中间嵌有"得"字表肯定语气的三音节词，快写时，只写第一个音节，后两音节用字母"d"写在第一个音节"右下方"代替。例如：

　写$_d$——写得快　　　　　　　　靠$_d$——靠得住

3）否定三音节词。中间嵌有"不"字表否定语气的三音节词，快写时，只写第一个音节，后两音节用字母"b"写在第一个音节"右下方"代替。例如：

　写$_b$——写不快　　　　　　　　靠$_b$——靠不住

4）熟知三音节词。根据上下文意能够辨认出来的三音节词，快写时，写出第一个音节，后两个音节可用"-"横线代替，写在第一个音节的"正右方"。例如：

解放军——解-　　　　　　　　　博物馆——博-
中国人民解放军——中国人民解-　　中国自然博物馆——中国自然博-

（3）词组略写法。要求记住略写方法和位置。

1）并列式结构词组。并列式结构词、词组，快写时，只写出第一个词、词组，后面的词、词组用数字写在第一或第二词、词组的"右上方"代替。例如：

德^3——德智体　　　　　　　　　德智^5——德智体美劳
酸甜^4——酸甜苦辣　　　　　　　酸甜^5——酸甜苦辣咸
爱祖国^5——爱祖国、爱人民、爱劳动、爱科学、爱社会主义

2）常用复音词组成的词组。快写时，可用复音词的一、三音节或一、四音节附离的方法省略，写在"右下方"。例如：

美_人——美国人民　　　　　　经_改——经济改革

管_部——管理部门　　　　　　缓_行——缓期执行

3）成语略写。快写时，可写出前两音节，后两音节用"-"小横线代替，写在"正右方"。

例如：

翻天 -——翻天覆地　　　　　　应有 -——应有尽有

同心 -——同心同德　　　　　　蒸蒸 -——蒸蒸日上

（4）语句略写法。汉字速记，语句的略写，实际就是句子成分略写。同时，句中常用的双音节词，快速书写时，只写出第一个音节，第二个音节可用"/"斜直线代替。例如：

句子：秘书是围绕领导工作，在领导身边，直接为领导人服务的重要助手和参谋。

略写：秘 /s 领 /d 助 /h 参 /。

在本级新课内容中，将重点讲授汉字合体字的创制及运用。

（二）拼音速记

拼音速记是根据《汉语拼音方案》的原理制定的。拼音速记方案的符号分为声符和韵符两大类。

拼音速记是从记音入手，通过"记音"达到"记意"的目的。

拼音速记符号是选用最简单、最好写、最有系统的符形作为基本符号。

本节为本章的重点内容。作为三级秘书学习者，除掌握手写速记的原理、特点及汉语中语词、词组、语句的略写方法外，在本节教材中对汉字速记合体字的创造、运用及对拼音速记声符写法要领、略写符号创制原则等，要重点理解和掌握。并能根据自己的实际情况和工作业务需要，灵活运用。

【引导案例】

在某公司任职的高级速记秘书苏蕾，一次随总经理参加有关医药方面的行业磋商会，总经理要求她把大会所有发言人的内容全部都记录下来，带回研究。由于会议内容专业性较强，发言人较多，而且限时发言，语速也将会很快，这注定是一场"硬仗"。

为顺利完成领导交办的任务，提高记录速度和翻译的准确率，苏蕾会前仔细阅读了会议文件，还通过互联网广泛搜集了磋商会上可能用到的医药方面的专业术语，并创制了一些词语、词组的省略符号及合体字的略写等备用。第二天，她胸有成竹地参加了会议。由于准备得充分，她的记录速度和文稿整理的准确率都很高，为公司留下了翔实的第一手资料，备受总经理赏识。

点评：上述案例告诉我们，作为一名高级速记秘书，不但要具备娴熟、高超的速记本领，还要具备广博的专业知识和扎实的中文基本功，更要有根据各种不同会议、场合及业务工作的需要灵活运用所学专业知识的能力和应变能力，这样才能更好地、更出色地完成领导交办的各项工作。

一、汉字速记

合体字替代略写法

所谓"合体"，就是把两个以上的汉字合写在一个字体里，略去部分偏旁部首的字。这种字古代称为"合文"，现在称为合体字。

合体字的特点是以词为单位，一个字就代表一个复音词，写起来简易，读起来方便。因此，人们喜欢用这种以词为单位合写的合体字来提高书写速度。

创造合体字的原则：

1. 一个合体字一般代表一个复音词，读复音。

2. 特殊情况下，合体字可以代表一个词组。

3. 组成合体字的形式，必须避免和单体汉字（一般汉字）写法混同。

4. 组成的合体字，要求笔画简单，结构合理，便于联想，易写易认。例如：

（1）双音节词合体字

    ——方针　　　　　——改革　　　——乡村

    ——秘书　　　　　——市场　　　——电影

（2）三音节词合体字

    ——文工团　　　——互联网　　——人民币　　　——邮电局

（3）词组合体字（多音节词合体字）

    ——北京大学　　——工商银行　　——网络营销　——市场经济

需要注意的是，这种字只能供自己快速书写时用，不能用于社会交际场合，必须维护汉字的规范化。

二、拼音速记

拼音速记基本符号及略符创制原则

1. 拼音速记基本符号

（1）声符

b	p	m	f	d	t	n	l	r
波	坡	摸	佛	得	特	讷	勒	日

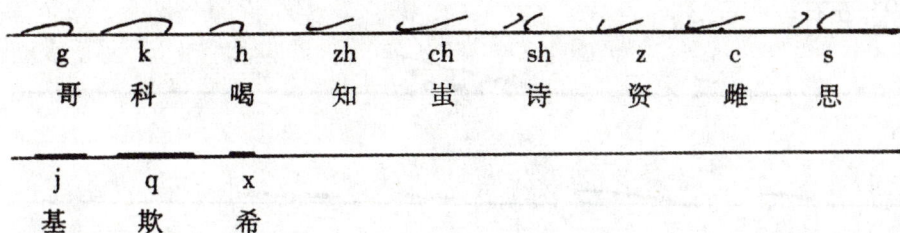

g	k	h	zh	ch	sh	z	c	s
哥	科	喝	知	蚩	诗	资	雌	思

j	q	x
基	欺	希

声符写法五要领：

1）基线。又叫基准线。即练习本的横格线。它是为区别提高书写的速记符号设置的，要求21个声符的底部都要靠写在基线上，如果离开基线写就读别的音了。例如：

2）笔顺。速记符号连写是"尾首相连"，若笔顺写错，则连写就出现错误。
速记声符笔顺分为3种：

①从右上往左下书写的声符有9个，收笔处均靠在基线上。

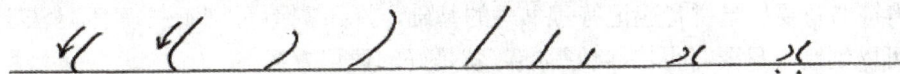

②从左下往右上书写的声符有2个，起笔靠写在基线上。

③从左往右书写的声符有10个，前3个是起笔处和收笔处靠写在基线上，后7个是底部靠写在基线上，与基线平行。

3）比例。声符比例分为3级：大型符、中型符、小型符。它们的比例是3：2：1。大型符比小型符大两倍。中型符比小型符大一倍。掌握不好比例，速符就不能准确认读。

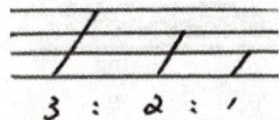

4）斜度。即书写角度。声符的斜度分3种，与基线成50°左右、与基线成20°左右、与基线平行即0°

50°左右：

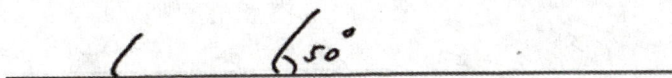

20°左右：

0°：

5）曲势。曲势是指曲线声符弯曲的趋势。掌握好声符起笔或收笔的曲势，就能使速符准确、美观。例如：

①起笔处曲势较大的：

②收笔处曲势较大的：

声符书写要领是拼音速记符号书写的基础，必须掌握好。速记方案不是法定的，谁都可以创制，只要写得快、认得准，就是好的速记方案。

（2）韵符

拼音速记的韵符，大部分都要写在基线上，有的要写在提高的位置上（即离开

i	u	ü	a	uo	ai
衣	乌	迂	啊	窝	哀

ie	e	ao	ou	ei	uei	ong
耶	鹅	熬	欧	欸	威	轰

an	ang	en	eng	in	ing
安	昂	恩	翁	因	英

ia	iao	iou	ian	iang	iong
牙	腰	忧	烟	央	雍

üe	üan	ün	ua	uai	uan	uang	uen
约	冤	晕	蛙	歪	弯	汪	温

基线提高书写）。

（3）声符及韵符相拼写的音符（仅举3组）

1）"衣"组：

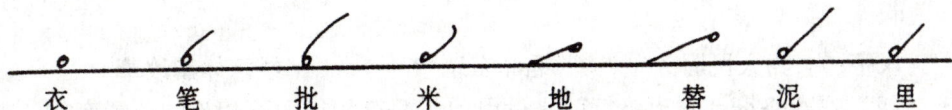

衣　　笔　　批　　米　　地　　替　　泥　　里

2）"乌"组：

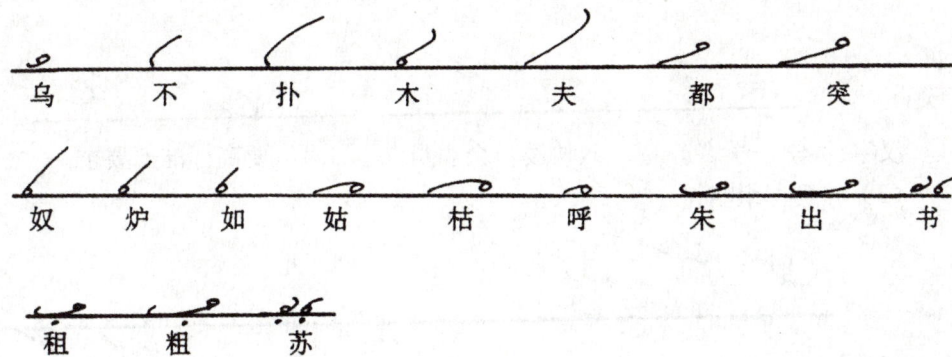

乌　　不　　扑　　木　　夫　　都　　突

奴　　炉　　如　　姑　　枯　　呼　　朱　　出　　书

租　　粗　　苏

3）"迂"组：

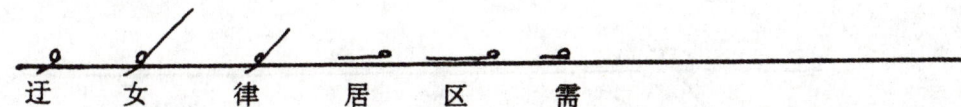

迂　　女　　律　　居　　区　　需

以上介绍的声符、韵符都可以拼写出音节符号（简称音符）。拼写出的音符是按规则书写的，易写易认。值得注意的是，在汉语中虽有音节，但没有相应汉字的，就没有必要拼写。

2．创制拼音速记略符的原则

略符是提高记录书写速度的重要技巧。创制略符时，必须能真正体现略符的合理、准确、迅速、易记、易写的功效。需具备以下几条原则：

（1）略符创制的对象必须是常用词、词组、句子。

（2）略符创制，必须保留词语的主要部分，并能便于联想。

（3）略符创制，在符形上不能与一般连写的速符相混。

（4）略符创制，必须便于书写与认读。

3．常用的略符举例

（1）交叠略符。交叠略符就是选用常用词组中的主要音符互相交叠而略去其他次要音符的略符。

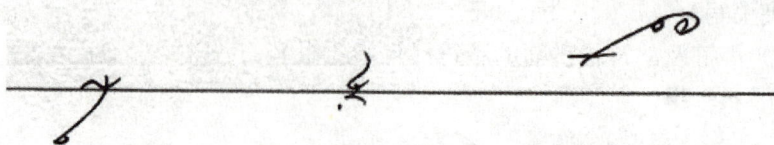

汉字：　为人民服务　　　　毛泽东思想　　　　经济体制改革

（2）附离略符。附离略符就是运用前后两符相接而不相连的位置变化，来略写的固定词语。附离略符有3种：上附离、中附离、下附离。

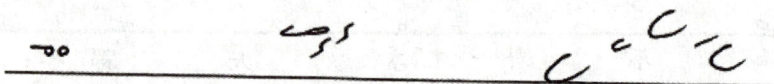

汉字：　学一学　　　　政协委员会委员　　　　要高标准严要求

（3）并列词组略符

汉字：台湾同胞，港澳同胞，海外侨胞　　　　党的路线方针政策

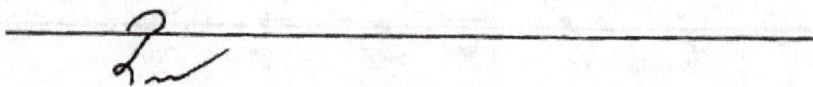

汉字：有理想、有道德、有文化、有纪律

（4）语句略符。语句略符是根据不同句子的结构和特点，以各种代号附写在前符收笔处的"正右方"，而略去其他词组或句子的略写符号。例如：

汉字：教师是人类灵魂的工程师。

汉字：热爱才有追求，追求才有勤奋，勤奋才有成果。

汉字：虚心使人进步，骄傲使人落后。

三、汉字与速记符号结合应用

为提高记录速度，汉字和拼音速记符号可结合应用。

速记是记音的，速记符号的读音，可以通用于一切同音汉字、同音词语。

（一）同一速符代表不标四声调的所有同音汉字、词语

1. 同音汉字

"哥"符可代表：胳、革、戈、割、疙、隔、鸽、格、歌、葛……

"科"符可代表：棵、颗、磕、蝌、刻、客、咳、渴、课……

2. 同音词语

"及时"速符也可代表：集市、急事、积食、技师、记事、即时、几时、鸡屎……

"实际"速符也可代表：世纪、事迹、时机、史籍、诗集、十几……

（二）汉字与速记声符合用

记录时汉字与速记声符可以合用（汉声、声汉）声符可以连写。例如：

1. 汉声合用

侦	／（破）	逼	／（迫）
唱	～（歌）	皮	～（革）
授	～（课）	请	～（客）
如	～（此）	讽	～（刺）

2. 声汉合用

（破）坏　　　　　（魔）鬼

（苛）刻　　　　　（智）慧

（词）汇　　　　　（资）本

（诗）人　　　　　（丝）绸

3. 声符连写

知识　　　　合适　　　　符合　　　　磨合

事实　　　　博士　　　　伯伯　　　　婆婆

诗歌　　　　科室　　　　适合　　　　喜事

（三）汉字与速记韵符合用

汉字与速记韵符可以合用（汉韵、韵汉），也可以声、韵连写。例如：

1. 汉韵合用

敬（敬爱）　　　　悲（悲哀）

骄（骄傲）　　　　煎（煎熬）

食（食欲）　　　　创（创意）

2．韵汉合用

到（遇到）　　 慢（傲慢）

鸦（乌鸦）　　 解（误解）

快（愉快）　　 伤（哀伤）

3．声、韵速符连写

汉字：仪器　意气　遗弃　　　汉字：物资　屋子　痦子

汉字：医德　艺德　已得　　　汉字：西医　洗衣　西颐

汉字：失业　实业　事业

灵活运用以上略写法，是可以提高书写速度的。

第三节 计算机速记速录知识

【先修内容】

在四级秘书教材中，对秘书速录的知识进行了讲述，高级别学习者也要了解和掌握会议速录的形式与基本方法以及流程。

一、秘书速录实务

（一）逐字记录与详细记录

逐字记录就是一个字都不漏地全文记录，主要应用在需要保存原始档案或需要呈现原始讲话内容的场合，如外事活动、审讯记录、谈判记录、重要领导讲话、电视字幕等。

详细记录是选择性逐字记录，就是对讲话内容进行简单过滤，舍弃确无必要的内容，其余逐字记录。是专业速录的标准模式，尤其是座谈会、研讨会、讲座、交流活动等场合，发言人没有完整稿件，临时组织的语言不需要整体上进行逐字记录。

（二）整理记录

整理记录是在保持语义和完整逻辑结构的前提下，通过归纳总结形成的记录。主要用于内部会议和一般性讨论、会见、接待、口述等。这些场合，往往不要求详细记录，只需要对发言内容在理解的基础上做适当的整理即可。

（三）总结记录与摘要记录

总结记录是用自己的语言对会议发言加以归纳而成。记录只要抓住关键词与核心内容，体现发言的中心思想即可。摘要记录则更加精练，只记录会议的过程和结果，同时记录一些重要人物的发言要点。这两种记录主要应用于程序性的会议场合，对发言的细节不关心。

二、会议速录流程

会议速录是速录秘书和速录师的主要工作。为了顺利完成会议速录工作，在实际工作过程中形成了固定的工作流程。包括会前、会中和会后需要完成的任务。

（一）会前的必要准备工作

会议前要尽量熟悉会议内容，搜集并熟悉相关领域的通用知识和关键词汇制作个人词库，了解会议流程和出席人、主持人、发言人等的相关资料，查询会议场所的地点和交通情况，如有可能，提前确认好现场的电源、音响、桌椅等。此外还要对速录机、语音设备及电脑设备进行工作状态确认等。

（二）会务速录全部工作流程

（1）提前进入会场、安排座位、连接与调试设备。

（2）与主办方再确认与会领导、嘉宾、主持人、发言人姓名以及需要重点关注的人员及其发言次序

（3）了解会场布局、与会者位置，抄写标签、绘制简单示意图。

（4）速录会议发言内容。

（5）记录特殊情况，如专业词语、英文、PPT情况、未知发言人姓名、发言稿等。

（6）与相关人员确认特殊情况，索要PPT、发言稿等。

（7）简单整理记录稿，将会议记录初稿的电子版当场提交给主办方联系人。

（三）会议速录的后续工作

会议速录后，主要是处理速录稿。如果能够对记录初稿进行校对、整理、排版后，再提交给会议主办方一份规范的会议速录稿，会让主办方感到我们的速录服务很专业。

会议速录后，还需把相关资料整理并归档保存，统一保管。

（四）广泛涉猎专业知识

在秘书速录工作当中，一定要做一个有心人。通过工作，发现新的、前沿的知识点，找出自身知识和素质结构的不足。要学会在工作中捕捉有用的信息，并以此为起点，搜集和查阅相关文献资料，广泛涉猎专业知识，掌握专业词汇和专业发展动态。这样，秘书速录工作就成为一所没有围墙的免费大学，促使你在这所"大学"里不断提升自己，为今后的职场发展储备知识和技能。

思考与练习

（1）秘书人员运用速记对其工作有什么好处？

（2）如何区分会议记录的 4 种方法？

（3）"秘本"的主要作用是什么？

（4）汉字速记的基本原理是什么？

（5）简述创制拼音速记略符的原则及声符写法五要领。

（6）举例说明什么叫合体字。

（7）秘书速录都有哪些形式？采用什么方法？

（8）如何进行会议速录？

第六章 管理基础

【本章提示】

　　本章主要介绍了秘书在实际工作中需要掌握的管理相关知识、组织文化、人力资源管理、公共关系及经营管理中的基本财务常识。通过学习，掌握公共管理的原则与基本特征；行政管理的职能；现代企业制度的基本内容和基本特征；企业融资方式及其特点。掌握组织的精神文化的结构与内容；组织文化建设中的组织形象与组织文化的关系，组织文化中的核心竞争力和公关文化，组织环境与组织文化，组织文化实践的阶段等；组织形象定位及其作用，组织形象定位的方法；CIS策划的原则，组织文化建设的关键流程，不同行业的差别化策略等。掌握人员评估方法，培训评估反馈；绩效管理的意义、特点，绩效管理与人员选拔；绩效考核的意义与内容。掌握公共关系活动类型及其选择原则；组织公共关系形象的塑造与维护；组织公共关系危机管理等。掌握会计账簿的分类与等级要求，更正错账的方法；税收的分类及其税目、税率；我国金融机构体系，国际金融机构与国际结算，金融工具。

第一节 管理常识

【先修内容】

　　1. 公共管理知识

　　公共管理的原则与基本特征：公共管理的本质是公共利益。公共管理具有人本性原则、服务性原则、效能性原则和均衡性原则等基本原则。公共管理旨在调动人的主动性、创造性和积极性。公共管理的基本特征包括：公共利益与私人利益相统一，重在公共利益；政府组织与其他公共组织相统一，重在政府组织；社会问题管理与资源管理相统一，重在问题解决；结果管理与过程管理相统一，重在结果管理；

追求公平与效率相统一，重在公平；公共组织的外部管理与内部管理相统一，重在外部管理；服务管理与管制管理相统一，重在服务；管理制度与技术相统一，重在制度创新。

2．行政管理的职能

行政管理运行职能可以概括为计划、组织、协调、控制等；行政管理职能具有阶级性、共同性、差异性、动态性和服务性等特点。行政管理职能转变的关键是政企分开。

3．企业管理制度

企业创办程序：企业创办需按规定程序申请登记，企业登记程序包括申请设立登记程序、申请变更登记程序和申请注销登记程序。

现代企业制度的主要内容包括 3 个方面：现代企业法人制度、现代企业组织制度、现代企业管理制度。现代企业制度的基本特征是产权清晰、权责明确、政企分开、管理科学。现代企业制度要求公司必须建立一整套完善的"公司治理结构"或称"公司法人治理结构"。

【引导案例】

按照惯例，经理助理发布了年终总结通知，要求各部门在 12 月 31 日前完成部门和个人的年终总结。通知强调，今年的总结重点是各部门职工的业务学习、参加的各类培训工作，同时提出下一年的用人需求、办公设备和办公用品的需求等。后来经理助理发现，本年度各部门实际执行日常规章制度较好，培训工作中接受培训人员相对较少，很多部门提出希望提供更多学习和培训的机会。

点评：经理助理有责任协助领导完成单位相关制度的制定和执行工作，通过调研发现存在的问题，并及时加以解决。本案例中的经理助理能够及时安排常规性工作，能够提出部门工作的侧重点，意在为下一步工作做积极准备。为确保单位的正常运行，应有较为完善的各项制度。如现代企业法人制度、现代企业组织制度、现代企业的分配制度和现代企业财务制度等。

一、企业管理制度

经理助理要协助领导制定和完善相关的规章制度，尤其要有必要的措施通过各种方式确保制度的贯彻执行。现代企业制度包括企业法人制度、企业组织制度和企业管理制度。

（一）现代企业法人制度

现代企业法人制度，它确立了企业的法人地位和企业法人财产权，真正做到了企业不但有人负责而且有能力负责，实现了企业民事权利能力和行为能力的统一，使企业真正作为自负盈亏的法人实体进入市场。其主要特征是在确立法人财产基础上，实现了原始所有权、公司产权与经营权的三权分离，具有明晰的产权关系。

现代企业法人制度能明晰企业的产权关系，拥有独立的法人地位和法人财产所有权，并据此享有民事权利和承担民事责任，使企业成为真正的市场主体。因此，现代企业法人制度是企业做到产权清晰、权责明确、政企分开和管理科学的根本前提，是现代企业制度最重要的组成部分。

（二）现代企业组织制度

现代企业组织制度，以合理的企业组织结构，确立了所有者、经营者和职工三者之间的制约关系，做到出资者放心、经营者尽心、生产者用心，从而使企业始终保持较高的效率和长期稳定的发展。

1. 现代企业组织形式

在现代市场经济条件下，现代企业的组织形式主要是公司制。现代企业制度要求公司必须建立一整套完善的"公司治理结构"或称"公司法人治理结构"。公司治理结构是指3个独立部分：所有者——股东、公司法定代表——董事会、监事会之间形成的一定关系。这种关系使公司权力机构权责分明，又相互制衡，形成企业发展的一种良好的机制。这种组织制度既赋予经营者充分的自主权，又切实保障所有者的权益，同时能够调动劳动者的积极性。公司组织机构主要是由股东大会、董事会、监事会三者构成。

2. 企业组织机构的类型

企业组织机构，是企业文化的一种载体。企业组织机构是否适应生产经营与管理的需要，不仅反映出不同企业文化的特点，还直接影响着企业管理的成效。

根据责权关系，企业组织机构形态如表6-1所示。

表6-1 企业组织机构形态表

企业组织机构	机构特点
直线制	直线制的特点是，没有职能机构，从最高管理层到最低管理层，上下垂直领导，统一管理。 直线制机构简单，上传下达迅速，效率高，一个领导，指挥统一，责任明确。但由于没有专业化的管理分工，因此，这种组织机构的形态一般只适合产品单一、工艺简单的小型企业
职能制	职能制的特点是在企业内部各管理层次都设置职能机构，各职能机构在自己的业务范围内有权向下级发布命令和进行指挥。各级负责人除了要服从行政领导的指挥外，还要服从上级各职能部门的指挥。 这种组织机构形式的优点是管理分工较细，能充分发挥职能机构的专业管理作用。其缺点是多头领导，政出多门，妨碍了统一指挥，削弱了责任制，容易产生无人负责的现象。所以这种组织形式除泰罗在米德瓦尔钢铁公司以职能工长制形式试行外，以后并未推广

续表

企业组织 机构	机构特点
直线－ 职能制	直线－职能制的特点是按照生产工艺特点，产品对象或区域分布来划分车间、工段和班组，建立直线指挥系统。同时各个层次设置职能机构，作为同级领导者的参谋机构，对下级进行业务指导 　　这种管理组织形式的优点是各级领导者都有相应的参谋机构或人员，能适应企业生产技术和经营管理复杂的特点；能发挥专业管理的长处和作用；同时能保证生产经营管理实行统一指挥。缺点是各专业分工的管理部门之间横向联系较差，容易产生脱节和矛盾
事业部制	事业部制是目前国外大型企业普遍采用的一种管理组织形式。事业部制的特点是实行"集中决策、分散经营"的管理原则：即在最高领导层下设若干个有一定自主权的事业部门，每一个事业部都是一个总公司控制下的利润中心，实行相对的独立经营、单独核算、自负盈亏；事业部统一领导产品设计、采购、生产和销售等一系列活动，设有相应的专业管理部门；总公司主要负责研究和制定公司总目标和战略规划，掌握各事业部的人事决策，对各事业部实行财务控制，例如控制和监督检查等。 　　事业部制的优点是有利于企业最高领导层摆脱日常行政事务工作，集中精力处理"例外"问题，成为真正的决策机构；有利于发挥各事业部的积极性、主动性和增强责任心；有利于企业适应外部环境的变化；有利于培养和考察干部。缺点是专业管理机构重叠，管理人员多，各事业部之间的横向协调困难
矩阵制	矩阵制的特点是既有按管理职能设置的纵向组织系统，又有按产品项目划分的横向组织系统，纵横两套管理系统组成长方形组织机构。矩阵制的特点是项目成员接受双重领导，即在执行日常工作任务方面，接受原属职能部门的领导，当参与产品（项目）工作时，则接受项目负责人的领导。每个产品（项目）小组都不是固定的，一旦任务完成，项目组即行撤销，人员仍回原单位工作。 　　矩阵制的优点是打破了传统管理人员只接受一个部门领导的原则，从而加强了管理部门之间的纵向和横向联系，提高了工作效率，有利于信息沟通和激发积极性。缺点是由于实行双头领导，难免在领导关系上发生矛盾。当工作发生差错时，也不易分清责任。这种组织形式，一般适用于创新任务较多的企业和某些需要集中各方面专业人员完成的项目和任务

（三）现代企业管理制度

　　现代企业管理制度，通过科学的生产管理、质量管理、销售管理、人力资源管理、研究与开发管理、财务管理等一系列管理体系的建立，有效地保证企业内部条件与外部环境相适应，企业各项资源得到合理的利用。

　　根据我国现有企业管理制度的现状和提高企业经济效益的目标，建立现代企业的管理制度，建立严格的责任体制，可以从建立合理的企业经营机构、现代企业的用工制度、现代企业的分配制度、现代企业财务制度4个方面入手。

二、企业融资方式

（一）企业融资方式

在市场经济中，企业融资方式总的来说有内部融资和外部融资两种。随着技术的进步和生产规模的扩大，单纯依靠内部融资已经很难满足企业的资金需求。外部融资成为企业获取资金的重要方式。外部融资又可分为股权融资和债务融资。

1. 股权融资

股权融资是指资金不通过金融中介机构，借助股票这一载体直接从资金盈余部门流向资金短缺部门，资金供给者作为所有者（股东）享有对企业控制权的融资方式。它具有长期性、不可逆性和无负担性等特点。

（1）长期性：股权融资筹措的资金具有永久性，无到期日，不需归还。

（2）不可逆性：企业采用股权融资无须还本，投资人欲收回本金，需借助于流通市场。

（3）无负担性：股权融资没有固定的股利负担，股利的支付与否和支付多少视公司的经营需要而定。

2. 债务融资

债务融资是指企业通过举债筹措资金，资金供给者作为债权人享有到期收回本息的融资方式。相对于股权融资，它具有短期性、可逆性和负担性等特点。

（1）短期性：债务融资筹集的资金具有使用上的时间性，需到期偿还。

（2）可逆性：企业采用债务融资方式获取资金，负有到期还本付息的义务。

（3）负担性：企业采用债务融资方式获取资金，需支付债务利息，从而形成企业的固定负担。

（二）企业融资风险

企业获得资本（企业融资），不单纯是为企业发展聚集资金的问题，它实质上是一种以资金供求形式表现出来的资源配置过程。在市场经济条件下，资源的使用是有偿的，其他资源只有经过与资金的交换才能投入生产。

经理助理对于企业融资方式要熟悉，同时能够结合企业特点分析各种融资方式的风险性，为企业提出可行性投资建议。

第二节 组织文化知识

【先修内容】

1. 组织文化的构成及其相互关系

现代组织文化由 3 个层次构成，即物质层、制度层和精神层。精神层是组织文化的核心层次，包括组织最高目标、组织哲学、组织精神、组织风气、组织道德和组织宗旨 6 个方面，它是形成物质层和制度层的思想基础，也是组织文化的核心和灵魂。

组织文化的 3 个层次是紧密联系的，物质层是组织文化的外在表现和载体，是制度层和精神层的物质基础；制度层则约束和规范着物质层及精神层的建设，没有严格的规章制度，组织文化建设无从谈起；精神层是形成物质层和制度层的思想基础，也是组织文化的核心和灵魂。

2. 组织文化的特征与功能

组织文化具有独特性、普遍性、可塑性、人文性、自觉性和整体性等特征。组织文化具有激励功能、导向功能、约束功能、凝聚功能、稳定功能和辐射功能。

3. 组织文化运行机制

要使得组织文化的结构和功能运作起来，就要有良性的组织文化运行机制，即整合机制、创新机制、长效机制、激励机制、交流机制和投入机制。

4. 组织文化建设的原则

组织文化建设应遵循文化管理要与组织战略管理相结合、文化体系的建立要反映全体员工的共同愿望、共识原则等。

5. 借鉴 CIS 创新组织文化

CIS（组织形象识别）对组织经营哲学的确立，组织形象的提升，商品竞争的胜负起着重要作用。应用 CIS 树立组织形象将给组织带来的好处有：提高组织的知名度；提高产品在市场中的知名度，增强竞争能力，为组织增强经济效益；促进组织的基础工作，提高组织的凝聚力和向心力；激励职工士气，增强组织发展的实力；有利于组织广招人才，增强组织发展的实力；提高信誉，增强银行贷款和投资的信心；有利于组织团结，建立相互信任、合作的关系；有效地强化广告、宣传效果。

CIS 包括组织理念识别（MI）、组织行为识别（BI）和组织视觉识别（VI）3 个层次。MI、BI、VI 3 个子系统是一个有机的整体，同时又各有区别。MI 是 CIS 的主导内容，是建立 CIS 的原动力。BI 是 CIS 的本质内容，它是一种动态的形式，强调一种行为过程，是建立整个 CIS 系统的关键。VI 是 CIS 的基础内容，是实施 CIS 的中心环节和重点所在。VI 是 CIS 的静态识别，在 CIS 系统中它是最直接、最有效的建立组织知名度和塑造组织形象的方法。在 CIS 系统的整个构成中，MI 是核心部分，是精神实质，是根基，能够为 CIS 提供营养，是指导 CIS 方向的依托；BI 是组织规定对内及对外的行为标准，是组织形象的载体，是传递 CIS 的媒介物，是架于 MI、VI 之间的桥梁；VI 是外在的具体形式和体现，是最直观的部分，它以形式美感染人、吸引人，是人们最容易注意到并形成形象记忆的部分。

CIS 对组织经营哲学的确立，为组织形象的提升，商品竞争的胜负起着重要作用。进行 CIS 策划时，应对与其相关的项目进行调研。如组织商标调研、组织视觉识别系统调研、理念识别系统调研、形象宣传情况调研等。

【引导案例】

近年，我国食品行业不断爆出产品质量问题。随着媒体的不断追踪，企业形象受到消费者的质疑。而面对危机事件，很多企业不顾消费者的利益，也忽略供应商和销售商的利益。这种无视企业责任和企业声誉的做法，终会自食其果。企业处理危机事件的背后，也反映出企业的价值理念。

点评：塑造一个良好的组织形象，对企业文化的发展有着重要的作用。质量是企业的生命。在今天竞争激烈的市场中，应建立健全包括企业文化在内的理念识别，更好地发展企业。

一、组织文化结构

组织文化即企业文化，包括物质文化、制度文化和精神文化。

组织文化的精神层包括组织最高目标、组织哲学、组织精神、组织风气、组织道德和组织宗旨 6 个方面。如表 6-2 所示。

表 6-2 精神文化结构表

精神文化结构	基本内容
组织最高目标	它是组织全体职工的共同追求，有了明确的最高目标就可以充分发动组织的各级组织和干部职工，增强他们的积极性、主动性和创造性，使广大职工将自己的岗位工作与实现组织奋斗目标联系起来，把组织的生产经营发展转化为每一位职工的具体责任。因此，组织最高目标是组织全体职工凝聚力的焦点，是组织共同价值观的集中表现，也是组织对职工进行考核和实施奖惩的主要依据。组织最高目标又反映了组织领导者和职工的追求层次和理想抱负，是组织文化建设的出发点和归宿

续表

精神文化结构	基本内容
组织哲学	组织哲学又称之为组织经营哲学，它是组织领导者为实现组织目标而在整个生产经营管理活动中的基本信念，是组织领导者对组织长远发展目标、生产经营方针、发展战略和策略的哲学思考。组织哲学具有相对稳定性
组织精神	它是组织有意识地提倡、培养职工群体的优良精神风貌，是对组织现有的观念意识、传统习惯、行为方式中的积极因素进行总结、提炼及倡导的结果，是全体职工有意识地实践所体现出来的。组织文化是组织精神的源泉，组织精神则是组织文化发展到一定阶段的产物
组织风气	它是指组织及其职工在生产经营活动中逐步形成的一种带有普遍性的、重复出现且相对稳定的行为心理状态，是影响整个组织生活的重要因素。组织风气是组织文化的直观表现，组织文化是组织风气的本质内涵。组织风气是约定俗成的行为规范，是组织文化在职工的思想作风、传统习惯、工作方式、生活方式等方面的综合反映
组织道德	它是指组织内部调整人与人、单位与单位、个人与集体、个人与社会、组织与社会之间关系的行为准则。组织道德就其内容结构来看，主要包含调节职工与职工、职工与组织、组织与社会三方面关系的行为准则和规范。作为微观的意识形态，道德的内容包括道德意识、道德关系和道德行为三部分
组织宗旨	这是指组织存在的价值及其作为经济单位对社会的承诺。作为从事生产、流通、服务活动的经济单位，组织对内、对外都承担着义务。对内，组织要保证自身的生存和发展，使职工得到基本的生活保障并不断改善他们的生活福利待遇，帮助职工实现人生价值。对外，组织要生产出合格的产品、提供优质的服务，满足消费者的需要，从而为社会的物质文明和精神文明进步做出贡献

二、组织文化建设

（一）组织文化与组织形象

组织文化说到底是为管理服务的，它是组织管理者所倡导并全力推行，同时被全体职工认可的价值观念和行为准则，是以组织职工为主体，以组织精神的共识为核心，以群体行为为基础的组织管理学说。组织形象是消费者、社会公众对组织、组织行为、组织的各种活动成果所给予的整体评价与一般认定。就整体来说，它还包含处于生产组织的内部职工的某些评价与认可。可以看出，组织文化与组织形象既密不可分又各具特色。

组织形象是组织文化的一部分，是组织文化的展示和表现，是组织文化在社会或市场上的认知和评价。它必须受组织文化的指导，组织文化是组织形象的灵魂、精神支柱和先决条件，因此，塑造组织形象离不开组织文化建设。

1．组织形象与组织文化的联系

两者的联系在于组织文化是组织形象的灵魂和支柱，组织形象是组织文化的外在表现，组织形象必须受组织文化的指导。可以说，有什么样的组织文化，就有什么样的组织形象。

2．组织形象与组织文化的区别

两者的区别主要体现在组织文化建设主体是组织职工，它是组织在外部文化环境影响下的内部行为，不需要借助外力来实现；而组织形象则需要社会公众和社会机构的认同和评价，需要组织外部要素的参与才能最终完成，有时必须通过评估机构、新闻媒体、广告媒介才能实现。组织文化以组织精神的共识为核心，由组织哲学、组织目标、组织民主、组织道德、群体意识和组织形象等构成一个系统，而组织形象则是组织文化大系统的一个子系统，它是组织文化的一部分。组织文化是内在的精神性范畴，而组织形象则侧重于组织内含的外在表现。组织文化的功效以组织职工能否认同为评判标准，组织形象的塑造则以社会公众的认知和评价为标准。

（二）组织文化中的核心竞争力

组织应不断提高自身的核心竞争力和公关文化。

1．形成组织文化中的核心竞争力

良好的组织形象代表良好的组织信誉，保证组织产品或服务的质量，所以，组织形象塑造的好坏直接关系组织对市场、对客户的占有率和影响力。组织应以良好的信誉赢得客户的信赖，形成强大的核心竞争力。

2．提高组织的公关文化

组织形象塑造中的行为识别包含组织职工的劳动和服务活动，即产品营销中或服务中的公共关系、营业推广和人员推销。应运用高效可行的促销策略，在消费者面前塑造一个有良好信誉、保证质量、最优服务的组织形象。特别是危机处理中，组织的公关文化直接决定着组织的行为模式，进而影响组织的核心竞争力。

（三）组织文化与组织环境

任何一个组织都生存于一定的环境之中，并在一定环境下发展。组织在适应环境的同时，应努力创造良好的环境。组织环境在组织文化中起着非常重要的作用。

1．组织环境是组织文化形成和发展的必要条件

组织文化是在一定的环境中形成的，不同的组织环境，会产生不同的组织文化，并形成组织文化独特的个性。同时，组织文化发展的取向来自环境的需要。世界经济全球化、区域一体化的态势，国家的经济体制与管理模式的状况，社会经济发展的水平和组织面临的经营环境等，在很大程度上决定着组织文化发展的取向。组织环境是组织生存和发展的必要条件。离开了组织环境，组织生产就无法进行，组织

文化就无从谈起。

2．组织环境是组织文化建设的内在要求

组织环境不仅是组织文化组成的重要内容，而且是组织文化建设的内在要求。这种内在要求是多方面的：通过组织环境建设，改善职工的劳动和生活条件；通过组织环境建设，提高职工的素质和能力；通过组织环境建设，发挥组织的整体能量；通过组织环境建设，促进组织的科技进步。

3．组织环境是外界对组织文化评价的依据之一

组织的内部环境是体现组织文化的窗口。美化组织环境，有助于组织职工文明地从事劳动和生活；有助于提高组织的知名度；有助于促使职工对组织产生向心力、凝聚力。组织应为职工创造出一个舒适美感的组织环境。

（四）组织文化实践的阶段

从组织文化建设宏观的角度来分析，大致可以分为以下 4 个相互影响与提升的螺旋阶段。

1．不自觉的（无意识）的文化创造

组织在创立和发展过程中逐渐形成一套行之有效的、组织内部广泛认可的组织运营的理念或者思想。这一阶段的基本特点就是具有鲜活的个性特征，零散的而非系统的，在组织内部可能是"未经正式发布的或声明的规则"。

2．自觉的文化提炼与总结

组织经过一段时间的发展，在取得一定的市场进步或者成功时，就需要及时地总结和提炼组织市场成功的核心要素。这一阶段，组织应自觉地进行一次文化的梳理与总结，通过集体的系统思考进行价值观的发掘与讨论，并在共同的使命和愿景的引领下确定共同的价值共识。

3．文化落地执行与冲突管理

日益庞大的组织规模和多元化的员工结构，为文化的传播和价值理念的共享提出了新的挑战，前期总结和提炼的价值理念体系如何得到更大范围内组织职工的认同就成了这一阶段最为重要的事情。文化落地与传播的手段和工具不计其数，从实践来看，组织在文化落地阶段应该遵循"从易到难、由内而外、循序渐进"的原则开展文化落地建设。

一是文化传播平台和渠道的建设。组织首先要建设一个打通内外，联系上下的传播平台。组织要发挥好文化对内凝聚人心，对外传播形象的作用，既要在内部传播，更要重视对外的展示。还要建立一套高层与员工能够平等互动的文化沟通管道，如信息交流与沟通平台、专题活动建设等。

二是价值观的识别与管理。组织在确立自我的价值体系之后，要能有效地识别和管理组织内部的价值观。最重要的就是做好人才输入时的价值观甄选、组织内部

日常的价值观检测以及员工的价值观培养与矫正等工作。

4．文化的再造与重塑

文化建设对组织而言是一个没有终极答案的建设过程。组织应根据组织内外的环境与组织发展的需要进行文化的更新、进化，甚至是再造。只有牢牢把握价值观管理这个核心，企业文化的建设才不会出现大的偏差或者失误。

三、借鉴 CIS 创新组织文化

（一）组织形象定位

1．组织形象定位

组织形象是指组织在公众心目中的总体看法、印象和评价。

在组织形象建设中，组织只能想方设法地通过各种渠道，利用各种方式，将自身良好形象由内到外地展示给消费者，给消费者心目中留下良好印象，获得消费者良好的评价。面对当今市场竞争中同质化异常严重的状况，各个组织必须寻找一种能跳出同质化泥潭的方法，组织形象定位列为首选。组织形象定位必须从预期客户的心理出发，在消费者心中为自己的产品找出一个位置并占据它，才能使组织得以生存。

由此可见，组织形象定位就是组织在进行宣传时，在消费者心目中找出一个独特的地位来。

2．组织形象定位的作用

组织形象定位，关乎一个组织的生存或灭亡，对组织的发展具有举足轻重的作用。

（1）为组织赢得好的发展环境。组织通过进行形象宣传，将自己的优势展示给公众，引起公众的兴趣和喜爱，可以为组织树立良好形象，赢得较好的发展环境。

（2）有利于组织内部的健康发展。组织对外形象宣传，对职工来说是一面镜子，可以促使其改进工作，改善内部关系，提高工作质量，增强组织内部的凝聚力和向心力。

（3）实现差异化营销。组织通过形象定位独树一帜，以独特的方式在预期客户的心目中占据一席之地，可以让消费者把自己与其他组织区别开来，真正实现差异化营销。

（4）提高组织的知名度和美誉度。组织形象宣传的内容是要展示组织独特的优势，因而可以获得公众的认知和认可，这样就会提高组织的知名度和美誉度。

（5）有利于吸引人才、资金和技术。组织的形象宣传能够增强公众的好感和信任度，为吸引人才、资金和技术打下了坚实的基础。

3．组织形象定位的方法

组织形象定位的方法主要有组织实力定位法、理念定位、利益定位、对比定位和公益定位。

（1）组织实力定位法。这种定位方法以组织的人才、技术、质量、管理、成就等组织实力因素作为定位的基础，以组织的规模、品位、质量、技术等表现组织实力的指标为广告内容。其目的在于宣传组织的雄厚实力，增强公众对组织及其产品的信任度，解除消费者心中对组织自身存在的顾虑。

（2）理念定位。组织理念是"组织的整体观念、经营宗旨和价值观念"。这种定位方式以组织理念为基础，在定位中阐明公司的宗旨和价值观念。这样有利于使全体职工树立共同的价值观念，培养和增强职工的凝聚力和向心力，对外在广大社会公众中形成良好印象，得到公众的理解和支持。

（3）利益定位。组织以给广大消费者带来的利益为定位的基点，以实际的利益为诉求打动消费者，以取得较大成功。

（4）对比定位。这是一种借梯上楼的做法，即通过与对手进行对比，达到宣传自己的目的。

（5）公益定位。组织通过支持公益事业，倡导精神文明新风，并阐述组织自身的文化理念，以对社会负责任的态度，争取公众的认可。

（二）CIS 策划的原则

CIS 策划的原则包括全方位推进原则、以公众为中心原则、实事求是原则、求异创新原则、两个效益兼顾原则。

1．全方位推进原则

组织导入、实施 CIS 战略，是涉及组织内外各个方面的一件大事。因此，CIS 设计必须从组织内外环境、内容结构、组织实施、传播媒介等方面综合考虑，以利于全面贯彻落实。遵循全方位推进原则，在具体设计时要做到：适应组织内外环境，符合组织发展战略，MI、BI、VI 并重，具体措施合理配套。

2．以公众为中心原则

在 CIS 设计时，"以公众为中心"是基于公众对于组织形象的决定性作用。公众是组织形象赖以存在的空气，组织形象与公众之间是一种"鱼水关系"。坚持"以公众为中心"的原则，要从以下几方面着手：进行准确的公众定位，努力满足公众的需要，尽量尊重公众的习俗，正确引导公众的观念。

3．实事求是原则

坚持 CIS 设计的实事求是原则，就是要正视组织劣势和不足，立足组织现实基础，要从职工实际出发，对外展示组织实态。

4．求异创新原则

求异创新原则就是塑造独特的组织文化和个性鲜明的组织形象。CIS 设计的求异创新主要体现在：要有独特的组织文化观念，组织制度的创新，视觉要素不同凡响，CIS 的实施手段新颖别致。

5. 两个效益兼顾原则

社会经济组织在追求经济效益的同时，也要积极追求良好的社会效益，做到经济效益与社会效益兼顾。这是组织一切活动都必须遵循的原则，也要在 CIS 设计中得到充分的体现。贯彻这一原则，主要是如何实现社会效益，具体来说包括法律层次、政策层次和道德层次。

（三）组织文化建设流程

组织文化建设的关键流程：文化诊断阶段→理念设计阶段→行为规范设计阶段→制度梳理阶段→ VI 设计阶段→文化推广阶段。

文化诊断阶段：信息收集、诊断工具设计、调研诊断。形成组织文化诊断报告。

理念设计阶段：理念结构设计、理念调研、理念提炼。形成组织文化理念大纲。

行为规范设计阶段：行为规范结构设计、行为规范调研、行为规范设计。形成行为规范手册。

制度梳理阶段：制度梳理、制度培训、制度完善。形成组织制度文本。

VI 设计阶段：VI 方案讨论、VI 方案设计。形成 VI 手册。

文化推广阶段：文化推广调研、推广手册、推广宣传。形成组织文化推广手册。

（四）不同行业的差别化策略

CI（Corporate Identity，企业识别）从本质上来说是一种组织识别系统，它的核心就是"识别"。所谓"识别"就是与众不同，通过独特形象的传播引人注目，让社会公众把你同其他组织区别开来，以达到识别并认可的目的。在 CI 策划中的"形象的定位"重在"识别性"的定位，归根结底是差别化策略的体现。

组织形象的"个性"源于深层次的组织文化，CI 从根本上说就是塑造组织文化的个性，不同类型文化的组织推行 CI，必然有不同的设计思路、推广方法，这才能与行业特征相吻合、与行业特有的文化相契合。

第三节 人力资源管理知识

【先修内容】

1．团队管理

人力资源管理的原则主要有公平竞争原则、责任制原则、激励原则、流动性和稳定性相结合原则和民主管理原则等。团队的特点包括共同的目标、合作分工与协作、高度的凝聚力、团队成员相互信任、有效的沟通等。高性能团队精神应具有共同的愿景、合作分工与彼此协作、高度的凝聚力、相互信任、求同存异及有效沟通等。

2．人事档案管理制度

人事档案管理包括档案管理和档案利用。人事档案保管制度的目的在于保守档案机密，维护人事档案材料完整，便于档案材料的使用。建立健全保管制度是对人事档案进行有效保管的关键，其基本内容包括5个部分：材料归档制度、核查制度、保卫制度、统计制度、转递制度。

建立人事档案利用制度是为了高效、有序地利用档案材料，为了给档案管理活动提供规章依据。档案管理人员必须按照这些制度行事。档案利用包括查阅、外借和出具证明3个部分。人事档案的利用要遵循一定的程式。

3．人员招聘

人员招聘总体流程包括招聘计划阶段、招聘信息发布阶段、招聘测试阶段、人事决策阶段、职工入职阶段和招聘报告阶段6阶段。招聘信息的发布应遵循覆盖面广原则、发布及时原则、针对不同人才层次选择不同发布渠道原则和控制成本原则。招聘信息的发布渠道很多，包括内部渠道（针对内部招聘）、传统媒体、网上发布、校园发布、人才市场发布等。组织所采用的招聘一般通过笔试、面试和心理测试等方式完成。人员招聘工作应遵循公开原则、竞争原则、平等原则、能级原则、全面原则和择优原则。

4．人员培训

对职工进行培训，一般来说有管理人员培训、专业技术人员培训、基层职工培训及新职工培训。应进行培训需求分析（即组织分析、任务分析、人员分析），制订职工培训计划，按程序组织培训。职工培训流程为：确定培训项目→建立培训标准→制订培训计划→实施培训计划→分析评估培训效果。培训计划包括设计培训课程、选定培训方法、准备培训条件、确定培训人员等。职工培训按照不同标准分类，培训方法有不同类型。

【引导案例】

　　紧张的职工培训工作即将结束。这次培训工作任务量很大,涉及组织的各个层面:既包括新入职职工的培训,也包括了原有职工的岗位业务培训,尤其是管理层的国内培训和国外培训。经理提醒高叶一定不要忽略培训评估的工作,并将汇总结果及时汇报。

　　点评:随着社会的发展,培训成为了一个组织成功的重要环节,对于组织的发展起着至关重要的作用。案例中,本组织进行的培训工作既规范又有较广的覆盖面,对各层级都相应地进行了培训工作。培训工作结束后,应及时进行总结评估与反馈,以使得这项工作能更好地进行下去;撰写一份评估报告,供有关人员使用。

一、人员培训评估

（一）培训评估与反馈

　　这是培训结束后非常关键的步骤,也是人们往往容易忽略的对培训效果的评估,即受训者所获得的知识、技能及其他特性应用于工作的程度。在整个培训评估工作中,应选择合适的评估者和确定评估对象。应比较受训者在培训前后的反应、心得与工作表现;同时,对培训成本收益进行比较,找出实际成本与预计成本的差距。

　　培训评估的反馈工作也至关重要。一是对相关培训项目提出调整的意见或建议;二是与培训主管人员、培训直接管理人员、受训者等进行沟通,反馈培训评估结果。

（二）培训评估方法

　　1. 培训后测试

　　这种方式更多地用于评估反应层。培训后测试是指在培训结束后对受训人员的培训效果进行测试。这种方式的优点是简单易行,但是这种方式得到的评估结果是一种绝对值,更多地反映了培训目标的达成程度,而不容易看出培训后的改进效果。

　　2. 对受训人员进行培训前后的绩效对比测试

　　这种方式多用在对学习层的评估。这种方式需要进行两次测试,在培训前对受训人员进行一次测试,培训结束后再进行一次测试,然后将两次测试的结果进行比较,从而对培训的效果做出评估。这种方式可以得出培训结果的相对值,能够看出培训的改进效果。但是这种方式也存在一定的问题,受训人员在行为或者结果方面的变化可能是因为受到了其他因素的影响,从而干扰了对培训效果的准确评估。

　　3. 将受训人员与控制组进行培训前后的对比测试

　　这种方式主要用于行为层和结果层的评估。这种方式是上一种方式的改进,为了消除其他外界因素对培训效果评估的影响,在进行评估时,除了对受训人员进行对比测试外，还要选择一组没有经过培训的职工进行对比测试，这就是所谓的控制组。将受训人员测试的结果与控制组测试的结果进行对比，就能够反映出培训的真实效果。为了保证测试结果的有效性，受训组职工和控制组职工，除了在培训方面有所不同外，其他的任何条件都要保持一致。

所有评估工作结束后，需要撰写出一份评估报告，供有关人员使用。评估报告中应包括培训成果、培训成本与收益比较、培训效果延续，针对培训中存在的问题提出解决对策。

二、绩效管理的意义与特点

绩效管理是指各级管理者和职工为了实现组织发展目标，采用科学的方法，共同参与的绩效计划制订、绩效辅导沟通、绩效考核评价、绩效结果应用、绩效目标提升的持续循环过程。绩效管理的目的是持续提升个人、部门和组织的绩效。

绩效管理是一个动态、不断循环的过程，每经过一次循环，组织、职工的绩效会得到改进。绩效管理的关键是绩效目标的制定与分解。

（一）绩效管理的意义

绩效管理强调组织目标和个人目标的一致性，强调组织和个人同步成长，形成"多赢"局面；绩效管理体现"以人为本"的思想，在绩效管理的各个环节中都需要管理者和职工的共同参与。

1．绩效管理的目的

绩效管理的目的是通过考核发现职工的优缺点，帮助他们发挥自己的潜力，从而改进工作状况，提高个人绩效，最终提高组织绩效，实现组织战略目标。

（1）通过绩效管理将部门和职工个人的工作表现与公司战略目标紧密地结合起来，确保组织战略快速平稳地实现。

（2）在绩效管理过程中促进管理者与职工之间的交流与沟通，形成良好的沟通机制，增强组织凝聚力。

（3）通过绩效管理提高公司的管理水平、提升职工的工作绩效，促进组织快速发展。

（4）通过对职工工作绩效、工作能力等进行客观评价，为职工薪资调整、职位变动、培训与发展等人力资源管理工作提供有效的依据。

2．绩效管理的意义

绩效管理的意义主要体现在以下方面：

（1）绩效管理保证组织战略目标的实现。绩效管理以组织目标为方向，以职工绩效为基点，以组织和职工的共同努力为动力，通过不断的沟通和反馈来确保工作的执行。绩效管理一方面要求组织制订工作计划目标，另一方面要对职工的工作做出评价，并帮助职工提高绩效。这样，保证组织在工作时间内做有利于实现目标的事情，可以提高组织管理工作的有效性。

（2）绩效管理促进组织和个人绩效的提升。绩效管理是一个动态、不断循环的过程，每经过一次循环，组织、职工的绩效会得到改进。绩效管理主要是通过对职工的绩效评价，达到合理评价职工的绩效，达到有效地根据考核结果激励职工的作用；通过对考核结果的分析，发现工作中的不足，从而提升职工的个人绩效，达成组织绩效提升的目的。随着绩效管理的完善，最终达到职工个人能力和组织绩效互动螺旋式上升的目的。

（3）绩效管理促进管理流程和业务流程优化。绩效管理与人力资源管理的其他职能之间关系密切，因此绩效管理可以为人力资源管理的其他活动提供准确可靠的信息，从而提高决策的质量。如通过对职工的绩效做出评价，可以为职工制订有针对性的培训计划；将职工的薪酬与绩效考核结果密切挂钩，既体现了薪酬的公平性，又更好地调动了职工工作的积极性。绩效管理有助于实现人力资源管理的其他决策的科学合理。

（二）绩效管理的特点

绩效管理具有系统性、目标性、持续沟通、重视过程等特点。

1. 系统性

绩效管理是一个完整的系统，而不是一个简单的步骤。绩效管理强调对绩效的系统管理，它涵盖了个人、部门和组织之间的联系。同时，绩效管理是一种管理手段或方法，它将体现管理的所有职能，即计划、组织、指导、协调和控制。必须用系统的观点看待绩效管理。

2. 目标性

目标管理既能使职工明白自己努力的方向，又让管理者明确如何更好地通过组织目标对职工进行有效管理，并提供支持和帮助。同样绩效管理也强调目标管理。

3. 持续沟通

沟通在绩效管理中起着决定性的作用。具体来讲，设计绩效指标需要上下级沟通，帮助职工完成任务需要沟通，将考核结果反馈给职工需要沟通，分析绩效优劣的原因需要沟通。

4. 重视过程

从绩效的定义可知，绩效管理不仅强调工作结果，而且重视达成目标的过程。注重结果的绩效具有鼓舞性和激励性，但难以发现职工工作时的表现，不能进行及时的指导和帮助，易导致短期行为。

（三）绩效管理与人员选拔

1. 绩效管理与人力资源管理的关系

人力资源管理是站在如何激励人、开发人的角度，以提高人力资源利用效率为目标的管理决策和管理实践活动，人力资源管理包括：人力资源规划、招聘与配置、培训与开发、绩效管理、薪酬管理、员工关系管理6大模块。

绩效管理在人力资源管理中处于核心地位。

（1）组织的绩效目标是由公司的发展规划、战略和组织目标决定的，绩效目标要体现公司发展战略导向，组织结构和管理控制是部门绩效管理的基础，岗位工作分析是个人绩效管理的基础。

（2）绩效考核结果在人员配置、培训开发、薪酬管理等方面都有非常重要的作用，如果绩效考核缺乏公平公正性，上述各个环节工作都会受到影响，而绩效管理落到实处将对上述各个环节工作起到促进作用。

（3）绩效管理和招聘选拔工作也有密切联系，个人的能力、水平和素质对绩效管理影响很大，人员招聘选拔要根据岗位对任职者能力素质的要求来进行。

（4）通过薪酬激励激发组织和个人的主动积极性，通过培训开发提高组织和个人的技能水平能带来组织和个人绩效的提升，进而促进组织发展目标的实现。

（5）组织和个人绩效水平，将直接影响组织的整体运作效率和价值创造。

2. 绩效管理与人员选拔

在人员招聘或对人员进行开发的过程中，通常采用各种人才测评手段，包括纸笔形式的能力测验和个性测验、行为性的面谈以及情境模拟技术等，这些人才测评的方法主要针对的是人的"潜质"部分所进行的，侧重考察人的一些潜在的价值观、态度、性格、能力倾向或性格与行为风格特征，以此推断人在未来的情境中可能表现出来的行为特征。而绩效考核则是对人的"显质"的考核，侧重考察人们已经表现出来的业绩和行为，是对人的过去表现的考核。尽管两者有时会采用表面上相似的手段，但目的有所不同。这两种考核的手段相辅相成，共同提供个体特征的信息。

三、绩效考核的作用与原则

（一）绩效考核的作用

绩效考核是绩效管理的一个重要环节。绩效考核也称成绩或成果测评，是指考评主体对照工作目标或绩效标准，采用科学的考评方法，评定职工的工作任务完成情况，职工的工作职责履行程度和职工的发展情况，并且将评定结果反馈给员工的过程。

公平的绩效考核，不仅能考察职工工作的优劣，确定每位职工对组织的贡献，还可以对职工的能力、态度予以识别，从而为人力资源管理提供重要依据。绩效考核的作用主要是达成目标、挖掘问题、分配利益和促进成长。

1．达成目标

绩效考核本质上是一种过程管理，而不是仅仅对结果的考核。它是将中长期的目标分解成年度、季度、月度指标，不断督促职工实现、完成的过程，有效的绩效考核能帮助企业达成目标。

2．挖掘问题

绩效考核是一个不断制订计划、执行、改正的PDCA[由美国统计学家戴明提出。P（plan），计划；D（do），执行；C（check），检查；A（action），处理]循环过程，体现在整个绩效管理环节，包括绩效目标设定、绩效要求达成、绩效实施修正、绩效面谈、绩效改进、再制定目标的循环，这也是一个不断地发现问题、改进问题的过程。

3．分配利益

与利益不挂钩的考核是没有意义的，职工的工资一般包括固定工资和绩效工资。绩效工资的分配与职工的绩效考核得分息息相关。

4．促进成长

绩效考核的最终目的并不是单纯地进行利益分配，而是促进组织与职工的共同成长。通过考核发现问题、改进问题，找到差距进行提升，最后达到双赢。绩效考核的应用重点在薪酬和绩效的结合上。薪酬与绩效在人力资源管理中，是两个密不可分的环节。

（二）绩效考核的原则

绩效考核应体现公平原则、客观原则、公开原则、严格原则、结合奖惩原则、反馈原则和差别原则。

1．公平原则

公平是确立和推行人员考绩制度的前提。不公平，就不可能发挥考绩应有的作用。

2．客观考评的原则

人事考评应当根据明确规定的考评标准，针对客观考评资料进行评价，尽量避免渗入主观性和感情色彩。

3．结果公开原则

考绩的结论应对本人公开，这是保证考绩民主的重要手段。这样做，既可以使被考核者了解自己的优点和缺点、长处和短处，从而使考核成绩好的人再接再厉，继续保持先进；也可以使考核成绩不好的人心悦诚服，奋起上进。还有助于防止考绩中可能出现的偏见以及种种误差，以保证考核的公平与合理。

4．严格原则

考绩的严格性包括：要有明确的考核标准；要有严肃认真的考核态度；要有严

格的考核制度与科学而严格的程序及方法等。

5．结合奖惩原则

依据考绩的结果，应根据工作成绩的大小、好坏，有赏有罚，有升有降，而且这种赏罚、升降不仅与精神激励相联系，而且还必须通过工资、奖金等方式同物质利益相联系，以达到考绩的真正目的。

6．反馈原则

考评的结果（评语）一定要反馈给被考评者本人，否则就起不到考评的教育作用。在反馈考评结果的同时，应当向被考评者就评语进行说明解释，肯定成绩和进步，说明不足之处，提供今后努力的参考意见。

7．差别原则

考核的等级之间应当有鲜明的差别界限，针对不同的考评评语在工资、晋升、使用等方面应体现明显差别，使考评带有刺激性，鼓励职工的上进心。

第四节 公共关系知识

【先修内容】

1．公共关系的基本特征、职能和原则

公共关系是社会组织为塑造组织形象，运用传播手段，与公众进行双向交流沟通，以达到相互了解、信任和支持合作的管理活动。公共关系以社会公众为工作对象，以塑造形象为工作目标，以注重长远为工作方针，以互惠互利为工作原则，以真实诚恳为工作信条，以传播沟通为工作方式。公共关系具有信息管理职能、参谋决策职能、媒介宣传职能、协调沟通职能、促进销售职能等。公共关系的基本原则有真实信用原则、互惠互利原则、全员公关原则、为社会服务原则、科学指导原则和社会规范原则。

2．公共关系的构成要素

公共关系的构成要素是社会组织（主体）、客体（公众）和传播（手段）。

社会组织是公共关系活动的主体，即公共关系的承担者、实施者、行为者。公共关系处理的是组织的关系和舆论，追求整体的公关效应和组织的社会形象。社会组织应根据自身的性质、特点、需要、规模等具体情况来考虑决定是否要在组织内部设置公共关系机构。组织内部设置公共关系机构可以选择部门隶属型、部门并列型、高层领导直属型和公共关系委员会4种基本模式。公共关系人员的职业道德和工作准则应体现公正、正派、对社会负责、真实、保密、全员 PR 管理、领导的公共关系意识、全员的公共关系配合和组织的公共关系氛围等。

公众是公关传播沟通的对象。公共关系的过程是组织与公众之间经过传播沟通活动相互影响、相互制约的过程。公众具有群体性、共同性、多样性、变化性和相关性等特点。按公众与组织关系的重要程度，公众可区分为首要公众和次要公众；按公众不同的发展阶段对组织的影响程度，可将公众区分为非公众、潜在公众、知晓公众和行动公众。组织应关注各类公众的特点与需求。

传播沟通是公共关系活动的过程和方式。公共关系作为一种管理职能和经营艺术，其特点就是运用传播沟通手段去影响公众，树立形象。传播的特性有社会性、普遍性、工具性、互动性、符号性和共享性。公共关系传播工作的目的是为社会组织塑造良好形象，必须了解对象、明确目的；树立有效传播者形象；恰当选择传播内容；科学掌握和运用传播原则，即实事求是原则、简明清晰原则、连续一致原则、艺术多样原则、经济实效原则。在传播中应排除各种主客观因素的干扰，及时反馈和评估调整。

3．公共关系的基本工作程序

公共关系活动是有计划、有步骤的系统工程，通常表现为调查研究、计划方案、实施传播、评估效果 4 个相互衔接的、有序的、完整的公共关系活动工作进程，通常称之为"四步工作法"。

调查研究作为公共关系活动的起点，对公共关系活动的实施及总体效果起着巨大的影响。最常用的调查方法是抽样调查法、问卷调查法、访谈调查法、实地观察法和网络调查法、文献检索法、量表测量法等。组织的公共关系策划活动必须遵循目标导向原则、灵活创新原则、利益驱动原则、真诚求实原则、合理可行原则。公共关系计划的程序可以分为确定目标、确定公众、设计主题、选择传播媒介、预算经费和审定方案 6 个阶段。公共关系计划实施是一个复杂多变的行为过程，其特点包括动态性、艺术性、文化性、人情性、形象性、关系性和传播性等特点。实施公共关系计划方案，要根据不同类型的公众对象、不同类型的组织机构及其发展过程中的不同阶段，分别采取不同的方式，即宣传式工作方式、交际式工作方式、服务式工作方式、赞助式工作方式、征询式工作方式和危机式工作方式。公共关系评估，是公共关系活动的最后一个程序。公共关系效果评价是改进工作的重要环节，是开展后续工作的必要前提，是鼓舞士气、激励内部公众的重要形式。公共关系评估的方法主要有自我评估、组织评估、专家评估、舆论评估、公众评估与广告效果检测等。

【引导案例】

某公司自建立之始就非常注重通过宣传扩大组织的知名度，近年又连续不断地进行了公益性的活动。近日，公司即将推出新产品。秘书高叶开始忙于这项活动的筹划工作，他决定采取宣传型公共关系、文化型公共关系、社会型公共关系活动方式。

点评： 组织在不同时期应选择不同的公共关系活动类型，既强化组织的知名度，又不可忽略组织的美誉度，以赢得公众的认可。高叶考虑到了组织的实际需求，在策划中运用多种公共关系活动方式，必定能够借助新产品的上市宣传而进一步提升组织的形象力。

一、公共关系活动类型

公共关系类型的选择决定公共关系实践活动的方向和水平，影响公共关系计划的制订和策略的使用，也是公共关系社会价值体现的重要依据。因此，秘书或公共关系人员应把握选择公共关系类型的原则；社会组织应该考虑是否需要以及需要什么类型的公共关系活动。选择公共关系活动类型必须从组织的整体利益出发，为实现组织的公共关系目标服务。

（一）选择公共关系活动类型的原则

组织应该考虑是否需要以及需要什么类型的公共关系活动。选择公共关系活动类型必须从组织的整体利益出发，为实现组织的公共关系目标服务。选择公共关系活动类型时应遵循需要性原则、可行性原则、持续性原则和创新性原则。

（二）战略性公共关系活动类型

组织在发展中，需要在不同阶段以不同形式展现组织的计划和目标，需要通过不同形式的公关活动加强与公众的协调，实现组织的目标。常见的战略性公共关系活动主要有建设型、维系型、防御型、矫正型和进攻型等。

1. 建设型公共关系

建设型公共关系是组织初创时期或新产品、新服务首次推出时期，为开创新局面进行的公共关系活动模式。这种公关模式的功能在于提升组织的知名度，树立组织的独特形象。活动的重点是宣传和交际。

2. 维系型公共关系

维系型公共关系是组织在稳定发展之际，用以巩固良好形象的公共关系模式。这种公关模式的功能在于通过各种渠道和采用各种方式，持续不断地向公众传递组织的各种信息，维持组织在社会组织和公众心目中的良好形象。

3. 防御型公共关系

防御型公共关系是组织为防止自身同公众关系失调而预先采取的各种公关手段或活动。防御型公共关系是组织公共关系部门最常采用的一种公共关系模式，其目的是防止不利于组织生存和发展的消极因素发生，为组织开辟和创造良好的社会环境。这种活动模式的重点是预防，防患于未然。

4. 矫正型公共关系

矫正型公共关系是组织遇到风险时所采用的一种公共关系模式。这种模式适用于组织的公共关系严重失调，从而组织形象发生严重损害的时候。其特点是及时，应及时发现问题，及时纠正错误，及时改善不良形象。

5. 进攻型公共关系

进攻型公共关系又称开拓型公共关系，是在组织与环境之间发生严重不协调时，以攻为守，以积极主动的方式去改造环境，从而树立和维护良好形象的公共关系活动模式。此模式的最大特点是"主动"，以一种进攻的姿态开展工作。活动采取的方式主要有宣传新的营销理念、结盟或合作、打价格战或服务战、抢占市场与客户等。

（三）战术性公共关系活动类型

不同的公众对象，不同的公共关系任务，需要选择不同的公共关系活动类型。公共关系活动的战术性活动类型则主要是根据公共关系的功能和针对的对象来确定的。一个战略目标的实现，往往可以同时运用几种不同的战术。常见的战术性公共关系活动类型主要有宣传型、交际型、服务型、社会型和危机型等。

1. 宣传型公共关系

宣传型公共关系，是运用大众传播媒介和内部沟通方法，开展宣传工作，树立良好的组织形象的公共关系活动模式。主要运用新闻媒介、广告媒介和自控媒介3种形式进行公共关系活动；要求客观真实、全面公正。宣传型公关活动具有目的明确、时效性强、传播面广、效果显著的特点。

2. 交际型公共关系

交际型公共关系是公共关系活动中应用得最多的、极为有效的公共关系活动模式。

交际型公共关系，是在无媒介的人际交往中开展的公共关系活动模式。通过团体交际和个人交际方式完成，形成有利于组织发展的人际环境；具有个性作用大、感情色彩浓、灵活性强的特点。

3. 社会型公共关系

社会型公共关系是组织利用举办各种社会性、公益性、赞助性的活动开展公共关系的一种模式。这种模式具有内容的公益性、影响的社会性和利益的长远性等特点，影响面大。它不以直接营利为目的，而是注意树立组织形象，追求长远利益，其公益性容易赢得公众的好感。在开展社会型公关活动时，要量力而行，注重活动的经济性和连续性，尽量淡化商业色彩。

4. 服务型公共关系

服务型公共关系是一种以提供各种优质服务为主要手段的公共关系活动模式。这种模式的优势是以自己的优质服务赢得公众的好感，树立自己的良好形象。活动的方式有咨询服务、现场服务、质量保证服务、满足公众心理需求服务、为社区公众提供优惠服务、接待顾客公众和访问用户等。具有行动性、全员性和直接效益性等特点。

5．危机型公共关系

危机型公共关系是指社会组织在处理事件的过程中所开展的公共关系活动。目的为了维护或重建组织的形象，并把危机造成的影响和损失减少到最低程度。是公共关系的重要类型。危机型公共关系的特点是防御和引导相结合。

（四）公共关系活动新类型

在今天信息全球化的时代，在以科技为中心的经济环境中，公共关系活动遇到了前所未有的挑战，那种认为公共关系只是一种宣传和推销手段的观念正在发生变化。要取得活动绩效和效果，组织须改变传统的定式。于是，公共关系活动类型悄然发生变化，文化型和网络型活动类型引起了人们的极大关注。

1．文化型公共关系

文化型公共关系，是指组织或受其委托的公共关系机构和部门在公共关系活动中有意识地进行文化定位，展现文化主题，借助文化载体，进行文化包装，提高文化品位的公共关系活动。

2．网络型公共关系

网络公共关系作为一种新型的公共关系类型，是指组织借助联机网络、计算机通讯和数字交互式媒体，在网络环境下实现组织与内外公众双向信息沟通与网上公众协调关系的实践活动。这种新型的公共关系以其独特的价值效应，日益受到组织的广泛重视。

二、组织公共关系形象

（一）组织形象的重要性

在市场经济条件下，良好的组织形象是组织重要的无形财富。它是组织生存发展的有利条件，对组织的经营管理具有不可或缺的作用。

1．良好的组织形象有助于组织的产品和服务赢得消费者的信赖

在消费者的购买行为中，经验、直觉和预存印象往往起着决定作用。如果组织具有强烈的社会责任感，注意维护公众利益，生产提供符合安全、卫生标准的高质量的各类产品和服务，那么组织就在公众中留下了良好的印象，使公众确立了对该组织的信心，形成信任感。

2．良好的组织形象有助于增强组织的凝聚力和吸引力

具有良好形象的组织，在对人的态度上往往表现为在组织内部尊重知识，尊重

人才，重视职工的意见和建议，强调发挥职工的积极性和创造性。因此由于良好的组织形象满足职工心理的成就感和舒适感，使组织内部职工产生"组织如家"、"荣辱与共"的归宿感。组织形成了强大的向心力，同时也为吸引组织外部各类人才创造了条件。

3．良好的组织形象有助于组织获得社会各界的支持以及政府部门的重视和帮助

具有良好形象的组织，容易获得公众和政府部门的好感、喜爱和谅解，因而能够优先获得社会各界活动支持和政府的帮助。

4．良好的组织形象有助于组织在竞争中赢得优势

现代社会科学技术不断进步，生产效率不断提高，组织需对自身的状况进行调查，即对组织历史的回顾、现状的分析，为组织形象开发、设计提供可靠的依据。

（二）组织形象的塑造和维护

1．阐明组织当前策略

组织形象塑造过程中，首先必须对组织目前的经营策略加以阐明。对于已有持续性策略规划制度的组织来说，这一步骤相当简单。只有当组织缺乏策略规划时，它才变得复杂。因此组织形象计划可以迫使组织开展策略规划。

2．确定组织形象

让社会公众认知组织目前的形象，是拟定形象计划的第二步。社会公众可以细分为顾客、员工、股东、一般社会大众、舆论界（如教育界和新闻媒体）、财务分析家、组织供销系统的组成分子（如制造商、经销商、批发商、零售商）、政府机构以及特殊利益团体（如环保团体）等。

3．制定沟通目标

通过前两个步骤，如果发现组织实际形象与理想形象有差距，就制订一份能缩短这一差距的计划，即制定组织的沟通目标。这个沟通目标的制定可以因对象的不同而不同。组织所制定的沟通目标应指出组织希望每一种群体对组织产生的印象。

4．拟订沟通计划

组织沟通计划的拟订涉及3个主题：人员、设计的重点、沟通的重点。沟通的重点即组织应以何种群体为主要诉求对象，主要选用哪些媒介。把沟通媒介、信息和诉求对象审慎搭配，力求通过有效的沟通，表现出前后一贯的良好的组织形象。

5．持续执行计划

首先，改进的形象要与以往的形象相衔接，在建立新形象的初期，尤其要注重持续性。

其次，职工在执行过程中扮演着关键性的角色，组织形象的塑造要靠职工平时的努力。

最后，组织应控制形象计划的执行，保证组织形象的正确性。

总之，由于经营环境的瞬息变化，以及竞争越来越激烈，组织必须对未来策略和组织形象进行规划。良好的组织形象，既可以强化组织的融资能力，还可以提高销售量。

三、组织公共关系危机管理

在现代社会严酷的市场竞争环境中，组织的经营随时都有可能面临危机。预防和处理公共关系危机就构成了组织公共关系危机管理的基本内容，成为公共关系工作最重要的一个方面，同时它也是公共关系的最大价值所在。组织要善于将危机转化为塑造组织形象的契机。

（一）公共关系危机的特征

公共关系危机表现为突发性与渐进性、必然性与偶然性、破坏性与建设性、急迫性与关注性等特征。

公共关系危机管理应遵循预防第一原则、公众第一原则、公开第一原则、时间第一原则、系统运行原则、权威认证原则、公开与真诚沟通原则。

（二）组织公共关系危机的预防

公共关系危机可导致组织与公众关系迅速恶化，组织的正常业务受到影响，生存和发展受到威胁，组织的形象遭到损害，使组织处于高知名度、低名誉度的组织形象地位。这就要求组织及其职工时刻提高警觉性，善于发现问题，消除危机隐患。

危机预防，又称之为反危机管理，即在组织的日常工作中，采取周密的措施，做好事前管理，以便从根本上杜绝危机，科学有效地驾驭各类危机。这是危机公关中最艰难、也最有价值的部分。

1．预测分析

预测分析即对组织公共关系危机的迹象进行检测、识别、诊断与评价。应培养全体员工的忧患意识、危机意识；做好危机预警工作；做好危机的预控工作。

2．制订计划方案

有了预见，公共关系的危机管理工作就要根据问题优先的原则，即最急切的、最要害的问题最先投入解决，为之做好计划。计划方案包括危机预防计划和危机应变计划。

3．加强危机训练

公共关系危机应变计划做得越充分越详细，处理起来就越得心应手。组织应建立一支训练有素的危机应急队伍，组织内部在事件发生时应通力合作和灵活地运用应变计划。

4．建立处理危急事件的关系网络

根据组织预测的可能发生的危机，与处理危机的有关单位联系，建立合作网络，以便危机到来时能很好地合作。这些单位有医院、消防队、公安部门、邻近的驻军、相关的科研单位、同行业兄弟单位、新闻单位、保险公司、银行等。在平时就要通过互相沟通，使它们了解组织的基本情况，以及在危机中组织会向他们寻求哪些帮助等；通过互相沟通，加强与各界公众的交流，建立一种牢不可破的相互信赖关系。

（三）组织公共关系危机的处理

公共关系危机的突发性、破坏性、急迫性表明，组织公共关系危机的处理必须冷静分析，从容应对，反应及时，尽最大的努力控制局势，并要迅速查明原因，开诚布公，不推卸责任，不树敌，尽力挽回影响。因此，必须制定出一个反应迅速、正确有效的公共关系危机处理程序，以避免急迫过程中的盲目性和随意性，防止公共关系危机中的重复和空位现象。

公共关系危机处理的一般程序如图 6-1 所示。

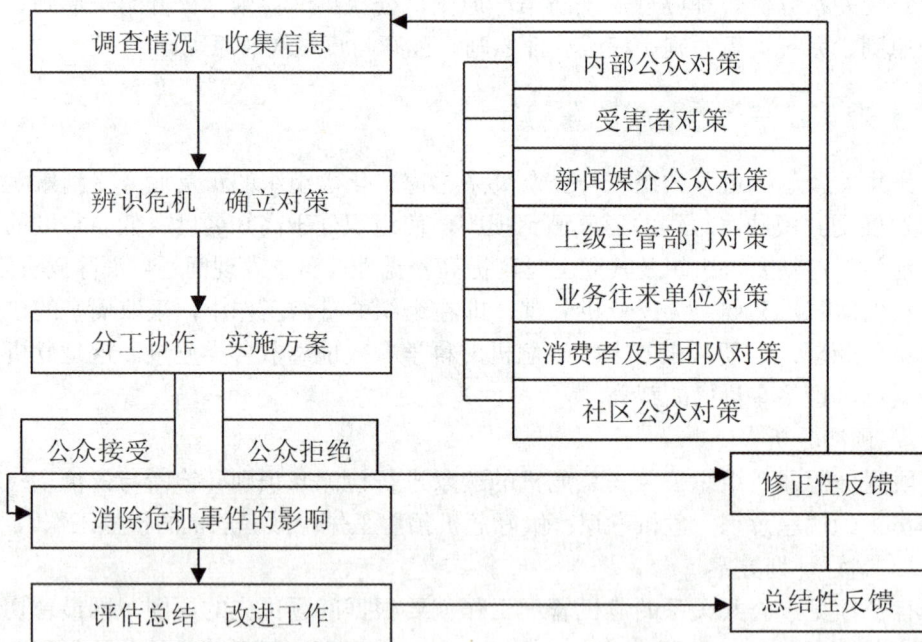

图 6-1 公共关系危机处理一般程序图

1．采取紧急措施

（1）成立临时专门机构。组织公共关系危机爆发后，应立即成立公共关系危机处理专门机构并迅速到位开展工作。

（2）迅速隔离危机险境。当出现严重的恶性事件和重大的事故时，为了确保组织和公众的生命财产不受损失或少受损失，要采取各种果断措施。迅速隔离险境，使事故的损失降到最低点。隔离的重点是公众的隔离和财产的隔离。对于伤员更要无条件地隔离和救治，这也是危机过后迅速恢复组织形象的基础。

（3）控制危机蔓延态势。公共关系危机爆发之后，并不会自行消失，相反，它会恶化扩展开来，并且迅速蔓延，引起其他危机。因此，辨识危机后，必须先遏制住危机的扩散，同时隔绝危机，使其不影响别的事物。这项工作刻不容缓。

2．积极处置危机

通过采取紧急行动，控制公共关系危机损失，尽力做到危机损失最小化，在这之后组织要从危机反应状态进入积极处理状态。这一阶段的关键是要遵循正确的工作程序，融积极与规范于一体，确保有效地处理公共关系危机。

（1）调查情况，收集信息。在灾难得到遏止、危机得到初步控制后，就要立即展开对危机范围、原因和后果的全面调查，为公共关系危机处理决策提供依据。危机公共关系调查一般运用公众座谈法、观察法、访谈法等进行。

（2）辨识危机。公共关系危机处理小组的第一个任务就是辨识危机影响的范围和危机影响的公众，以及估计危机可能对公众舆论和企业造成的后果。

（3）危机处理的基本对策。危机公共关系的总对策是重视事实，迅速调查，妥善处理，做好善后工作，再造组织形象。组织要根据不同的公众对象选择相应的具体对策。

3．分工协作，实施方案

组织在制定出危机处理的对策后，就要积极组织力量，实施初步既定的方案，这是工作的中心环节。在实施过程中，要注意以下几点：

（1）调整心态，以友善的精神面貌赢得公众的好感，消除危机事件的影响。

（2）工作中力求果断、精练，以高效率的工作风格赢得公众的信任。

（3）认真领会公共关系活动方案的精神，做到既忠于方案又能及时调整，使原则性和灵活性都能得到体现。

4．评估总结，改进工作

（1）从导致危机的原因中总结经验教训，找出工作中的不足。

（2）从社会效应、经济效应、心理效应和形象效应等诸方面评估消除危机的有关措施的合理性和有效性，并实事求是地撰写出处理报告，为以后处理类似的事件提供依据。

（3）认真分析事件发生的深刻原因，切实改进工作，从根本上杜绝此类危机事件的发生。

（4）进行危机处理效果评估，总结危机处理过程中的得失，作为今后改进工作的参考。公众受到的不良影响是不是降到最低？给社会造成的损害是不是最少？组织是不是以最小的代价保住了在经济方面最大的利益？组织是否已经以最大的努力在公众心目中建立起新形象，以最大可能恢复了组织的美誉度和公众对其的信任？

第五节 组织经营常识

【先修内容】

1. 企业财务知识

会计的两个基本职能是核算和监督。会计对象包括资产、负债、所有者权益、收入、费用和利润六大要素。会计制度规定了会计核算的 13 项一般原则，即客观性原则、相关性原则、可比性原则、一贯性原则、及时性原则、明晰性原则、权责发生制原则、配比原则、历史成本原则、划分收益性支出与资本性支出原则、谨慎性原则、重要性原则、实质重于形式原则。会计核算方法主要包括设置会计科目及账户、复式记账、填制与审核凭证、设置与登记账簿、成本计算、财产清查和编制会计财务报告 7 种，它们相互联系地构成会计方法的完整体系。会计凭证包括原始凭证和记账凭证两种。为了加强现金和银行存款的管理和核算，各单位通常都应当设置现金日记账和银行存款日记账，现金日记账和银行存款日记账的账页一般采用三栏式，即借方、贷方和余额 3 栏。

会计要素包括资产、负债、所有者权益、收入、费用和利润 6 个方面。账户格式可用"T"字形账户格式。借贷记账法下的账户结构，决定了借贷记账法的记账规则为"有借必有贷，借贷必相等"。秘书在管理零用现金时应注意妥善放置、记载清楚现金的支出情况、遵守现金领用的制度，严格遵守财务制度，按规定程序和制度做好报销工作。

2. 企业税收知识

税收起着组织收入、调节经济、调整社会分配关系、处理对外经济关系和监督经济活动的多方面作用，其首要职能是筹集国家财政收入。从社会、经济、财政、管理 4 个方面讲，税收原则包括具有公平原则、效率原则、适度原则和法治原则。税收有强制性、无偿性和固定性的基本特征。纳税人、征税对象和税率是税制的 3 个基本要素。

在税收法律关系中，纳税人必须依法纳税征税，对象的具体化称为税目。税率是制定税法、执行税法的中心环节。我国现行税制中主要有 3 种税率，即比例税率、累进税率和定额税率。现在我国的税收征收程序主要有：税务登记制度、纳税申报制度、税款征收制度、账簿凭证管理制度、发票管理制度、税务检查制度、税务稽查以及税务争议处理程序。税收以课税对象为标准分为流转税、所得税、财产税、行为税、资源税。增值税、消费税、营业税、关税都属于流转税。

3．企业金融知识

货币最基本的职能是价值尺度和流通手段。货币在一段时间内持续贬值的现象称为通货膨胀。我国现行的货币政策工具有存款准备金率、利率、再贴现、中央银行再贷款、公开市场操作和贷款规模等。货币政策的最终目标是保持币值稳定，防止通货膨胀，并以此促进经济发展。

社会保险具有强制性、保障性、福利性和普遍性的特点。一般来说，社会保险主要有养老保险、失业保险、医疗保险、工伤保险、生育保险等。养老保险是整个社会保险制度中最基本的内容，是社会保险体系中最重要的险种。沪深股市基本交易规则是价格优先、时间优先。

【引导案例】

秘书高叶在核实现金日记账时发现，兼任出纳工作的秘书钟苗对于账目的更正不符合更正错账的方法。原有的记账凭证没有问题，只是钟苗在登记账簿时登错了数字，就直接把错误的数字划掉，而不是将所有数字划掉。

点评：错账更正有规定的特定方法。本案例中的钟苗应采用红线更正法，将数字全部用红线划掉后，再予以更正。这在秘书的实际工作中是非常重要的。经常经手的发票类，如果出现错误，在更正后要在错误更正处加盖公章。

一、企业财务基础

会计账簿是由一定格式、相互联系的账页所组成的，用来按时间、分类地全面记录和反映经济业务事项的会计簿籍，是会计资料的主要载体之一，也是会计资料的重要组成部分。

依法设置会计账簿，是进行会计核算的最基本的要求。为了保证账簿记录的正确性，记账时必须根据审核无误的会计凭证，正确、及时地登记各种账簿，要避免漏记、重记或错记。记账时必须按账页要求和账页、行次顺序连续登记，不得隔页、跳行。为使账簿记录整洁清晰，防止篡改，记账时必须用蓝色或黑色墨水笔书写，不得使用铅笔和圆珠笔。记账规则中规定，书写一般应占格长的1/2。

（一）会计账簿分类与登记

会计账簿包括总账、明细账、日记账和其他辅助性账簿。

日记账是一种特殊的明细账。为了加强现金和银行存款的管理和核算，各单位通常都应当设置现金日记账和银行存款日记账，以便逐日核算和监督现金与银行存款的收入、付出和结存情况。出纳主要负责登记现金日记账和银行存款日记账。

现金日记账和银行存款日记账的账页一般采用三栏式，即借方、贷方和余额三栏，并在借贷两栏中设有"对方科目"栏。如果收、付款凭证数量较多，为了简化记账手续，同时也为了通过现金日记账和银行存款日记账汇总登记总账，也可以采用多栏式，即在收入和付出两栏中分别按照对方科目设置若干栏目，也就是在收入栏按贷方科目设栏目，在付出栏按借方科目设栏目。采用多栏式以后，如果会计科目较多，造成篇幅过大，还可以分设现金（银行存款）收入日记账和现金（银行存款）支出日记账。现金日记账和银行存款日记账必须采用订本式账簿。不得用银行对账单或者其他方法代替日记账。三栏式日记账的登记的方法如下。

1. 现金日记账的登记方法

现金日记账通常由出纳人员根据审核后的现金收、付款凭证，逐日逐笔顺序登记。同时，由其他会计人员根据收、付款凭证，汇总登记总分类账。对于从银行提取现金的业务，由于只填制银行存款付款凭证，不填制现金收款凭证，因而现金的收入数，应根据银行存款付款凭证登记。每日收付款项逐笔登记完毕后，应分别计算现金收入和支出的合计数及账面的结余额，并将现金日记账的账面余额与库存现金实存数相核对，以检查每日现金收支和结存情况。

2. 银行存款日记账的登记方法

银行存款日记账，应按各种存款分别设置。银行存款日记账通常也是由出纳员根据审核后的有关银行存款收、付款凭证，逐日逐笔顺序登记的。对于现金存入银行的业务，存款的收入数，应根据现金付款凭证登记。每日结束时，应分别计算银行存款收入、付出的合计数和本日余额，以便于检查监督各项收支款项，并便于定期同银行对账单逐笔核对。

（二）更正错账的方法

账簿记录发生错误时，不得刮擦、挖补、涂抹或用涂改液更改字迹，应根据错误的具体情况，按规定的方法更正。更正错账的方法一般有划线更正法（红线更正法）、红字更正法（红字冲销法）和补充登记法（蓝字补记法）3种。

划线更正法又称红线更正法，是指用划红线注销原有错误记录，然后在错误记录的上方写上正确记录的方法。这种方法适用于编制的记账凭证没有错误，而是在登记账簿时发生错误，导致账簿记录的错误。更正方法：将错误的文字或者数字划红线注销，但必须使原有字迹仍可辨认；然后在划线上方填写正确的文字或者数字，并由记账人员在更正处盖章。对于错误的数字，应当全部划红线更正，不得只更正其中的错误数字。对于文字错误，可只划去错误的部分，划线注销的文字或数字应保持其原有字迹仍可辨认以备查考。

红字冲销法又称红字更正法，也称红字调整法，即先用红字编制一套与错账完全相同的记账凭证，予以冲销，然后再用蓝字编制一套正确的会计分录。这种方法适用于会计科目用错或会计科目虽未用错，但实际记账金额大于应记金额的错误账款。一般情况下，在及时发现错误，没有影响后续核算的情况下多使用红字冲销法。具体为：一种情况，根据记账凭证所记录的内容记账以后，发现记账凭证中的应借、应贷会计科目或记账方向有错误，应采用红字更正法。进行更正时，先用红字金额填制一张与原内容一致的记账凭证，据以用红字金额登记入账，在摘要栏注明"冲减×月×日第×号凭证错账"，冲销原错误记录。然后用蓝字填写一张正确的凭证，重新登记入账。第二种情况，科目正确，实记金额大于应记金额进行更正时，将多记金额填制记账凭证，据以红字金额入账，冲销其大于应记金额的差额改正错账。

补充登记法又称蓝字补记法。记账后，如果发现记账凭证中应借、应贷的会计科目与记账方向都没有错误，记账凭证和账簿记录的金额相吻合，只是所记金额小于应记的正确金额，应采用补充登记法。更正方法为：将少记的金额用蓝字或黑字填一张与原错误记账凭证所记的借贷方向一致的记账凭证，在摘要栏注明"补记×月×日第×号凭证的少计数"，并据以登记入账，以补记少计金额。

二、企业税务常识

税收以课税对象为标准分为流转税、所得税、财产税、行为税、资源税。

（一）流转税

1．流转税分类

流转税，就是以流转额为征税对象而征收的一类税收的总称。在我国现行税收制度中，流转税类税收是主体，包括增值税、消费税、营业税、关税等，仅这4项税收的收入就占我国税收总额的70%以上。流转税分类及内容如表6-3所示。

表6-3 流转税分类表

流转税类	纳税人	计税方法、形式、税率
增值税	我国第一大税种。划分为小规模纳税人与一般纳税人。包括在我国境内销售货物或者提供加工、修理修配劳务以及进口货物的单位和个人	计税方法：一般计算方法、简易计算方法、进口货物计算方法。 一般纳税人税率：①标准比例税率17%；②低税率13%；③适用于出口货物的零税率。 小规模纳税人税率：①生产销售货物，提供加工、修理修配劳务，征收税率为6%；②商业企业小规模纳税人销售货物的征收税率为4%
消费税	在我国境内生产，委托加工和进口应税消费品的单位和个人	比例税率、定额税率

续表

流转税类	纳税人	计税方法、形式、税率
营业税	在我国境内从事交通运输业、建筑业、金融保险业、邮电通信业、文化体育业、娱乐业、服务业，转让无形资产或销售不动产的单位和个人为营业税的纳税义务人	差别比例税率
关税	①进口货物的收货人；②出口货物的发货人；③进口物品的所有人或收件人；④上述人员的代理人	进口货物税率、出口货物税率、进口物品税率

2．增值税税目与纳税申报

（1）增值税的税收范围及适应税率。增值税基本税率为17%。增值税的税收范围及适应税率如表6-4所示。

表6-4 增值税税目税率表

税收范围	税率
出口销售货物（国家另有规定的除外）	0
1．农业产品，包括林业产品、畜牧产品、水产品	13%
2．粮食、食用植物油	13%
3．其他货物，包括自来水、暖气、冷气、热水、煤气、石油液化气、天然气、沼气、居民用煤炭制品	13%
4．图书、报纸、杂志（不包括邮政部门发行的报纸）	13%
5．饲料、化肥、农药、农机、家用塑料薄膜	13%
6．金属矿采选产品、非金属矿采选产品	13%
原油、井矿盐和除上述货物以外的其他货物，加工、修理、修配劳务	17%

增值税的计税依据：纳税人销售货物或提供应税劳务的计税依据为其销售额，进口货物的计税依据为规定的组成计税价格。

（2）增值税的纳税申报及纳税地点。增值税纳税申报时间与主管国税机关核定的纳税期限是相联系的。以1个月为一个纳税期的纳税人，自期满之日起10日内申报纳税；以1日、3日、5日、10日或15日为一个纳税期的纳税人，自期满之日起5日内预缴税款，次月1日至10日申报并结清上月应纳税款。

增值税固定业户向机构所在地税务机关申报纳税，增值税非固定业户向销售地税务机关申报纳税，进口货物应当由进口人或其代理人向报关地海关申报纳税。

2．营业税税目

营业税的税目及适应税率如表6-5所示。

表6-5 营业税税目税率表

税目	征收范围	税率
一、交通运输业	陆路运输、水路运输、航空运输、管道运输、装卸搬运	3%
二、建筑业	建筑、安装、修缮、装饰及其他工程作业	3%
三、金融保险业		8%
四、邮电通信业		3%
五、文化体育业		3%
六、娱乐业	歌厅、舞厅、卡拉OK歌舞厅、音乐茶座、台球、高尔夫球、保龄球、游艺	5%～20%
七、服务业	代理业、旅店业、饮食业、旅游业、仓储业、租赁业、广告业及其他服务业	5%
八、转让无形资产	转让土地使用权、专利权、非专利技术、商标权、著作权、商誉权	5%
九、销售不动产	销售建筑物及其他土地附着物	5%

3．所得税

所得税又称收益税。我国的现行所得课税包括企业所得税、外商投资企业与外国企业所得税、个人所得税。这3项税收的收入约占我国税收总额的15%。

（1）企业所得税。我国的现行所得税包括企业所得税、外商投资组织与外国企业所得税、个人所得税。企业所得税的征税对象是纳税人取得的所得。包括销售货物所得、提供劳务所得、转让财产所得、股息红利所得、利息所得、租金所得、特许权使用费所得、接受捐赠所得和其他所得。企业所得税额的缴纳采用25%的比例税率。

企业应纳所得税额＝当期应纳税所得额 × 适用税率

企业所得税分月或者分季预缴。

企业应当自月份或者季度终了之日起15日内，无论盈利或亏损，都应向税务机关报送预缴企业所得税纳税申报表，预缴税款。企业应当自年度终了之日起5个月内，向税务机关报送年度企业所得税纳税申报表，并汇算清缴，结清应缴应退税款。企业在报送企业所得税纳税申报表时，应当按照规定附送财务会计报告和其他有关资料。

（2）个人所得税。个人所得税采取超额累进税率，税率为3%～45%。现在实行的是7级超额累进个人所得税税率表。个人所得税征收范围、征收对象如表6-6所示；工资、薪金所得税税率表如表6-7所示。

表6-6 个人所得税征收范围、对象表

征税范围	①在我国有住所或者无住所而在境内居住满一年的人，不论是中国公民，还是外籍人员，均属我国居民。我国政府可根据居民管辖权的原则，对其从境外取得的所得征税。 ②在我国境内无住所又不居住，或者无住所且在境内居住不满一年的个人，属于非居民。我国政府可根据地域管辖权的原则，对其从中国境内取得的所得征税
纳税人	①根据个人所得税法规定，在中国境内有住所，或者无住所且在境内居住满1年的个人，从中国境内和境外取得所得，应依照税法缴纳个人所得税。 ②在中国境内无住所又不居住，或者无住所且在境内居住不满一年的个人，从中国境内取得所得，也应依法缴纳所得税
征税对象	个人所得税法规定的应税所得有11项：工资、薪金所得；个体工商户的生产、经营所得；企事业单位的承包经营、承租经营所得；劳务报酬所得；稿酬所得；特许权使用费所得；储蓄存款利息、股息、红利所得；财产租赁所得；财产转让所得；偶然所得；经国务院财政部门确定征税的其他所得
税率	①工资、薪金所得，适用3%～45%的超额累进税率。（税率见表6-7） ②个体工商户的生产、经营所得和对企事业单位的承包经营、承租经营所得，适用5%～35%的超额累进税率。 ③稿酬所得，适用比例税率20%，并按应纳税额减征30%。 ④劳务报酬所得，适用比例税率为20%。对劳务报酬所得一次收入极高的，可以实行加成征收，即个人取得劳务报酬收入的应纳税所得额一次超过2万～5万元的部分，按税法规定计算应纳税额后，再按照应纳税额加征五成，超过五万元的部分，加征十成。
征收和缴纳方法	①纳税人自行申报应纳税款。 ②由支付所得单位或个人代扣代缴应纳税款

表6-7 工资、薪金所得税税率表

级数	全月应纳税所得额（含税级距）	全月应纳税所得额（不含税级距）	税率	速算扣除数
1	不超过1 500元	不超过1 455元的	3%	0
2	超过1 500元至4 500元的部分	超过1 455元至4 155元的部分	10%	105
3	超过4 500元至9 000元的部分	超过4 155元至7 755元的部分	20%	555
4	超过9 000元至35 000元的部分	超过7 755元至27 255元的部分	25%	1 005
5	超过35 000元至55 000元的部分	超过27 255元至41 255元的部分	30%	2 755
6	超过55 000元至80 000元的部分	超过41 255元至57 505元的部分	35%	5 505
	超过80 000元的部分	超过57 505元的部分	45%	13 505

（二）其他税收

1. 城市维护建设税

城市维护建设税的纳税人包括缴纳增值税、消费税、营业税的各类企业、单位、个体经营者和其他个人（不包括外商投资企业、外国企业和外国人）。

城市维护建设税按照纳税人所在地实行差别税率：市区税率为7%，县城、建制镇税率为5%，其他地区税率为1%。此税以纳税人实际缴纳的增值税、消费税、营业税为计税依据，分别与上述3种税收同时缴纳。

2．车船使用税

车船使用税的纳税人为在我国境内拥有并使用车船的各类企业、单位、个体经营者和其他个人（不包括外商投资企业、外国企业和外国人）。

车船使用税的计税标准分为车辆计税标准和船舶计税标准两类：车辆的计税标准为应纳税车辆的数量或者净吨位；船舶的计税标准为应纳税船舶的净吨位或者载重吨位。

3．印花税

印花税的纳税人包括在我国境内书立、领受规定的经济凭证的各类企业、单位、个体经营者和其他个人。现行印花税采用比例税率和定额税率两种税率。比例税率有五档。适用定额税率的是权利许可证照和营业账簿税目中的其他账簿，单位税额均为每件5元。税目、税率见表6-8所示。

表6-8 印花税税目税率表

税目	范围	比例税率（税额）
1．购销合同	供应、预购、采购、购销、结合及协作、调剂、补偿、易货等合同	按购销金额0.3‰贴花
2．加工承揽合同	加工、定做、修缮、修理、印刷广告、测绘、测试等合同	按加工或承揽收入0.5‰贴花
3．建设工程勘察设计合同	勘察、设计合同	按收取费用0.5‰贴花
4．建筑安装工程承包合同	建筑、安装工程承包合同	按承包金额0.3‰贴花
5．财产租赁合同	租赁房屋、船舶、飞机、机动车辆、机械、器具、设备等合同	按租赁金额1‰贴花。税额不足1元，按1元贴花
6．货物运输合同	民用航空运输、铁路运输、海上运输、内河运输、公路运输和联运合同	按运输费用0.5‰贴花
7．仓储保管合同	仓储、保管合同	按仓储保管费用1‰贴花
8．借款合同	银行及其他金融组织和借款人（不包括银行同业拆借）所签订的借款合同	按借款金额0.05‰贴花
9．财产保险合同	财产、责任、保证、信用等保险合同	按保险费收入1‰贴花
10．技术合同	技术开发、转让、咨询、服务等合同	按所载金额0.3‰贴花

续表

税目	范围	比例税率（税额）
11．产权转移合同	财产所有权和版权、商标专用权、专利权、专有技术使用权等转移书据、土地使用权出让合同、土地使用权转让合同、商品房销售合同	按所载金额 0.5‰贴花
12．营业账簿	生产、经营用账册	记载资金的账簿，按实收资本和资本公积的合计金额 0.5‰贴花；其他账簿按件贴花 5 元
13．权利、许可证照	政府部门发给的房屋产权证、工商营业执照、商标注册证、专利证、土地使用证	按件贴花 5 元

证券交易印花税（股票印花税），是专门针对股票交易发生额征收的一种税。按照中国税法规定只对卖出方（或继承、赠与 A 股、B 股股权的出让方）征收计征，基本税率为 1‰。

三、企业金融常识

（一）我国金融机构体系

金融体系主要包括金融机构体系和金融市场体系。

金融机构体系是指金融机构的组成及其相互联系的统一整体。在市场经济条件下，各国金融体系大多数是以中央银行为核心来进行组织管理的，因而形成了以中央银行为核心、商业银行为主体、各类银行和非银行金融机构并存的金融机构体系。在我国，就形成了以中央银行（中国人民银行）为领导，国有商业银行为主体，政策性银行、保险、信托等非银行金融机构，外资金融机构并存和分工协作的金融机构体系。我国金融机构体系结构如图 6-2 所示。

1．中央银行

中央银行在一国金融体系中处于主导地位，是负责制定和执行国家金融政策，调节货币流通与信用活动，对国家负责，对外代表国家参加国际金融活动，并对国内整个金融体系和金融活动实行管理和监督的国家机关。

我国的中央银行是中国人民银行，其全部资产属国家所有，是非营利性机构；它不经营普通银行业务，与其交往的对象仅限于金融机构和政府部门。享有货币的垄断权。

```
                          中国人民银行
        ┌───────────┬──────────────┬──────────────┬──────────┐
     商业银行        政策性银行      非银行金融机构    国家外汇
                                                   管理局
   ┌────────┐      ┌─────────┐      ┌────────┐
国有商业银行  股份制银行  国家开发        保险公司
                       银行
     ┌──城市商业银行              ┌──信用合作社
                                │
中国农业银行   中国银行   中国农业      信托投资公司
                      发展银行

中国工商银行  中国建设银行

 中国银行    招商银行   中国进出
                       口银行
中国建设银行

 交通银行
```

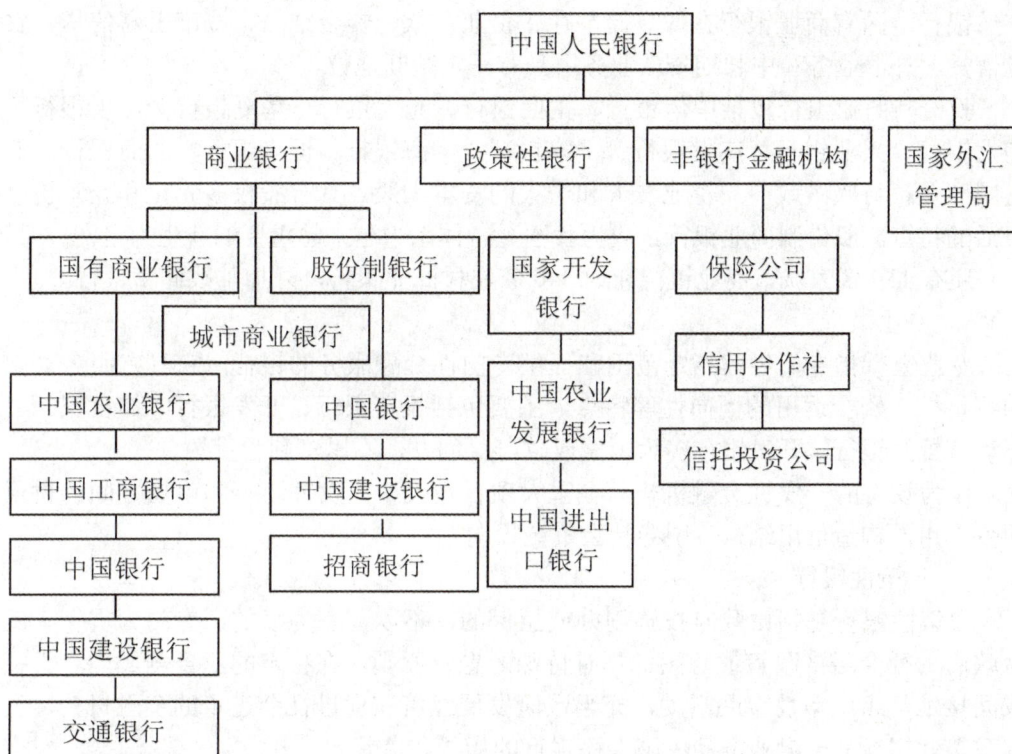

图 6-2 我国金融机构体系结构图

根据《中国人民银行法》规定，中国人民银行主要履行的职责包括：拟订金融业改革和发展战略规划；起草有关法律和行政法规草案；依法制定和执行货币政策；完善金融宏观调控体系；负责制定和实施人民币汇率政策；发行人民币等。

2．商业银行

商业银行是以吸收公众存款、发放贷款、办理结算业务，并以营利为主要经营目标的金融企业。与其他金融机构相比，能够吸收活期存款、创造货币是商业银行最明显的特征。商业银行的活期存款构成货币供给或交易媒介的重要组成部分，也是信用扩张的重要源泉，因此，商业银行又称为存款货币银行。

（1）商业银行经营业务。根据《中华人民共和国商业银行法》的规定，我国商业银行可以经营以下业务：吸收公众存款；发放短期、中期和长期贷款；办理国内外结算、票据贴现；发行金融债券；代理发行、兑付、承销政府债券；买卖政府债券；从事同业拆借；买卖、代理买卖外汇；提供信用证服务及担保；代理收付款及代理保险业务；提供保管箱服务；经营中国人民银行批准的其他业务。

（2）商业银行分类。我国的商业银行分为国有商业银行、股份制商业银行和城市商业银行。

国有商业银行包括中国工商银行、中国农业银行、中国银行、中国建设银行、交通银行。国有商业银行在城乡储蓄存、企业存款、资金结算、城市工商信贷、农业信贷、外汇业务和中长期贷款业务中具有一定垄断地位。

股份制商业银行包括中信银行、招商银行、光大银行、华夏银行、民生银行、浦发银行、兴业银行、广发银行、平安银行、渤海银行、恒丰银行、浙商银行。股份制商业银行吸纳政府、企业法人和个人的资本入股，具有股权多元化和经营机制灵活的特点。股份制商业银行正成为我国金融体系中越来越重要的新生力量。

还有130多家城市商业银行和约240家农村商业银行，外加邮政储蓄银行。

3．专业银行

专业银行指专门经营指定范围和提供专门性金融服务的银行，它具有服务对象的特定性、资金运用的倾向性等特点。主要包括投资银行、开发银行、储蓄银行、不动产抵押银行。开发银行多为国家或政府所创办，不以营利为目的。

作为政府的开发性金融机构，在重大项目建设中，发挥政府和市场之间的桥梁纽带作用，构造信用结构，引导社会资金投向。

4．政策性银行

政策性银行是指由政府投资创办或担保的，不以营利为目的，专门为贯彻、配合政府的社会经济政策或意图，具有特殊的融资原则，在特定的业务领域内，直接或间接地从事政策性金融活动，充当政府发展经济和促进社会进步的金融机构。我国政策性银行的金融业务受中国人民银行的指导和监督。

政策性银行由政府设立，其特性有：一是政策性银行的资本金多由政策财政拨付；二是政策性银行经营时主要考虑国家的整体利益、社会效益，不以盈利为目标，但政策性银行的资金并不是财政资金，政策性银行也必须考虑盈亏，坚持银行管理的基本原则，力争保本微利；三是政策性银行有其特定的资金来源，主要依靠发行金融债券或向中央银行举债，一般不面向公众吸收存款；四是政策性银行有特定的业务领域，不与商业银行竞争。1994年，我国组建了三家政策性银行，即国家开发银行、中国进出口银行、中国农业发展银行。

5．非银行金融机构

非银行金融机构是指那些经营各种金融业务，但又不称为银行的金融中介机构。我国的非银行金融机构主要是保险公司、信用合作社和信托投资公司。

（1）保险公司。保险公司是以经营保险业务为主的经济组织。保险公司具有其他金融机构不可替代的作用。除了对个人、家庭、企事业单位有分散风险、消减损失的职能之外，保险公司对国家宏观经济来说还有4大功能：承担国家财政后备范围以外的损失补偿；聚集资金，支持国民经济发展；增强对人们生命财产安全的保障；为社会再生产各个环节提供经济保障，防止因某个环节的突然断裂而破坏整个社会经济的平稳运行。

（2）信托投资公司。信托是随着商品经济的发展而出现的一种财产管理制度。信托是指委托人基于对受托人的信任，将其财产委托给受托人，受托人按委托人的意愿，以自己的名义为受益人的利益或特定目的，对信托财产进行管理或处分的行为。

信托的本质是"受人之托、代人理财"，是一种多边信用关系，这种多边信托信用关系的建立，必须依据法定程序才能成立，并依各方关系人的条件、权利和义务通过信托合同加以确定，以保证当事人的合法权益。现代信托已成为一种以财产为核心，信用为基础，委托、受托为主要方式的财产运用和管理制度。我国的信托投资公司是一种以受托人身份，代人理财的非银行金融机构，具有财产管理和运用、融通资金，提供信息及咨询，社会投资等功能。

（3）信用合作社。信用合作社是发达国家普遍存在的一种互助合作性金融组织，既有农村信用合作社，也有城市手工业者或特定范围成员的信用合作社。根据有关规定，我国城市信用社的主要业务有：吸收社员存款及中国人民银行规定限额以下的非社员公众存款；发放贷款；办理结算业务；办理票据贴现；代收代付款项及受托代办保险业务；办理经中国人民银行批准的其他业务。

农村信用社是我国金融体系的重要组成部分，主要为广大农户、个体工商户和农产品产前产后经营的各环节提供金融服务，是支持农业和农村经济发展的主要力量。农村信用社的主要业务包括：个人储蓄；农户、个体工商户及农村经济组织存款、贷款、结算业务；代理其他金融机构的金融业务；代理收付款项；买卖政府债券以及其他经中国人民银行批准的业务。

6．外资（合资）银行

外资银行是指在一国境内由外国开设的银行或银行的分支机构。合资银行指外国资本与本国资本联合投资开设的银行。各国一般都将这类银行列入本国银行体系，并受本国金融当局管理和监督。

随着对外开放，我国开始引进外资（包括港澳台地区资本）金融机构工作。我国对外资金融机构的引进主要采取了3种形式：一是允许其在我国设立代表机构；二是允许其设立业务机构（分行或分公司）；三是允许其与我国金融机构设立中外合资金融机构（合资银行、合资财务公司等）。目前，在华外资金融机构的数量已有相当规模。我国外资银行的主要业务包括外币存款、外币贷款、外币投资及国际结算等中间业务。

（二）国际金融机构与国际结算

1．国际金融机构

国际金融机构也称为国际金融组织。它是从事国际金融活动的超国家性质的专门机构。国际金融机构按地域划分为全球性金融机构和区域性金融机构。全球性金融机构典型的是国际货币基金组织、世界银行；区域性金融机构典型的是亚洲开发银行、欧洲投资银行、非洲开发银行、泛美开发银行等。

2．国际结算

国际结算包括贸易结算和非贸易结算。贸易结算指一国进出口商品所发生的国际货币收支和债权、债务结算，是国际结算的主要内容；非贸易结算指除了贸易结算之外的其他国际结算业务，主要包括劳务输出（输入）、国际旅游、侨民汇款、邮电、民航、保险等外汇收支，以及国际援助、国际馈赠和战争赔款等。国际结算方式有国际汇兑结算方式、信用证结算方式、托收结算方式和保函结算方式。

（1）国际汇兑结算。国际汇兑结算是一种通行的结算方式。它是付款方通过银行将款项转交付款方。共有4个当事人：汇款人、收款人、汇出行、汇入行。

（2）信用证结算。信用证是进口国银行应进口商要求，向出口商开出的，在一定条件保证付款的一种书面文件，即有条件的银行付款保证。其业务程序为：进口商向进口国银行申请开立信用证→进口国银行开立信用证→出口国银行通知转递或保兑信用证→出口国银行议付及索汇→进口商赎单提货。

（3）托收结算。托收是出口方向国外进口方收取款项或劳务价款的一种国际贸易结算方式。托收有跟单托收和光票托收。跟单托收是出口商在货物装船后，将提单等货运单据和汇票交给托收银行，而托收银行在进口商付款后，将货运单据交进口方。光票托收是委托人在交给托收银行一张或数张汇票向国外债务人付款的支付凭证或有价证券。

（三）金融工具

金融工具，即金融商品，指在金融市场上以书面形式发行或流通，借以作为债权人权利和债务人义务的契约凭证，从债权人的角度来说也称之为金融资产。

1．金融工具的特征

金融工具一般具有期限性、流动性、风险性和收益性的特征。

（1）期限性。偿还期是指借款人拿到借款开始，到借款全部偿还为止所经历的时间。各种金融工具在发行时一般都具有不同的偿还期。从时间来说，有10年、20年、50年。还有一种永久性债务。

（2）流动性。流动性是指金融资产在转换成货币时，其价值不会蒙受损失的能力。除货币以外，各种金融资产都存在着不同程度的不完全流动性。一般来说，金融工具如果具备下述两个特点，就可能具有较高的流动性：第一，发行金融资产的债务人信誉高，在已往的债务偿还中能及时、全部履行其义务；第二，债务的期限短。这样它受市场利率的影响很小，转现时所遭受亏损的可能性就很少。

（3）风险性。风险性指投资于金融工具的本金是否会遭受损失的风险。风险可分为两类：一是债务人不履行债务的风险。这种风险的大小主要取决于债务人的信誉以及债务人的社会地位。另一类风险是市场的风险，这是金融资产的市场价格随市场利率的上升而跌落的风险。一般来说，本金安全性与偿还期成反比，即偿还期越长，其风险越大，安全性越小。本金安全性与流动性成正比，与债务人的信誉也成正比。

（4）收益性。收益性是指金融工具能定期或不定期给持有人带来收益的特性。金融工具收益性的大小，是通过收益率来衡量的，其具体指标有名义收益率、实际收益率、平均收益率等。

2. 金融工具的种类

金融工具的种类很多，如表6-9所示。随着金融创新的推进，有更多的金融工具品种涌入经济生活中。

表6-9 我国金融工具分类表

标准	分类	特点
以期限为标准	货币市场的金融工具（商业票据、短期公债、银行承兑汇票、可转让大额定期存单、回购协议）	期限短、风险小、流动性强
	资本市场的金融工具（股票、公司债券及中长期公债）	期限长、风险大、流动性弱
按照发行者是否为金融机构为标准	非金融机构发行的金融工具（政府债券、公司债券、非金融公司股票）	属于直接金融工具，目的是为自己取得资金
	金融机构发行的金融工具（银行承兑汇票、可转让大额定期存单、银行债券、人寿保险单等）	属于间接金融工具，目的是筹集用于贷款的资金
以投资者是否掌握所投资资产的所有权为标准	债务凭证（股票）	
	所有权凭证	

思考与练习

（1）如何理解公共管理的原则与基本特征？
（2）现代企业制度的主要内容和基本特征是什么？
（3）如何理解组织文化的构成及其相互关系？
（4）如何理解组织精神文化的结构与内涵？
（5）高效能团队应具备哪些条件？
（6）如何做好人员招聘工作和培训工作？
（7）公众的特点如何？有哪些最基本的分类？
（8）组织如何进行公共关系危机管理？
（9）何为会计职能和会计要素？
（10）如何认识税收的基本功能、原则和基本特征？税制的基本要素是什么？
（11）简述我国金融机构体系结构。金融机构各自有哪些特点？

第七章 法律基础

【本章提示】

一定意义上讲，秘书岗位是与上司岗位相伴而生的，有了领导才有秘书的存在。因此，秘书的素养对领导工作具有重要影响，甚至关系到全局工作的开展和成败。而且，一般单位的秘书已经不仅是专门服务于领导，而是要为整个单位创造价值，这就决定了秘书工作具有较强的综合性特点。法律知识是秘书素养构成中的一个关键部分，直接制约着秘书的行为效果，影响着秘书的形象。本章概括介绍法理的一般知识，同时选择经济法部门和行政法部门中代表性的规范制度进行讲解，以期助力于每一位秘书工作者。

第一节 法的一般理论

【先修内容】

1．理解法的基本概念与基本特征

狭义的法是指具体的法律规范，包括宪法、法令、法律、行政法规、地方性法规、行政规章、判例、习惯法等各种成文法和不成文法。法的基本特征包括：法是调控人的行为、社会关系的社会规范；法是出自国家的社会规范，具有国家性、国家意志性的特点；法是规定人们权利和义务的社会规范；法是由国家强制力保障实施的社会规范。

2．掌握法的渊源的含义以及我国法律渊源的组成部分

我国社会主义法的渊源主要包括：宪法、法律、行政法规、地方性法规和其他规范性法律文件、民族自治地方的自治条例和单行条例、特别行政区的法律与规范性法律文件、我国同外国缔结或加入的国际条约。

3．理解法的部门的含义，掌握我国的法律体系的组成

概括起来，我国法律部门主要有宪法、行政法、民商法、经济法、婚姻法、劳动与社会保障法、刑法、诉讼与非诉讼程序法。

4．明确法律规则的内涵，掌握法律规则的构成要素

任何一个完整的法律规则都是由假定（条件）、行为模式和法律后果3部分（要素）构成的。

5．掌握法的分类的标准，以及根据这些不同的标准对法所做的分类

按照法的创制与适用主体的不同，分为国内法与国际法；按照法的效力、内容和制定程序，分为根本法和普通法；按照法的效力范围的不同，分为一般法与特别法；按照法规定的具体内容的不同，分为实体法与程序法；按照法的创制和表达形式的不同，分为成文法与不成文法。

6．理解法律关系的内涵，掌握法律关系的构成要素，理解什么是法律事实

法律关系包括法律关系主体、法律关系客体和法律关系内容三大要素，法律关系的内容就是指法律关系主体之间的权利和义务。

7．掌握法的效力的内涵，明确对法的效力给与认识的维度

法的效力即法律的约束力，指人们应当按照法律规定的行为，并且必须服从。通常，法的效力分为规范性法律文件的效力和非规范性法律文件的效力。规范性法律文件的效力，也叫狭义的法的效力，即指法律的生效范围或适用范围，即法律对什么人、什么事、在什么地方和什么时间有约束力。非规范性法律文件的效力，指判决书、裁定书、逮捕证、许可证、合同等的法律效力。

通过本节的学习，能够对法的价值中的秩序、正义、自由、效率等范畴给予完整的理解，并能用这些价值标准理性思考和判断事理；能够对法的历史类型的发展变化与更替进行正确的解析；能够厘清违法行为与一般行为的界限，正确判断不同性质的违法行为与法律责任的对应关系。从理论基础要求来看，应当了解法的价值的含义，了解法的历史类型划分的依据；理解违法行为、法律制裁和法律责任三者的内涵和彼此的联系；掌握法的价值的分类、法与自由的关系；掌握违法行为的构成要素，掌握法律责任的类别及其构成。

【引导案例】

2010年2月，原告某公司未经有关部门批准在其公司院内利用空心砖搭建高度为1.6米左右的遮雨棚两座，当月21日，被被告某市规划局强制拆除。原告遂诉至法院请求法院依法判决确认被告强制拆除其遮雨棚的行为违法并赔偿经济损失50 000元。庭审中，原告认为，是在本公司院内搭建遮雨棚，用于储藏机器设备，被告未确认我公司的遮雨棚是违章建筑，也未通知我公司自行拆除，即采取强制措施将遮雨棚拆除，并造成建筑材料损坏，被告的行为侵害了自己的财产权，理应赔偿；

被告认为，原告所建系违章建筑，不受法律保护，请求驳回原告的诉讼请求。法院经审理，判决确认被告强制拆除原告遮雨棚的具体行政行为违法，并赔偿原告直接的建筑材料损失费 8 090 元。宣判后，双方当事人均未提起上诉。

  点评：在本案中，被告仅以原告的雨棚为违章建筑为由就强制予以拆除，并未出示任何执行文件和工作证件，对于拆除的整个过程均没有进行记录和见证，故其行为均不符合依法行政的规定。

一、法的价值

（一）法的价值的概念

价值经常被界定为客体满足主体需要的积极意义或客体的有用性。一种客体能够满足主体的需要，有助于实现人的目标的实体或精神，对主体是有利的、有用的，就会得到人们的肯定性评价，就是有价值的。从一般意义上讲，可把价值定义为客体对满足主体需要的积极意义。

法的价值就是法这个客体对满足个人、群体、阶级社会需要的积极意义。一种法律制度有无价值、价值大小，既取决于这种法律制度的性能，又取决于一定主体对这种法律制度的需要，取决于这种法律制度能否满足一定主体的需要及满足的程度。法本身的主要价值包括：使自由与纪律高度统一的价值；使社会在稳定中发展的价值；使国家强制合理化、经常化、公开化的价值等。

（二）法的价值分类

1．群体法律价值与个人法律价值

群体法律价值是指某一社会群体对法律的要求及法律对该社会群体的实际效应。个人法律价值是指作为主体的个人对法律的要求以及法律对个人的实际效应。群体法律价值与个人法律价值之间是相互依存的关系。极端地追求个人的法律价值是不现实的。

2．法律的正价值、无价值与负价值

法律的正价值是指法律所产生的实际效应与主体的法律价值追求一致的情况；法律的无价值是法律对主体不产生效应；法律的负价值是指法律的实际效应与主体的法律价值追求相反的情况。

3．目的性法律价值和工具性法律价值

法律的目的价值构成法律制度所追求的社会目的，反映法律创制和实施的宗旨，它是关于社会关系的理想状态是什么的权威性蓝图，也是关于权利义务的分配格局应怎样的权威性宣告。法律的目的价值最集中地体现着法律制度的本质规定性和基本使命。法律的工具性价值是指法是中介自由、正义、秩序等的一种工具，由此体现法律价值的要求。

（三）法与秩序

1. 秩序的概念与特征

秩序是一个表征主体生存环境协调程度的概念。它有广义和狭义之分。广义的秩序概念是指客观事物自律的状态。狭义的秩序概念仅仅指人的活动依一定的规则或方式联结而成的状态。秩序总是意味着在社会中存在着某种程度的关系的稳定性、进程的连续性、行为的规则性、事件的可预测性，以及财产和心理的安全性。法律意义上的秩序，是指通过法治而形成的社会秩序。它具有 4 个特点：社会系统运行的稳定性，社会结构的均衡性，社会主体的有规则状态，可预测性。

2. 法律与秩序

人们对秩序的追求，必然会导致法律的产生。从历史上看，法律正是由于维护统治阶级的统治秩序的需要而产生的。法律具有鲜明的确定性和稳定性。从动态来看，法律在秩序的形成过程中，发挥着规范、调节、保护性功能。从静态来看，法律在建立和维护政治秩序、经济秩序、社会生活秩序、国际社会秩序中都发挥着重要作用。

（四）法与自由

1. 自由是法律的基本价值之一

马克思主义认为，自由是法律所追求的理想目标，法律应以自由为其基本价值之一。法律以自由作为其基本价值，并且要求：其一，必须制定确认人们自由的宪法。其二，在制定具体法律即不得以任何借口和条件剥夺人们的基本自由，相反，这些具体法律应当为基本自由的实现提供具体的途径和程序，通过建立实现自由的具体法律制度为自由的实现提供法律形式。其三，法律要通过其强制力保护人们的自由不受任何侵害。这要求执法机关严格执行法律，不能滥用权力侵害人们的自由。

2. 法律对自由的保障作用

法律为自由的实现提供了认识基础，为自由意志的外化排除人为阻碍。法律把自由意志转化为权利。法律把现实的、应有的自由提升为法定的权利，使之成为受国家和法律保护的权利。法律确认各种权利的范围，设定违法责任，为平等的自由提供保护机制。法律为公民的自由提供条件和机会。法律通过规定公民享有各种自由权，为公民参与权力的组成和运行提供条件与机会；法律通过对弱者提供特殊的保护办法，使弱者得到更多的自由发展机会。

3. 法律与自由的关系

本体论意义上，自由是法产生和发展的基础，是构成法的基本因素。在认识论意义上，自由是法的合规律性与合目的性相统一的基础。在价值论意义上，自由是法的基本价值目标之一。

（五）法与效率

1．效率是法律的基本价值目标

其原因在于，伴随着法律对当代经济生活的全面渗透，法律担负着实现资源最大限度地优化使用与配置的社会目标的新使命。同时，效益的价值目标可以成为正义的价值目标的补充。

2．效率对法的影响

效率对法的影响可以从以下4个方面来诠释：

（1）对法律调整范围的影响。从以下两方面反映出来：当代各国的法律普遍制定了直接干预自然资源的使用问题，相继制定了自然资源保护的法规；对交易成本也给予了重视。

（2）对法律调整方法的影响。效益价值的引入对法律的调整方法产生了深刻的影响，它使法律的调整方法更具有灵活性。

（3）对权利义务分配的影响。将效率作为法的基本价值之一，意味着法不仅按正义的要求分配权利和义务，而且要以效率作为分配权利和义务的标准。

（4）对法律程序的影响。各国普遍采取措施来提高解决纠纷的法律程序的效率，降低法律程序的成本。如证据保全、先予执行、判决与调解相结合等。

3．法对效率的促进作用

现代社会的法律，其内在的经济逻辑和宗旨是以有利于提高效率的方式分配资源，并以权利和义务的规定保障资源的优化配置和使用。

（六）法与正义

马克思主义认为，正义是有阶级性的。在阶级社会中，统治阶级和被统治阶级有着不同的正义观，其中统治阶级的正义观占据着主导地位。正义是具体的，它受到一定经济基础的制约，并最终决定于物质生活条件。此外，不同的文化背景、社会传统、风俗习惯也可能影响正义的内容。正义也是历史的产物，不存在永恒的正义。正义的内容不是一成不变的，而是随着历史的发展不断发展变化着的。并且不同的人所追求的正义也不相同。

法律正义是社会正义的一种，它是法律的道德，要解决的是法律的公正性和合理性的问题。法律正义作为法律的道德，是一定社会主体期望法律达到的一种理想状态和应有的意义，是社会主体追求的一种价值目标。法律正义通常分为分配正义、交换正义、程序正义等。

1．法律对于正义的作用

法律对于正义的作用表现在：（1）分配权利以确立正义；（2）惩罚罪恶以伸

张正义；（3）补偿损失以恢复正义。

2. 正义对于法律的意义

正义对于法律的意义体现在：（1）正义观念的进步能够引起法律的革新；（2）正义是衡量法律优劣的尺度和标准；（3）正义观念能够引导法律朝正义的方向发展。

二、法的历史类型

（一）法的历史类型的概念

法的历史类型是与社会形态相联系的概念，是依据法所赖以存在的经济基础及其体现的国家意志的性质的不同而对各种社会的法律制度所做的分类。按照划分法的历史类型的标准，法律发展史上曾先后产生过 4 种类型的法律制度，即奴隶制的、封建制的、资本主义的和社会主义的法律制度。在人类社会的文明史中，法的历史类型呈现出一个从低级到高级的更替趋势。从法的历史类型发生更替的根本原因上看，任何历史类型的法的出现或消失，都是社会基本矛盾运动的结果。从法的历史类型发生更替的方式上看，新历史类型的法取代旧类型的法都是在社会革命的过程中实现的。

（二）古代法律制度

1. 奴隶制法的基本特点

奴隶制的法律制度具有如下重要特征：否认奴隶劳动者的法律人格，公开确认对奴隶的人身占有；惩罚方式极其残酷，带有任意性；在自由民内部实行等级划分；明显带有原始习惯的某些残余。

2. 封建制法的基本特点

在不完全精确的意义上，可以概括出封建制法如下 4 个重要特征：肯定人身依附关系、封建等级森严、维护专制王权和刑罚严酷、野蛮独断。其中，第一、二个特征在西欧封建制法中比较典型，第三个特征在东方封建制法中比较典型，第四个特征是一切封建制法的共同特征，不过，其表现的形式也略有不同。

（三）近现代资本主义法律制度

1. 资本主义法的基本特点

资本主义法律制度的一个总体特征就是按资本主义市场经济和民主政治的本质要求，建立了资本主义的法治国家，这一特征集中体现在下述原则：（1）私有财产神圣不可侵犯原则；（2）契约自由原则；（3）法律面前人人平等原则。

2. 大陆法系与英美法系

大陆法系与英美法系都是资本主义经济关系的产物，其阶级本质是相同的，其法律的主要原则和内容也是相同的。但由于受不同历史条件的影响，在存在样式和运行方式上也各具特点，两者在法律渊源、法律结构、诉讼程序等方面存在着许多不同之处。

（四）当代中国社会主义法律制度

中国社会主义法律制度是在中国人民反对帝国主义、封建主义和官僚资本主义反动统治的革命斗争中孕育，在社会主义国家建立之后正式确立，并在社会主义建设的过程中发展起来的。从阶级属性的层面上看，当代中国法律制度最重要的本质规定性在于它是工人阶级及其领导下的广大人民意志的体现。从产生方式和存在方式的层面上看，当代中国法律制度最重要的本质规定性在于它是民主立法程序中形成并存在于各种法律渊源之中的国家意志。从生产方式的层面上看，当代中国社会主义法律制度最重要的本质规定性在于它的根本使命是为解放生产力和发展生产力服务，为最终消灭剥削，消除两极分化和实现共同富裕服务。

三、 违法行为、法律制裁与法律责任

（一）违法行为

违法行为是指违反现行法的规定从而侵犯了法所保护的某种社会关系的行为。要注意违法和犯罪两者的联系与区别。凡是犯罪的行为都是违法的行为，这是两者的重要联系；但并非凡是违法的行为都是犯罪的行为，这是它们的重要区别。犯罪是违法的最高阶段，违法是犯罪的必备条件。根据违法行为的具体性质和危害程度的不同，违法行为一般可以分为以下几种：

1. 刑事违法行为

刑事违法行为也称犯罪行为，是违法行为中社会危害性最严重的一种，是指侵犯刑法所维护的社会关系依法应受到刑罚惩处的行为。

2. 民事违法行为

民事违法行为是指违反民事法的规定，应追究民事责任的行为，包括不履行债的行为、侵权行为、不当得利行为等。

3. 行政违法行为

行政违法行为是指违反行政法规，危害社会的行为，包括国家行政机关及其工作人员在执行公务中的职务过错行为和行政管理相对人违反行政法规的行为。

4. 违宪行为

违宪行为是指社会组织、公民特别是国家机关及其工作人员违反宪法和宪法性文件、背离宪法原则的行为。

（二）法律制裁

法律制裁是由特定的国家机关对违法者依其所应承担的法的责任而实施的强制性处罚措施。根据违法行为的性质、情节的不同，法律制裁一般分为以下几类。

1．刑事制裁

刑事制裁是审判机关对违反刑法应追究刑事责任的犯罪分子实施刑罚。在中国，刑罚分为主刑与附加刑。主刑有管制、拘役、有期徒刑、无期徒刑、死刑。附加刑有罚金、剥夺政治权利、没收财产。附加刑也可以单独使用。对于犯罪的外国人，可以单独适用或附加适用驱逐出境的刑罚。

2．民事制裁

民事制裁就是法院通过民事审判活动，对违反民法应追究民事责任的当事人所给予的制裁。

3．行政制裁

行政制裁是指行政机关对违法应负行政责任者所给予的制裁。行政制裁可以分为行政处罚、行政处分等几种。

4．违宪制裁

违宪制裁是对违宪行为所实施的法律制裁。措施主要有：撤销同宪法相抵触的法律、行政法规、地方性法规、行政规章；罢免国家机关的领导成员。违宪制裁是具有最高政治权威的法律制裁。

（三）法律责任

法律责任是指因违反了法定义务或契约义务，或不当行使法律权利、权力所产生的，由行为人承担的不利后果。根据违法行为所违反的法律的性质，可以把法律责任分为民事责任、刑事责任、行政责任、经济法责任、违宪责任和国家赔偿责任。

（1）民事责任是指由于违反民事法律、违约或者由于民法规定所应承担的一种法律责任。

（2）刑事责任是指行为人因其犯罪行为所必须承受的，由司法机关代表国家所确定的否定性法律后果。

（3）行政责任是指因违反行政法规定或因行政法规定而应承担的法律责任。

（4）经济法责任是经济法主体因其违反经济法义务或者不当行使经济法权利的行为所应承担的法律上的不利后果。

（5）违宪责任是指由于有关国家机关制定的某种法律和法规、规章，或有关国家机关、社会组织或公民从事与宪法规定相抵触的活动而产生的法律责任。

（6）国家赔偿责任是指在国家机关行使公权力时由于国家机关及其工作人员违法行使职权所引起的由国家作为承担主体的赔偿责任。

第二节 经济法知识：知识产权法

【先修内容】

1．个人独资企业法

掌握个人独资企业的设立条件及其管理机制。

2．合伙企业法

掌握合伙企业的法律特征、合伙财产的性质、合伙企业与第三人的关系、入伙与退伙的法律后果。

3．公司法

掌握公司的特征、类别、设立条件与设立程序以及公司终止的原因以及法律后果。

4．合同法

掌握合同的特点、分类；掌握合同订立的程序；理解合同的生效要件以及合同的效力；掌握合同的担保规则以及合同的履行原则；掌握违约责任的承担方式。

通过本节的学习，能够明确著作权的内涵，进而能够依据著作权法的规定行使著作人身权和著作财产权；能够准确区分著作权的客体；能够正确判断不同作者的不同性质著作权保护期限的规定；能够正确掌握专利申请、授予的程序和获得专利的条件，并能完成专利的申请工作的相关资料；能够依法正确判断商标注册的条件，并能够依法定程序完成商标注册的申请工作。从理论基础要求来看，要了解著作权的概念，理解作品构成的条件和范围，掌握著作权的内容，尤其是要区分著作人身权和著作财产权；掌握有关著作权取得的原则和保护期限的规定；了解专利的概念、特征和种类，掌握专利权的主体的类别与专利权的归属；掌握专利权取得的条件、程序和内容；了解专利侵权行为的表现形式及其法律责任；了解商标的概念、特征和种类，掌握商标权取得的条件、程序和内容；掌握商标侵权行为的表现形式及认定驰名商标应考虑的因素。

【引导案例】

某医药公司员工王某、张某与日本人加藤合著一本有关内科的医学著作，由中国某出版社用中文出版，合署三人的姓名。后来，王某和张某将该书翻译成英文，由出版社转让给德国某出版社在德国出版。王某和张某在将该翻译成英文的书稿交给国内该出版社时，在书稿上未署日本作者加藤的姓名。出版社由于疏忽也未提出异议。该书英文版在德国出版后被日本作者加藤发现，遂找到德国出版社，德国出版社称此书稿系中国某出版社转让，署名中没有加藤的名字。加藤遂告王某、张某及中国某出版社侵犯其著作权。法院受理此案后，经审理认为，上述三被告的行为已经构成侵权，最后双方经调解结案。

点评：著作权法知识在我们的工作和生活中使用非常广泛，从一张照片、一款软件，到一枚商标……只有严格遵守著作权法的规定，才能够尊重别人的权益，才能利用著作权制度来保护自身的利益。

知识产权亦称智力成果权，是指公民、法人对自己的创造性的智力活动成果依法享有包括人身权利和财产权利在内的民事权利。一般说来，知识产权包括著作权、专利权、商标权、发明权、发现权以及其他科技成果权等。

一、著作权法

（一）著作权及与其相邻近的权利

著作权是指作者对自己的文学、艺术和科学创作作品依法享有的人身权和财产权的民事权利。作者的创作作品，即智力创作成果，包括文学、艺术和自然科学、社会科学、工程技术等作品。

与著作权相邻近的权利是指出版者、表演者、音像制作人及电台、电视节目的播放单位对使用和传播他人的作品享有的权利。

（二）著作权的内容

1．人身权

人身权是作者对自己的智力创作作品所享有的以人身利益为内容的权利。作者人身权是与作品的作者人身不可分离、不得转让和不可剥夺的专属权。著作人身权包括：

（1）发表权，即决定作品是否公之于众的权利。

（2）署名权，即表明作者身份，在作品上署名的权利。

（3）修改权，即修改或者授权他人修改作品的权利。

（4）保护作品完整权，即保护作品不受歪曲、篡改的权利。

2．财产权

著作财产权是作者对其作品的自行使用和被他人使用而享有的以物质利益为内容的权利。著作财产权的内容具体包括：

（1）复制权，即以印刷、复印、拓印、录音、录像、翻录、翻拍等方式将作品制作一份或者多份的权利。

（2）发行权，即以出售或者赠与方式向公众提供作品的原件或者复制件的权利。

（3）出租权，即有偿许可他人临时使用电影作品和以类似摄制电影的方法创作的作品、计算机软件的权利，计算机软件不是出租的主要标的的除外。

（4）展览权，即公开陈列美术作品、摄影作品的原件或者复制件的权利。

（5）表演权，即公开表演作品，以及用各种手段公开播送作品的表演的权利。

（6）放映权，即通过放映机、幻灯机等技术设备公开再现美术、摄影、电影和以类似摄制电影的方法创作的作品等的权利。

（7）广播权，即以无线方式公开广播或者传播作品，以有线传播或者转播的方式向公众传播广播的作品，以及通过扩音器或者其他传送符号、声音、图像的类似工具向公众传播广播的作品的权利。

（8）信息网络传播权，即以有线或者无线方式向公众提供作品，使公众可以在其个人选定的时间和地点获得作品的权利。

（9）摄制权，即以摄制电影或者以类似摄制电影的方法将作品固定在载体上的权利。

（10）改编权，即改变作品，创作出具有独创性的新作品的权利。

（11）翻译权，即将作品从一种语言文字转换成另一种语言文字的权利。

（12）汇编权，即将作品或者作品的片段通过选择或者编排，汇集成新作品的权利。

（三）著作权的主体和客体

1．著作权的主体

著作权的主体是依法享有著作权的人。依照我国法律的规定，我国著作权的主体包括公民、法人、外国人和无国籍人。国家也可成为著作权主体。著作权主体的分类，因其标准不同而有所区别。中国公民、法人或者其他组织的作品，不论是否发表，依照本法享有著作权。根据合同或继承、遗赠等方式取得著作权的人，只能享有著作财产权而不享有著作人身权。利用法人或非法人单位的物质技术条件创作，并由法人或非法人单位承担责任的，作者享有署名权，著作权的其他权利归法人或非法人单位享有。委托作品的著作权的归属由受委托创作作品的作者与委托人通过合同约定。合同未作明确约定或者未订立合同的，著作权归受托人享有。

2．著作权的客体

著作权的客体是指作者的创作活动取得具有一定形式的成果。著作权的客体，必须具备法律规定的条件：①作品必须具有独创性。所谓独创性，就是指新的或者有新的因素、新的成分。②作品必须能以某种物质形式复制。就是说，作品必须有某种客观的表现形式，并能为人们所感知。

根据我国著作权法的规定，著作权的客体包括：①文字作品；②口述作品；③音乐、戏剧、曲艺、舞蹈、杂技艺术作品；④美术、建筑作品；⑤摄影作品；⑥电影作品和以类似摄制电影的方法创作的作品；⑦工程设计图、产品设计图、地图、示意图等图形作品和模型作品；⑧计算机软件。

同时，我国著作权法也规定，下列作品不属于著作权的客体：①法律、法规，国家机关的决议、决定、命令和其他具有立法、行政、司法性质的文件及其官方正式译文；②时事新闻；③历法、通用数表、通用表格和公式。

（四）著作权取得和保护期限

1．著作权取得

著作权法规定，作者对其作品著作权自作品创作完成时即取得，并非作品发表的时间。

2．著作权保护的期限

著作人身权中除对作者的署名权、修改权、保护作品完整权的保护期不受限制外，对公民的作品，属于人身权的发表权和属于财产权的使用权及获得报酬权的保护期规定为作者终生及其死亡后50年，截止于作者死亡后第五十年的12月31日；如果是合作作品，截止于最后死亡的作者死亡后第五十年的12月31日。法人或非法人单位的作品及其享有著作权（署名权除外）的职务作品，其发表权、使用权和获得报酬权的保护期以及电影、电视、录像和摄影作品的保护期，均为50年。但上述作品自创作完成后50年内未发表的，则不予保护。

（五）著作权的限制

著作权属于绝对权，只有著作权人本人可依法对自己的作品行使发表、使用、修改等权利，任何人未经著作权人同意，擅自发表、利用、篡改著作人作品的行为，就是侵犯著作权的行为，应承担法律责任。但在下列情况下使用作品，可以不经著作权人许可，不向其支付报酬，但应当指明作者姓名、作品名称，并且不得侵犯著作权人依法享有的其他权利：

（1）为个人学习、研究或者欣赏，使用他人已经发表的作品。

（2）为介绍、评论某一作品或者说明某一问题，在作品中适当引用他人已经发表的作品。

（3）为报道时事新闻，在报纸、期刊、广播电台、电视台等媒体中不可避免地再现或者引用已经发表的作品。

（4）报纸、期刊、广播电台、电视台等媒体刊登或者播放其他报纸、期刊、广播电台、电视台等媒体已经发表的关于政治、经济、宗教问题的时事性文章，但作者声明不许刊登、播放的除外。

（5）报纸、期刊、广播电台、电视台等媒体刊登或者播放在公众集会上发表的讲话，但作者声明不许刊登、播放的除外。

（6）为学校课堂教学或者科学研究，翻译或者少量复制已经发表的作品，供教学或者科研人员使用，但不得出版发行。

（7）国家机关为执行公务在合理范围内使用已经发表的作品。

（8）图书馆、档案馆、纪念馆、博物馆、美术馆等为陈列或者保存版本的需要，复制本馆收藏的作品。

（9）免费表演已经发表的作品，该表演未向公众收取费用，也未向表演者支付报酬。

（10）对设置或者陈列在室外公共场所的艺术作品进行临摹、绘画、摄影、录像。

（11）将中国公民、法人或者其他组织已经发表的以汉语言文字创作的作品翻译成少数民族语言文字作品在国内出版发行。

（12）将已经发表的作品改成盲文出版等。

（六）著作权许可使用和转让合同

1．著作权许可使用合同

除法律规定可以不经许可的以外，使用他人作品应当同著作权人订立许可使用合同。许可使用合同包括下列主要内容：

（1）许可使用的权利种类。

（2）许可使用的权利是专有使用权或者非专有使用权。

（3）许可使用的地域范围、期间。

（4）付酬标准和办法。

（5）违约责任。

（6）双方认为需要约定的其他内容。

2．著作权转让合同

权利转让合同包括下列主要内容：

（1）作品的名称。

（2）转让的权利种类、地域范围。

（3）转让价金。

（4）交付转让价金的日期和方式。

（5）违约责任。

（6）双方认为需要约定的其他内容。

许可使用合同和转让合同中著作权人未明确许可、转让的权利，未经著作权人同意，另一方当事人不得行使。使用作品的付酬标准可以由当事人约定，也可以按照国务院著作权行政管理部门会同有关部门制定的付酬标准支付报酬。当事人约定不明确的，按照国务院著作权行政管理部门会同有关部门制定的付酬标准支付报酬。

出版者、表演者、录音录像制作者、广播电台、电视台等依照本法有关规定使用他人作品的，不得侵犯作者的署名权、修改权、保护作品完整权和获得报酬的权利。

二、专利法

（一）专利权

专利权是指专利权人对其发明、实用新型和外观设计依法享有的专有权，即独占权。专利权的基本特征取决于客体专利的排他性和垄断性。专利权人对发明创造依法享有专利权，即在法定期限内独占制造、使用、销售其专利产品和使用其专利方法的权利。

（二）专利权的主体和客体

1．专利权的主体

专利权的主体是专利权人，也就是有权申请并取得专利权，享有专利法规定的权利和担负义务的人，包括专利权的所有人和持有人。

执行本单位的任务或者主要是利用本单位的物质技术条件所完成的发明创造为职务发明创造。职务发明创造申请专利的权利属于该单位；申请被批准后，该单位为专利权人。非职务发明创造，申请专利的权利属于发明人或者设计人；申请被批准后，该发明人或者设计人为专利权人。利用本单位的物质技术条件所完成的发明创造，单位与发明人或者设计人订有合同，对申请专利的权利和专利权的归属作出约定的，从其约定。

两个以上单位或者个人合作完成的发明创造、一个单位或者个人接受其他单位或者个人委托所完成的发明创造，除另有协议的以外，申请专利的权利属于完成或者共同完成的单位或者个人；申请被批准后，申请的单位或者个人为专利权人。

2．专利权的客体

专利权的客体，是指符合专利条件的发明、实用新型和外观设计。发明是指对产品、方法或者其改进所提出的新的技术方案，包括产品发明和方法发明。实用新型是指对产品的形状、构造或者其结合所提出的适于实用的新的技术方案。外观设计是指对产品的形状、图案、色彩或者其结合所作出的富有美感并适于工业上应用的新设计。

同时，根据专利法规定，下列对象不授予专利权：科学发现；智力活动的规则和方法；疾病的诊断和治疗方法；动物和植物品种；用原子核变换方法得到的物质。此外，对于违反国家法律、社会公德或者妨害公共利益的发明创造，也不授予专利权。

（三）授予专利权的条件

授予专利权的发明和实用新型，应当具备新颖性、创造性和实用性。

1．新颖性

新颖性是指在申请日以前没有同样的发明或者实用新型在国内外出版物上公开

发表过、在国内公开使用过或者以其他方式为公众所知，也没有同样的发明或者实用新型由他人向国务院专利行政部门提出过申请并且记载在申请日以后公布的专利申请文件中。申请专利的发明创造在申请日以前 6 个月内，有下列情形之一的，不丧失新颖性：

（1）在中国政府主办或者承认的国际展览会上首次展出的。

（2）在规定的学术会议或者技术会议上首次发表的。

（3）他人未经申请人同意而泄露其内容的。

2．创造性

创造性是指同申请日以前已有的技术相比，该发明有突出的实质性特点和显著的进步，该实用新型有实质性特点和进步。

3．实用性

实用性是指该发明或者实用新型能够制造或者使用，并且能够产生积极效果。授予专利权的外观设计，应当同申请日以前在国内外出版物上公开发表过或者国内公开使用过的外观设计不相同和不相近似，并不得与他人在先取得的合法权利相冲突。

（四）专利的申请、审查和批准

1．专利的申请

（1）申请专利应提交的文件。申请发明或者实用新型专利的，应当提交请求书、说明书及其摘要和权利要求书等文件。请求书应当写明发明或者实用新型的名称，发明人或者设计人的姓名，申请人姓名或者名称、地址，以及其他事项。说明书应当对发明或者实用新型作出清楚、完整的说明，以所属技术领域的技术人员能够实现为准；必要的时候，应当有附图。摘要应当简要说明发明或者实用新型的技术要点。权利要求书应当以说明书为依据，说明要求专利保护的范围。

申请外观设计专利的，应当提交请求书以及该外观设计的图片或者照片等文件，并且应当写明使用该外观设计的产品及其所属的类别。

（2）专利申请日期。国务院专利行政部门收到专利申请文件之日为申请日。如果申请文件是邮寄的，以寄出的邮戳日为申请日。

（3）专利申请的优先权。申请人自发明或者实用新型在外国第一次提出专利申请之日起 12 个月内，或者自外观设计在外国第一次提出专利申请之日起 6 个月内，又在中国就相同主题提出专利申请的，依照该外国同中国签订的协议或者共同参加的国际条约，或者依照相互承认优先权的原则，可以享有优先权。申请人自发明或者实用新型在中国第一次提出专利申请之日起 12 个月内，又向国务院专利行政部门就相同主题提出专利申请的，可以享有优先权。

申请人要求优先权的，应当在申请的时候提出书面声明，并且在 3 个月内提交第一次提出的专利申请文件的副本；未提出书面声明或者逾期未提交专利申请文件副本的，视为未要求优先权。

2．专利的审查与批准

（1）专利的审查。国务院专利行政部门收到发明专利申请后，经初步审查认为符合本法要求的，自申请日起满18个月，即行公布。国务院专利行政部门可以根据申请人的请求早日公布其申请。发明专利申请自申请日起3年内，国务院专利行政部门可以根据申请人随时提出的请求，对其申请进行实质审查；申请人无正当理由逾期不请求实质审查的，该申请即被视为撤回。国务院专利行政部门认为必要的时候，可以自行对发明专利申请进行实质审查。发明专利的申请人请求实质审查的时候，应当提交在申请日前与其发明有关的参考资料。发明专利已经在外国提出过申请的，国务院专利行政部门可以要求申请人在指定期限内提交该国为审查其申请进行检索的资料或者审查结果的资料；无正当理由逾期不提交的，该申请即被视为撤回。

国务院专利行政部门对发明专利申请进行实质审查后，认为不符合本法规定的，应当通知申请人，要求其在指定的期限内陈述意见，或者对其申请进行修改；无正当理由逾期不答复的，该申请即被视为撤回。发明专利申请经申请人陈述意见或者进行修改后，国务院专利行政部门仍然认为不符合本法规定的，应当予以驳回。

（2）专利的批准。发明专利申请经实质审查没有发现驳回理由的，由国务院专利行政部门作出授予发明专利权的决定，发给发明专利证书，同时予以登记和公告。发明专利权自公告之日起生效。

实用新型和外观设计专利申请经初步审查没有发现驳回理由的，由国务院专利行政部门作出授予实用新型专利权或者外观设计专利权的决定，发给相应的专利证书，同时予以登记和公告。实用新型专利权和外观设计专利权自公告之日起生效。

国务院专利行政部门设立专利复审委员会。专利申请人对国务院专利行政部门驳回申请的决定不服的，可以自收到通知之日起3个月内，向专利复审委员会请求复审。专利复审委员会复审后作出决定，并通知专利申请人。专利申请人对专利复审委员会的复审决定不服的，可以自收到通知之日起3个月内向人民法院起诉。

（五）专利权的期限、终止和无效

1．专利权的期限

发明专利权的期限为20年，实用新型专利权和外观设计专利权的期限为10年，均自申请日起计算。

2．专利权的终止

专利权的终止就是专利权的消灭。按照我国专利法规定，专利权的终止有两种情况：一是自然终止，即因专利权的期限届满而终止。二是一定法定事由使专利权在期满前终止。有下列情形之一的，专利权在期限届满前终止：没有按照规定缴纳年费的；专利权人以书面声明放弃其专利权的。专利权在期限届满前终止的，由国务院专利行政部门登记和公告。

3．专利权的无效

自国务院专利行政部门公告授予专利权之日起，任何单位或者个人认为该专利权的授予不符合本法有关规定的，可以请求专利复审委员会宣告该专利权无效。专利复审委员会对宣告专利权无效的请求应当及时审查和作出决定，并通知请求人和专利权人。宣告专利权无效的决定，由国务院专利行政部门登记和公告。

对专利复审委员会宣告专利权无效或者维持专利权的决定不服的，可以自收到通知之日起3个月内向人民法院起诉。人民法院应当通知无效宣告请求程序的对方当事人作为第三人参加诉讼。宣告无效的专利权视为自始即不存在。

宣告专利权无效的决定，对在宣告专利权无效前人民法院作出并已执行的专利侵权的判决、裁定，已经履行或者强制执行的专利侵权纠纷处理决定，以及已经履行的专利实施许可合同和专利权转让合同，不具有追溯力。但是因专利权人的恶意给他人造成的损失，应当给予赔偿。专利权人或者专利权转让人不向被许可实施专利人或者专利权受让人返还专利使用费或者专利权转让费，明显违反公平原则，专利权人或者专利权转让人应当向被许可实施专利人或者专利权受让人返还全部或者部分专利使用费或者专利权转让费。

（六）专利权人的权利和义务

1．专利权人的权利

在专利权的有效期限内，专利权人对其所获得的专利有制造、销售专利产品、使用专利方法、订立实施许可合同和获得报酬的权利。

2．专利权人的义务

专利权人有义务实施其专利，并应当自被授予专利权的当年开始缴纳年费。

（七）专利权的保护

1．专利权的保护范围

我国专利法规定，对于发明与实用新型的专利的保护范围以权利要求书内容为依据，而权利要求书应当以说明书附图为依据。对于外观设计专利权的保护范围以外观设计图片或者照片上的专利产品为准。

2．侵犯专利权的行为

侵犯专利权的行为是指在专利权的有效期间未经专利权人同意而实施其专利的行为。就专利产品而言，侵权是指未经专利权人许可，为生产经营目的而仿制或制造、使用、销售或进口该专利产品的行为。就专利方法而言，侵权是指未经专利权人的许可，而使用了该专利方法以及使用、销售或者进口依照其专利方法直接获得的产品的行为。此外，假冒他人专利产品以及对未经专利权人许可，在其非专利产品或包装上标明专利号或标记的行为，冒充专利方法的行为，都是侵权行为。

3．不属于侵犯专利权的行为

根据专利法的规定，有下列情形之一的，不视为侵犯专利权：

（1）专利权人制造、进口或者经专利权人许可而制造、进口的专利产品或者依照专利方法直接获得的产品售出后，使用、许诺销售或者销售该产品的。

（2）在专利申请日前已经制造相同产品、使用相同方法或者已经做好制造、使用的必要准备，并且仅在原有范围内继续制造、使用的。

（3）临时通过中国领陆、领水、领空的外国运输工具，依照其所属国同中国签订的协议或者共同参加的国际条约，或者依照互惠原则，为运输工具自身需要而在其装置和设备中使用有关专利的。

（4）专为科学研究和实验而使用有关专利的。为生产经营目的使用或者销售不知道是未经专利权人许可而制造并售出的专利产品或者依照专利方法直接获得的产品，能证明其产品合法来源的，不承担赔偿责任。

三、商标法

（一）商标和商标权

1．商标及其类别

商标是用来区别一个经营者的商品或服务和其他经营者的商品或服务的标记。商标权是商标所有人依法对自己注册的商标享有的专用权。根据我国商标法规定，经商标局核准注册的商标为注册商标，包括商品商标、服务商标和集体商标、证明商标；商标注册人享有商标专用权，受法律保护。

集体商标，是指以团体、协会或者其他组织名义注册，供该组织成员在商事活动中使用，以表明使用者在该组织中的成员资格的标志。

证明商标，是指由对某种商品或者服务具有监督能力的组织所控制，而由该组织以外的单位或者个人使用于其商品或者服务，用以证明该商品或者服务的原产地、原料、制造方法、质量或者其他特定品质的标志。

2．商标权的特征

商标权的特征包括：

（1）专有性。商标权的专有性则表现为不仅禁止他人就同种类商品使用已经注册的商标，而且也禁止他人在同种类商品上使用与已经注册的商标相似或相近的商标。

（2）时间性。由于各国的商标权制度不同，商标权的有效期限也不同。多数国家的商标权具有时间性，注册商标期限届满，还可续展。

（3）地域性。商标权具有地域性特点，即在一国核准的商标，其商标的专用权只限于授予此项权利的国家领域内发生效力，而在其他国家则不发生效力。但这不排除在一定条件下适用有关的国际公约或国家间的协定，在别的国家取得商标专用权的保护。

（二）商标权的主体

依照《中华人民共和国商标法》（以下简称《商标法》）的规定，自然人、法人或者其他组织在生产经营活动中，对其商品或者服务需要取得商标专用权的，应当向商标局申请商标注册。两个以上的自然人、法人或者其他组织可以共同向商标局申请注册同一商标，共同享有和行使该商标专用权。

一个注册商标只能有一个商标权。对就同一商标两个以上申请人申请注册的，商标专有权只能授予一个申请人。在转让注册商标时，转让人和受让人应当共同向商标局提出申请，而且受让人应当保证其使用注册商标的商品质量，经核准后，正式公告，受让人才能取得商标专有权的主体资格。

法律、行政法规规定必须使用注册商标的商品，必须申请商标注册，未经核准注册的，不得在市场销售。

申请注册和使用商标，应当遵循诚实信用原则。商标使用人应当对其使用商标的商品质量负责。各级工商行政管理部门应当通过商标管理，制止欺骗消费者的行为。

（三）商标权的客体

《商标法》规定，任何能够将自然人、法人或者其他组织的商品与他人的商品区别开的标志，包括文字、图形、字母、数字、三维标志、颜色组合和声音等，以及上述要素的组合，均可以作为商标申请注册。我国商标法规定不得使用的文字、图形不得用作商标注册。商标使用人应当对其使用商标的商品质量负责。

1. 不得作为商标使用的标志

我国《商标法》第 10 条规定，下列标志不得作为商标使用：

（1）同中华人民共和国的国家名称、国旗、国徽、国歌、军旗、军徽、军歌、勋章等相同或者近似的，以及同中央国家机关的名称、标志、所在地特定地点的名称或者标志性建筑物的名称、图形相同的。

（2）同外国的国家名称、国旗、国徽、军旗等相同或者近似的，但经该国政府同意的除外。

（3）同政府间国际组织的名称、旗帜、徽记等相同或者近似的，但经该组织同意或者不易误导公众的除外。

（4）与表明实施控制、予以保证的官方标志、检验印记相同或者近似的，但经授权的除外。

（5）同"红十字""红新月"（以及"红水晶"）的名称、标志相同或者近似的。

（6）带有民族歧视性的。

（7）带有欺骗性，容易使公众对商品的质量等特点或者产地产生误认的。

（8）有害于社会主义道德风尚或者有其他不良影响的。

县级以上行政区划的地名或者公众知晓的外国地名，不得作为商标。但是，地名具有其他含义或者作为集体商标、证明商标组成部分的除外；已经注册的使用地名的商标继续有效。

2．不得作为商标注册的标志

我国《商标法》第 11 条规定，下列标志不得作为商标注册：

（1）仅有本商品的通用名称、图形、型号的。

（2）仅直接表示商品的质量、主要原料、功能、用途、重量、数量及其他特点的。

（3）其他缺乏显著特征的。

但是，上述所列标志经过使用取得显著特征，并便于识别的，可以作为商标注册。

3．认定驰名商标应当考虑的因素

为相关公众所熟知的商标，持有人认为其权利受到侵害时，可以依照本法规定请求驰名商标保护。我国《商标法》第 14 条规定，驰名商标应当根据当事人的请求，作为处理涉及商标案件需要认定的事实进行认定。认定驰名商标应当考虑下列因素：

（1）相关公众对该商标的知晓程度。

（2）该商标使用的持续时间。

（3）该商标的任何宣传工作的持续时间、程度和地理范围。

（4）该商标作为驰名商标受保护的记录。

（5）该商标驰名的其他因素。

在商标注册审查、工商行政管理部门查处商标违法案件过程中，当事人依法主张权利的，商标局根据审查、处理案件的需要，可以对商标驰名情况作出认定。在商标争议处理过程中，当事人主张权利的，商标评审委员会根据处理案件的需要，可以对商标驰名情况作出认定。在商标民事、行政案件审理过程中，当事人依法主张权利的，最高人民法院指定的人民法院根据审理案件的需要，可以对商标驰名情况作出认定。

生产、经营者不得将"驰名商标"字样用于商品、商品包装或者容器上，或者用于广告宣传、展览以及其他商业活动中。

商标法规定，商标中有商品的地理标志，而该商品并非来源于该标志所标示的地区，误导公众的，不予注册并禁止使用；但是，已经善意取得注册的继续有效。所谓地理标志，是指标示某商品来源于某地区，该商品的特定质量、信誉或者其他特征，主要由该地区的自然因素或者人文因素所决定的标志。

（四）商标权的取得和期限

1．商标权的取得

商标权的取得包括原始取得和继受取得。原始取得采取两种方式：一是注册商标取得商标权，为大陆法系各国所采用；二是使用商标取得商标权，商标专用权根据使用商标的事实而发生，采取此种方式主要是英美法系国家。

（1）商标权取得的原则。商标专用权的取得必须进行商标注册，"经商标局核定注册的商标为注册商标，商标注册人享有商标专用权，受法律保护"。未经注册的商标，虽然可以使用（必须在不侵害他人注册商标的前提下），但不受法律保护，也不能取得商标专用权。如果两人以上同时就同种类商品申请相同或近似商标的，申请在先的商标可取得商标专用权。同一天申请的，使用在先的商标取得商标专用权。

（2）注册取得商标权的条件和程序。能够取得商标权的商标标识必须符合法律规定的要求。它必须由文字、图形或文字与图形的组合构成，并应具有显著的特征，以便于识别。商标注册的程序是：

①申请。商标注册的申请人，商标注册申请人应当按规定的商品分类表填报使用商标的商品类别和商品名称，提出注册申请。商标注册申请人可以通过一份申请就多个类别的商品申请注册同一商标。商标注册申请等有关文件，可以以书面方式或者数据电文方式提出。注册商标需要在核定使用范围之外的商品上取得商标专用权的，应当另行提出注册申请。商标法规定，申请商标注册不得损害他人现有的在先权利，也不得以不正当手段抢先注册他人已经使用并有一定影响的商标。

商标注册申请人自其商标在外国第一次提出商标注册申请之日起6个月内，又在中国就相同商品以同一商标提出商标注册申请的，依照该外国同中国签订的协议或者共同参加的国际条约，或者按照相互承认优先权的原则，可以享有优先权。要求优先权的，应当在提出商标注册申请的时候提出书面声明，并且在3个月内提交第一次提出的商标注册申请文件的副本；未提出书面声明或者逾期未提交商标注册申请文件副本的，视为未要求优先权。

商标在中国政府主办的或者承认的国际展览会展出的商品上首次使用的，自该商品展出之日起6个月内，该商标的注册申请人可以享有优先权。要求优先权的，应当在提出商标注册申请的时候提出书面声明，并且在3个月内提交展出其商品的展览会名称、在展出商品上使用该商标的证据、展出日期等证明文件；未提出书面声明或者逾期未提交证明文件的，视为未要求优先权。

②审查、公告。对申请注册的商标，商标局应当自收到商标注册申请文件之日起9个月内审查完毕，符合本法有关规定的，予以初步审定公告。在审查过程中，商标局认为商标注册申请内容需要说明或者修正的，可以要求申请人作出说明或者修正。申请人未作出说明或者修正的，不影响商标局作出审查决定。不符合规定或者同他人在同一种商品或者类似商品上已经注册的或者初步审定的商标相同或者近

似的，由商标局驳回申请，不予公告。两个或者两个以上的商标注册申请人，在同一种商品或者类似商品上，以相同或者近似的商标申请注册的，初步审定并公告申请在先的商标；同一天申请的，初步审定并公告使用在先的商标，驳回其他人的申请，不予公告。

对驳回申请、不予公告的商标，商标局应当书面通知商标注册申请人。商标注册申请人不服的，可以自收到通知之日起 15 日内向商标评审委员会申请复审，商标评审委员会应当自收到申请之日起 9 个月内作出决定，并书面通知申请人。有特殊情况需要延长的，经国务院工商行政管理部门批准，可以延长 3 个月。当事人对商标评审委员会的决定不服的，可以自收到通知之日起 30 日内向人民法院起诉。

③核准注册。对初步审定公告的商标，自公告之日起 3 个月内，在先权利人、利害关系人或者任何人认为违反商标法规定的，可以向商标局提出异议。公告期满无异议或异议不能成立的，予以核准注册，发给商标注册证，并予公告。

对初步审定公告的商标提出异议的，商标局应当听取异议人和被异议人陈述事实和理由，经调查核实后，自公告期满之日起 12 个月内作出是否准予注册的决定，并书面通知异议人和被异议人。有特殊情况需要延长的，经国务院工商行政管理部门批准，可以延长 6 个月。商标局作出准予注册决定的，发给商标注册证，并予公告。异议人不服的，可以依法向商标评审委员会请求宣告该注册商标无效。

商标局作出不予注册决定，被异议人不服的，可以自收到通知之日起 15 日内向商标评审委员会申请复审。商标评审委员会应当自收到申请之日起 12 个月内作出复审决定，并书面通知异议人和被异议人。有特殊情况需要延长的，经国务院工商行政管理部门批准，可以延长 6 个月。被异议人对商标评审委员会的决定不服的，可以自收到通知之日起 30 日内向人民法院起诉。人民法院应当通知异议人作为第三人参加诉讼。

商标评审委员会在依照前款规定进行复审的过程中，所涉及的在先权利的确定必须以人民法院正在审理或者行政机关正在处理的另一案件的结果为依据的，可以中止审查。中止原因消除后，应当恢复审查程序。

2. 商标权的期限和续展

我国商标权的期限是注册商标专用权的有效期限。注册商标的有效期为 10 年，自核准注册之日算起。期限届满，可以续展。注册商标的续展，应在期满前 12 个月内申请，在此期间未能提出申请的，可给予 6 个月的宽展期。宽展期满仍未申请续展的，注销其注册商标。每次续展的有效期为 10 年，续展注册经核准后，予以公告。

（五）商标权人的主要权利和义务

1. 商标权人的主要权利

商标权人的主要权利，即商标专用权的主要内容。根据我国商标法的规定，它包括对商标的使用、转让、许可等项权利。

转让注册商标的,转让人和受让人应当签订转让协议,并共同向商标局提出申请。受让人应当保证使用该注册商标的商品质量。转让注册商标的,商标注册人对其在同一种商品上注册的近似的商标,或者在类似商品上注册的相同或者近似的商标,应当一并转让。对容易导致混淆或者有其他不良影响的转让,商标局不予核准,书面通知申请人并说明理由。转让注册商标经核准后,予以公告。受让人自公告之日起享有商标专用权。

2. 商标权人的义务

商标权人必须依法行使注册商标专用权,不得自行改变注册人名义、地址或其他注册事项;不得自行转让注册商标。商标的使用人应对其使用商标的商品质量负责。不得粗制滥造,以次充好,欺骗消费者。注册商标需要变更注册人的名义、地址或者其他注册事项的,应当提出变更申请。商标权人有义务缴纳因取得和使用注册商标所规定的各项费用。

(六)注册商标专用权的保护

1. 侵犯注册商标专用权行为

注册商标的专用权,以核准注册的商标和核定使用的商品为限。有下列行为之一的,均属侵犯注册商标专用权:

(1)未经商标注册人的许可,在同一种商品上使用与其注册商标相同的商标的。

(2)未经商标注册人的许可,在同一种商品上使用与其注册商标近似的商标,或者在类似商品上使用与其注册商标相同或者近似的商标,容易导致混淆的。

(3)销售侵犯注册商标专用权的商品的。

(4)伪造、擅自制造他人注册商标标识或者销售伪造、擅自制造的注册商标标识的。

(5)未经商标注册人同意,更换其注册商标并将该更换商标的商品又投入市场的。

(6)故意为侵犯他人商标专用权行为提供便利条件,帮助他人实施侵犯商标专用权行为的。

(7)给他人的注册商标专用权造成其他损害的。

2. 注册商标专用权争议的解决

侵犯注册商标专用权引起纠纷的,由当事人协商解决;不愿协商或者协商不成的,商标注册人或者利害关系人可以向人民法院起诉,也可以请求工商行政管理部门处理。工商行政管理部门处理时,认定侵权行为成立的,责令立即停止侵权行为,没收、销毁侵权商品和专门用于制造侵权商品、伪造注册商标标识的工具,并可处以罚款。当事人对处理决定不服的,可以自收到处理通知之日起15日内依照《中华人民共和国行政诉讼法》向人民法院起诉；侵权人期满不起诉又不履行的，工商行政管理部门可以申请人民法院强制执行。进行处理的工商行政管理部门根据当事人的请求，可以就侵犯商标专用权的赔偿数额进行调解；调解不成的，当事人可以依照《中华人民共和国民事诉讼法》向人民法院起诉。

对侵犯注册商标专用权的行为，工商行政管理部门有权依法查处；涉嫌犯罪的，应当及时移送司法机关依法处理。

3．侵犯注册商标专用权的损害赔偿

侵犯商标专用权的赔偿数额，按照权利人因被侵权所受到的实际损失确定；实际损失难以确定的，可以按照侵权人因侵权所获得的利益确定；权利人的损失或者侵权人获得的利益难以确定的，参照该商标许可使用费的倍数合理确定。对恶意侵犯商标专用权，情节严重的，可以在按照上述方法确定数额的 1 倍以上 3 倍以下确定赔偿数额。赔偿数额应当包括权利人为制止侵权行为所支付的合理开支。

人民法院为确定赔偿数额，在权利人已经尽力举证，而与侵权行为相关的账簿、资料主要由侵权人掌握的情况下，可以责令侵权人提供与侵权行为相关的账簿、资料；侵权人不提供或者提供虚假的账簿、资料的，人民法院可以参考权利人的主张和提供的证据判定赔偿数额。

权利人因被侵权所受到的实际损失、侵权人因侵权所获得的利益、注册商标许可使用费难以确定的，由人民法院根据侵权行为的情节判决给予 300 万元以下的赔偿。

注册商标专用权人请求赔偿，被控侵权人以注册商标专用权人未使用注册商标提出抗辩的，人民法院可以要求注册商标专用权人提供此前 3 年内实际使用该注册商标的证据。注册商标专用权人不能证明此前 3 年内实际使用过该注册商标，也不能证明因侵权行为受到其他损失的，被控侵权人不承担赔偿责任。销售不知道是侵犯注册商标专用权的商品，能证明该商品是自己合法取得并说明提供者的，不承担赔偿责任。

4．对侵犯注册商标专用权行为的保全措施

商标注册人或者利害关系人有证据证明他人正在实施或者即将实施侵犯其注册商标专用权的行为，如不及时制止，将会使其合法权益受到难以弥补的损害的，可以在起诉前向人民法院申请采取责令停止有关行为和财产保全的措施。

为制止侵权行为，在证据可能灭失或者以后难以取得的情况下，商标注册人或者利害关系人可以在起诉前向人民法院申请保全证据。人民法院接受申请后，必须在 48 小时内作出裁定；裁定采取保全措施的，应当立即开始执行。人民法院可以责令申请人提供担保，申请人不提供担保的，驳回申请。申请人在人民法院采取保全措施后 15 日内不起诉的，人民法院应当解除保全措施。

第三节 行政法知识：行政强制法

【先修内容】

1. 行政法

行政法是指行政主体在行使行政职权和接受行政法制监督过程中而与行政相对人、行政法制监督主体之间发生的各种关系，以及行政主体内部发生的各种关系的法律规范的总称。它由规范行政主体和行政权设定的行政组织法、规范行政权行使的行政行为法、规范行政权运行程序的行政程序法、规范行政权监督的行政监督法和行政救济法等部分组成。其重心是控制和规范行政权，保护行政相对人的合法权益。理解行政法的基本概念、特征和原则，以及行政法在我国法律体系中的地位。

2. 行政许可

行政许可是指在法律一般禁止的情况下，行政主体根据行政相对人的申请，经依法审查，通过颁发许可证、执照等形式，赋予或确认行政相对人从事某种活动的法律资格或法律权利的一种具体行政行为。掌握行政许可的性质、设定规则、许可的程序、许可的监督检查。

3. 行政处罚

行政处罚是指具有行政处罚权的行政主体为维护公共利益和社会秩序，保护公民、法人或其他组织的合法权益，依法对行政相对人违反行政法律法规而尚未构成犯罪的行政行为所实施的法律制裁。掌握行政处罚的特征、种类与形式、处罚的原则、处罚适用的规则。

通过本节的学习，能够清晰地厘清行政强制的两个基本类别，即行政强制措施和行政强制执行；能够正确判断行政强制措施和行政强制执行的类别和形式；能够准确把握行政强制措施的一般程序以及查封、扣押、冻结的特殊程序；能够深入识别行政机关强制执行的一般程序和代履行等特殊程序；能够正确处理申请人民法院强制执行的程序和行政机关强制执行的关系。从理论基础要求来看，应当了解行政强制措施和行政强制执行的基本概念，掌握两类行政强制的具体类型和形式；掌握行政强制措施的一般程序，理解查封、扣押、冻结等的特殊程序；掌握行政机关强制执行的一般规定，理解代履行、金钱给付义务的履行等特殊程序；掌握行政机关申请人民法院强制执行的步骤和程序；了解行政强制的法律责任。

【引导案例】

上海市××贸易有限公司分别从山东省潍坊市寒亭区央子镇第一盐场、安徽省定远县盐矿调入工业盐302吨，于2001年5月16日到达上海铁路局金山卫西站。上海市盐务管理局（以下简称盐务局）认定××贸易有限公司在不具备经营工业盐资格的情况下，擅自从外省市调入工业盐至本市，违反了《上海市盐业管理若干规定》的有关规定，遂于2001年5月21日对××贸易有限公司作出盐业违法物品扣押强制措施。××贸易有限公司不服，向上海市商业委员会提起行政复议。上海市商业委员会于2001年8月21日作出行政复议决定，维持盐务局的扣押行为。××贸易有限公司起诉至上海市静安区人民法院。上海市静安区人民法院第一审公开审理后，判决维持盐务局于2001年5月21日作出的（沪）盐政（2001）第9号盐业违法物品扣押强制措施。××贸易有限公司不服第一审判决，上诉至上海市第二中级人民法院。上海市第二中级人民法院第二审审理认为，盐务局作出强制措施的具体行政行为不合法，遂判决撤销第一审判决，即撤销盐务局于2001年5月21日作出的（沪）盐政（2001）第9号盐业违法物品扣押强制措施。

点评： 行政强制措施作为行政执法手段中最为严厉的一种，涉及对行政相对人的人身和财产的自由限制，因而其适用有严格的限制。执行行政强制措施时要特别注意执行主体是否适当、是否存在合法的执行依据以及是否存在采取强制措施的必要性。

一、行政强制法概述

（一）行政强制的概念

行政强制是指行政主体为了保障行政管理的顺利进行，通过依法采取强制手段迫使不履行义务的相对人履行义务或达到与履行义务相同的状态；或者出于维护社会秩序或保护相对人个人人身和财产安全的需要，乃至为了获得行政上信息的需要，而对相对人的人身或财产采取紧急性、及时性或临时性强制措施的具体行政行为的总称。《中华人民共和国行政强制法》（以下简称《行政强制法》）中所称的行政强制，包括行政强制措施和行政强制执行两个基本类别。

1. 行政强制措施

行政强制措施是指行政机关在行政管理过程中，为制止违法行为、防止证据损毁、避免危害发生、控制危险扩大等情形，依法对公民的人身自由实施暂时性限制，或者对公民、法人或者其他组织的财物实施暂时性控制的行为。

2. 行政强制执行

行政强制执行是指行政机关或者行政机关申请人民法院，对不履行行政决定的公民、法人或者其他组织，依法强制履行义务的行为。

（二）行政强制的原则

1．合法的原则

《行政强制法》第 4 条规定，行政强制的设定和实施，应当依照法定的权限、范围、条件和程序。行政机关及其工作人员不得利用行政强制权为单位或者个人谋取利益。

2．合理的原则

《行政强制法》第 5 条规定，行政强制的设定和实施，应当适当。采用非强制手段可以达到行政管理目的的，不得设定和实施行政强制。

3．教育与强制相结合的原则

《行政强制法》第 6 条规定，实施行政强制，应当坚持教育与强制相结合。

4．保护相对人合法权益的原则

公民、法人或者其他组织对行政机关实施行政强制，享有陈述权、申辩权；有权依法申请行政复议或者提起行政诉讼；因行政机关违法实施行政强制受到损害的，有权依法要求赔偿。公民、法人或者其他组织因人民法院在强制执行中有违法行为或者扩大强制执行范围受到损害的，有权依法要求赔偿。

二、行政强制的种类和设定

（一）行政强制的种类

1．行政强制措施的种类

行政强制措施的种类包括：（1）限制公民人身自由；（2）查封场所、设施或者财物；（3）扣押财物；（4）冻结存款、汇款；（5）其他行政强制措施。

2．行政强制执行的方式

行政强制执行的方式包括：（1）加处罚款或者滞纳金；（2）划拨存款、汇款；（3）拍卖或者依法处理查封、扣押的场所、设施或者财物；（4）排除妨碍、恢复原状；（5）代履行；（6）其他强制执行方式。

（二）行政强制的设定

1．行政强制措施的设定

我国《行政强制法》第 10 条规定，行政强制措施由法律设定。尚未制定法律，且属于国务院行政管理职权事项的，行政法规可以设定除限制公民人身自由、冻结存款和汇款以及应当由法律规定的行政强制措施以外的其他行政强制措施。尚未制定法律、行政法规，且属于地方性事务的，地方性法规可以设定查封场所和设施、查封财物、扣押财物的行政强制措施。法律、法规以外的其他规范性文件不得设定行政强制措施。

法律对行政强制措施的对象、条件、种类作了规定的，行政法规、地方性法规不得作出扩大规定。法律中未设定行政强制措施的，行政法规、地方性法规不得设定行政强制措施。但是，法律规定特定事项由行政法规规定具体管理措施的，行政法规可以设定除限制公民人身自由、冻结存款和汇款和应当由法律规定的行政强制措施以外的其他行政强制措施。

2．行政强制执行的设定

我国《行政强制法》第13条规定，行政强制执行由法律设定。法律没有规定行政机关强制执行的，作出行政决定的行政机关应当申请人民法院强制执行。

起草法律草案、法规草案，拟设定行政强制的，起草单位应当采取听证会、论证会等形式听取意见，并向制定机关说明设定该行政强制的必要性、可能产生的影响以及听取和采纳意见的情况。行政强制的设定机关应当定期对其设定的行政强制进行评价，并对不适当的行政强制及时予以修改或者废止。行政强制的实施机关可以对已设定的行政强制的实施情况及存在的必要性适时进行评价，并将意见报告该行政强制的设定机关。公民、法人或者其他组织可以向行政强制的设定机关和实施机关就行政强制的设定和实施提出意见和建议。有关机关应当认真研究论证，并以适当方式予以反馈。

三、行政强制措施实施程序

（一）行政强制措施实施程序的一般规定

1. 行政强制措施实施的主体

行政机关履行行政管理职责，依照法律、法规的规定，实施行政强制措施。违法行为情节显著轻微或者没有明显社会危害的，可以不采取行政强制措施。行政强制措施由法律、法规规定的行政机关在法定职权范围内实施。行政强制措施权不得委托。依据《中华人民共和国行政处罚法》的规定行使相对集中行政处罚权的行政机关，可以实施法律、法规规定的与行政处罚权有关的行政强制措施。行政强制措施应当由行政机关具备资格的行政执法人员实施，其他人员不得实施。

2. 行政强制措施实施的一般程序

我国《行政强制法》第18条规定，行政机关实施行政强制措施应当遵守下列程序：（1）实施前须向行政机关负责人报告并经批准；（2）由两名以上行政执法人员实施；（3）出示执法身份证件；（4）通知当事人到场；（5）当场告知当事人采取行政强制措施的理由、依据以及当事人依法享有的权利、救济途径；（6）听取当事人的陈述和申辩；（7）制作现场笔录；（8）现场笔录由当事人和行政执法人员签名或者盖章，当事人拒绝的，在笔录中予以注明；（9）当事人不到场的，邀请见证人到场，由见证人和行政执法人员在现场笔录上签名或者盖章；（10）法律、法规规定的其他程序。情况紧急需要当场实施行政强制措施的，行政执法人员应当在 24 小时内向行政机关负责人报告，并补办批准手续。行政机关负责人认为不应当采取行政强制措施的，应当立即解除。

3. 实施限制人身自由的行政强制措施的程序

行政主体依照法律规定实施限制公民人身自由的行政强制措施，除应当履行上述的一般程序之外，还应当遵守下列规定：（1）当场告知或者实施行政强制措施后立即通知当事人家属实施行政强制措施的行政机关、地点和期限；（2）在紧急情况下当场实施行政强制措施的，在返回行政机关后，立即向行政机关负责人报告并补办批准手续；（3）法律规定的其他程序。实施限制人身自由的行政强制措施不得超过法定期限。实施行政强制措施的目的已经达到或者条件已经消失，应当立即解除。

此外，如果违法行为涉嫌犯罪应当移送司法机关的，行政机关应当将查封、扣押、冻结的财物一并移送，并书面告知当事人。

（二）查封、扣押的程序

1. 查封、扣押的要求

根据我国《行政强制法》的规定，查封、扣押应当由法律、法规规定的行政机关实施，其他任何行政机关或者组织不得实施。查封、扣押限于涉案的场所、设施或者财物，不得查封、扣押与违法行为无关的场所、设施或者财物；不得查封、扣押公民个人及其所扶养家属的生活必需品。当事人的场所、设施或者财物已被其他国家机关依法查封的，不得重复查封。

2. 查封、扣押的实施

行政机关决定实施查封、扣押的，应当遵守《行政强制法》第 18 条规定的一般程序，制作并当场交付查封、扣押决定书和清单。查封、扣押清单一式二份，由当事人和行政机关分别保存。查封、扣押决定书应当载明下列事项：（1）当事人的姓名或者名称、地址；（2）查封、扣押的理由、依据和期限；（3）查封、扣押场所、设施或者财物的名称、数量等；（4）申请行政复议或者提起行政诉讼的途径和期限；（5）行政机关的名称、印章和日期。

3. 查封、扣押的期限

《行政强制法》第 25 条规定，查封、扣押的期限不得超过 30 日；情况复杂的，经行政机关负责人批准，可以延长，但是延长期限不得超过 30 日，但法律、行政法规另有规定的除外。延长查封、扣押的决定应当及时书面告知当事人，并说明理由。对物品需要进行检测、检验、检疫或者技术鉴定的，查封、扣押的期间不包括检测、检验、检疫或者技术鉴定的期间。检测、检验、检疫或者技术鉴定的期间应当明确，并书面告知当事人。检测、检验、检疫或者技术鉴定的费用由行政机关承担。

4．查封、扣押标的的保管

对查封、扣押的场所、设施或者财物，行政机关应当妥善保管，不得使用或者损毁；造成损失的，应当承担赔偿责任。对查封的场所、设施或者财物，行政机关可以委托第三人保管，第三人不得损毁或者擅自转移、处置。因第三人的原因造成的损失，行政机关先行赔付后，有权向第三人追偿。因查封、扣押发生的保管费用由行政机关承担。

5．查封、扣押的解除

行政机关采取查封、扣押措施后，应当及时查清事实，并在法定的期限内作出处理决定。对违法事实清楚，依法应当没收的非法财物予以没收；法律、行政法规规定应当销毁的，依法销毁；应当解除查封、扣押的，作出解除查封、扣押的决定。我国《行政强制法》第28条规定，有下列情形之一的，行政机关应当及时作出解除查封、扣押决定：（1）当事人没有违法行为；（2）查封、扣押的场所、设施或者财物与违法行为无关；（3）行政机关对违法行为已经作出处理决定，不再需要查封、扣押；（4）查封、扣押期限已经届满；（5）其他不再需要采取查封、扣押措施的情形。解除查封、扣押应当立即退还财物；已将鲜活物品或者其他不易保管的财物拍卖或者变卖的，退还拍卖或者变卖所得款项。变卖价格明显低于市场价格，给当事人造成损失的，应当给予补偿。

（三）冻结的程序

1．冻结的实施

《行政强制法》第29条规定，冻结存款、汇款应当由法律规定的行政机关实施，不得委托给其他行政机关或者组织；其他任何行政机关或者组织不得冻结存款、汇款。冻结存款、汇款的数额应当与违法行为涉及的金额相当；已被其他国家机关依法冻结的，不得重复冻结。

行政机关依照法律规定决定实施冻结存款、汇款的，在实施前须向行政机关负责人报告并经批准，并由两名以上行政执法人员实施。在实施冻结过程中，要出示执法身份证件，制作现场笔录，并向金融机构交付冻结通知书。金融机构接到行政机关依法作出的冻结通知书后，应当立即予以冻结，不得拖延，不得在冻结前向当事人泄露信息。法律规定以外的行政机关或者组织要求冻结当事人存、汇款的，金融机构应当拒绝。

行政机关依照法律规定冻结存款、汇款的，作出决定的行政机关应当在3日内向当事人交付冻结决定书。冻结决定书应当载明下列事项：（1）当事人的姓名或者名称、地址；（2）冻结的理由、依据和期限；（3）冻结的账号和数额；（4）申请行政复议或者提起行政诉讼的途径和期限；（5）行政机关的名称、印章和日期。

2．冻结的期限

《行政强制法》第 32 条规定，自冻结存款、汇款之日起 30 日内，行政机关应当作出处理决定或者作出解除冻结决定；情况复杂的，经行政机关负责人批准，可以延长，但是延长期限不得超过 30 日，但是法律另有规定的除外。延长冻结的决定应当及时书面告知当事人，并说明理由。

3．冻结的解除

《行政强制法》第 33 条规定，有下列情形之一的，行政机关应当及时作出解除冻结决定：（1）当事人没有违法行为；（2）冻结的存款、汇款与违法行为无关；（3）行政机关对违法行为已经作出处理决定，不再需要冻结；（4）冻结期限已经届满；（5）其他不再需要采取冻结措施的情形。行政机关作出解除冻结决定的，应当及时通知金融机构和当事人。金融机构接到通知后，应当立即解除冻结。行政机关逾期未作出处理决定或者解除冻结决定的，金融机构应当自冻结期满之日起解除冻结。

四、行政机关强制执行程序

（一）行政机关强制执行程序的一般规定

1．行政机关强制执行程序的前提

《行政强制法》第 34 条规定，行政机关依法作出行政决定后，当事人在行政机关决定的期限内不履行义务的，具有行政强制执行权的行政机关有权依法实施强制执行。

2．行政强制执行前的催告

行政机关作出强制执行决定前，应当事先催告当事人履行义务。催告应当以书面形式作出，并载明下列事项：（1）履行义务的期限；（2）履行义务的方式；（3）涉及金钱给付的，应当有明确的金额和给付方式；（4）当事人依法享有的陈述权和申辩权。当事人收到催告书后有权进行陈述和申辩。行政机关应当充分听取当事人的意见，对当事人提出的事实、理由和证据，应当进行记录、复核。当事人提出的事实、理由或者证据成立的，行政机关应当采纳。

经催告当事人逾期仍不履行行政决定，且无正当理由的，行政机关可以作出强制执行决定。强制执行决定应当以书面形式作出，并载明下列事项：（1）当事人的姓名或者名称、地址；（2）强制执行的理由和依据；（3）强制执行的方式和时间；（4）申请行政复议或者提起行政诉讼的途径和期限；（5）行政机关的名称、印章和日期。在催告期间，对有证据证明有转移或者隐匿财物迹象的，行政机关可以作出立即强制执行决定。催告书、行政强制执行决定书应当直接送达当事人。当事人拒绝接收或者无法直接送达当事人的，应当依照《民事诉讼法》的有关规定送达。

3．行政强制执行的中止

《行政强制法》第 39 条规定，有下列情形之一的，中止行政强制执行：（1）当事人履行行政决定确有困难或者暂无履行能力的；（2）第三人对执行标的主张权利，确有理由的；（3）执行可能造成难以弥补的损失，且中止执行不损害公共利益的；（4）行政机关认为需要中止执行的其他情形。中止执行的情形消失后，行政机关应当恢复执行。对没有明显社会危害，当事人确无能力履行，中止执行满 3 年未恢复执行的，行政机关不再执行。在执行中，据以执行的行政决定被撤销、变更，或者执行错误的，应当恢复原状或者退还财物；不能恢复原状或者退还财物的，依法给予赔偿。

4．行政强制执行的终结

《行政强制法》第 40 条规定，有下列情形之一的，终结行政强制执行：（1）公民死亡，无遗产可供执行，又无义务承受人的；（2）法人或者其他组织终止，无财产可供执行，又无义务承受人的；（3）执行标的灭失的；（4）据以执行的行政决定被撤销的；（5）行政机关认为需要终结执行的其他情形。在执行完毕后，据以执行的行政决定被撤销、变更，或者执行错误的，应当恢复原状或者退还财物；不能恢复原状或者退还财物的，依法给予赔偿。

5．执行协议

《行政强制法》第 42 条规定，实施行政强制执行，行政机关可以在不损害公共利益和他人合法权益的情况下，与当事人达成执行协议。执行协议可以约定分阶段履行；当事人采取补救措施的，可以减免加处的罚款或者滞纳金。执行协议应当履行，当事人不履行执行协议的，行政机关应当恢复强制执行。

6.行政机关强制执行的特殊要求

《行政强制法》第 43 条规定，行政机关不得在夜间或者法定节假日实施行政强制执行，但是情况紧急的除外。行政机关不得对居民生活采取停止供水、供电、供热、供燃气等方式迫使当事人履行相关行政决定。《行政强制法》第 44 条还规定，对违法的建筑物、构筑物、设施等需要强制拆除的，应当由行政机关予以公告，限期当事人自行拆除。当事人在法定期限内不申请行政复议或者提起行政诉讼，又不拆除的，行政机关可以依法强制拆除。

（二）金钱给付义务的执行

行政机关依法作出金钱给付义务的行政决定，当事人逾期不履行的，行政机关可以依法加处罚款或者滞纳金。加处罚款或者滞纳金的标准应当告知当事人。加处罚款或者滞纳金的数额不得超出金钱给付义务的数额。行政机关依法实施加处罚款或者滞纳金超过 30 日，经催告当事人仍不履行的，具有行政强制执行权的行政机关可以强制执行。没有行政强制执行权的行政机关应当申请人民法院强制执行。但是，当事人在法定期限内不申请行政复议或者提起行政诉讼，经催告仍不履行的，在实施行政管理过程中已经采取查封、扣押措施的行政机关，可以将查封、扣押的财物依法拍卖抵缴罚款。

划拨存款、汇款应当由法律规定的行政机关决定，并书面通知金融机构。金融机构接到行政机关依法作出划拨存款、汇款的决定后，应当立即划拨。法律规定以外的行政机关或者组织要求划拨当事人存款、汇款的，金融机构应当拒绝。划拨的存款、汇款以及拍卖和依法处理所得的款项应当上缴国库或者划入财政专户。任何行政机关或者个人不得以任何形式截留、私分或者变相私分。

（三）代履行

1. 代履行的条件

行政机关依法作出要求当事人履行排除妨碍、恢复原状等义务的行政决定，当事人逾期不履行，经催告仍不履行，其后果已经或者将危害交通安全、造成环境污染或者破坏自然资源的，行政机关可以代履行，或者委托没有利害关系的第三人代履行。代履行不得采用暴力、胁迫以及其他非法方式。

2. 代履行的程序

《行政强制法》第 51 条规定，代履行应当遵守下列规定：（1）代履行前送达决定书，代履行决定书应当载明当事人的姓名或者名称、地址，代履行的理由和依据、方式和时间、标的、费用预算以及代履行人；（2）代履行 3 日前，催告当事人履行，当事人履行的，停止代履行；（3）代履行时，作出决定的行政机关应当派员到场监督；（4）代履行完毕，行政机关到场监督的工作人员、代履行人和当事人或者见证人应当在执行文书上签名或者盖章。而《行政强制法》第 52 条又规定，需要立即清除道路、河道、航道或者公共场所的遗洒物、障碍物或者污染物，当事人不能清除的，行政机关可以决定立即实施代履行；当事人不在场的，行政机关应当在事后立即通知当事人，并依法作出处理。

3. 代履行的费用

代履行的费用按照成本合理确定，由当事人承担。但是，法律另有规定的除外。

五、申请人民法院强制执行

1. 申请期限

《行政强制法》第 53 条规定，当事人在法定期限内不申请行政复议或者提起行政诉讼，又不履行行政决定的，没有行政强制执行权的行政机关可以自期限届满之日起 3 个月内，依法申请人民法院强制执行。

2．申请前的催告

行政机关申请人民法院强制执行前，应当催告当事人履行义务。催告书送达 10 日后当事人仍未履行义务的，行政机关可以向所在地有管辖权的人民法院申请强制执行；执行对象是不动产的，向不动产所在地有管辖权的人民法院申请强制执行。

3．申请材料

行政机关向人民法院申请强制执行，应当提供下列材料：（1）强制执行申请书；（2）行政决定书及作出决定的事实、理由和依据；（3）当事人的意见及行政机关催告情况；（4）申请强制执行标的情况；（5）法律、行政法规规定的其他材料。强制执行申请书应当由行政机关负责人签名，加盖行政机关的印章，并注明日期。

4．申请的受理

《行政强制法》第 56 条规定，人民法院接到行政机关强制执行的申请，应当在 5 日内受理。行政机关对人民法院不予受理的裁定有异议的，可以在 15 日内向上一级人民法院申请复议，上一级人民法院应当自收到复议申请之日起 15 日内作出是否受理的裁定。

5．裁定

人民法院对行政机关强制执行的申请进行书面审查，申请材料齐全且行政机关的行政决定具备法定执行效力的，人民法院应当自受理之日起 7 日内作出执行裁定。人民法院发现有下列情形之一的，在作出裁定前可以听取被执行人和行政机关的意见：（1）明显缺乏事实根据的；（2）明显缺乏法律、法规依据的；（3）其他明显违法并损害被执行人合法权益的。

人民法院应当自受理之日起 30 日内作出是否执行的裁定。裁定不予执行的，应当说明理由，并在 5 日内将不予执行的裁定送达行政机关。行政机关对人民法院不予执行的裁定有异议的，可以自收到裁定之日起 15 日内向上一级人民法院申请复议，上一级人民法院应当自收到复议申请之日起 30 日内作出是否执行的裁定。

6．申请立即执行

《行政强制法》第 59 条规定，因情况紧急，为保障公共安全，行政机关可以申请人民法院立即执行。经人民法院院长批准，人民法院应当自作出执行裁定之日起 5 日内执行。

7．强制执行的费用

《行政强制法》第 60 条规定，行政机关申请人民法院强制执行，不缴纳申请费。强制执行的费用由被执行人承担。人民法院以划拨、拍卖方式强制执行的，可以在划拨、拍卖后将强制执行的费用扣除。

六、行政强制的法律责任

（一）行政机关及其工作人员的法律责任

《行政强制法》第61条规定，行政机关实施行政强制，有下列情形之一的，由上级行政机关或者有关部门责令改正，对直接负责的主管人员和其他直接责任人员依法给予处分：（1）没有法律、法规依据的；（2）改变行政强制对象、条件、方式的；（3）违反法定程序实施行政强制的；（4）违反规定在夜间或者法定节假日实施行政强制执行的；（5）对居民生活采取停止供水、供电、供热、供燃气等方式迫使当事人履行相关行政决定的；（6）有其他违法实施行政强制情形的。

《行政强制法》第62条规定，行政机关有下列情形之一的，由上级行政机关或者有关部门责令改正，对直接负责的主管人员和其他直接责任人员依法给予处分：（1）扩大查封、扣押、冻结范围的；（2）使用或者损毁查封、扣押场所、设施或者财物的；（3）在查封、扣押法定期间不作出处理决定或者未依法及时解除查封、扣押的；（4）在冻结存款、汇款法定期间不作出处理决定或者未依法及时解除冻结的。

行政机关将查封、扣押的财物或者划拨的存款、汇款以及拍卖和依法处理所得的款项，截留、私分或者变相私分的，由财政部门或者有关部门予以追缴；对直接负责的主管人员和其他直接责任人员依法给予记大过、降级、撤职或者开除的处分。行政机关工作人员利用职务上的便利，将查封、扣押的场所、设施或者财物据为己有的，由上级行政机关或者有关部门责令改正，依法给予记大过、降级、撤职或者开除的处分。行政机关及其工作人员利用行政强制权为单位或者个人谋取利益的，由上级行政机关或者有关部门责令改正，对直接负责的主管人员和其他直接责任人员依法给予处分。

行政机关及其工作人员违反《行政强制法》的规定，给公民、法人或者其他组织造成损失的，依法给予赔偿；构成犯罪的，依法追究刑事责任。

（二）金融机构的法律责任

《行政强制法》第65条规定，金融机构有下列行为之一的，由金融业监督管理机构责令改正，对直接负责的主管人员和其他直接责任人员依法给予处分：（1）在冻结前向当事人泄露信息的；（2）对应当立即冻结、划拨的存款、汇款不冻结或者不划拨，致使存款、汇款转移的；（3）将不应当冻结、划拨的存款、汇款予以冻结或者划拨的；（4）未及时解除冻结存款、汇款的。

金融机构将款项划入国库或者财政专户以外的其他账户的，由金融业监督管理机构责令改正，并处以违法划拨款项2倍的罚款；对直接负责的主管人员和其他直接责任人员依法给予处分。行政机关、人民法院指令金融机构将款项划入国库或者财政专户以外的其他账户的，对直接负责的主管人员和其他直接责任人员依法给予处分。

（三）人民法院及其工作人员的法律责任

《行政强制法》第 67 条规定，人民法院及其工作人员在强制执行中有违法行为或者扩大强制执行范围的，对直接负责的主管人员和其他直接责任人员依法给予处分。给公民、法人或者其他组织造成损失的，依法给予赔偿；构成犯罪的，依法追究刑事责任。

思考与练习

（1）什么是法的价值？怎样理解法与自由的关系？

（2）正义在法的价值中具有怎样的特殊意义？

（3）资本主义法的特点包括哪些？

（4）法律责任的类别有哪些？

（5）著作权包括哪些内容？我国著作权法关于著作权的保护期限是怎样规定的？

（6）什么是作品？哪些作品是我国著作权法保护的对象？

（7）简述专利的保护对象。

（8）论述授予发明专利的实质条件。

（9）简述专利权的内容和专利法有关专利权保护期限的规定。

（10）简述商标权取得的原则和程序。

（11）商标权的内容包括哪些？

（12）认定驰名商标应当考虑哪些因素？

（13）什么是行政强制措施？它有哪些具体的形式？

（14）什么是行政强制执行？它有哪些具体的类型？

（15）我国行政强制法对行政强制措施的设定是怎样规定的？

（16）行政强制措施实施的一般程序是什么？

（17）行政强制执行中止包括哪些情形？

（18）代履行的程序是什么？

（19）简述行政机关申请人民法院强制执行的程序。

下 编　工作要求

第一章 会议管理

第一节 会前筹备

【技能目标】

通过本节的学习，学生应能够拟订各种会议的筹备方案，能够督查会务的筹备情况，能够审核会议文件，能够与上司沟通会议的细节与重点，能够拟订会议的应急方案。

【知识目标】

通过本节的学习，学生应能够掌握会议整体方案和筹备方案的内容，了解电话会议及视频会议的要求，了解会务机构的分工及人员选择方法，掌握督查会务筹备的内容与要求，掌握会议文件审核和与上司沟通的内容与要求，掌握会议应急方案的内容与要求。

【先修内容】

1. 会议的通用礼仪

（1）会议文书礼仪。会议的请柬、邀请函、通知等文书在格式、称谓、语言上都应遵守相关礼仪要求。

（2）迎送礼仪。凡是一些大型或中型会议，对会议参加者要认真做好迎送工作。无论参会的是领导、嘉宾还是一般的参会人员，都应热情接待和周到服务。一般应在会前组成一个会务组，专门处理有关问题。（参见接待部分内容）

（3）参会礼仪。会议的组织方要尽量使会议开得紧凑高效，尊重与会者的时间。参会者要遵守会议纪律和时间，不交头接耳，不迟到早退，发言不超过规定时间。

（4）服务礼仪。在会议的签到、引领、食宿接待服务中要遵守礼仪的一般要求，注意服务忌语，使用礼貌用语。

2．主持人的礼仪

各种会议的主持人一般由具有一定职位的人来担任，其礼仪表现对会议能否成功有着重要的影响。

主持人应衣着整洁，庄重大方，精神饱满，切忌不修边幅，邋里邋遢。入席后如果是站立主持，应双腿并拢，腰背挺直。坐姿主持时，应身体挺直，双臂前伸。两手轻按于桌沿，主持过程中切忌出现搔头、揉眼、抖腿等不雅动作。主持人言谈应口齿清晰，思维敏捷，简明扼要。主持人应根据会议性质调节会议气氛，或庄重，或幽默；或沉稳，或活泼。主持人对会场上的熟人不能打招呼，更不能寒暄闲谈，会议开始前，或会议休息中可点头、微笑致意。

3．会议发言者礼仪

会议发言有正式发言和自由发言两种，前者一般是领导作报告，后者一般是讨论发言。

正式发言者应衣冠整齐，走上主席台应步态自然、刚劲有力，体现一种成竹在胸、自信自强的风度与气质。发言时应口齿清晰，讲究逻辑，简明扼要。如果是书面发言，要时常抬头扫视一下会场，不能低头读稿，旁若无人。发言完毕，应对听众的倾听表示谢意。

自由发言则较随意，但应注意，发言应讲究顺序和秩序，不能争抢发言；发言应简短，观点应明确；与他人意见有分歧时应以理服人，态度平和，听从主持人的指挥，不能只顾自己。如果有会议参加者对发言人提问，应礼貌作答，对不能回答的问题，应机智而礼貌地说明理由，对提问人的批评和意见应认真听取，即使提问者的批评是错误的，也不应失态。

4．会议参加者礼仪

会议参加者应衣着整洁，仪表大方，准时入场，进出有序，依会议安排落座。开会时应认真听讲，不要私下小声说话或交头接耳。发言人发言结束时，应鼓掌致意，中途退场应轻手轻脚，不影响他人。

5．会场整体布局的类型

（1）较大型会场的座次安排。会场座位布局摆放可以有多种形式或形状，较大型的会场，一般安排在礼堂、会堂、体育场馆，其形式或形状基本固定。还可采取大小方形和半圆形，如图1-1（a）、图1-1（b）、图1-1（c）所示，所谓大小方形是指适合于大型的代表会议、纪念性会议、布置工作会议等。小方形中就座的是领导，大方形中就座的是与会者。

（2）中小型会议的座次安排。一些中小型的办公会、专题会、研讨会一般在会议室、会议厅或临时设置的会客室进行，可摆放成方拱形、半月形、椭圆形、圆形、回字形、T字形、马蹄形和长方形等，如图1-1（d）～图1-1（l）所示。这些形式可使人员坐得比较紧凑，便于讨论和发言。

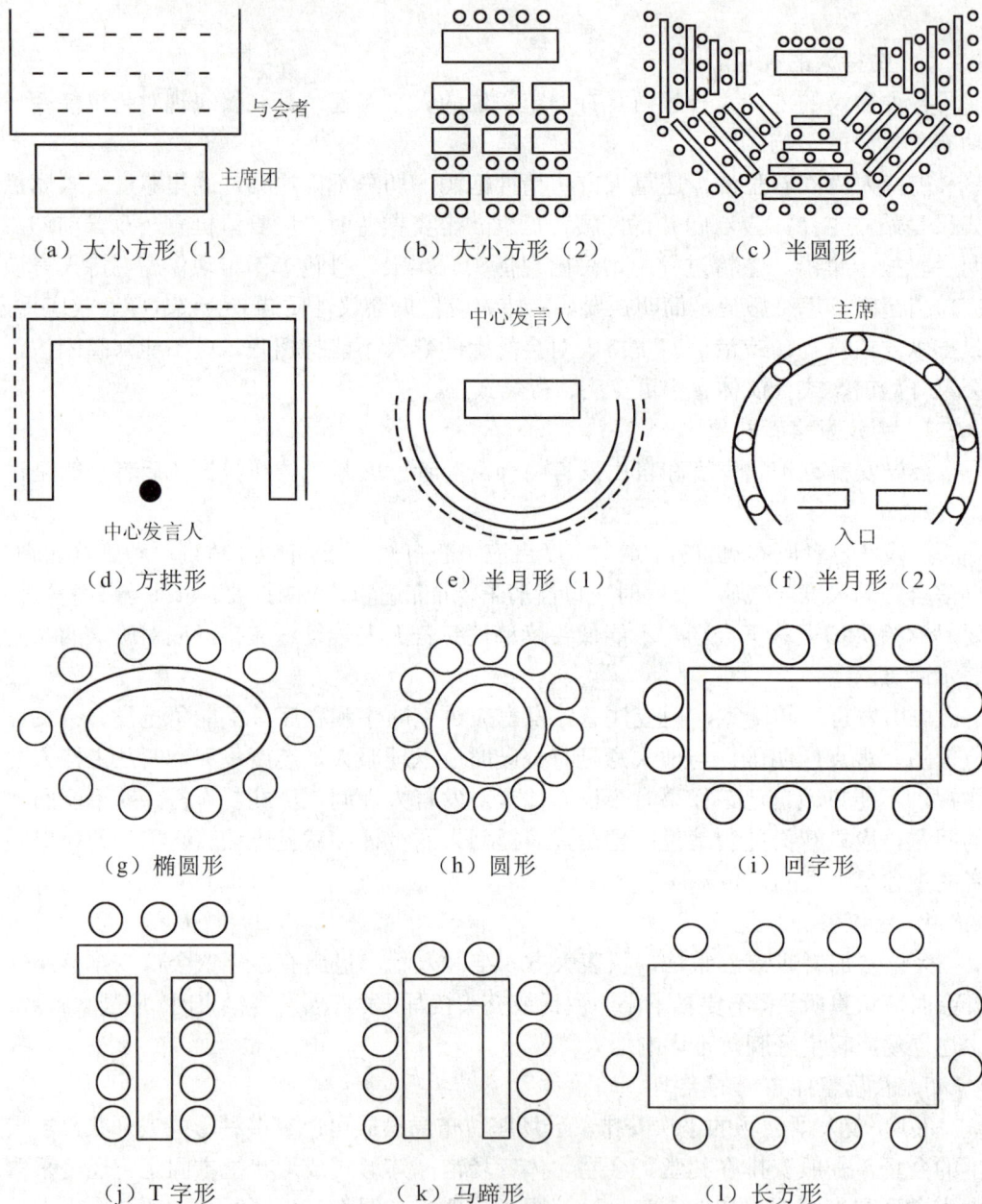

（a）大小方形（1）　　（b）大小方形（2）　　（c）半圆形

（d）方拱形　　　（e）半月形（1）　　（f）半月形（2）

（g）椭圆形　　　（h）圆形　　　（i）回字形

（j）T 字形　　　（k）马蹄形　　　（l）长方形

图 1-1　各类型会场的座次安排

6. 场内座位的区划

（1）会场座位区划的意义。一些中大型会议参加的人员多，会场的区域过大，致使参会人员不易迅速找到座位，常常影响会议按时召开，降低了会议的效率。有些会议，参会人员在会议中的角色不尽相同，例如表彰、发奖大会，一些代表是表彰对象，在会议中要上台领奖，为了有序和方便起见，一般都会事先划分有关的区域，以便统一就座或有序地进、退场。

（2）场内座次区划的主要方法

①根据会场的整体布局，划分出 ABCD 等大区域。

②按照场内座位排号分区，各个单位各占几排；或正式代表坐前面，列席代表坐后面。

③为会议中受表彰、领奖的人员标出专门的区域。

7. 主席台的座次和场内座次安排

（1）安排主席台的座次。会议主席台就座者都是主办方的负责人、贵宾或主席团成员，安排座位时应注意以下惯例：

1）依职务的高低和选举的结果安排座次。职务最高者居中，然后按先左后右、由前至后的顺序依次排列。正式代表在前居中，列席代表在后居侧。

2）为工作便利起见，会议主持人有时需在前排的边座就座，有时可按职务顺序就座。

3）主席台座次的编排应编制成表，先报主管上司审核，然后贴于贵宾室、休息室或主席台入口处的墙上，也可在出席证、签到证等证件上标明。

4）在主席台的桌上，于每个座位的左侧放置姓名台签。

（2）安排场内其他人员的座次

1）小型会场内座位的安排。小型会议室的座位，应考虑与会者就座的习惯，同时要突出主持人、发言人。要注意分清上下座，一般离会场的入口处远、离会议主席位置近的座位为上座；反之，为下座。会议的主持人或会议主席的位置应置于远离入口处、正对门的位置。

2）中大型会场内座位的安排。代表会议、工作会议、报告会议等类型的会议需要安排场内其他人员的座次，常见的安排方法有 3 种：

①横排法。是按照参加会议人员的名单以及姓氏笔画或单位名称笔画为序，从左至右横向依次排列座次的方法。选择这种方法时，应注意先排出会议的正式代表或成员，后排出列席代表或成员。

②竖排法。是按照各代表团或各单位成员的既定次序或姓氏笔画从前至后纵向依次排列座次的方法。选择这种方法也应注意将正式代表或成员排在前面，职务高者排在前面，列席成员、职务低者排在后面。

③左后排列法。是按照参加会议人员姓氏笔画或单位名称笔画为序，以会场主席台中心为基点，向左右两边交错扩展排列座位的方法。选择这种方法时应注意人数。如果一个代表团或一个单位的成员人数是双数，那么排在第一、二位的两位成员应居中，以保持两边人数的均衡。

一、会议筹备方案的拟订

（一）引导案例

宏远公司技术训练专题研讨会筹备方案

一、会议主题

为了增强本公司的综合竞争力，提高产品质量和管理水平，特召开此次技术训练专题研讨会，会议的重点是讨论研究如何在全公司展开技术发明和创造的竞赛，并提出提高训练质量的对策，探讨新的技术训练方法。

二、会议的时间、地点

拟定于3月5日上午9：00至下午4：00，在公司1号会议厅召开。3月5日上午8：30报到。

三、参加会议人员

公司总经理、副总经理、公司人力资源部总监、生产部总监、培训部总监，以及公司下属各部门的技术骨干30人，总计50人。

四、会议议程

会议由主管副总经理主持。

上午：（1）总经理作关于技术训练问题的工作报告。

（2）培训部总监专题发言。

（3）生产部总监专题发言。

下午：（1）分组讨论。

（2）人力资源部总监宣读公司开展技术竞赛评比的计划草案。

（3）副总经理作总结报告。

五、会议议题

（1）技术训练与提高企业综合竞争力。

（2）技术训练与技术创新。

（3）如何提高技术训练的质量。

（4）技术训练方法的再讨论。

六、会场设备和用品的准备

准备会议所需的投影仪、白板和音像设备，由公司前台秘书负责。

七、会议材料准备

（1）总经理的工作报告。

（2）培训部、生产部总监的专题发言稿。

（3）公司开展技术竞赛评比的计划（草案）。

（4）副总经理的总结报告。

由总经理办公室牵头准备。

八、会议服务工作

由行政部综合协调。

附：（1）会议通知。

（2）会议日程表。

点评： 会议筹备方案的内容要尽可能全面和具体，开头要阐述会议召开的依据和目的，主体部分要条分缕析，逐条说明，使人一目了然。对于会议的经费、组织机构、会议议程和会议服务等问题要充分协商，并将具体的安排以附件的形式一起报送领导。

（二）工作技能

1. 会议筹备方案的内容

（1）确定会议的主题与议题。会议的主题是指关于会议要研究的问题、要达到的目的。确定会议主题的主要方法有3种：一是要有切实的依据；二是必须要结合本单位的实际；三是要有明确的目的。议题是对会议主题的细化。

（2）确定会议的名称。有些会议的名称是固定的，如董事会等；有些会议的名称是不固定的，应根据会议的议题或主题来确定，有的名称中还可以包括时间、范围等因素。如"天地公司2005年全体员工总结大会"。

（3）确定会议的议程。根据到会主要领导的情况，确定会议主持人；根据会议主题，确定会议发言人；围绕会议主题，确定讨论题目、讨论方式；根据会议目的，安排主要领导作会议总结。

（4）确定会议的时间和地点。会议时间包括会议实际进行时间和会议过程中的休会时间。会议的最佳时间要考虑主要领导是否能出席而定，确定会期的长短应与会议内容紧密联系。要注意提高效率，尽量开短会。

会议地点选择的重点是会场大小适中、地点适中、环境适合、交通方便，会场附属设施齐全。

（5）确定会议所需设备和工具，要满足会议的需要。

（6）确定会议文件的范围，并做好文件的印制或复制工作。

（7）确定会议与会代表的组成。

（8）确定会议经费预算。

（9）确定会议住宿和餐饮安排。

（10）确定会议的筹备机构，大型会议需要确定筹备机构与人员分工。

2. 会议筹备方案的作用

草拟出完善的会议筹备方案是会议工作的基础。会议筹备方案应通过集思广益，精心策划，将会议的全过程形成文字。在中小型会议召开之前，应综合所掌握的各种信息，制定出细致的会议方案，以保证会议的顺利进行。会议筹备方案的拟订是秘书的重要工作内容之一，它的作用主要体现在：

（1）确保会议的周密组织。会议筹备方案详细制定了会议议程表和会议工作制度，细化了筹备机构各小组的工作职责，明确了各自的工作任务，有力地推动了各项筹备工作的有序进行。会议筹备方案的确定，方便了会议工作的协调沟通，并且确保了会议工作的高标准起步、高质量推进。

（2）确保会议服务质量和沟通协调到位。会议筹备工作人员积极发挥综合协调、承上启下作用，在大量周密细致的工作基础上，及时协调解决会议中出现的问题，做到了上情下达、下情上传，为确保会议取得预期效果发挥了积极作用。

（3）确保领导的意图得以贯彻执行。会议筹备方案的制定和审核可以使会议组织方和参与方的领导更好地了解会议的筹备情况，为会议的组织把好关，同时使会议的目标更加明确。

3．会议筹备方案的制定程序

会议筹备方案的制定程序：组建会议筹备委员会→分成筹备小组→形成筹备方案→领导审核方案。

（1）组建会议筹备委员会。

（2）划分筹备机构各小组，选举或指派筹备方案编写负责人。

（3）与领导沟通，确定会议的主题与议题、名称、议程、时间和地点、所需设备和工具、文件的范围、与会代表的组成、会议经费预算以及住宿和餐饮的安排。

（4）方案拟出后要交上司审核，上司审核后再行具体安排与部署。

4．远程会议筹备方案的要求

远程会议筹备方案的类型可分为电话会议和视频会议两种主要形式，无论是电话会议还是视频会议的筹备方案拟写都有一些相似的要求。

（1）远程会议一般具有以下优势和特点：节省时间和金钱，降低会议成本；在与相应的技术支持单位或服务机构事前商定后，使用录音或录像设备将会议内容做永久记录，使会议信息能够得到完整保存；会议信息的交流更加直接和简短等。因此，在会议筹备方案的准备过程中，要充分显示出远程会议的优势和特点，同时，要注明远程会议在相关设备和技术支持方面的特殊要求。

（2）制定远程会议筹备方案时，应预先了解负责提供电话会议技术平台和网络视频技术平台等支持和服务单位的业务范围和费用标准，并根据掌握的情况，提前确定预约和租用的时间及要求，并提前将会议日期、会议起止时间、参加会议人数、与会人员的电话号码、主持人姓名等信息提供给技术支持单位。

（3）在远程会议筹备方案中，要明确会议程序和会议议程。如有相关会议材料，必须尽量寄给与会人员，以便他们有时间提前阅读和准备会议讨论。

（4）远程会议筹备方案中要有专人负责检查远程会议设备是否齐全，摆放是否符合要求，会前有无专人负责调试，能否确保主会场和各个分会场的设备性能良好。

5．组织电话会议的要求

电话会议是利用程控电话的"会议电话"功能召集不同地点的人员举行会议。任何电话用户只要申请并开通了"会议电话"的服务功能，就可以随时召开电话会议。电话会议适用于规模不大、办公地点相对集中的企业。

（1）电话会议的特点

① 电话会议方便灵活，准备时间短，回复迅速，是电子通信会议中花费最少的。电话会议的进行中没有直接的面晤，与会人员很少受到会议主席或其他主要参加者的直接影响，更能激发创造性思维，也更容易修正自己的观点，这对开展商务交易活动和协调活动是极为有利的。

② 电话会议缺少身体语言，难以进行互动交流。而且缺少文本，难以传递大量细节信息。

③为了提高电话会议的效率，可以搭配使用其他通信方式（如传真、电子邮件），增进信息的传输与交流。若能使用视频电话，会议效果更佳。

④ 电话会议适用于分公司不远、规模不大的企业。

（2）电话会议的工作程序。电话会议要按照一定的工作程序和工作要点进行：

① 准确发出开会信息。会议的内容和时间确定后，应及时向参加单位发出通知，传递会议的有关信息。

②要特别说明是否需要设立分会场。如要求一个单位的若干人员参加会议，就要设立分会场，而且要事先明确分会场的召集人。

③要强调准时到会。电话会议是一种实时交谈的会议，任何一方都应当在同一时间参加会议，否则将影响信息的交流和获取。

④认真分发会议书面信息材料。电话会议是一种以语言交流为手段的会议形式，无法实现文字的同步传输，需要做好会议书面信息的分发工作。对于要在电话会议中讨论的文件，可在文件上标明讨论的顺序编号和标题，事先通过传真发送给与会人员。会议进行中还可补充传递有关文件信息。

⑤合理安排会场信息传输设备。电话会议一般设主会场和分会场。召集方设主会场，其他参加会议的单位设分会场。为了使分会场的每个与会人员都能清楚地听到从其他会场传送来的话音，并能方便地表达自己的意见，各会场应装有扩音设备和话筒，并与电话机连接良好。人数较少或单位个人参加会议，可直接使用带有免提扬声器的电话机。会议设备在会议开始之前要认真调试，确保性能良好。

⑥按时接通电话。所有参加会议的人员应至少提前5分钟进入会场，做好充分的准备。会议时间一到，由召集方以主叫的方式接通与会各方。互相通报出席情况。电话全部接通后，会议主席宣布会议开始，要求各方相互通报姓名、职务。

⑦做好会议记录。用录音电话系统记录会议信息，会后整理成书面记录材料。电话会议的录音带和书面记录整理稿都要归档保存。

6．组织视频会议的要求

视频会议是一种利用通信网络传递图像文字和声音信号的现代化会议方式。适用于布置重要工作、宣布重大决定、商量紧急措施等特殊紧急的情况。

（1）视频会议的特点。视频会议属于同步会议，利用视频设备，通过微波线路或卫星线路，播送主会场和各个分会场的活动景象，与会人员在不同的地理位置上，在同一时间内参加会议。视频会议的特点是：

① 实现了声音和图像同时传送。与会人员虽然远隔千里，但能听到与会人员发言的声音，看到对方发言时的表情以及发言时所展现的文字、图表和图像。

② 打破了空间的限制。分散在各处的与会人员不受地域的限制，能够通过现代化的通信技术，围绕共同的议题参加会议。

③ 节省时间、费用。与会人员在不同的地方、同一个时间进行交流，大量节省了旅途时间和交通、食宿、印刷会议文件的各项费用，有利于更多的人员参加会议。

④ 交流效果较好。高质量的声音和清晰的画面，使每一位与会人员都有身临其境之感，更有利于双向交流，收到良好的会议交流效果。

⑤ 视频会议局限。视频会议的初始准备时间较长，而且初始投入成本较高。没有面对面会议形式所具有的互动效果，因而交流不够深入广泛。

（2）视频会议的工作程序。视频会议效率高，投入也大，必须高标准、严要求，踏踏实实做好会务工作。

① 发出开会信息。向与会人员发出开会通知，提醒有关注意事项。

② 分发文件信息资料。会议上要审议的文件和有关信息，会前应通过传真或电子邮件传给与会人员。

③ 布置会场。会场的环境要安静、清洁。主会场和分会场要悬挂会标，突出会议的主题，同时便于电视宣传报道。

④ 设置与检查会场信息传输设备。视频会议设备要求较高，要保证既能将主会场的画面和声音传给各分会场，又能把各分会场的信息反馈给主会场。会场内可以配备高速传真机，以便同时传送文件。场内会议设备要落实专业技术人员调试、检测。会议期间要有值班维修制度，及时解决技术上的故障，确保会议顺利进行。

⑤ 做好会议信息准备。与面对面会议相比，视频会议时间紧，能够发言的人数少，发言的时间相对较长。为了提高会议的成效，对会议讨论的事项一定要在会前通过其他方式进行有效沟通，如电话、文件、小型会议等，成熟之后再在视频会议上通过。

⑥ 采用先集中后分散的形式。为了减少租用通信线路的时间，在议程安排上，先集中开大会，然后由分会场各自举行会议。

⑦ 汇总情况信息。会后，各分会场要将本会场的情况整理成书面报告呈交主办单位备案。

7．远程会议语言交流的注意事项

远程会议中与会人员用语言交流信息，没有直接的面晤，这就使得做好讲话的准备尤为重要。远程会议的主持人和发言人的讲话内容要集中、准确地体现会议的主题，尽可能进行讲话演练并做好时间估算，以保证讲话能按照规定的时间结束；为保证与会人员能够清楚、准确地接受讲话人所讲述的内容，讲话内容要简明易懂，尽量不使用方言、拗口和容易产生歧义的字词及语句，以免与会人员理解有误。

（三）相关知识

1. 会议筹备方案与会议策划方案的区别与联系

会议策划方案一般包含会议筹备方案和会议预算方案。会议策划是对会议做整体的计划，涉及参与举办会议的各个部门和各种关系，由策划人将各种关系和矛盾调整统一，最后形成一套合理可行的方案和流程。而会议预算则可以理解为将该策划方案数字化的过程，可以说，会议策划的每一个环节和项目都要与会议的预算项目一一对应。策划为预算提供了方向，预算为策划方案提供了资金的保证。会议预算与会议策划是相辅相成的关系。

会议筹备方案一般是在策划方案的基础上侧重于会议准备工作的组织和实施。它通常不包括会议前期的宣传、营销等方面的内容，但对会议的时间、地点、议程和经费等方面的内容设计具体。总体来看，会议策划方案比较务虚，会议筹备方案比较务实。一般是先进行策划和制定预算，再设计具体的筹备方案。

2. 会务机构分工的要求

这里所指的会务机构分工主要指会议组织部门和人员落实。包括与会议有关的各项组织工作，每一个工作环节都必须有专人负责，责任到人；会议组织分工包括文件起草和准备、会务组织、会场布置、会议接待及生活服务（含娱乐活动安排）、安全保卫、交通疏导、医疗救护等。会务机构的各部门需明确各自的任务和要求。

（1）要根据会议的规模和类型组织人员队伍。会务机构的组建要根据会议规模的大小、类型的要求、层次的高低和组织的严密程度来决定会议的组织、服务人员的数量和素质要求。

（2）会务机构要分工明确、责任到人。会务机构的各小组要明确职责，专人领导，各司其职，同时都要服从会议领导小组的统一指挥。

（3）加强协调，定期沟通。会务机构的协调沟通情况直接影响着会议的组织效率，筹备期较长的会议，会务机构要建立定期例会制度，经常向有关领导沟通和回报。

3. 会前准备工作的基本要求

会前组织是商务会议组织程序的重点和基础，其主要任务是为会议的成功创造一切必要条件，确立切实保障。

（1）充分。商务会议所需要的一切条件都应尽可能地予以创造；不管事情大小都应考虑到，准备工作应全方位进行。

（2）周密。各项准备工作务必严密周到，没有漏洞，没有死角。工作要高度精细，要逐件、逐项、逐条、逐人地予以落实。

（3）安全。会议中的人身安全、财产安全必须确有保障，有一整套安全措施，确保万无一失。

二、检查会务筹备情况

（一）引导案例

××公司在×市会议中心举行新产品展销订货会，会前有关领导反复强调要加强会前检查，不要出现任何安全隐患，但会议筹备机构的有关人员未能引起足够的重视。他们只是听了会议筹备方和参展方的简单汇报，没有到现场进行必要的检查，结果被市消防局的有关部门责令停展，进行整顿，因而给企业带来了不必要的损失。

点评：会议的检查是一项严肃的工作，既要全面周到、一丝不苟，注重细节，逐项落实，又要眼见为实，实地检验。比如大中型会议的安全问题、突发事件的预案问题都应在检查中落到实处。

（二）工作技能

1. 会务筹备情况检查的主要内容

（1）会议准备是否充分。前面已经讲过会前准备工作的基本内容，衡量会议准备是否充分，必须逐项检查会议准备的具体事项。比如，商务会议的会期是否合适、会议规模是否合理、与会人员的名额分配是否经过协商等。

（2）会议期间能否排除各种干扰。现代通讯业的飞速发展，在给人们带来方便的同时，也带来了许多烦恼。我们几乎随时随地都能听到手机的铃声，在一些正式的商务会议上，如股东大会或商务谈判会，如果此起彼伏地响起手机铃声显然是不合适的，通常与会人员会被要求关闭手机或将手机调至振动状态。另外，在会议中间如果有无关人员随意出入场或与会人员中途退场等都会干扰会议的正常举行，从而影响商务会议的质量。

（3）环境条件与用品准备。环境条件包括房间大小、室内温度和湿度的高低、光线的好坏、空气流通情况、安静程度、家具是否舒适以及会间休息是否合理等。用品准备包括会议所需文具、茶水、毛巾等用品是否准备齐全。

（4）文件的材料准备情况。会议文件的撰制一般分为两种情况，一是由秘书部门直接拟制，或由秘书部门牵头组织有关部门、有关人员共同拟制；二是由有关部门准备文稿，然后经主管领导或秘书长审核。检查时应特别注意后者，如文件上的会议名称、文件编号、份数等。如文件已装入会议文件袋，在条件允许的情况下，应逐袋检查，把工作做细。

（5）会场布置情况的检查。包括会场布置是否与会议议题相适应，会标是否端庄醒目、主席台是否按议定座次摆放，领导者名签安排是否妥当，旗帜、鲜花等烘托气氛的装饰物是否放置得体，音响、照明、通讯、录音、录像、通风等设备是否完善，安全保卫的措施是否到位。在单位外举行的大型会议，还应检查场地划分情况，以及进场、退场路线的安排。

（6）会议保卫工作的检查

① 确保会场内所有设备线路、运转及操作规范的安全可靠。

② 确保会场内消防设施齐全有效。

③ 确保会场的防窃听装置灵敏高效。

④ 确保会场的防盗设施（监控器的探头等）处于运行状态。

⑤ 检查进出会场人员的身份，尽量不许与会议无关人员进出会场。

（7）检查的其他内容。有一些特殊类型的会议，检查的内容也应相应增加，如颁奖大会对奖品的准备和颁奖顺序的安排；有选举内容的代表大会对票箱、投票、计票工作的安排；现场会对于参观现场和参观顺序、线路的安排；如果会议安排集体摄影，还应检查摄影座次的安排等。另外，还应检查议程安排是否科学合理，对会议决议的执行是否实施有效的监督等。

2．会务筹备情况检查结果的形式

会务筹备情况的检查结果可以通过 3 种形式向领导或会议工作人员汇报。

（1）书面形式。这是一种正式的方式，会议筹备委员会将会务筹备的检查情况形成定期的书面报告交与相关人员，以了解会议的筹备和进展情况。这是必不可少的一种筹备情况检查结果的形式。

（2）口头形式。会务筹备情况的检查结果还可以由会议筹备机构的负责人向会议相关领导和人员口头汇报情况，在口头交流过程中还能够对工作进展情况和工作中的问题进行双向讨论，并就会议中存在的问题和难点提出解决的方案。

（3）协调会形式。会议筹备委员会将会务筹备的检查情况以沟通协调会的形式向有关领导和部门通报，并接受领导的指示。通过协调会可以将会议筹备中发现的问题在协调会上及时沟通，并落实下去。

3．会务筹备情况检查的方法

会务筹备情况检查的方法大致分为以下两种：

（1）听取会议筹备人员的汇报。会议开始之前，人、财、物各方面都要准备好。因此，会议主办方的有关领导或筹备委员会的上级领导要提前与会议的筹备人员进行沟通，听取他们的汇报，以便给予会议筹备人员以必要的指导。

① 听取汇报的领导要加强前期的调查，深入一线，发现问题、解决问题。

② 会议筹备人员对汇报材料的准备要侧重困难和问题，注重实效。

③ 选择的汇报时间一定要正当其时，太早或太晚都不能达到良好的效果。

④ 对会议筹备情况的汇报关键是发现筹备过程中的薄弱环节，及时地调整和加

强。因此，汇报之后的催办和落实是应该注意的问题。

（2）会前现场检查。会议前的全面检查是必不可少的。其中有几点要特别注意：

① 确保所有事项都条理清晰。登记资料和其他相关信息应使各种人都能读，可考虑使用音频磁带、用盲文印刷、提供大号字印刷材料。

② 注意气味。一些人对香水、花露水和浓重的化学气味过敏或高度敏感，因此要对所有工作人员提出要求。

③ 设立入场登记台。为使人们能轻松、快捷地登记入场，可考虑设置咨询台或登记台。张贴会场平面示意图。

④ 佩戴徽章、名牌。为方便工作，所有工作人员都应佩戴徽章或名牌。

⑤ 准备接待休息室。应在接待休息室内放置公司标志或旗帜，可放置电话机、传真机、电脑、留言条和笔等。此外，还应备有急救箱。

⑥ 安排接待、服务人员。配备精通业务的人员，事先组织培训，回答与会人员的提问。

3．会务筹备情况检查的程序

（1）开会检查的程序。如对会议的准备情况以汇报会的形式进行检查，检查的程序应包括：会议筹备机构对会议的准备情况进行自我检查，并由各个筹备小组将检查结果以书面报告的形式上报领导小组；会议领导小组经过协调，确定汇报会的时间和地点，并发出协调会通知；召开筹备检查协调会，听取汇报，并在会上现场解决各种需要协调的问题；汇报会后要以电话、现场指导等方式对检查中发现的问题予以催办和落实。

（2）现场检查的程序。如对会议的准备情况以现场检查的形式进行，基本程序应包括：先制定现场检查的路线和确定现场检查的重点，并通知有关筹备部门；将现场检查的项目制成检查单，以便记录和汇总；按照既定的检查路线和项目逐一现场核对，对达到和未达到预期要求的准备项目都要有明确的记录；对未达到检查要求的项目整理出整改和修订意见，并以电话、文件或会议等形式及时通报给相关筹备部门予以纠正。

（三）相关知识

1．会务筹备情况检查的汇报材料

（1）汇报材料事先要认真核实，要根据会议筹备方案的预先设计进行比较和检查。

（2）汇报材料要突出问题，提出对策，注重实效。

（3）汇报材料要有量化检查的数据，不能过于笼统。一般要有检查图表和统计数字。

2．对检查所发现问题的纠正

（1）先要对问题的性质和范围进行分析，确定问题对会议质量的影响程度。

（2）找出问题产生的原因，寻找解决问题的方法。

（3）在人、财、物等方面为纠正偏差做好相应准备。

（4）责任到人，抓紧落实，并及时将纠偏的结果进行通报。

三、审核会议文件

（一）引导案例

天地公司总经理助理高峰在公司年会结束后，受命审核会议中形成的关于提高公司职工住房公积金比率的文件。他仔细核对了提高比率的数字和文件内容，在审核处签上了自己的名字。

第二天，他打开电脑，一个以"郁闷"为名的帖子引起了他的好奇，再看下去，那人写道："晕～把去年提高公积金的文件发给我们看，郁闷！"高峰赶紧找出自己签字的文件，那下面赫然写着"2005 年 × 月 × 日"，高峰也郁闷了。

点评： 审核文件要的是细心。每个环节都不能疏漏，这既是一种技术，也是一份责任。

（二）工作技能

1．会议文件审核的内容

（1）审核会议文件的准确性和完整性

检查会议文件的准确性是一项非常艰巨而必要的任务。检查文件的准确性时一定要认真核对每一项细节，尤其是时间、地点、活动内容、与会人员名单、车辆、会议名称、出席人数、主持人姓名等，要确保每一项都与实际相符。

要确保会议文件的质量，对会议所需的各种文件都要全面认真地审核。无论是主办单位自己起草的文件，还是参会单位报送的文件都要审查核对，不成熟的要进一步加工、修改。

（2）审核会议文件的具体内容

① 审核会议文件与会议主题的关系。偏离会议主题的内容要进行修改和提炼。

② 审核会议文件是否存在与国家和组织的方针、政策、法规相冲突的内容。

③ 审核会议文件内容事先是否经过调查研究，是否与实际相符。

④ 提交会议讨论的文件涉及有关单位和部门是否事先进行了会商，广泛征求了意见，并取得了一致的意见。

⑤ 审核会议文件是否做到中心突出、观点明确、条理分明、事实准确。

2．会议文件审核的方法

适合会议文件审核的方法主要有：

（1）对校法，适用于定稿上改动较多的文件。它是将定稿置于校对者左方或上方，校样置于右方或下方，逐字逐句核对。

（2）折校法，适用于整洁、改动不多的文稿。它是将定稿置于桌上，轻折校样，将其中待校对文字置于页面第一行，压在定稿相应文字之下，与定稿上的文字一一核对。

（3）读校法，适用于定稿内容浅显简单，生僻字、专用术语名词较少的定稿，它是指校对时一人读定稿，一人审看校样。

3．会议文件审核的程序

（1）由起草文件的秘书就文件内容进行自审，使会议文件在初始期就能严格把关。

（2）由主管秘书进行会议文件的初审。根据领导的意图对会议文件进行初步审核，特别是对文件中涉及的方针、政策和法规以及重要的事实、数据应进行认真的审核。

（3）如会议文件的内容涉及的部门较多，要进行必要的会审。

（4）在会议文件审核修改之后，要由主要领导或主管领导进行终审。

（三）相关知识

1．会议文件的类型

会议文件主要包括大会的主报告、大会发言单位的材料、会议日程表、参加会议人员名单、住宿安排、主席台座次、分组名单、讨论题目和分组讨论地点、作息时间表、会议的参阅文件和相关资料。

（1）有关会议立项方面的文件。关于召开会议的请示、关于召开会议的批复。

（2）有关会议筹备工作的文件。会议预案、策划书、会议通知。

（3）有关会议内容的文件。议程、讨论提纲、各种报告和发言材料、会议记录、议案、决定、决议。

（4）有关会议宣传报道的文件。会议宣传提纲、新闻发布会上的介绍材料、新闻发布会稿件（包括报刊上刊登的新闻版面）、会议简报。

（5）有关会议管理与服务方面的文件。各种名单、票证、报告、簿册、会议总结。

（6）不同载体的信息材料。有关会议活动的照片、有关会议活动的录音和录像带及记载会议信息的计算机软盘、磁盘、光盘。

（7）各种形式的文件材料。会议文件包括各种定稿、会议通过的正式文件及其附件、会议所有正式语言书写或翻译的文本、重要文件的草稿、讨论稿、送审稿、草案、修正草案。具体有以下分类：

① 会议的指导文书。包括：上级会议文书、上级指示文书、本级开会起因文书等。

② 会议的主题文书。包括：开幕讲话报告、主题报告、专题报告、专门发言、选举结果、正式决议、闭幕讲话等。

③ 会议程序文书。包括：议程文书、日程安排、程序讲话、选举或表决程序表等。

④ 会议参考文书。包括：各部门统计报表、财务报表等。

⑤ 会议管理文书。包括：开会须知、议事规则、保密制度、会议证件、作息时间、生活管理等。

⑥ 会议成果文书。包括：选举结果、会议记录、会议纪要。

⑦ 会议宣传、传达文书。包括：新闻稿、传达提纲、执行计划等。

2．会议文件的印制

在会议文件印制过程中，能否正确选择纸张与字迹材料，直接影响着会议文件效用的实现以及决定文件的寿命。因此，在选择会议文件的纸张与字迹材料时，必须符合适用、耐久的原则。

（1）适用原则。适用原则就是要求纸张应适合于印刷、传递、阅读和保存等方面的需要；在选择字迹材料的油墨时，无论是颜色还是种类均应考虑适合于使用，与具体印刷方式、印刷设备的要求相一致，并使字迹清晰、醒目，有较好的视觉效果。

（2）耐久原则。耐久原则就是要求纸张能在尽可能长的时间范围内可承受各种物理的、化学的因素的破坏，保持其物理结构与化学性质的稳定，以使公文信息能与纸张一起被长久留存；要求注意字迹油墨材料在色素成分、与纸张结合方面的差异，选取其中最有利于延长寿命的产品种类。

3．会议文件的分发

会议文件除了在会议进行之前准备的以外，还有会议进行过程中分发的文件，还有一些会议文件会在会议结束之后分发到各个单位。

会议之前准备的文件，其中与会者应广为告知的文件必须在会议之前印制，并且在与会者报到之时就分发给大家；还有一些文件如会议纪要或会议简报等文件，可在会议进行中随着会议的进行程度随时印制随时发放。

会议之后的文件，主要指需要在与会者离会时发给他们的文件，应在会议结束时整理印刷分发给与会者。如果出版有关会议的书或者论文集等，在会后一定时间内还要进行文件的印制与分发工作。

四、与领导沟通会议事宜

（一）引导案例

××公司的张秘书刚由分公司调入总部，担任总经理秘书。公司要在圣诞节举办一个新年联欢会，与一些重要的客户进行联谊。张秘书自恃在分公司搞过多次这样的活动，便自作主张决定了会议举行的地点、邀请嘉宾的名单、活动的内容和奖品的发放形式。尽管联欢会办得很热闹，张秘书却被总经理狠狠地批评了一顿。

点评： 张秘书没有认识到召开会议最重要的是要使领导的意图得以贯彻执行，

不与领导做好会前的沟通，就不能很好地理解公司举办联谊会主要要加强与哪些客户的关系，搞什么样的活动能够密切公司领导与客户、员工的关系，联谊会上的奖品怎样发放才能使公司领导满意。联谊会不能解决好这些问题就失去了它召开的意义，即使有表面的热闹，也不能达到预期的目的。

（二）工作技能

1. 与领导沟通会议有关事宜的方法

领导与会议筹备委员会之间的交流不应该是单方的、个别的，为了更好地实现双方之间的交流与沟通，保证双方都能获得关于会议进展的全面的、准确的和最新的信息，通常可以采用以下几种方法：

（1）定期向领导提交书面报告。例如每天的会议进展报告。这是会议筹备委员会向领导报告的正式方式，是与领导必不可少的定期联系、沟通的重要方式。

（2）由会议负责人定期向领导口头汇报会议的情况。保持会议组成员与领导的个人接触。这种亲自沟通，能使会议工作人员感受到上级的关怀，并能对工作进展情况和工作中的问题进行双向讨论。

（3）领导亲自参加有关会议。通常领导会亲自参加有关会议，并对会议的情况进行讲评，这将大大鼓舞与会人员与会议工作人员，感到领导关心自己的工作。领导也能通过亲自到会议筹备委员会察看工作而获得第一手资料。会议上应允许与领导双向讨论，并做会议记录，会议记录的复印件发送给领导。如果需要，会议筹备委员会也可以组织专门会议，请领导与会议成员共同讨论会议筹备和举行过程中存在的问题与难点。

（4）其他途径。与领导沟通会议有关事宜的方法还有很多，例如，通过举办会议工作进展情况的小型展览向领导汇报工作。

2. 与领导沟通会议有关事宜的时机

（1）会议筹备阶段。当会议中需要使用到的车辆、会议室等出现冲突，而且经过秘书的协调无法解决时，需要与领导进行沟通。

（2）会中阶段。在会议举行过程中，要经常向领导汇报会议的进展，使领导对会议了如指掌。当会议过程中出现问题时，应及时听取领导的指示，并寻求合适的解决方案。

（3）会后阶段。在会议结束后，向领导递交会议总结报告，也可以通过口头汇报的方式向领导简要介绍会议的情况以及会议经费的使用情况。

3. 与领导沟通会议事宜的程序

（1）明确会议的目标。为了保证会议能按筹备方案完成，会议筹备委员会应制定清晰的目标，以提高工作效率。制定会议目标也应包括下列内容：

① 明确会议领导与各小组的任务，例如某一天的任务是负责召开会前协调会。

② 明确会议所涉及的范围，例如是在全公司范围内还是在本部门范围内。

③ 会议工作所要求的质量标准。

④ 会议工作中所要达到的阶段性目标，例如筹备、会中及会后各个阶段的具体目标。

⑤ 会议在制定目标时要注意留出处理意外情况和弥补欠缺的时间。

（2）明确沟通会议有关事宜的方法或途径。

（3）确定沟通的时间、地点以及参加人员，指定会议记录人员。

（4）检查沟通过程中所需要的各类文件、音像等资料。

（5）向领导汇报会议的筹备情况及进展，同时应讲明会议筹备或举行过程中遇到的问题和难题。

（6）听取领导指示，或与领导进行双向讨论，并完成会议记录。

（7）将记录通过某种方式送给领导。

4．与领导沟通会议有关事宜的原则

（1）时间性原则。就具体协调而言，在会前准备阶段，会议的领导者和会务部门在会议时间的安排上，要考虑到准备工作的时间是否充裕，不充裕就要考虑推后召开。

（2）及时性原则。会议工作人员不仅要熟记本岗职责，还要对整个会议通盘了解，胸有全局，发现问题及时通气汇报。会议的领导要通盘考虑，把会议所涉及的问题想全、想细、想具体，想到在突发事件时的应急方案。

（3）全面性原则。作为会议领导者和会务部门，在会前准备中还要注意各专业方面的协调与配合，注意与会外供电、供水等有关部门的外部协调。在会议进行过程中，会议领导者和会务部门尤其要做好协调工作，要实行集中领导，做到统一安排、统一部署、统一指挥、统一行动。要求各部门既要做好安排之内的工作，又要有全局观念，注意与相关工作和全局工作的衔接和配合。会议领导者要多查多看多想，及时发现问题，随机应变，妥善协调，化解矛盾，确保会议按照议程顺利进行。作为会务人员，必须坚决服从领导，听从指挥。不得自作主张，各行其是。要把自己的工作目标和会议的目标统一起来。要把会中服务工作看成是既有分工，又互相联系、互相制约、互相依存，并且处于运动状态的有机统一体。既要清楚自己在会中担负的职责，又要了解会议服务的总体要求，既要相对独立地进行工作，各负其责，又要密切协作、主动配合、步调一致地进行工作，以便充分发挥整个会中服务系统的作用。

5．与领导沟通会议事宜的注意事项

（1）对领导的指示和双方讨论的结果要尽快进行部署和落实。

（2）要坚持与会议的主管领导保持定期的沟通，并将落实的情况及时向领导反馈。

（3）在会前、会中、会后不同时期的沟通中，要突出各自的重点。

（三）相关知识

1. 与领导沟通会议有关事宜的意义

（1）秘书与领导通过工作联系和流程配合，协调与沟通会议的有关事宜，可以使会议筹备工作更加高效。

（2）参与会议筹备工作的秘书应及时地与领导沟通会议的有关事宜。因为当在会议过程中出现双方或多方的矛盾时，只有领导才能从组织的整体利益出发进行协调，为会议准时、成功地举办打下基础。

（3）领导有知情权，与领导及时沟通会议有关事宜，便于领导做好会议的相关准备，有利于会议目标的实现，提高会议的效率。

（4）可使筹备小组的每个成员都能更好地了解自己工作的意义，从而发挥各自更大的作用，以达到理想的整体表现。

2. 分配会议组织与服务的考虑因素

筹划确定会议工作所需的资源、重要的阶段、计划时间表，以及每个成员的个人任务和责任。公平分配每个成员的工作，会提高成员的工作积极性，加强会议委员会的凝聚力。分配会议组织与服务工作应考虑的因素有：

（1）成员工作经验的多少。应考虑没有工作经验的成员需要更多的时间来完成某项工作。

（2）承担的工作总量。应考虑那些还承担其他工作任务的成员，他们也要为那些任务达标而努力，不要负担过重。

（3）统筹分配任务，不要将那些有趣的、大家都愿意做的工作总分配给同一个人，而要平均分配。

（4）考虑会议成员的特长爱好，发挥每个人的积极性。这需要主动与之沟通，征求他们对承担工作的期望。

（5）组织会议共同讨论如分配成员工作，公开化讨论时分配工作更合理、更公平。

（6）在实施执行中还要有灵活性，通过监督和检查会议成员的工作进展，如果发现任务分配不合理、不公平的现象，应立即重新调整工作任务，以保证会议达到预期的目标。

3. 做好会议整体协调的注意事项

会议协调是指会议组织者受上级领导的委托，通过各种方式、手段妥善地协调，处理各种关系、矛盾和纠纷，其目的是保证会议的胜利召开、顺利进行和圆满结束。会议协调也是会议组织管理的重要手段。其实质是统一认识，调整关系，解决矛盾，协调行动。

（1）加强会议组织工作部门的建设，提高会议组织人员的素质和工作效率，树立良好的形象，取得各方面的信任。

（2）注重调查研究，广泛收集各方面的信息。

（3）争取领导的理解、信任和支持。

（4）充分发挥各相关工作部门的作用。

（5）顾全大局，求同存异，协调一致。

（6）建立良好的人际关系。

（7）善于将原则性与灵活性结合起来。

（8）遇到问题耐心细致，沉着冷静，稳重行事。

（9）注意留有余地。

（10）协调之后注意及时抓落实。

五、拟订会议的应急方案

（一）引导案例

××单位在市政府礼堂召开大型表彰会议，因事先未制定会议的应急方案，又未加强礼堂的安全防火布置，结果当因电线老化发生火灾的时候，会议组织人员措手不及，会场一片混乱，最终导致部分与会人员和仪仗队的小学生丧生。

点评：中大型会议的与会人员较多，会期一般也比较长，因此在会议的召开过程中经常会出现许多意想不到的情况，因此，会前一定要制定严密的应急方案，还要对方案的各个环节进行认真的检查，如安全通道是否打开、设备隐患是否检查、消防通道是否畅通、应急的组织和人员是否到位、应急的车辆是否准备妥当、指挥沟通系统是否灵敏等，只有这样才能保证面临突发状况的时候能够从容应对，保证万无一失。

（二）工作技能

1. 会议应急方案的内容

详细的筹备方案能把可能出现的问题减少到最低程度。然而，紧急的和意外的事件仍可能发生，它们将打乱原有的安排。因此，应在会议开始前制订出应急方案，以便意外出现时能够有条不紊地解决问题，使会议按原计划进行。

会议应急方案的内容应该包括：

（1）会议举行过程中可能出现的问题

① 人员问题。会前常见的人员问题是演讲者、参加者或关键代表不能到会。登记参会的代表数量不足，从而影响会议的规模、财务收支和公共关系等。

② 场地问题。会议中常见的场地问题有：重复预订房间造成的冲突，取暖或通风系统出现故障等。

③ 设备问题。会议中最常见的设备问题是缺少合适的设备或者设备在使用过程中发生损坏。

④ 资料问题。宣传材料的不足或短缺，资料没有送到会议地点，都是会议中常见的资料问题。

⑤ 健康与安全问题。会议中有时会出现意想不到的情况，如突发性的火灾等各种灾害的发生、某位代表患上了严重或高度传染的疾病，因某种原因导致与会人员出现食物中毒等。

⑥ 行为问题。会议中偶尔会出现发言人行为不当或与会代表行为不当问题。

（2）出现问题时负责解决的会议工作人员。在会议筹备方案中，应明确指出各小组的成员组成情况，同时注明各工作人员的职责。在会议应急方案中，也应明确在会议筹备和举行过程中，当出现各种紧急和意外情况时负责解决问题的工作人员，并在会前协调会议中落实到人。

2．会议应急方案的制定程序

会议应急方案的制定程序：预测情况→准备应对备选方案→讨论会议紧急情况→确定会议应急方案。

（1）预测不可预知的情况。会议应急方案的制定首先要根据会议的具体情况认真分析此次会议哪些地方容易出问题，并能够确切地知道筹备者可以采取哪些措施缓解问题和解决问题。

（2）提前准备应对各种问题的备选方案，考虑好备选的人员，准备好备选的场地、备用的设备和资料等，并在会议的筹备阶段不断对各种突发情况进行复查和调整。

（3）在会议正式召开前，要组织一次专题性的筹备检查会，重点讨论会议中可能出现的紧急情况和危机。

（4）在应急方案的制定过程中可以举行有关人员的头脑风暴会，让大家把问题考虑得越全面，措施制定得越有创造性，会议成功就越有保证。

3．住宿安排注意事项

大中型会议由于与会人员多，会期相对较长，一般需租用招待所、宾馆、饭店、会议中心等。应注意的事项有：

（1）在选择住宿的招待所、饭店、宾馆、会议中心时，要充分考察其基本设施是否齐全，安全性如何，价格是否合理，地点是否方便，环境是否安静、整洁。然后综合考虑选择。

（2）如果由与会人员自己支付住宿费，就需选择几家价格、条件不等的招待所、饭店、宾馆或者是同一家宾馆的不同标准的客房供其选择。

（3）如果由主办方支付费用的，则需按其职务标准安排住房，除了部分嘉宾和主办方的领导，其他与会人员的住宿标准应相近。

（4）具体安排住宿时，要根据与会人员职务、年龄、健康状况、性别和房间条件综合考虑，统筹安排。

（5）年龄较大的与会人员和女性应尽量安排到向阳、通风、卫生条件较好的房间。

（6）注意尽量不要把汉族与会人员与有禁忌的少数民族与会人员安排在同一房间。

（7）可预先在会议回执上将不同规格的住宿条件标明，请与会人员自己选择。

（8）预定住宿地点的工作一定要全面考虑，提前准备，预定数量上应略有富余。

4．餐饮服务的注意事项

会议饮食直接关系到与会人员的身体健康和精力充沛与否。因此，在会议饮食的安排上要力求周到全面。应注意的事项有：

（1）认真做好饮食预算、采购、烹调等工作。

（2）饮食要干净、卫生、美味可口，品种多样。

（3）事先要准备好干净的饮食用具。

（4）尽量照顾到不同口味人的需要，虽说是众口难调，但饮食不可过咸、过辣、过甜、过酸。

（5）提倡实行自助餐制和分餐制。

（6）照顾不同国家、不同民族与会人员的饮食习惯、风俗、禁忌。

（7）因开会或服务工作耽误了用餐的人员，应预留饭菜。

（8）应做好饮水、饮料的供应。

5．交通保障注意事项

会议期间的交通保障直接关系到与会人员的集体活动和会议组织工作的效率。要做好会议的交通保障工作，首先应掌握会议交通保障的内容：

（1）车辆组织：掌握会议所需小轿车、大客车、中型旅行车的总数，考虑安排用于会务服务的车辆的种类和数量。

（2）用车制度：规定用车的范围，履行批准手续，领导用车要充分保证，建立24小时的用车值班制度。

（3）派车管理：包括用车安全检查的管理和驾驶员规范服务的管理。

（4）车辆的调度：在时间安排、乘车安排、对号入座、有序上车等方面加强组织，以保证安全、准时、高效。

（5）租车管理：当本组织的用车不足时，可向汽车公司租车，在租车前要调查清楚价格、服务状况和车辆情况。

6．会议通讯服务注意事项

在信息化的社会，通讯服务在会议工作中的作用愈显重要，无论是会议组织方、与会人员、报道会议情况的新闻媒体，都需要通讯服务的稳定可靠，准确迅速。会议通讯服务要做到标准、稳定、可靠、迅速，就应注意以下事项：

（1）在选择会议地点时，事先要考察其是否提供电话、电传、宽带网等电讯服务。

（2）必要时，可装设热线电话，还可为与会人员的住宿房间提供上网条件。

（3）在保证通讯畅通时要注意保密，防止窃听。

7．安排会议娱乐生活注意事项

（1）在选择住宿地点时，应考虑有无健身房和各种活动室，使与会人员在休会期间能有丰富多彩的业余活动。

（2）组织统一的文化娱乐活动要加强管理，尽量围绕会议主题有计划地进行，无论是在入场券、乘车和观看的座位，出发返回的方式，车辆调度等各个具体环节上都要加强具体筹划、组织和检查。

（3）举办一些电影观摩、联欢会、舞会，为与会人员提供交际联谊的机会和场所。

8．安排会议值班注意事项

中大型会议，一般要有会务秘书坚持 24 小时值守，以保证会议顺利结束，并随时应付各种突发事件。

（1）在会议中协助搜集有关情况、文件和资料，传递各种信息。

（2）要控制无关人员随便出入会场，特别是像新产品鉴定会等保密性较强的会议更不能让外人随意进出。

（3）手边要有公司和各部门领导的联络方式，以便出了问题及时与之联络。

（4）要备有一份设备维修人员、车队调度人员和食宿等后勤服务部门主管人员的电话通讯录。

（5）要坚守岗位，人不离岗，保证会议信息的畅通无阻。

（6）必要时，要负责督导和协助专职会议服务人员为与会人员做好各项具体的服务。

（7）做好会议期间各项活动与各种矛盾的协调工作。

（8）必要时，应建立主管领导带班制度。

（三）相关知识

1．会议应急方案特点

（1）有的放矢。应急方案不是形式和摆设，要针对不同会议的具体问题制定。

（2）预防为主。应急方案既要重视突发事件出现后如何有效应对，更要强调防患于未然，要突出预防为主的原则。

（3）留有余地。应急方案的策划一定要多套方案并行，各种情况事先考虑周详。在人员、设备和经费的配备上都作出预先的安排。

2．会议应急方案实施的原则

（1）思想上充分重视。要使应急方案发挥应有的作用，首先，会议的组织人员一定要在思想上充分重视，认识到安全问题无小事，要注重细节，从小处入手。

（2）在人、财、物方面要措施到位。应急方案要有人、财、物方面的措施保障，如应急的车辆、应急的经费等。

（3）在实施的过程中要坚持定期检查。要根据会议筹备和召开的具体情况及时发现应急方案存在的问题，并及时调整。

第二节 会议组织

【技能目标】

通过本节的学习，学生能够掌握推进会议进程的原则和方法；掌握会议经费构成及合理监督经费使用的方法；了解会中突发事件的类型与处理方式；能够管理好会间文化活动。

【知识目标】

通过本节的学习，学生能够提示会议按计划进行；能够监督会议经费的使用，能够处理会中突发事件；了解会间文化活动的技巧与要求。

【先修内容】

1. 制定会议预算的原则

（1）树立全局观念，搞好综合平衡。举办商务会议不能只依靠某一个部门，必须由多个部门共同协调完成，因此预算也必须考虑到各部门的具体情况，在科学、充分的预测与决策的基础上，由会议策划委员会制定出明确、切实、可行的预算总体方针，具体包括会议方针、总体目标、细分目标、有关政策、保证措施等，并下达到各预算部门，在保证整体目标的基础上，兼顾部门内部预算目标。

（2）先进、经济、合理。会议预算的方式和方法要先进合理，采用各种预算表格、控制表格是必不可少的，同时要注意各种财务指标和数据，在会议召开的过程中还要随时更改预算方案，使之更为合理、经济。采用科学的财务模型已成为未来商务会议预算的趋势，利用模型建立起健全、严格的预算体系，通过多极控制体系确保会议的成本最低、收入最大化。

（3）量入为出。在总收入既定的情况下，根据举办方和承办方的利润目标来调整费用支出，通过缩减可变成本等方式提高会议的经济性。

（4）分清轻重缓急，精打细算。诸如旅费、宣传材料、电话传真等是召开商务会议时必不可少的开销，应当优先支出，诸如奖品和纪念品、观光等是商务会议的附属支出，可以根据收入及利润目标进行弹性收缩。而且即便是必须的支出，也要根据具体情况精打细算、厉行节约。

2. 会议成本控制的过程

会议成本控制过程可划分为 3 个步骤：衡量实际成本，将实际成本与预算成本进行比较,采取管理行动来纠正偏差或不适当的成本支出。

(1)衡量实际成本。为了确定会议期间的实际成本金额,主办者需要根据统计报告、口头汇报和书面报告等收集必要的信息,及时检查、追踪预算的执行情况,这些可以大大增加信息的来源并提高信息的可信程度。

(2)会议成本的比较。通过比较,可以确定实际成本与成本预算之间的偏差,形成预算差异报告。在制定会议预算之前,需要确定可以接受的偏差范围,将上述报告中比较的结果与偏差范围进行比较,如果偏差显著超过这个范围,就应该引起会议管理方的注意。

预算差异分析报告分临时性报告和定期报告。对重大差异和问题要及时报告(临时报告),对会议规定时间及会议结束后的成本差异分析报告要进行全面的分析,并按规定时间报会议筹备委员会。

(3)对会议成本偏差的改进。在对成本偏差具体分析的基础上,如果成本偏差由操作会务的部门不慎所产生,就应该采取纠正行动,可以通过改变会议策略、调整组织结构、采取补救措施等方式进行。对产生不利差异的原因、责任归属、改进措施以及形成有利差异的原因和今后进行巩固、扩大、推广的方面提出建议。如果某个项目的成本偏差在预算允许的范围内,只要该项目附带了表明在预算之初就已允许的书面说明,则无须改进。通常情况下,允许会议的承办者自主决定10%(也可以是其他比例)的预算转移额(将某个项目的预算转移到另一项目上的预算转移额)。

一、提示会议按计划进行

(一)引导案例

××广告公司召开的部门经理会议陷入了僵持状态,设计部总监坚持认为一周内是无法设计出一个优秀的汽车三围动画广告的,而客户部的经理则认为他不应以人手不够而丢掉目前的大客户。两人争论得不可开交。这时,总经理助理高峰提出建议:这个项目能否临时招聘几个兼职设计师或外包部分设计任务呢?他的建议立即得到了设计总监的响应。讨论很快进入到外包的预算上来了。客户部经理的脸色也开始阴转晴。

点评:一个能准确把握会议主题,时刻关注公司发展的秘书,应有广阔的管理思路和优秀的协调沟通能力,同时他也就可以在会议的推进上发挥应有的作用。

(二)工作技能

1. 推进会议进程应遵循的原则

(1)认真倾听,最少限度地打断谈话。多提开放式、探索式问题,发言人表达观点时，要最大限度地给予鼓励，如点头示意、目光接触。

（2）树立自信心，确信自己能对任何冲突产生积极的影响。用直接、坦诚和适当的方法表达自己的愿望、意见、需求和信念。

（3）消除交流障碍。限制具有威胁性和挑衅性的行为，鼓励对会议决议影响较大又感到比较拘束的人员踊跃发表自己的意见。

（4）强调问题。应当将复杂的问题分解成若干容易处理的小问题，循序渐进，逐步导向问题的核心。

（5）使用精湛的人际交流技巧，接受他人积极有益的批评和建议。

（6）多议题会议的议题安排次序应科学合理，一般情况下，需要大家开动脑筋，集中献计献策的议题建议放在会议前半部分进行。

2. 提示会议按计划进行的注意事项

了解议题和议程→准时宣布开会→有效引导议题。

会议召开之前，会议主持人应认真研读有关文件材料，了解议题和议程，了解与会人员的构成情况及基本意见倾向。一般来说，提示会议按计划进行应注意的方式方法如下：

（1）在会议开始前，明确地向与会人员宣布会议开始和结束的时间，并保证做到准时开会和散会。

（2）会议议题开始前，规定讨论与不讨论的界限，给每位与会人员以平等的发言机会和权利。如需提示，主持人可以建议适时终止讨论或辩论，及时确认结论、形成决议，一个议题结束后应立即转换议题，以免延误时间或节外生枝。

（3）提示会议按计划进行需要会议主持人掌握合适的时机。一般来说，如果会议时间较长，可以通过安排短暂的休息来提示会议按计划进行，而尽量避免在发言高潮或是某一问题的讨论尚未结束时进行。

（4）在参与组织讨论时，如果讨论超出界限，或者出现争论或更严重的争吵，主持人应及时进行提示，甚至可以暂时中断会议来保证会议按计划进行。

（三）相关知识

1. 提示会议按计划进行的意义

这项协调工作是针对参与会议的秘书而言的。

提示会议按计划进行，能根据会议目标的需要，在会议进行过程中创造与会议目标相适应的环境气氛，掌握会议议程，维护会间秩序，排除外界对会议的干扰，从而引导决定、决议、结论的形成。

2. 参会人员在推进会议进程中的责任

在会议进行过程中，为了保证会议能够按计划进行，与会人员应注意：

（1）讨论中要专心投入，和他人保持和谐的交流气氛。

（2）不随便打断他人的发言，不随便插言，不侵犯其他与会人员的权利。

（3）不随便进进出出，影响他人的发言。

（4）自己的论点被证明根据不足时，应当显示自己的风度，放弃己见。

二、监督会议经费的使用

（一）引导案例

恒源公司新产品发布会的经费预算

公司定于 2006 年 1 月 15 日在金隅大厦一楼会议室召开新产品发布会。与会人员预计 200 人，现就会议所需各项经费提出预算：

一、场地租用费

金隅大厦一楼会议室一天 5 000 元，两天共计 10 000 元。

二、摄像设备租用费

拟租摄像机 2 台，每台每天租金 2 000 元，共计 4 000 元。

三、聘请专家咨询费

5 000 元 ×2 人 =10 000 元。

四、宴请费用

10 人一桌，每桌标准 2 000 元，20 桌共计 40 000 元。

五、交通费用

租用旅行车 2 辆，每辆每天 500 元，500 元 ×2 辆 ×2 天，共计 2 000 元。

六、会议用品费

资料印制费：每份宣传资料成本为 5 元 ×2 000 份，共计 10 000 元。

七、纪念品

到会记者预计 50 人，每人一份纪念品价值 500 元，共计 25 000 元。

此次会议经费总计 10 万元。

此预算提交总经理办公会审查批准。

会议筹备小组
2006 年 1 月 5 日

点评： 会议筹备前需要对会议经费进行精确预算，并反映在会议筹备方案中。上报领导审批后应监督经费的使用。要本着节俭的原则进行预算。

（二）工作技能

1. 会议经费的类型

会议经费的类型包括下面几个方面：

（1）与会人员交费

① 会员及非会员的交费。在举办商务会议时，可以对于不同的与会人员收取不同的费用。如果与会人员是会员，主办者通常要为他们提供优惠的收费标准，以鼓励他们参加会议；同时按注册会员的时间先后予以不同的收费标准，来吸引非会员的入会。

② 陪同人员的交费。如果会议策划中有陪同人员安排的活动，那么也可以为陪同人员提供和与会人员平行的优惠收费标准，可以通过这种优惠措施鼓励普通的与会人员参加会议，而陪同人员缴纳的费用也是这些会议收入的重要来源。

与会人员的交费是上述两种交费之和减去给予与会人员一定的优惠和折扣后的余额，一般的预算公式为：

$$与会人员交费 = 预期的与会人员人数 \times 交费额 + 预期陪同人数$$
$$\times 交费额 - 交费折扣额$$

（2）参展商交费。大型的商务会议往往具有召开展览会的能力和场地，因此参展商缴纳的费用也是会议收入的一个重要来源。

（3）联合主办者交费。某些会议可能是几个机构、公司出于共同的兴趣和目标而彼此合作主办的，由其中一个公司来负责会议的全程事务，其他公司和机构作为协办，也许交纳一定的费用作为会议收入。

（4）广告、赞助和捐助。在举办商务会议时，通常也可以将其作为一次为与会公司和其他相关组织做宣传的机会，会议中印刷的纪念材料可以为其提供有偿广告，会议可以从中收取费用。

主办机构有时可能会从个人、基金会、民间机构、政府部门获得实物或资金形式的赞助或捐助，构成会议的预算资金。

（5）公司分配。举办商务会议的公司在预算时，可能先要从自身账户上为会议拨一定的款项作为预算资金，在盈利后，再将该款项金额收回。

（6）其他收入项目

① 录音、录像带和出版物：会议发言录像和录音、展览会录像、会议记录和报告出版等可以公开发售，作为会议的收入。

② 旅行、餐饮：会议期间提供的各种旅行服务、特色或高档餐饮服务等，都可以向与会人员收取一定比例的费用。

2. 会议经费使用的方面

会议经费使用的主要方面有：

（1）文件资料费：包括文件资料、文件袋、证件票卡的印刷、制作等开支。

（2）邮电通讯费用：如发会议通知，就会议事项发传真、电传或打电话进行联络等费用；若召开电视、电话等远程会议，则使用有关会议设备系统的费用也应计算在内。

（3）会议设备和用品费：如各种会议设备的购置和租用费。

（4）会议场所租用费：如会议室、大会会场的租金，以及其他会议活动场所的租金。

（5）会议办公费：如会议所需办公用品的支出费用，会场布置等所需要的费用。

（6）会议宣传交际费：如现场录像的费用，与有关协作各方交际的费用。

（7）会议住宿补贴费：一般情况下，住宿费是由与会人员自理一部分，由会议主办者补贴一部分；也有主办单位全部承担的情况。如果无住宿要求，应明确与会人员完全自理这一部分，则预算中可不列此项。

（8）会议伙食补贴：通常由主办单位对会议伙食补贴一部分，由与会人员承担一部分。

（9）会议交通费：即参会人员交通往返的费用，如果由会议主办单位承担，则应列入预算；会议期间的各项活动如需使用车辆等交通工具，其费用也应列入预算。

（10）其他开支：包括各种不可预见的临时性开支。

3．会议经费使用的注意事项

（1）会议经费使用中的各种票据管理。企业工作人员国内外出差的费用，经常由秘书办理或协助办理。因此，秘书要事先做好准备，熟悉办理信用卡、旅行支票、快汇等的方法。信用卡可以从银行取得，上面开列支款人的姓名、签字、号码和最高支款金额数等内容。这笔金额要从企业存在银行的存款账户中扣除。当旅行者在国外需要现金时，可以持信用卡去指定的银行支取，所支金额要记在信用卡上。一张信用卡通常包括一笔很大的金额。此外，旅行者可以在银行和一些旅行社购买金额较小的旅行支票。支票使用者必须于购买时在支票上签字，支取旅行支票时，必须由使用者在支票上再次签字。快汇汇票则由秘书购认，可以交给或寄给指定的旅行者。与持有普通支票一样，旅行者可凭这种汇票收取现金，或者转让给他人。当工作人员回到企业后，秘书有时还须代上司整理出差费用记录，转交会计人员报销有关费用。

（2）会议经费预算的制定是控制会议成本、提高会议效率、节省时间和资金的重要手段。提出会议预算方案，首先要以成本观念、时间观念和效率观念为指针，尽量减少会议的有形和无形支出，控制会议的数量，压缩会议的时间。

（3）一些费用的名称要具体规范。

（4）购买会议用品要充分考虑各种用品、耗材的价格比，力求价廉物美。

（5）遵守公司零用现金、消费价格和用品报销的各种财务制度和规定。

（6）有些会议用品或纪念品要在预算后附录详细的物品报价表。既要降低成本又要留有余地，以备特殊之需。

4．会议经费使用的监督方法

在编制会议经费时，需要考虑费用的明细及多询问几家供应商，了解行情。例如，设备租用费，需要考虑租用哪些设备，不同型号、不同功能的设备租用费用的差价，会议工作人员应该根据会议对设备的使用要求适当选择。

会议经费的使用可以采取以下几种监督和控制方法：

（1）报告和会议。由具体的会议操作部门向预算管理办公室提交预算执行报告；会议策划委员会在会议期间定时定期召开预算控制例会，对预算执行情况进行分析。

（2）授权与自我控制。成本控制权由会议策划委员会从上往下层层授权、层层监督，由会议的具体操作部门按照预算进行自我控制、自我监督。

（3）质量。如果成本在预算的范围内，检查酒店、会议室（场地）的结构与布置及其配套设施、接待服务、房间安排、会议资料发放、VIP 客人的接待、会后考察线路的安排、返程交通等诸多细节是否按原定计划执行。

（4）损益平衡表。比较各项成本的预算和实际值，在损益预算结算表中计算出二者的差额，并对该差额进行说明。

（5）比率分析。用于计算控制财务预算的各项指标，如赢利性指标，用于分析成本对利润的贡献率。

（6）审核时要逐项细审。

① 要让起草人员将部分费用的细目表一并呈上，如设备租用费，都租用了哪些设备？设备租用的行情是怎样的？不同型号、功能的费用差距有多大？主审秘书都应了然于胸。

② 对经费的把关不可太松，否则会造成消费；也不可太紧，否则会影响到会议质量。

（三）相关知识

1. 网络新闻发布宣传的经费预算

如今，利用网络来展开商务会议的宣传，发布会议新闻、报道会议内容的做法已经屡见不鲜，因此在进行商务会议的预算时，有时需要将这部分支出计入预算。下面的表格中实务列出了某次会议在中国环保商情网站进行网络新闻发布及网络现场直播两部分的预算内容、时间及金额。

表1-1 网络新闻发布的宣传部分预算表

预算名称	内容简介	预算金额／元	预算时间／月
弹开画面	简要文字说明，200 字以内	2 000	1
重要位置	简要文字说明，1 000 字以内	3 000	1
图标（LOGO）闪烁链接	简要文字说明，1 000 字以内	3 000	1
首页图标	设计精美广告语和图案	6 000	1

会议网络现场直播的具体经费预算还应包括如下方面：

（1）制作本次大会主页。

（2）开设新闻专题频道，报道当日新闻（文字和图片）。

（3）开设技术专题研讨会频道。

（4）报道专题详细内容（每篇含有一张讲座者的现场图片）。

（5）开设参加本次大会的企业和单位的详细内容频道。

（6）报道大会的开幕式和闭幕式。

（7）永久保存在本网站的会议频道下载。

2．会议收款的方法和时机

有些会议需要由与会代表向主办方支付一些必要的费用（如资料费、培训费、住宿费、餐饮费等）。应在会议通知或预订表格中，详细注明收费的标准和方法。注明与会人员可采用的支付方式（如现金、支票、信用卡等）。如用信用卡收费，应问清姓名、卡号、有效期等。开具发票的工作人员，事先要与财务部门确定正确的收费开票程序，不能出任何差错。如果有些项目无法开具正式发票时，应与会议代表协商，开具收据或证明。

三、处理会中突发事件

（一）引导案例

已经是晚上8点钟了，天地公司的部门经理会还在热烈的气氛中进行。在去年销售业绩的鼓舞下，大家都十分兴奋，对公司发展充满了信心。王副总准备进行总结，他用力一挥手，不料刚刚续上茶水的茶杯被打翻了，开水全泼到了旁边钟苗的手上。钟苗被烫得跳了起来，就在大家惊呆的一瞬间，总经理助理高峰迅速打开一瓶矿泉水浇在钟苗的手上，又马上把她拉到洗手间，让她用冷水冲洗，自己则回到办公室拿来一管烫伤膏给钟苗敷上。然后安排车派人把钟苗送往医院。

王副总欣慰地长出了一口气，大家又回到了会议桌旁。

点评： 高峰对突发事件的果断处理来自他平时对业务工作要求透彻的了解和丰富的生活常识。在办公室内备留一些应急药品和急用物品，是一个秘书应该想得到、办得好的。

（二）工作技能

1．会中突发事件的类型

（1）人员问题。会中常见的人员问题是发言人、参加者或关键代表的缺席或无法按时到会。

（2）健康与安全问题。会议中有时会出现意想不到的情况，如突发性的火灾等各种灾害的发生，某位代表患上了严重或高度传染的疾病，因某种原因导致与会人员出现食物中毒等。

（3）行为问题。会议中偶尔会出现发言人行为不当或与会代表行为不当问题。

2．处理会中突发事件的方法

（1）处理人员问题。如果一位演讲人不能按时到会，可以考虑替代者。如果有一位发言人实在无人代替，可以修改议程。主持者可以临时额外给每一位发言人10分钟提问时间，以弥补发言人的缺席。

（2）处理健康与安全问题。秘书可以提醒负责会议筹备的相关领导或组织组成专门的安全小组来负责相关事务。加强会前的安全检查，必要时要组织应对火灾等突发事件的演习，要派出专门人员负责把守安全通道，有条件的地方要充分利用好会场所在地的摄像监控系统，随时掌握会场方方面面的情况。同时，中大型会议事先要安排好医护人员在会场以应急。另外，要加强会议值班工作和应急车辆的安排。

（3）处理行为问题。要防止出现发言人行为不当或与会代表行为不当，一方面，要加强对发言人以往情况的审核，并加强发言前的沟通；另一方面，提前做好准备避免这种情况出现，如请行为不当者暂时离开会场等。

3．处理会中突发事件程序

处理会中突发事件程序包括：向领导报告→启动会议应急方案→实施应急方案→必要时向公共应急机构请求支援→善后工作（向受害者及其家属进行安抚、与媒体沟通）。

（1）对会议中出现的突发事件及时向领导报告。

（2）启动会议应急方案的各项措施。

（3）调动起会议有关人员及时进行补救和处理。

（4）必要时向公共应急机构请求支援。

（5）处理好突发事件的善后工作。

（三）相关知识

1．处理会议突发事件的责任分工

（1）会议期间的后勤服务工作牵涉面广，涉及的人员较多，因此要有综合管理、统筹安排的意识。要树立后勤服务保障"一盘棋"的观念。

（2）会议期间要增强责任意识，做到有备无患，事先做好应对各种突发事件的备用方案。

（3）加强岗位责任制，建立会议期间的严格值班制度。做到事事有人问，各项服务热情周到。想与会人员之所想，急与会人员之所急。

2．突发事件与规章制度

（1）应急方案的定期检查制度。

（2）突发事件的第一时间报告制度。

（3）各种应急设施的检查维护制度。

（4）值班工作责任到人制度。

四、管理会间文化活动

（一）引导案例

红光公司与中国××企业家协会一起举办了第×届中国人力资源管理大奖颁奖典礼暨峰会，在会议最后一天晚上7：00安排了招待宴会和联欢会，因会议组织方事先没有预计到参会单位和人数会达到500人，仅仅安排了容纳200人的宴会和联欢场地，结果造成近一半的参会者不能参加宴会和联欢会，使部分参会人员失去了与领导和媒体沟通的机会，引发了参会人员的不满和抵制，结果导致联欢会气氛冷冷清清，不欢而散。会后，领导批评了负责此项工作的主管秘书高枫。

点评：会议组织方安排的文化娱乐活动具有使参会者联络各方、增进友谊、加强合作、放松身心的功能，是会议管理的重要组成部分，但却经常不被会议管理者所重视。高枫在安排此次会议娱乐活动时，事前没有能够充分调查和计划，没有考虑参会者的需求，也没有准备相应的备用方案，致使组织工作出现了重大纰漏。

（二）工作技能

1. 管理会间文化活动的内容

（1）安排娱乐活动的内容。安排会议娱乐活动内容，可以直接或间接地与会议的主题相结合，例如，会议的主题是以"合作""联谊"为目的的，就可以安排一些体现合作精神的群体互动活动，诸如舞会、按照分组表演节目等；如果是以"工作"为主题的会议，娱乐、参观也可以直接或间接与工作内容相关联，诸如组织观看文艺演出、参观历史名胜等。当然，会议的娱乐活动也可以与会议主题无关，主要是满足参会者运动、愉悦和休闲的需求。

（2）安排参观活动内容。参会者一般都会有借开会的机会了解会议地点的历史名胜、自然风光、风土人情的愿望，在一些会议的组织过程中，一般要根据参会者的兴趣、专业、爱好、愿望和身份安排相应的参观活动，在选择参观地点和项目时，要考虑路途的远近、交通条件、气候条件、整个日程的安排、生活接待条件等。对参观活动期间的陪同、导游、用餐、休息、购物等环节，事先要妥善安排计划，而且要备好参观途中的食品、饮料、导游小旗、汽车燃料、接送车辆等。必要时，要就参观游览活动的内容、路线、日程及时间等与参会人员协商。

2. 管理会间文化活动的要求

（1）了解会间文化活动的主体情况。活动组织者必须了解会间文化活动的主体的独特需求。参加活动的是老年人还是年轻人，或者什么年龄阶段的人都有？是公司高级管理人员与客户会晤，还是公司老总与公司下属都参加的大聚会？不同的人员构成就要选择不同的娱乐方式。参会代表使用的是同一种语言吗？是否需要采用乐器演出或者其他类型的表演来消除语言方面的障碍？

（2）掌握会议娱乐方面的预算情况。会议娱乐活动的费用各不相同，一定要弄清楚娱乐活动所需要的基本条件和合同的附加条款，比如演出通常需要舞台、灯光、音响等，但演出所需要的特殊条件会打破已有的预算。例如，容易忽视的费用包括：地面交通、机票、食宿、杂费、视听设备及船运费用等。

（3）确定活动的主题。在大多数情况下，会议的主题决定了会议娱乐方式的选择方向。如果会议的组织方想在演出或活动中添加一些特别内容，演出机构或者活动组织单位可以将它很自然地揉进节目中。例如，魔术师可以魔幻般地将公司的首席执行官"变"到舞台上等。另外，不管是通过中介机构还是直接邀请来的演出团体，要始终和演出机构保持沟通，把他们当作会议组织方成功举办活动的合作伙伴。

（三）相关知识

1．文艺活动设施

会议地点拥有设备齐全的剧场、舞厅、歌厅、电影院，可以安排参会人员观看文艺演出、电影、戏剧等，参会人员也可在歌舞厅组织表演、舞会等活动。

2．健身与休闲设施

会议地点拥有健身场地和器材，设有游泳馆、保龄球馆等活动场所，并设有棋牌室、茶室等休闲活动场所。

3．文化娱乐经费预算

会议文化娱乐活动的经费应包括在总体的会议预算中，并根据会议的进展情况进行一定的调整。文化娱乐活动的预算包括交通、食品、劳务、设备场地租用等费用，要组织与会人员进行户外参观游览活动，还要考虑天气情况（如防雨、防雪）所需的经费，以及必备的安全设施所需的经费预算等。

第三节 会后落实

【技能目标】

通过本节的学习，学生应能够安排参会人员的票务工作，掌握会议文件资料的清退程序，能够做好会场或会议室的整理工作，掌握会议纪要写作要求和印发范围，能够遵循财务管理的原则，并做好收集、反馈会议精神落实情况的信息工作。

【知识目标】

通过本节的学习，学生应掌握会后管理工作的内容，了解会后文件清退、会议场地整理工作要点、掌握会议纪要的撰写与印制、会议精神的落实与反馈、会议总结与会议评估的内容与要求。

【先修内容】

1．合理安排与会人员的返程

安排返程票务需遵循"先远后近"的原则，合理安排返程工作。秘书应提醒与会者及时归还向主办方或会议驻地单位借用的各种物品；提醒与会者及时与会务组结算并办理付费事宜，开好收据发票。提早做好与会者车、船、飞机票的登记预售工作。秘书及送站人员应保持热情的态度、礼貌的语言，周到细心，笑脸相送。

2．会议文件资料的清退

秘书首先要确定会议文件资料的收集范围。会议文件资料清退时，首先要统一制发清退文件资料的目录。文件资料清退程序是：向会议主席团或主持人汇报发文情况，提出收退文件资料建议→待主席团或会议主持人批准后，下发收退文件资料目录，并做必要的解释工作→会议结束后进行清退，清退要逐份清点、登记，发现丢失的应查清原因，及时向领导报告。小型内部会议文件资料清退的方法：由会议主持人在宣布会议结束的同时，请与会者将文件放在桌上，由秘书统一收集；由秘书在会议室门口收集；由秘书单独收集个别已领取文件而未到会人员的会议资料。大中型会议文件资料的收集方法：提前发出文件清退目录，先由与会者个人清理，再统一交给大会秘书处；选择收集会议文件的渠道。运用收集文件的不同方法，对会议工作人员采取下发收集目录，限时交退。

3．引导离场、整理会场

对于大型会议来说，会议一结束，会务人员就要引导与会者有秩序地离开会场。通常情况下，都由主席台上的领导先离场，待领导离场后，与会人员再离场。如果会场有多条离场通道，领导者和与会者可以各行其道。对于大型的群众性集会，与会者中有妇女、儿童在内，散会时很容易造成拥挤和混乱。会务人员一定要加强引导离场工作，避免发生事故。对于大型会议，散会后还有引导车辆离场的工作。

与会者离开会场后，会务人员就要有条理地收拾整理会场：检查有无遗漏文件；卸下为布置会场特意安装的有关设备和器材，及时放回原处或办理归还手续；向会场管理部门作出使用完毕的报告，并办理付费的有关事宜。对于会议室的整理也应遵循同样的要求。如收拾整理放置在会议室的茶杯、桌椅、烟灰缸和其他用品；清理并取走所有剩余的与会议有关的文件。检查、归还各种视听设备，将会议室设备整理恢复到备用状态。

4．收集、整理会议文件资料

会议文件资料的立卷归档原则上是一会一卷，以便于日后查找、利用。会议文件资料的立卷归档工作要严格遵守档案制度。收集文件应严格履行文件登记手续，并认真检查文件是否存在缺件、缺页、缺损的情况。如果出现此类情况，应尽快及时采取补救措施。收集整理过程中要注意保密。

5．编发会议纪要和决办通知

会议纪要与会议记录的性质、内容要求、格式写法、作用等都存在很大不同。会议纪要的目的在于将会议的议事过程和议定事项，用精练的文字归纳出来，留存备查并分发有关部门贯彻执行。会议纪要具有纪实性、概括性、条理性、指导性和称谓特殊性等特点。会议纪要的发文流程为：编写会议纪要→确定印发范围→接收者确认→领导签字→打印成文→印制、分发或归档保存。会议纪要印发范围应根据会议性质和纪要内容确定。

6．收集、反馈会议精神的落实情况

会议传达是实现会议决策目标的最主要环节，包括对会议精神的传达跟进、会议精神的落实反馈。对会议精神的落实反馈应及时、准确、真实，要建立畅通的反馈渠道。

本节主要介绍了结算会议经费的方法和原则，以及会议经费结算的程序；会务总结的形式、内容、基本要求和程序；新闻发布和报道工作的形式、要求和基本程序；会议评估的目的、标准，会议评估原则，会议评估方法，会议评估的主要内容，会议效果评估的基本程序。

一、结算会议经费

（一）引导案例

公司承办的展销会在有序地进行。行政助理高叶却发现有的项目需要进一步追加资金。她详细列出了一些细目，及时向经理做了汇报。经会议筹备组商定，对有的项目做了追加资金的决定。

点评：任何一个会议筹备时，都需要作出经费预算。但在使用过程，有些属于不可控的状况，需要资金调整时，秘书不能自行主张，必须请示领导，履行正常程序。高叶的做法值得肯定。出现了这种追加资金的情况，在会议的最后评估中要作出合理的分析。

（二）工作技能

作为行政助理，应能够结算会议经费。会议经费结算应遵循会议财务管理的相关规定，按照一定程序进行。

结算会议经费的基本程序为：统计会议实际收支项目，对照经费预算进行核查→通知与会人员结算时间、地点、结算方式→清点费用支出发票→核实发票→填写报销单、将发票贴于报销单背面→请领导签字→到财务部门报销→与相关部门及人员结清费用。

（三）相关知识

会议经费的结算是会议组织者在会议结束后对整个经费使用情况（即会议开支费用）的结算。结算时应列清每项开支，多退少补。如预收时曾出具收据，应以收据换正式发票。

1. 收款方法

会务组织方应在会议通知或预订表格中注明收费标准和方法；注明与会人员可采用的支付方式；用信用卡收费，应问清姓名、卡号、有效期等；开具发票人员事先要与财务部门确定正确的收费开票程序。

2. 付款方法和会议财务管理原则

会议经费的安排要根据会前经费的预算决定。对于会议所借场所及设备、食品饮料等物品要在预订时交定金，会议结束后结清相关款项，包括会议经费的收取和对发言者的报酬等。一定要做到账目清楚。会议财务管理应遵循的原则：一是遵守制度，严格手续，这是会议财务管理最基本的原则；二是量入为出，收支平衡；三是精打细算，厉行节约。

（1）遵守制度，严格手续。这是会议财务管理最基本的原则。会议经费的使用一定要严把审核关，审核权限要明确。

（2）量入为出，收支平衡。要做到会议经费的收支平衡，使会议以最小的投入获得最大的产出，就要加强会议经费使用的前馈控制、同期控制和反馈控制。首先是会议经费的前馈控制。会议组织者为了避免预期出现的问题，在实际工作之前，采取方法进行补救的一种未来导向型的控制方式。采用这种控制方式需要及时准确的信息，实践中很难办到。其次是会议经费同期控制。这是发生在会议过程之中的控制。通过直接观察、及时分析预算的执行情况，可以监督成本的支出是否符合预算计划，同时在发生问题时可以马上进行纠正。再次是会议经费反馈控制。这是管理者提供了预算效果究竟如何的真实信息，反映了目标与现实之间的偏差。

（3）精打细算，切实可行。对于费用预算和使用，要在必要性和可能性的基础上来确定其开支数额的大小，不能盲目追求高规格、大排场。同时要综合考虑：主办方和承办方的利润目标；上一年同类会议的预算情况及会议评估报告；最近的会议市场情况及预期情况；本公司会议方面的政策和策略，如促销策略、广告投入等；公司外部环境的变化，如不同的季节、竞争对手的变化、供求关系的平衡、政府部门的政策和规定、整个行业的发展波动，以及其他影响因素等。总之，要精打细算，留有余地。

二、总结会务工作

（一）引导案例

公司承办的大型展览会已经接近尾声，行政助理高叶将一份会议评估表发给了与会人员，请他们协助完成调查的各项内容。高叶还在会场与个别与会人员进行了面对面调查。会议结束后，高叶整理了收集到的会议意见和建议，很快完成了书面会议总结。

点评： 高叶的做法值得学习。会议结束后，秘书应及时做好会务总结工作。通过适当的方式，多方征求对会议的意见或建议，结合会议目标等进行比对，总结经验发现不足，并提出进一步改进的建议。对会议的总结应本着实事求是的原则进行评估，对表现好的会议工作人员要加以表彰。

（二）工作技能

会议结束后，秘书应及时总结会议。

会议总结基本程序为：对会议征询意见，拟就工作总结稿→向领导报告会议结论→修改、定稿→印发→归档→组织全体工作人员召开总结会。

（三）相关知识

一个会议是否能开好，是否达到了预期的目的，与会议组织和服务工作的水平有着直接的关系。一些重要会议或大型会议结束后，负责会务工作的领导应该及时召集全体工作人员，对整个会议的组织和服务工作进行全面总结，以积累经验，找出不足，从而明确今后搞好同类型会议组织与服务工作的借鉴之处。

会务总结一般是以开总结会形式进行，全体会务工作人员都要参加。也有的重要会议，如果有的领导有具体要求，就需要在开好总结会的基础上，写出书面的会务工作总结，并交有关领导审阅后，作为大会的文件资料，连同会议记录、会议简报、会议文件等，一并作为完整的案卷归入档案。

1. 会议总结的目的与形式

会议总结的主要目的是检查会议目标的实现情况，总结经验，提高工作水平和会务效率，奖惩相关人员，并妥善解决会议的遗留问题。会议总结还是会议总结表彰的交流材料，能相互学习、取长补短。会议总结是向上级机关汇报工作的书面形式。

会议总结的形式因会议种类的不同而有所不同。按总结内容的范围分，会议总结可分为综合性总结和专题性总结。按时间分，可分为阶段性总结和完成性总结。

按总结形式分，可分为座谈会总结、表彰会总结等。总结和纪要写好后，一般较大型或较重要的会议需按一定程序修改定稿，然后印发。

2．会议总结的内容

撰写会议总结或会议纪要也是十分重要的。会后处理应遵循及时性原则，即当一个会议结束后，秘书就应着手开始撰写会议总结或会议纪要。总结或纪要的内容包括会议名称、时间、地点、规模、与会代表人数、主要议题，参加会议的上级领导人，会议的主持者，领导人报告或讲话的要点，对会议的基本评价和贯彻要求，会议的决议情况及今后的工作任务布置等。

（1）会议概况。会议概况一般包括会议召开的时间、召开地点、主持人、参加人员、上级和嘉宾出席情况及会议的主要议题，通常要对会议的整体效果和会议气氛进行概括和评价。

（2）会议进行情况与会议精神概括。它主要由会议的基本情况、需要解决的问题及解决办法、讨论的结果及今后的任务、会议的决定事项和结语组成。这一部分可采用 3 种方法，即概述法、归纳分类法以及发言顺序法来写作。

（3）结尾。结尾部分对整个会议的组织情况进行概括，表扬一些部门和人员，对不足进行分析并提出改进意见。结尾部分通常还会就如何传达、贯彻会议精神提出原则性的意见。

3．会议总结要求

会议总结的要求主要有：根据岗位责任制和工作任务书的内容逐条对照检查；回顾和检查，认真总结经验教训；有理有据，实事求是，突出重点，有所侧重；一分为二，以激励为主；总结出简单易行的办会程序和制度，使会议工作科学化、程序化和制度化。

（1）逐条检查，全面评价。会议工作总结要根据岗位责任制和工作任务书的内容，逐条对照检查；要以会议目标为导向来对照检查实现情况；要将员工自我总结和集体总结相结合；要根据会议的具体分工情况，制定总结的量化标准。

（2）总结要将客观标准和主观标准相结合。客观考绩标准是客观的、定量的标准。它包括个人工作指标，如出勤率、满意率、事故率等，还包括效率指标，如会议成果、会议组织管理情况等。

主观考绩标准凭借考评者的主观判断，易受心理偏差左右，但较现实可行。可采取相对考绩法和绝对考绩法。所谓相对考绩法，是使被考评者和别人相对照而评出顺序和等级的办法。所谓绝对考绩法，是单独地直接根据被考评员工的行为及表现来进行评定的办法。

（3）总结经验，激励下属。总结的目的是为了激励先进，改善后进。因此，总结要实事求是，侧重总结经验，概括规律，鼓舞士气，激励下属。

在进行会务总结的过程中，主持会议组织与服务工作的负责人应对会议的组织与服务过程中的有功人员和有关部门进行表彰和奖励，慰问那些为搞好会务工作的人员，同时，应该由有关人员代表大会会务工作部门向这些会务工作人员的原单位介绍情况，联系补假。另外，在进行会务工作总结时，也要对会议组织与服务工作整个过程中出现的漏洞与差错作出总结，并对负有责任者进行必要的批评帮助，使全体人员吸取教训，避免今后再次发生类似事情。必要时还可写出总结报告，上报领导或入卷归档存查。

三、新闻发布和报道工作

（一）引导案例

这次的招商会，行政助理高叶主要负责媒体接待工作。她热情接待媒体记者，为他们提供最便利的服务，尽最大可能满足媒体记者的好奇心。然而，令她感到不安和不解的是，竟有涉及组织机密的信息见诸报端。

点评：会议新闻工作是社会组织与公众进行沟通、通过公关宣传增强组织形象的一项重要工作。秘书应高度重视与新闻媒体的关系，对有意向进行新闻报道的会议信息应严加筛选，报请领导审批后再交予相关媒体。

（二）工作技能

会议结束后，行政助理应能够及时做好新闻报道等工作。

会议的报道程序，取决于会议的重要性及开放程度。有些重要会议要举行新闻发布会。新闻发布会是政府机构、社会团体或特定的经济组织就一些重要工作、重大事件或有关热点问题向新闻单位和有关方面进行新闻发布的会议。会议前秘书要斟酌新闻发布稿，潜心研究可能提到的问题，分类准备材料。

一个会议的内容是多方面的，大会秘书部门在发布会议新闻、撰写新闻稿件时，一定要慎重考虑报道的内容，尤其是对比较重要的会议的报道，一方面要坚持高质量高效率，各方面密切配合，争取使会议的基本内容、基本精神尽早见报。另一方面，对有些内容是否应该报道，有些一时拿不准的提法，一定要注意及时请示有关领导，由有关领导审定，以防止和避免会议新闻报道过程中的差错或失误。会议秘书人员应根据会议的纪律、规定和会议主持人的指示，帮助记者搞好新闻报道，不能越俎代庖。要尊重规律，尊重记者的劳动。

（三）相关知识

会议或因参加人员多或因社会影响大或因研究讨论的问题很重要，常常为新闻界所关注。对于有新闻报道价值且不在密级范围内的会议，秘书人员或会务人员应在领导的布置下安排好新闻发布和报道工作。

1. 会议新闻报道的要求

某些重要工作会议需要发布新闻报道的，要根据领导意图，或发综合消息，或发典型报道，有的还配以必要的评论。这些稿件，可由秘书部门与新闻单位配合编写，发布前应送请领导审定，以免出现偏差和错误。要注意新闻报道的时效性，做到快写快送，及时见报。同时要协助新闻单位做好会议的报道工作。秘书请示领导同意后，提供给新闻记者丰富而具体的各种资料、数据，准确反映会议精神。会议新闻报道应注意以下几点：

（1）客观真实。会议新闻报道的本质特点是报道真实，始终用客观事实说话。

（2）全面准确。会议新闻报道要通过媒体宣传全面准确地反映会议的信息，包括会议的主题与议题、参会人员、会议过程及最终结果。力争会议精神宣传的全面准确。

（3）迅速及时。会议新闻报道，应在第一时间使社会公众知晓会议信息，及时了解会议进展与动态。

（4）尊重媒体。会议新闻宣传工作的重要前提是要处理好与新闻媒体的关系，应对新闻媒体坦诚相待、理解尊重、热情服务。

（5）注意保密。会议新闻报道应避免涉及国家机密、商业机密等，对需要保密的信息进行技术处理后再予以公布。

2. 会议新闻报道的方法

第一种做法是邀请新闻记者到会，由新闻记者直接报道会议新闻；第二种做法是召开记者招待会，发布会议新闻；第三种做法是会议秘书部门自己撰写新闻稿件，报经有关领导审定后，交由报纸、通讯社、电台、电视台发表。

除机密性较强的会议外，一般会议都要做新闻报道，以扩大影响，使会议上的重要信息为公众所知。

四、评估会议工作

（一）引导案例

针对公司刚刚结束的研讨会，行政助理高叶从多方面进行了评估。如会议目标的实现程度、会议主题与议题的展现程度、会议时间与地点选择的适合程度、会议接待服务的满意程度、会议宣传实际效果等。领导充分肯定了她的会议评估工作。

点评： 高叶的评估工作较为全面。会议评估是一个内容庞杂又不容易测定的体系。性质不同的会议，其评估内容也有所不同。评估可参考的项目包括对会议目标、主题与议题的评估、会议议程与程序的评估、会议时间与地点的评估、会议接待服务的评估、会议宣传效果的评估，对会议与会人员的评估、会议主持人和发言人的评估等。

（二）工作技能

会议结束后，对会议进行实事求是的总结与评估至关重要。作为行政助理，应能够评估会议工作。

会议效果评估基本程序为：分析影响会议效果的主要因素→设计会议效果评估表→进行调研→统计数据、汇总评估结果→编制评估报告（将数据分析体现在总结报告中）。

（三）相关知识

在会议结束后，主办方、承办方除进行总结外，还会经常进行会议效果的评估。

评估是收集与特定目标相关的信息的活动。通过评估，会议主办方、承办方可以发现会议的实施与策划之间的关系。

1．会议评估的目的、标准

评估的主要目的是：会议目标是否得以实现；会议的成本效益如何（是否超支，以及是否盈利）；与会者对会议的组织服务是否感到满意；从会议的策划、组织、管理上考虑，以后的会议还需要进行哪些改进。总的来说，就是要分析会议进行得如何，以及与会者从会议中获得了什么收获。

会议评估力求科学、高效。会议评估的标准包括：目标；会议时间评估；与会人员；会议服务评估；会议实际费用支出、会议成本评估；再度召开同样会议时，继续推进与维持的事项。

2．会议评估原则

会议评估应遵循客观性原则、同一性原则、动态性原则、定性与定量相结合的原则等。

（1）客观性原则，这是会议评估的首要原则。会议评估应能够客观反映会议服务与管理的实际情况，通过评估发现问题、不断改进工作，提高办会效率和水平。

（2）同一性原则要求同一评估主体在对同一性质和类型的会议项目进行评估时，其评估的指标体系、评估程序、评估方法应当一致或基本一致，以体现评估结果的客观、合理和公平。

（3）动态性原则要求评估工作要科学、全面，对会议的项目评估体现其发展与变化。

（4）定性与定量相结合的原则要求在会议评估中，应将定性评估与定量评估相互结合、相互补充。定性评估是采用非数量化方法，将会议项目的过程和结果进行性质描述、分析与评价，作出定性的评估结论；定量评估是采用数量化的方法，对会议项目的过程和结果进行数量描述、分析与评价，作出定量的评估结论。

3．会议评估方法

在会议将结束时，以意见调查的方式进行，请与会人员填写会议评估表。或告知与会人员有义务一同提高会议质量，规定各部门无论大小会议，都必须以书面方式在会议结束前两分钟做此调查。

（1）定性评估。定性评估是确定所要研究问题的广度，即要得出关于这一问题的某些结论所需涉及的方方面面的因素。会议组织与管理的定性评估主要是通过观察法、访谈法、文献查阅法等方式对与会者的感受、知识学习、行为改变和绩效结果改变等几个层面的情况进行资料和情况的搜集，并作出分析研究。应将定性评估与定量评估相结合。

（2）定量评估。定量研究比定性研究更容易设计、操作和分析，通常采用问卷、访谈等方法。大多数会议评估都强调定量的数字处理，定量评估是将各种数字进行运算和统计分析，从而获取相关的比较数据或建立分析模型。毫无疑问，任何评估都要包括定量操作的部分。

其一，会议评估表格设计。设计会议评估表格和调查问卷是一项技术要求较高的工作。评估表格设计的质量将影响会议反馈数据的质量。设计时应该考虑下列因素：表格的长度。过长的表格很难完成，过短的表格可能不能提供充足的数据。填写的难易程度。调查问卷和表格设计一定要考虑对象和对方的时间限制，对于文化层次不同的人员，要在问卷设计的难易程度上体现差别；在时间过紧的情况下，评估表格也要尽量简练，复杂的表格会降低完成的可能性。

其二，问题设计。要根据调查的目的和需要收集的信息来设计问题，在提问之前首先要去除无关的问题。

问卷尽量采用开放式和封闭式问题相结合的方法。所谓封闭性问题，是指对问题的回答有明确的范围，无论是采取类别尺度、顺序尺度、等距尺度还是比例尺度，都有一个客观的衡量标尺和可以横向比较的范围。例如，对此次会议的服务情况总体满意度：非常满意、满意、一般、不满意、非常不满意。这就是封闭性问题。但封闭性问题对情况的反映只能让人们知其然，很难让人们知其所以然。开放性问题可以使调查者深入了解现象后面的原因。填写开放性问题需较长时间，它要求会议代表考虑对会议的反应，提出他们的反馈意见。开放性问题与封闭性问题相结合的综合性问卷既可以收集数字数据信息，也能使会议代表写下会议的内容是否满足他们的需要。

其三，数据分析。如果会议代表众多，可使用计算机分析调查的数据。如，召开全球原料供应商的洽谈订货会，就要尽量将调查问卷的数据统计采取计算机处理的方式，这样可以降低成本、提高效率。

4．会议评估主要内容

要使会议提高质量，就必须对会议质量实施控制，通过客观量化的评估不断总结经验，消除降低会议质量的不利因素。

（1）评估会议主题与议题。即会议主题的现实性，会议主题与议题的关系，与会人员对议题的关心程度，会议议题的适量性等。

（2）评估会议议程与程序。即会议议程与程序的顺序安排是否恰当，每项议程与程序的时间安排是否合理。

（3）评估主持人。对主持人的主持能力、业务水平、实现会议目标的能力、工作作风和对会议进程的控制能力的评估，可请会议成员和观察员围绕以下方面进行总结评估：①组织、安排会议情况；②确定、检查目标情况；③把握、控制进展情况；④鼓励、提出见解情况；⑤引导、把握话题情况；⑥协调、解决问题情况；⑦结束会议时间情况。

（4）评估会议工作人员。这是指对会议工作人员的行为表现、工作态度、业务水平和工作效果的评估。

（5）总体评估会议服务与管理。会议服务与管理工作评估应该覆盖会议工作的方方面面，包括会议方案、会议地点、会议时间、与会人员范围、食宿安排、会议宣传、会议经费和各项活动内容等。

通过对会议管理相关知识和技能的学习，我们应该能够承担起会议日程、议程的拟订，提供会议地点备选方案供领导定夺，安排好会场的类型和座次，做好嘉宾邀请和接待工作，准备好会议文件资料和会议用品，安排好会议食宿、车辆以及礼仪服务，并能够使用互联网、纸质媒介及时发布会议信息。在会前准备中，要重点掌握各种会议筹备方案的拟订方法和流程，掌握使用督查会务筹备情况的各种方法，严格审核各种会议文件，掌握会议文件的用途和印制流程与发放注意事项，做好会议应急方案的拟订工作，学会与上司就会议筹备及检查情况进行沟通。

在会议进行过程中，我们除了要做好会议记录和简报拟写发放等工作，还要安排好会议的值班工作、后勤保障以及新闻媒体接待工作等。此外，组织对会议的宣传报道、安排参会人员合影、娱乐活动等工作也是不容忽视的。在会议进行过程中，要重点掌握会议主持和推动会议进程的方法，做好对会议经费使用的有效监督工作，面对会议的各种突发事件要能够有效应对和解决。

在会后工作的组织和落实中，我们要收集、整理好各种会议文件资料，掌握印制发放会议纪要的流程和要求，做好会议精神的催办与落实，并将会后有关情况及时反馈给领导层。重点要掌握会后的总结和评估，同时，要做好会议经费的结算工作。

思考与练习

（1）会议筹备方案的内容与要求是什么？
（2）会议整体方案和筹备方案的内容包括哪些？
（3）电话会议及视频会议的要求包括哪些内容？
（4）如何选择会务机构的工作人员？如何做好会议分工？
（5）督查会务筹备工作包括哪些内容？基本要求是什么？

（6）怎样才能做好会务筹备情况的督查工作？

（7）如何审核会议文件？会议文件审核的内容及方法是什么？

（8）如何做好与上司的会前沟通工作？

（9）如何拟订会议的应急方案？会议应急方案的内容与要求是什么？

（10）如何提示会议按计划进行？提示会议进程的方法是什么？

（11）监督会议经费的使用原则与要求是什么？

（12）如何处理会中突发事件？

（13）怎样做好会间文化活动的管理工作？

（14）安排参会人员票务工作时应注意哪些方面？

（15）会议文件资料的清退程序包括哪些方面？

（16）会议结束后及时做好整理会场或会议室的工作为什么是必要的？

（17）如何做好会议文件资料的收集、整理工作？

（18）会议纪要有哪些特点？

（19）会议纪要有哪些写作要求？

（20）会议纪要的内容和印发范围是如何规定的？

（21）怎样做好收集、反馈会议精神的落实情况的工作？

（22）会议财务管理的原则有哪些？

（23）如何做好新闻发布工作？

（24）如何做好会议总结工作？

（25）会议评估的方法有哪些？

第二章 事务管理

第一节 接 待

【技能目标】

通过本节的学习，学生应能够确定礼宾次序方案；按礼宾次序排列座次、名次、出场次序；能够安排涉外迎送仪式，确定迎候人员以及准备好迎接的物品；能够运用好见面、送行的礼节，安排好仪式，做好送行前的拜访工作；能够确定会见会谈的步骤；了解西餐宴请注意事项以及选择礼品的注意事项。

【知识目标】

通过本节的学习，学生应能够掌握涉外接待原则和要求的知识；掌握礼宾次序以及涉外迎送仪式的知识；掌握涉外活动服饰要求的知识；掌握涉外会见会谈的知识、拜访的要求；掌握涉外宴请的原则；学会西餐礼仪以及参加招待会的礼仪；了解各国在送礼方面的禁忌；掌握馈赠礼品的知识和礼节。

【先修内容】

1．按照工作要求着装配饰

着装的基本原则是：着装要与场合相适应，公务场合应该庄重严肃，社交场合追求时尚华丽，休闲场合讲究舒适随意，工作场合要穿着标准职业装、职业便装，以及商务应酬的服装；着装要明确目的，即要明确通过着装给他人何种印象；着装要符合自己的社会角色，秘书和上司的着装风格是不一样的；着装要适合自身的条件，要学会扬长避短。首饰要与服装风格相协调，要符合自身的气质特点。

2．以正确的姿态、手势和表情接待来宾

站立时要挺拔有精神；坐相要稳重、端正；行动时步伐应该轻松敏捷。微笑是待客的基本表情，但不是唯一表情，还需要随着来访者的情况和个性来调整自己的表情和态度。谈话的场合、对象不同，注视的部位也不一样，它们分为公务注视、社交注视、亲密注视。要慎重使用某些特别的手势。

3．能够用正确的步骤和方法接电话

态度礼貌、友好，声音积极、自然。一般来说，电话应该摆放在左手边。能在规定时间内接起电话，问候对方并"自报家门"，要会用反馈语，电话出现掉线等意外情况会正确处理，转接外线电话时语调要积极热情。会正确处理同时打来的几个电话，上司或同事不在时能正确应对，会设计电话记录单。能够用正确的步骤和方法打电话：要能够提高效率，适时拨出，写下要点，控制时间，自报家门，以问候开始，以感谢结束，会应对录音电话。

4．能够有礼貌地迎送来访客户

做好接待准备工作，包括心理准备和物质准备。懂得迎接客人的见面礼节，即自我介绍和为他人介绍、握手、互换名片的礼节；迎接客户的步骤为：迎接→引领→入门→安排座位→上茶。见面时应讲究的礼节有，走在客人左前侧1～1.5米左右；上下楼梯、电梯要关照客户；要按礼仪要求为客户安排座位和上茶。懂得恭送来访者的礼节。一般送到电梯前或楼梯口，重要的客人要送到大门口；会为客人叫出租车，会安排车上的座次；送客之后，要马上整理好会客室；不要议论客人的短长。

5．热情接待来访客户

前台秘书要学会甄别客人，起到"过滤""分流"的作用。来访者有不同的类型，可分为个人来访和团体来访、有约来访和未约来访，接待方式应有所区别。要会设计、填写接待记录单，还要学会一边接待访客一边处理电话。

6．能够掌握确定接待规格的依据和方法

接待来访团体的第一项工作就是制定接待计划。接待分高规格接待、对等接待、低规格接待。秘书必须能根据来访者的身份确定接待规格。秘书首先要了解客人的身份和来访目的，据此确定由谁来出面接待最合适。接待规格的最终决定权是在上司那里，秘书仅提供参考意见。

6．掌握接待团体来访的计划内容

接待团体来访计划的主要内容有4项：确定接待规格、日程安排、经费预算、工作人员。

7．掌握用车、迎送客人的礼节常识

要会安排五座小轿车和七座小轿车的座次。在机场或车站迎接来访团体时，主人一方应该先自我介绍。迎接人员的安排有两种方法：一是主陪人在宾馆等候，派副职或办公室主任带人到机场或车站迎接；一是主陪人亲自到机场或车站迎接。恭送来访团体时要注意：在前一天晚上，主人要到客人下榻的宾馆去话别，也可以在客人离开的当天上午到宾馆话别。

8．安排来访者食宿、交通、行程，掌握中餐的礼节常识

秘书要掌握中餐的礼节常识和交通安全保障常识。首先了解客人的情况，确定

餐饮、住宿、用车标准；预定餐厅、住宿房间；根据对方要求调整方案。

9. 掌握参观娱乐活动特点及适应对象的知识

首先要了解参观的目的，从而安排不同的参观娱乐活动，还要掌握参观、娱乐的相关礼节，包括交际舞会的相关礼节。

一、确定涉外礼宾次序

（一）引导案例

某公司承办了一个大型招商会。会议邀请了数个国家的投资公司前来参加，同时还有不少中国本土的公司也表示了参加的意愿。会议的接待工作十分繁重。为了显示各国、各公司一律平等的原则，并且为了鼓励大家积极参与，大会秘书处决定按照参加者决定到访的时间来排列礼宾次序。结果出了问题，因为国内的公司接到邀请函的时间比国外公司要早，反馈也快。这样在礼宾次序上，国内公司就基本排在了前面。这实际上是对国外公司的一种不平等，让大会秘书处感到很为难。

点评：实际上，在考虑礼宾次序问题上，应该考虑得更周全一些。以代表团团长的身份来确定第一次序是商务活动中常用的，它鼓励参加会议的公司派出身份较高的人员来参加，对提高会议的重要程度起到了积极作用。

（二）工作技能

礼宾次序确定步骤：

1. 确定礼宾次序方案

在商务活动中，一次接待两个以上的外国代表团，就需要确定礼宾次序。因为这涉及在会议发言时谁先谁后，宴请时谁坐在主人右边那个位置等敏感问题。

一般的习惯是：首先按照来宾的身份、职务的高低排列；身份相同者，再按国家、地区名称的拉丁字母顺序排列；名称的第一个字母相同者，再按某种时间顺序排列。在礼宾实践中，上述 5 种方法可以交叉采用。

2. 提前通知有关各方

不论采用何种排列方法，均应事先与外国来宾进行沟通协商，一般在发邀请函的时候，就应注明礼宾顺序的排列方法。这样就会减少以后的摩擦。如果某个国家的代表团希望能排列在前面，就需要研究这次活动的礼宾次序，或委派身份高者任代表团团长、或争取早一些抵达。

3. 按礼宾次序排列座次、名次、出场次序

（1）按礼宾次序排列座次：按礼宾次序排列在前面的代表团在开会时要坐在前排，在宴请时，团长坐在主人右侧的上座。

（2）按礼宾次序排列名次：会议发言时，发言人名次按此排列；各国国旗的排

列也是如此。挂在主席台上的各国国旗依礼宾次序从右向左排列，东道主的排在最左边。

（3）按礼宾次序排列出场次序：像大型体育比赛一样，谁先出场得按一定的顺序，按礼宾次序出场，就不会引起矛盾。

（三）相关知识

1. 涉外接待的原则和要求

随着全球经济一体化以及我国对外贸易、出境旅游及其他外事往来的增多，涉外礼仪也日益重要。作为一名商务人员，了解并遵循一定的涉外商务礼仪和规范是十分必要的。

各国都有自己独特的风俗习惯和礼仪。国际礼仪是人们在长期的国际交际往来中，经过求同存异的遴选而逐渐建立起来的行为举止规范，它是人类文明的体现。涉外接待遵循的正是国际礼仪。

与国内礼仪相比较，涉外接待中更为重要的原则和要求是：

（1）不卑不亢。不卑不亢是涉外接待时我们应该始终坚持的原则。商务交往的最终目的，是为了追求发展和最大利润，为此商界年年都在演出着兼并、破产、重组、收购等等大戏。在竞争如此激烈的环境中要开辟出自己的一片天地，我们需要自己创造好的外部环境，寻求合适的合作伙伴。不管对方比我们强还是比我们弱，都应该以平等的态度去交往。面对强者，我们在战术上可以有迂回、妥协、退让，但一定是有限度的，就是不能以我们的根本利益做交易，决不能"丧权辱国"，交往之中要保持尊严，这就是"不卑"。面对弱国，也没有必要得意忘形、妄自尊大，更何况商业合作总是对双方都有益处，而非你一方的施舍。这就是"不亢"。

作为个人，保持不卑不亢的态度，是高贵人格的体现。

（2）依法办事。国际间的交往合作，都要依法而行，不仅遵守我国的法律，也要遵守对方国家的法律。特别是我国加入了WTO（世界贸易组织）以后，对外贸易交往还要遵守WTO的各项规则。没有守法观念，将会使自己陷于被动。

（3）内外有别。内外有别是指要有保密观念，既要保守国家机密，也要保守本单位的机密。涉外接待要以礼待客，但不意味着答应外宾的一切要求，有些外宾可能会利用我们的好客，提出一些过分要求，我们必须坚持原则。文件、重要的会议记录、数据等等，都不要随意泄漏给外人。

（4）尊重个人。尊重个人的理念强调以人为本，它认为人生而平等，个人尊严不容侵犯。尊重个人的理念体现在国际交往的各个方面。

尊重个人，就是要尊重他的选择和习惯。相信他一定有自己的道理，不以自己的思维定式、生活习惯作为真理，作为衡量一切的客观标准。

尊重个人，就是要尊重他的隐私。隐私的范围是：年龄、婚姻状况、收入支出、家庭住址和私人电话、个人经历、身体状况、宗教信仰、政治态度。在涉外商务交往中，更要重视这个问题，不论私人关系有多好，只要对方不主动谈及这类话题，我们就不应该问。也没有必要把自己的隐私主动告诉对方，否则会让对方感到尴尬。

例如，在国内宴请的餐桌上，我们经常可以看到这样敬酒的场景：主人向客人一而再、再而三地敬酒。如果主人不这样做，会被认为没有诚意；而客人如果不喝就意味着对主人不敬、看不起主人，所以不管有没有酒量，客人是一定要把酒喝下去的。轮到客人向主人敬酒也是如此。这样的理念就导致了主客双方最后都酩酊大醉。很多人对宴席上的这种礼节深以为苦，但是又碍于脸面，不得不为。国际宴请礼仪中也讲究敬酒，但是不同的是，主人决不会一定要客人把酒喝干，当你不想喝酒的时候，可以明确地对主人或侍者说不要，他们就不勉强了。这种做法就是基于"尊重个人"的理念，喝多喝少是你个人的选择，与主人的脸面没有关系，相反主人是要尊重客人的选择的。

又如对于一个人的穿着打扮，外国人是不会干涉的，即使很怪异，只要对别人、对工作没有妨碍，就不会有谁来指责。当然，也不会有人好心地提醒你，"天凉了应该多加一件衣服"，因为他们相信你会自己判断。

当然，我们中国人不是不懂得尊重他人，但是我们对它的理解是，尊重他人就要尽量地帮助他人、关心他人。我们看见朋友、同事脸色不好，就会问"是不是不舒服了，去医院看了吗""得了什么病"等；看到别人穿少了，就会一脸的惊讶，"你难道不冷吗？怎么不多穿一点儿？"甚至对别人的一些隐私，也是很多人关心的内容，例如挣多少工资，结婚与否等，而我们自己也习惯被人这样关心。所以，有些人出国后常常觉得国外人情冷漠，人际关系疏远，常常就是因为中外对"尊重个人"这一理念的理解不同导致的。

（5）女士优先。"女士优先"这一礼仪由来已久，人们认为它是绅士风度的一种体现。照顾女性、帮助女性，是男性的职责，是基本的教养。这一礼节在欧美各国被广泛应用，逐渐成为国际礼仪的一部分，人们在公共场合、社交场合，都会自觉遵守它，即使在经历了上个世纪的"女权运动"之后，也没有多大改变。在商务活动中的工作场合，一般不讲究这个礼节。但是涉外商务交往不可避免地要遇到各种场合，所以"女士优先"就是应该遵守的基本礼仪。

（6）入乡随俗。各国、各地区、各民族都有自己不同于他人的特别的礼仪，这些礼仪来自于文化传承、宗教信仰、生活习惯。国际上通行的做法是，到了哪个国家、地区，就要遵守他们的习俗礼仪，这就是"入乡随俗"。

在国内接待外宾，是以我国的礼节为主的。例如设宴招待外宾，应该用中餐，餐具也是使用筷子。但是我们要考虑到外宾可能不会用筷子，那么在餐桌上另外加一套西餐餐具，则体现了我们对客人的关照。

出国时，我们要想能够入乡随俗，首先应该做到"入乡问俗"，了解对方的宗教信仰和风俗习惯，特别是那些禁忌，是一定要知道的。例如，如果要去信仰伊斯兰教的国家或接待信仰伊斯兰教的客人，我们仅了解他们忌食猪肉是不够的，他们还有一些禁忌不能忽略，像不食无鳞鱼、不用左手递接东西等，一知半解地了解远远不够。

入乡随俗，是为了尊重主人，搞好双方的关系，绝对不要对不同于我们的习俗禁忌加以非议嘲笑，应该无条件地遵守。在国际交往中，不论是以个人身份交往还是代表组织、国家，宽容、平等的心态都非常重要。

2．礼宾次序

在涉外接待中，特别是在大型的商务会议、活动中，不同国家、不同团体、不同单位的各方的来宾往往会在同一个时间内到来，而东道主此时的礼遇是否适当直接影响着与对方的交往。因此在处理这一问题时，商务人员在接待工作中坚持依照礼宾次序来处理自己所遇到的一切情况，是唯一切实可行而又合乎礼仪规范的做法。

礼宾次序亦称礼宾序列。在商务礼仪中，是指在商务交往中对参观访问、出席活动、参加仪式的来自不同国家、不同地区、不同团体、不同单位、不同部门、不同身份的组织或个人的尊卑、先后的顺序和位次，所进行的合乎礼仪惯例的具体排列。它主要适用于在多边性商务交往中如何同时兼顾尊卑有序、平等待人这两项基本礼仪原则，处理实践中难以回避的顺序与位次的排列问题。

在商务交往的具体实践中，礼宾次序共有5种常见的排列方法。

（1）依照来宾所在国家或地区的名称的拉丁字母的先后来排列其次序。在举行大型的国际会议或体育比赛时，通常可以采用此种排列方法。

（2）依照来宾的具体身份与职务的高低来排列其次序。在正式的政务、商务、科技、学术、军事交往中，均可采用此种方法。若外国来宾系组团前来，则应按照团长的具体地位来排列其先后次序。

（3）依照来宾抵达现场的具体时间早晚来排列其先后次序。如当各国大使同时参加派驻国的某项活动时，一般均以其到任的具体时间的早晚来排定其礼宾序列。在非正式的涉外活动中，亦可采用此种排列方法。

（4）依照来宾告知东道主自己决定到访的具体时间的先后来排列其次序。举办较大规模的国际性的招商会、展示会、博览会大都采用这一排列方法。

（5）不排列。所谓不排列，其实也是一种特殊的排列方法。当上述几种方法难以应用之时，便可采用这种排列方法。例如圆桌会议，几方与会者围着圆桌随意而坐，不排座次，以营造轻松和谐的氛围。

二、安排涉外迎送仪式

（一）引导案例

某公司接待了一个来访的外国考察团，双方互不相识，秘书应该事先准备好一块牌子，写好来访公司的名称。可是由于没有经验，秘书柳栩忽略了这件事。到了机场大家才想起来，谁也没有带合适的纸。此时客人所乘的飞机已经抵达，机上乘客有的已经出关了。情急之下，柳栩想到了广播室。她马上跑到机场广播室请求帮助，通过广播通知客人他们所处的位置。这样主客双方才接上了头。

点评： 涉外活动中的送往迎来工作，是细致而且重要的。一个细节的忽略，可能就会带来很大的麻烦，使工作处于被动。

（二）工作技能

1．确定迎候人员

本着身份对等的原则，参加涉外迎送仪式的有与主宾身份相当的主人，以及随从人员，还要有翻译。

2．准备所需物品

如果双方互不相识，则需要准备一块牌子，上书来访团体的名称或主宾的名字，用对方能看得懂的文字，书写工整。如果决定献花，一定要用鲜花，不可以用黄白两色的菊花或百合花。献花人应为年轻的女性。要按照来访团体的人数和主宾的身份决定接客人的车辆。

3．熟悉见面礼节

双方见面以后，主人一方的秘书先把自己这方的主要人员介绍给主宾，然后由主宾或他的秘书把客人一方的主要成员介绍给东道主。双方握手互致敬意。有的国家来宾习惯先行拥抱礼、合十礼、鞠躬礼等，我方均应作出相应表示，不可表现出勉强。献花人献上鲜花。然后主人马上引领客人上车。秘书要注意关照客人的行李，提醒客人检查行李，不要有遗忘。

如果出现客人的行李丢失问题，秘书或其他随从人员应该留下来向航空公司方面交涉，而让客人先行。

4．送行前要拜访

这一点我们在四级考试内容中已经提到过。在拜访前秘书应该打电话给对方的秘书，告知将去拜访的时间和主要人员的身份，提醒其做好准备。虽然这个环节在作计划时已经列上，但是提醒和确认也是必要的。

5．举行送行仪式

客人如果是乘坐飞机，特别是国际航班，一定要提前至少3个小时就出发，因为路上可能遇到堵车，办理登机手续和安全检查都需要不少时间。送行人员一定不能迟到。

主陪人可以在客人下榻的宾馆与客人道别，而由副职代替到机场或火车站送行。当然，主陪人如果一直把客人送到机场或车站则表现出更为重视双方的关系。同外宾告别后，要等他们走出我们的视线之外或火车、轮船开动后再离开。

（三）相关知识

1. 涉外迎送仪式的要求

在涉外商务交往中，一项重要而又经常的工作就是在国内迎接或送别外国的商务人员。通过这种迎送活动表达东道主的诚意，展现主人的形象，使双方建立友好的商务关系。要使涉外接待工作出色圆满，就要处处注意礼仪规范。

迎宾礼仪，指的就是在涉外交往活动中，当我方身为东道主之时，为操作、落实迎宾活动而应当遵守的外事接待礼仪。通过迎宾礼仪给予来宾以与其身份、地位相符的礼遇，向对方表达主人的热情好客之意，并且使其产生宾至如归之感。作为礼仪之邦，我们既要继承我国优良的待客传统，又要遵循国际上通行的礼宾惯例。

具体而言，迎宾礼仪涉及外事接待工作的一切方面。下面简要介绍迎宾礼仪的程序和其中要注意的关键环节。

（1）发出邀请。在正式对外方发出邀请前，必须先明确邀请的规格，要确定好规格主要要兼顾来宾的具体身份与来访的目的。在一般情况下讲究规格对等。规格对等的含义是，在涉外邀请时，我方出面进行邀请的人士的职务、地位、身份应当大体上与被邀请者的职务、地位、身份相仿。

通常由东道国先发出邀请，这既是礼节，也是一项必要的手续。邀请一般应以书面形式，被邀请者在接到邀请函后，应及时给予答复，并据此办理有关的手续。邀请函除表示欢迎之意外，也表明被邀请者的身份、访问性质以及访问的日期与时间等内容。有时，为表示客气，也可请被邀请者在他认为"方便的时候"来访，或将时间留待以后"另行商定"。实际上，访问也不一定都是由东道国一方首先提出，在有些情况下，是双方协商的结果。有的访问安排是由有关的协议事先约定；有的是当面口头邀请在先，然后再补送书面邀请函件；有的是通过外交途径商定访问事宜；也有的是来访者有访问的愿望，主动向东道国作出某种表示，经双方磋商同意，然后再作正式安排；还有一种是以"回访"方式进行的。

（2）准备工作。在外宾抵达前应做好充分的准备工作。

1）搞清楚来访外宾或代表团的基本情况。例如，来访外宾的总人数，是否包括主宾的配偶，来访人员的职务、性别、礼宾次序等情况，这些均可请对方事先提供。此外，较高层次的商务访问随行的还有记者等。以上这些都应事先了解清楚，以便做好相应的接待准备。

2）外宾的饮食爱好、宗教禁忌以及是否有其他特殊的生活习惯等也可事先向对方探询，必要时，还可向对方索要来访者的血型资料。

3）拟订来宾访问日程。应向对方了解清楚抵离的日期和时间、交通工具和路线、对参观访问的具体愿望等。访问日程一般由东道国提出，日程草案拟订后，可先将主要内容告知对方，以便听取对方意见，并使对方有所准备。

4）安排食宿。要根据上述了解到的情况做好安排。在商务活动中，很多公司在一些国家的大城市都有固定的住宿宾馆，不需接待方安排，这就比较省事。如果不是这样，就要根据对方的身份或要求进行安排。

（3）善始善终。在外宾抵达时，由适当的人员前往机场、车站迎接表示欢迎，并妥善安排各项礼仪程序和活动。这是外宾进入国门后的第一项正式活动，各国对此都十分重视。在外宾结束访问离开时，则要给予热情欢送，使访问得以圆满结束。在外宾进行访问期间，还可能到国内各个城市参观访问，也都要有迎有送。所以，迎送不仅是一般的迎来送往，而是对外交往中一项重要的礼仪活动。

2. 服装的要求

参加迎送仪式的所有人员，着装要郑重，要穿着正装。

三、安排涉外会见会谈和拜访

（一）引导案例

某公司接待了一个英国贸易代表团。这次接待活动的主陪人是公司的王总经理。在英国公司抵达的当晚，王总经理带领手下接待人员去拜访对方。他们直接来到英国代表团团长的房间门口敲门，团长穿着睡衣开门一看，脸上露出非常意外和尴尬的表情。团长请他们等一等，然后关上了门。王总经理感到很不理解，我们主动拜访，为什么对方却如此冷淡？

点评：拜访，应该事先约定，不应该做不速之客，让主人猝不及防。当外国人穿着睡衣的时候，他们是不能接待来访者的。宾馆的房间虽然是主人方面替他们订的，但是当客人入住之后，房间就是他们的私人空间，一般不会在房间里接待访客，更不会穿着睡衣接待访客。所以，在拜访前应该预约地点和时间。

（二）工作技能

涉外会见会谈的基本流程如图 2-1 所示。

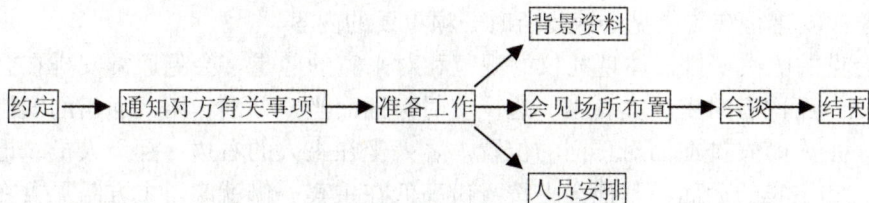

图 2-1 涉外会见会谈基本流程

1. 约定

会见、会谈一般均经双方事先约定。"不速之客"通常是没有的。宾主双方均可提出会见要求，东道主和来访者权利平等。从礼仪的角度出发，东道主应根据来访者的身份以及来访目的，在来访者抵达的当日或次日，安排本单位相应的领导人和部门负责人会见。来访者也可根据双方关系及本人身份、业务性质、来访目的，主动提出拜会东道主的某些领导人和部门负责人。

首先提出会见要求的一方应将本方出席人员的姓名、职务，以及会见什么人、会见的目的等情况告知对方。

接见一方（主方）应尽早给予答复。因故不能满足对方要求应婉言解释。

2. 通知对方有关事项

主方应主动将会见、会谈的时间、地点、本方出席人、具体安排及有关注意事项通知对方。前往会见的一方，则应主动向对方了解上述情况，并通知有关出席人员。

3. 做好准备工作

（1）了解背景资料。与外宾会见会谈，应了解对方的背景资料、可能提出的问题，以及习俗禁忌、礼仪特征等，把这些形成文字材料，呈送上司（主见人）及其他与会人员。有提供外方参阅的，还要准备好外文资料。如果并非第一次交往，秘书还应把以前会谈的文件、协议找出来，作出摘要提供给上司（主见人）及与会人员。

（2）会见会谈的地点选择、布置与检查。在我国，一般公务性会见，大多在会客室进行。会见时，座位安排通常为半圆形，主人主宾并排而坐。会谈时，一般用长条形桌子，宾主相对而坐。会客室是交谈的场所，必须创造有利于交谈的环境，调节好充足且适宜的光线是重要的一环；其次，会客室应充分考虑色彩对人们心理的影响，选择能够对人们的心理产生温暖、柔和、温馨感觉的颜色；第三，会客室都应有冷暖空调和取暖设备，18～21℃的温度和40%～60%的空气相对湿度比较适合人体，要检查空调运转是否正常；第四，会客室应有较好的隔音和抗噪声干扰设施，为防止回响，墙壁内应装有消音设备；第五，会客室应保持卫生与清洁。如果会客室是大理石地面应打上石蜡以防滑，高档次的会客室应铺上地毯，沙发、家具要清洁、明亮，窗帘、窗户要整洁、干净，所有水具、烟灰缸要干净、卫生。第六，会客室应布置合理并有一定的艺术品位。第七，检查扩音器声音是否清晰、电源插座与桌子的距离（如果用手提电脑的话）等。

座次安排是布置会见会谈场所时一项重要的内容。

会见的座次安排，体现礼仪的规范和对来宾的尊重。会见通常安排在会客室或办公室，席次有时主、宾各坐一边，有时穿插而坐，分别作陪。通常的安排是：主宾席、主人席安排在面对正门的位置，客人坐在主人的右边；翻译人员、记录员坐在主人和主宾的后面；其他客人按身份高低在主宾一侧就座。主方陪见人在主人一侧就座，座位不够时，要在后排加座，根据不同情况也可有其他排法（见图2-2）。

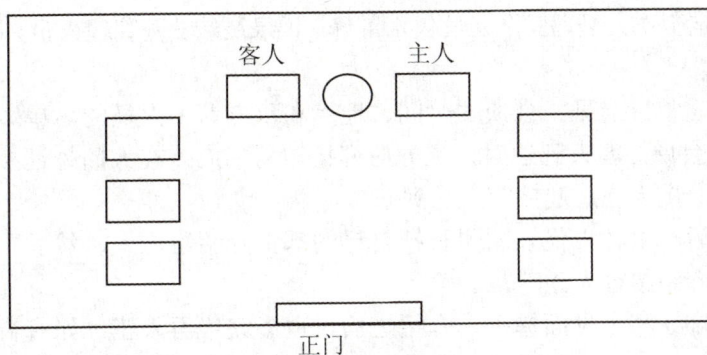

图 2-2 会见座次安排

双边会谈通常用长方形或椭圆形的桌子，多边会谈采用圆桌或摆成方形。

双边会谈时，宾主相对而坐。如会谈长桌垂直于正门，则以进门的方向为准，进门后面对桌子，右为客方，左为主方（见图 2-3）。当会谈长桌平行于正门时，主方背对正门，客方面对正门（见图 2-4）。主谈人居各自一方的中间。中国习惯把译员安排在主谈人右侧，但有的国家习惯让译员坐在后面。一般应尊重主人的安排。主客双方的其他陪谈人员按次序左右排列。记录员可安排在后面，如参加会谈人数较少，也可安排在会谈桌就座。小范围的会谈，也可像会见一样，不用长桌，只有沙发，双方席位安排与会见安排相同。

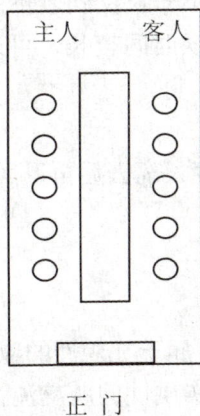

图 2-3 双边会谈座次安排（一）

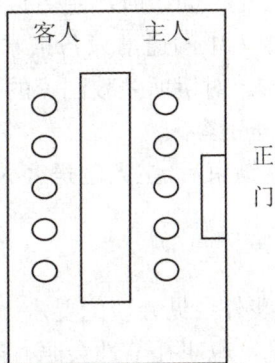

图 2-4 双边会谈座次安排（二）

在排定座次之后，秘书要按双方人员的姓名制作名牌，一面是中文，另一面是对方的文字，按座次摆放在桌子上。中方人员的名牌中文一面朝向就座者，外方人员的名牌外文一面朝向就座者。

（3）人员安排。首先确定参与会谈的人员，一般主谈应该是有较高业务水平，有会谈经验，有决定权的高层领导。其他参与者也是对会谈涉及的业务范围很熟悉的人。其次确定工作人员，工作人员包括翻译、记录员、设备管理人员、服务人员等。

4．迎接客人

主方应准确掌握会见、会谈的时间、地点和双方参加人员的名单。同时主方应先于客方到达会场，客人到达时，主方应迎接。秘书应该在大门处迎接，引领客人抵达会谈地点。主人在此迎接客人的到来。

双方见面后，由客方代表团团长把自己的部下介绍给主人，然后主方领导再把自己这方人员介绍给客人。

合影可安排在宾主见面握手、介绍之后，合影完毕再入座。如有合影，主方宜事先选好背景，安排好合影图，人数众多时应准备好架子。合影图一般由主人居中，按礼宾次序，国际上的通行做法是"以右为上"，主客双方间隔排列。第一排人员既要考虑身份，也要考虑能否都摄入镜头，一般来说，两端均是主方人员。

也可以把合影安排在会谈结束时。合影的礼仪同前。

5．会见、会谈

合影完毕入座就绪后，双方会谈开始前，除陪同人员和必要的译员、记录员外，一般工作人员即应退出。

会见、会谈过程中，旁人不可随意出入。主客双方可作简短致辞，互赠礼品。礼品不一定昂贵，可以是能代表本单位的最新产品，只要是能传达敬意，表达友谊的纪念品即可。

在会见、会谈时，主方应提供饮料。招待用的饮料各国不一，反映着不同的文化和习惯。中国通常只备茶水、矿泉水，夏天加冷饮；如会谈时间较长，可适当备一些咖啡。对伊斯兰教国家的来访者，不要上带酒精一类的饮料。

6．送别客人

会见结束后，主人应送客人至车前或门口握手告别，目送客人离去后再退回室内。

（三）相关知识

1．涉外会见会谈的要求

会见，也叫礼节性会晤，时间较短，通常是半小时左右，属于礼貌性的应酬。

会谈，也称谈判，是指双方或多方为各自利益，就某些实质性问题交流情况、交换意见、达成协议的活动。会谈的内容比较正式，而且专题性较强。

会见与会谈在程序安排和礼仪要求上是一致的，区别在于一般的礼仪性程序结束后，谈话的内容与时间不同而已。通常会谈比会见的时间长，内容也较为正式务实。

安排会见、会谈时，对秘书的要求如下：

（1）充分了解双方的情况。

（2）准备工作要落实到位。

（3）会谈会见时要做好记录，对客人提出、领导许诺的问题，会后应负责落实，做好后续工作。

2．拜访的要求

在国外代表团抵达之后，主人一方应该在适当的时候到宾馆去拜访客人，介绍情况，了解对方还有什么要求，以示关照。一般在客人抵达的第一天晚上或第二天某个时候，再晚就失去了拜访的意义。

（1）拜访前由秘书先电话联系对方的秘书或随员，双方商定时间。

（2）由东道主带领随员前去对方下榻的宾馆，到达后应该在大堂里打电话通知对方，不要直接上楼去敲对方的门。外宾一般不在自己的房间里会客，除非是套间，外面带有会客室的。对方可能会临时在宾馆里租一间会客室，也许还需要主人一方的秘书帮助安排。

（3）初次见面，可以不送礼物。因为有些国家忌讳在初次见面就送礼，尤其是马上就要进行对双方都有很大利害关系的会谈，他们就更不愿意在此时收礼，要避免受贿的嫌疑。可以在临行前的拜访时再送礼。礼物的价值不可过高，否则会被理解为行贿，遭到拒绝是很尴尬的。

四、涉外宴请的常识

（一）引导案例

秘书小王接到来访的法国代表团的邀请，她将与上司一起出席法国代表团的答谢宴会。

她白天陪同法国代表团游览、购物，等忙完了，离晚宴的时间已经不到一个小时了。她精疲力竭地回到公司。上司李总经理看到她还穿着牛仔裤旅游鞋，就问她打算穿什么出席晚宴，小王说，实在懒得回家换衣服，就这样去算了。李总一听，马上命令她，必须回家洗澡更衣。并让她来回坐出租车，公司给报销车费，省得挤车耽误时间。小王一看总经理这样重视服装问题，不敢怠慢，马上回家去洗澡换衣服，并且又重新化了妆。

点评： 主客双方以什么样的状态（着装、化妆、神采）出席宴请，都表现了对于对方的尊敬程度，所以不应大意。

（二）工作技能

对外宴请一般还是选用中餐，与国内宴请相比，要注意如下几点做法：

1．了解客人情况

要重点了解客人是否因为宗教信仰而有什么饮食禁忌，客人希望品尝哪类中国菜肴，哪些时间比较合适等。

2．预定适合的餐厅

宴请环境十分重要，应该选雅致、安静的地方。

3．确定菜单

点菜时不仅要考虑外宾宗教信仰的忌讳，还要注意其他饮食习惯的差别。在我们的"山珍海味"中，有许多是外宾普遍不能接受的，比如燕窝、鱼翅、海参，还有动物的内脏、蹄爪、翅膀等物。菜肴要有地方特色，可以是精致、丰盛的，但不必豪华、奢侈，更不能浪费。

4．确定陪同人员和翻译

除了身份对等以外，如果能请几位对国外情况比较熟悉的人作陪，在餐桌上就能找到更恰当的话题，可以使宴请的气氛更融洽。翻译的水平要高。

5．衣着要整齐

参加宴请的人要讲究个人卫生，衣着干净得体，女性要化妆。不要穿白天的工作装参加晚宴。出席晚上的宴请，更要讲究一些。男士穿深色西装，女士穿晚礼服或单色长裙、中式旗袍。出席白天的招待会，衣着可以简单一些，裙子的下摆不像晚装那样长，在膝盖上下即可。如果是应邀赴宴，衣着一定要符合主人请柬上的要求。

（三）相关知识

1．西餐礼仪

我方宴请是中餐，来宾回请很有可能是西餐，所以应该了解一些基本的西餐礼仪。

（1）赴宴前的准备

1）接到邀请以后，要看清请柬的各项内容。要看清是否请了家人、是否要求回复（如果在请柬的左下方印有R．S．V．P字样即"敬请答复"，就得在一天之内答复主人是否能赴宴）、服装的要求等内容。

2）如果决定接受邀请并已答复主人，就不要轻易改变。确实有突然的情况，比如肚子痛得厉害，也不必勉强赴宴，可派代表去，但要及时通知主人征得他同意并致以歉意。如果你已经辞了宴请，可是突然事情有了变化，又可以去了，很遗憾，此时你已经无可选择。你不可以再给主人带来麻烦。

3）到别人家赴宴需要带礼物。带一瓶葡萄酒、一盒巧克力、一束鲜花都可以。到饭店赴宴可以不带礼品。

4）要根据请柬上的要求选择赴宴的服装。服装要符合主人的要求，要整洁，熨烫平整。要梳洗干净，最好洗个澡，女性要化妆。

5）要准时赴宴。到饭店赴宴最好准时到。到人家赴宴应该稍晚几分钟，给女主人留一点余地。

（2）西餐的座次安排。中西方请客礼节有很多差异，其中明显的一点就是座次的安排不一样。西餐的讲究是：主客间隔而坐、男女间隔而坐、夫妻分开而坐。目的是为了让大家都有结交新朋友的机会。即使餐桌上放有座签，也不能擅自入席，必须等主人带领才可以，这一礼节与中餐相同。图 2-5 所示是西餐座次安排的一例：

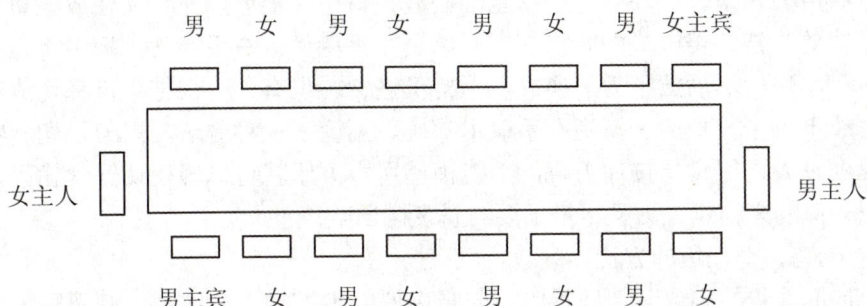

男 女 男 女 男 女 男 女主宾

女主人

男主宾 女 男 女 男 女 男 女

男主人

图 2-5 西餐餐次安排

（3）入席、退席礼节

1）客人要在主人的带领下顺序入席。次序是：男主人带领女主宾第一个入席，女主人引领男主宾最后入席。其他客人由服务员引座。每一位客人都要从座椅的左侧入座，可以避免相互碰撞。男性要先为他左边的女性拉开椅子，帮助她入座后，自己再入座。现在人们不太讲究这些，女性往往自己拉开椅子坐，也没有什么不好。商务宴请可能没有女主人，那么双方身份最高者就最先入席。

2）入座后的礼节。入座后，腰挺直，背部微靠在椅背上，双手放在膝盖上，不要放上桌。第一主人拿起餐巾打开，表示宴会正式开始，客人才可以动餐巾。餐巾可以对角折，也可以对边折，小餐巾可以不折，放在膝盖之上。千万别塞在领口处，那是小孩子的用法。餐巾只可以擦嘴，不可以用来擦汗。唇膏较鲜艳的女性，最好用纸巾把唇膏擦掉，否则印到酒杯和餐巾上，让人看了很别扭。

3）暂时离开的表示方法。席间要离开一会儿去方便，或者接打电话，应该把餐巾放在自己椅子上，以示还要回来。如果放在盘子旁边，就意味着结束进餐了，服务员将把你的餐具收走。

4）退席礼节。女主人或第一主人要眼观全局，当看到大家都差不多吃完的时候，她（他）才能放下餐具，并把餐巾略加折叠，放在桌上。其他人见到这一动作，就知道宴请结束了，也要马上放下餐具，把餐巾放在桌子上，随着女主人退席。仍然是从椅子的左侧退出。向主人告辞时，别忘了向他们表示感谢。

5）赴宴的第二天，要向主人表示感谢。可以打电话表示感谢，如果能写封信去当然更显得郑重其事。

（4）餐具的使用方法与席间礼节。西餐摆台很讲究。什么餐具放于什么位置，是固定的。在食盘的左边放叉子，右边放刀子和汤匙。每上一道菜，都用最外侧的餐具，每用完一道菜，刀叉也随着一起撤下。正式宴请时，刀叉要多一些，便宴有可能一副刀叉用到底。如果觉得对如何使用刀叉没把握，你可以采用"紧跟政策"，看主人用什么你就用什么，一般不会出错。

1）使用刀叉的方法。左手持叉，右手持刀，胳膊肘不要上桌。先用叉子叉住食物，然后用刀切下一小块（大小以能轻松放入口中为准），左手叉住放入口中。这是英国式的吃法。美国式的吃法是，开始是左手持叉，右手持刀，把牛排之类的菜肴切下一小块，然后放下刀，换成右手持叉进食。也有人一次把牛排都切成小块，然后再放下刀子，把叉子换到右手取用牛排。不论哪一种方法，用刀子切食物时，不要幅度过大，用食指按住刀背，手腕稍稍用力下压就可以轻松切开食物了，不要像用锯子似的来回锯。刀叉尽量不要与餐盘碰出响声。

2）吃鸡、虾、鱼的方法

①吃带骨头的鸡或其他肉类时，先把肉厚的地方切下来吃掉，剩下贴骨肉可以拿起骨头来吃；吃大虾时，用刀叉把皮剥掉当然很文雅，可是如果你还没有掌握这样高的技术，不妨用手拿住虾把虾皮剥掉（这总比剥不下皮甚至把虾捅到地上要好），然后用叉子叉住大虾蘸一点调料放入口中。如果虾太大，一口吃不下，你不能把剩下的部分再去蘸调料，因为别人还要用它（其他需要蘸调料的食物的吃法也一样，如果你觉得蘸一次不够，可以取一点调料到自己的盘子里）。吃完虾后，把手指放到洗指碗中洗一洗，用餐巾擦干。

②吃整鱼时，要先吃一面，然后把鱼刺剔出来放到盘子边上，再吃下边那块。吃到嘴里的细鱼刺，要吐到叉子上或用手指捏下来放到盘边，不可以直接吐到盘子里。骨头、虾皮、鱼刺等东西都要放在自己的盘子边上或碗里，不可直接放到餐桌上。

3）吃面包的方法。不要拿起整个的面包咬，除非是烤得很脆的面包片。要掰下一小块，涂上黄油，放入口中。

4）吃意大利面条的方法。这与中式面条的吃法不一样。如果备有大勺子，你可以用叉子挑起几根面条，左手持勺，勺面抵住叉子尖，转动叉子，面条就绕在叉子上了，你便可以一口吃下它。如果没有大勺，可以用叉子尖抵住碗壁转动。

5）吃水果的方法。如果上的是整个的梨或苹果，要把它切成四瓣，然后用刀去核去皮，刀口要向内削。削完后可用手拿着吃，用刀子切成小块后用水果叉叉起来吃是更文雅的方法。吃香蕉要用刀把皮从中间划开，用刀叉剥开皮后，用刀切成小块，用叉子吃。橙子用刀切成几瓣吃。吃葡萄时直接用手摘下一粒放入口中，把皮和籽吐到手中。

6）喝咖啡或茶的方法。如果愿意加牛奶、糖，可自取加入杯中，用小茶匙轻轻搅拌，不要发出响声，搅拌后把茶匙放回小碟里。不要用茶匙盛茶或咖啡喝。如果把茶匙放在杯子里不拿出来，喝茶时还得用大拇指按住它，既碍事又不雅观，不要这样做。

7）吃完一道菜的表示方法。每道菜吃完，要把刀叉并排放在盘内。如未吃完，则刀叉八字形摆放。不论什么情况，刀口一律向内。

8）进餐的速度。进餐速度应该与大家一致。西餐上菜方式是一道菜吃完撤下后，下一道菜才上来，如果你吃得很慢，大家就要等你，下一道菜就上不来；如果吃得太快，吃完这道菜你只能坐等别人，无事可做。

9）谈话礼节。西餐讲究的是氛围的优雅，因此赴宴时一定要注意控制自己说话和笑的音量。像打嗝、打喷嚏、咳嗽这样的声音也尽量不要发出来，如实在控制不住，可把脸侧向一边，用餐巾捂住嘴。然后还要向那边的客人道歉。嘴里嚼东西时不要说话。不要讲一些离奇怪异、难登大雅之堂的内容。要理会左右两边的人，不可以冷落任何一边客人。

（5）西餐的饮酒礼仪

1）上菜程序。首先我们需要了解西餐上菜的大致程序及菜谱，即使是最正规的宴请，也不会超过下述几道：

①汤或冷食（虾和贝类）；②鱼（如果上过贝类，鱼就可以免了）；③主菜（烤牛排、烤乳鸽等肉类菜肴）；④色拉；⑤甜食（布丁、冰激凌等）；⑥咖啡。

2）西餐的上酒次序。西餐上酒的次序也是固定的，需要配合菜肴：

①鸡尾酒是在宴会开始之前、人们在客厅里聊天时喝的。

②白葡萄酒配鱼。要事先在冰箱里放几个小时甚至几天，要喝冰的。

③红葡萄酒配味道浓厚的肉类主菜。红葡萄酒最好的饮用温度是与室温相同。

④香槟酒比较特殊，如果有其他葡萄酒，它就和肉类主菜一起上。没有其他酒时，从第一道菜时就要斟上。香槟酒也要喝冰的。

⑤当主人或服务员为你斟酒时，你无须拿起杯子；如果你不想喝酒，可以说："不用了，谢谢！"不可用手捂住杯口，也不要把杯子倒扣。对方决不会硬往你杯子里斟酒，他将尊重你的选择。

⑥每道菜吃完撤下去的时候，配它的酒也就不再喝了，你可以把酒喝干，剩下也没关系，酒杯将随菜盘一同撤下去。不可以把白葡萄酒留下等到上肉菜时再接着喝，那样主人会很心疼他的酒，味道全被你糟蹋了。

2．招待会的礼仪

招待会在商务活动中经常被采用，它可以同时招待很多客人，形式随意，因而很受人们喜爱。尽管比较随意，一些基本的礼节还是应该知道的，否则也会造成主人和其他客人的不便与不安。从一个人在这种场合的表现，最能看出他的教养程度。

招待会有冷餐会和酒会，在此介绍一些相关的礼节。

（1）招待会的请柬

1）标明时段。在招待会的请柬上，一般都会写明开始至结束的整个时段。在此期间任何时候到达或离开都可以。主宾稍晚一点抵达或提前离开都是正常的。

2）不需要回复。因为客人较多，又不安排座次，所以对人数的统计不需要很精确。但是主人对出席率应该有个大概的估计，以便准备。

（2）冷餐会的礼节

1）按顺序取菜。冷餐会的菜肴常常很丰盛，好像随意选哪一种都行。其实还是讲究一定顺序的：

①要按照前面介绍的西餐上菜顺序取菜。每一次不要取太多，同一类菜可以吃完再取。比如先取凉菜，吃完后觉得某几样味道不错，还想再取一点，是完全可以的。吃过凉菜再取热菜。不要把凉菜、热菜、甜食统统放在一个盘子内。

②如果取菜的人比较多，大家会按顺时针的顺序排队去取。没有轮到你的时候，要耐心一点，不要伸长手臂"侵入"别人的领域。

2）按量取菜。自助式冷餐会当然是随你吃多少，但是吃完后盘子里不应该剩东西，不能造成浪费。多取的菜肴是不可以打包带走的。也许某种菜看上去很不错，你就贸然夹了不少，结果发现它不合你的口味，只好剩下。为了避免这种情况，在开始时，你每样菜只夹一点点，尝过后，合意的再取多一些，就不会剩下了。

3）顾及他人的利益

①不要用自己的餐具取菜，要用公用菜夹或大勺、铲子来取。取菜的时候不要挑挑拣拣，把菜翻乱，要从边上、上面取菜。

②遇到自己喜欢的菜，除非它只剩下一份的量，不要一扫而光，让自己盘子里堆的像一座小山，后面的人却无菜可取。

③注意桌面整洁，不可乱吐乱放骨头之类的东西。

（3）酒会的礼节

1）酒会的特点

①酒会，顾名思义，以酒水为主。菜肴没有冷餐会那样丰富，除酒水之外，主人常常准备一些小点心、三明治、小香肠、炸春卷等食品，用手或牙签取用，一两口就可以吃完。这些酒水、食品常让服务员用托盘端到客人面前，供其选取。有时设有酒吧，由调酒师为来宾调制各种鸡尾酒。

②座位可能比较少。有座位也要先让给女性及年长者。

③站着聊天。之所以少设座位，就是要鼓励客人多走动，多与陌生人交往，给来宾创造一个相互认识的机会。

2）酒会的礼节

①要以恰当的方式把自己介绍给陌生人。当你看到几个人站得比较松散，表情随意，就意味着他们不介意别人加入进来。你可以走过去，打招呼问候，紧接着作自我介绍。千万不要默不作声地站在一旁，让人以为在偷听。如果看到几个人围成一个较紧的小圈子，或两个人低声谈话，表情严肃，此时以不打扰为妙。

②要欣然接受陌生人加入自己的谈话圈中。要以开放的心态参加酒会，不要只是与几个熟人扎堆聊天。

③聊天时要照顾到所有在场者，不要只与其中一两个人聊，对其他人理也不理。要用大家都听得懂的语言。如果有不同国家的人在场，用英语交流比较好。当然，如果他们懂汉语，用汉语交流对我们更方便。

④不要大声喧哗。

五、馈赠礼品的要求

（一）引导案例

大地公司总经理陈衡要设宴招待来访的沙特阿拉伯某公司总经理穆罕默德一行人。秘书赵晨在一家有名的川菜馆订了包间。按陈总经理的意思，赵晨选购了具有中国特色的礼品：景泰蓝花瓶和送给穆罕默德夫人的真丝长袍。赵晨还特地选了绿色的包装纸把礼品包装起来。当客人应邀来赴宴时，陈总经理拿出礼物说："这是鄙公司送给总经理和夫人的一点小礼物，拿不出手，不成敬意。"

点评：在这个案例中，秘书做错了两件事：在川菜馆订餐和为穆罕默德夫人送礼，都违背了伊斯兰教的习俗。陈总经理在送礼的时候，说话过于自谦，让对方搞不清楚这份礼物的份量，也是不恰当的。

（二）工作技能

1. 了解受礼者的关系

关系或亲或疏，或者想进一步发展，选择的礼品就会有轻有重。私人送礼，特别是不同性别的人之间送礼，如果不分亲疏关系，有时反而会失礼。下述礼品不适合关系一般的男女同事、同学之间：化妆品、贴身的衣服、贴身使用的物品（如剃须刀、皮带之类）。

2. 了解送礼的原因

这决定了选择哪类礼品。庆贺开业的礼品和感谢支持的礼品肯定会有差别，庆贺结婚和庆贺生日的礼品也是不一样的。即使是礼品的包装也会不同，圣诞节礼品包装纸上常常会有圣诞树、圣诞老人和"圣诞快乐"的字样，如果用来包装生日礼物，就犯了错误。

3. 了解受礼者的特点

受礼者是一个组织还是个人，如果是个人，他的性别、职务、爱好等都是选择礼物时要考虑的。在送外宾礼品时，还要了解对方的宗教信仰和习俗禁忌，如果触犯了禁忌，再贵重的礼品也将丧失其价值。

送外国人礼品当然是选有中国特色的，但也要因人而异、因国而异。文房四宝固然很雅，可是送给西方人就没有意义，他们大多不懂也不会欣赏。而送给日本人、韩国人就合适，他们会欣赏。中国的字画独具特色，很多西方人也喜欢，但是应该送装裱好的，给他们讲解所送字画的含义，并教给他们如何挂、如何保存。

4. 了解相关规章制度

单位购买礼品，一定要按照财务制度及有关方面的规定去做，不可违纪。个人购买礼品，也不应该超出自己的经济承受能力。"千里送鹅毛，礼轻情意重"，如果仅以花钱多少来衡量礼物的轻重，就本末倒置了，这是古人就已悟出的道理。送礼过重，会给受礼者心理压力，而且一些外国公司对自己员工收礼是有严格限制的。

（三）相关知识

1．各国的禁忌

各国、各民族都有自己独特的礼节和习俗。在对外交往中，送礼如果不考虑对方的习俗，很可能就触犯了对方的禁忌，引起对方的反感。所以，应该对各国的忌讳有基本的了解。

（1）信仰伊斯兰教的国家。在信仰伊斯兰教的国家，人们普遍喜欢绿色，认为它代表吉祥和幸运。送礼物时，不要送对方夫人礼物。送给孩子礼物是允许的。由于伊斯兰教禁止偶像崇拜，所以不要送雕塑、娃娃玩具、人物画像之类。穆斯林不喜欢熊猫，所以礼物中也不要有熊猫形象出现，其他动物形象也是忌讳的。不要送酒及猪皮、猪鬃等制品。

（2）韩国。韩国人有非常强的民族自尊心，爱用本国产品。由于曾长期被日本侵占，对于日本货、讲日语的人没有好感，所以不要送他们日本产品。

（3）日本。日本人喜欢送人小礼物，讲究礼品包装。送礼喜欢送单数的，但是对于我们中国人最中意的"9"却不感兴趣，因为在日语里它的发音与"苦"相近。也不喜欢"4"。日本人对中国的传统绘画、文房四宝等颇感兴趣。

（4）印度。印度人在饮食方面的忌讳因信仰不同而有较大差异。印度教徒和锡克教徒不吃牛肉；伊斯兰教徒不吃猪肉；耆那教徒既不杀生，也不食肉。另外，印度食素的人特别多，社会地位越高的人中间，食素者越多。印度人视黄牛为神，不但不杀牛，也不使用牛皮制品。送印度人礼物，不能送牛皮制的皮带、皮包、皮鞋等物。

（5）俄罗斯。拜访俄罗斯人时，送女士鲜花最好，但是不要送双数。俄罗斯男性很爱饮酒，伏特加是俄罗斯著名的烈酒，他们对中国的白酒也很欣赏。俄罗斯人忌讳的数字是"13"和星期五。所有信仰基督教的国家和民族都有这样的忌讳。

（6）法国。法国的国鸟是公鸡，人们认为它是勇敢的化身。法国人视孔雀为祸鸟，仙鹤是淫妇的化身，大象则象征蠢汉。法国人动物保护意识极强。菊花、杜鹃花、牡丹及黄色的花、纸花，都不宜送人。向女性送花宜送单数，但是要避开"1"和"13"。男性向关系一般的年轻女性送香水，被认为是不合适的。法国人还不喜欢墨绿色，因为是纳粹军服的颜色。

（7）英国。英国的国鸟是知更鸟。他们不喜欢孔雀、大象和猫头鹰，不喜欢用这些动物的图案和人像图案作商品的装饰。在人际交往中，他们不愿意接受贵重礼物。不可以送百合花，因为它意味着死亡。英国人忌讳的数字也是"13"，不喜欢的日期是星期五。

（8）美国。美国人最喜爱的颜色是白色、黄色和蓝色。美国的国鸟是白头雕。

蝙蝠被视为吸血鬼和凶神，不受欢迎。中国古代器物上常有蝙蝠的图案，在现代的工艺品上也是常见的，为美国人准备礼物时，最好避开这种图案。不宜送美国人的礼物有香烟、香水、内衣、药品等物。上面印有公司名称的物品也不宜作为礼物送给美国人。其实，上述物品也是西方各国普遍忌讳的。

2. 馈赠礼品的礼节

（1）送礼的礼节。买好了礼物之后，要把上面粘贴的价格标签撕掉。有一件事不能忘记，那就是包装，包装是礼品的一部分。现在不少商店里都有专门进行包装的柜台，有时候包装的价格甚至超过礼品本身。

选择包装纸时，要注意上面的花纹、文字及颜色。不要为感谢合作者的支持，却选了"Happy Birthday"的纸。送日本人的礼物不要选绿色纸，不要打蝴蝶结；送阿拉伯人的倒是应该用绿色纸，因为他们很喜欢绿色，不喜欢红色。

礼物要当面送给受礼者，双手递上，并且明确地说明是礼物。中国人喜欢自谦，在这种场合常说的话是："一点薄礼，不成敬意。""一点小礼物，拿不出手，请笑纳。"如果对方是西方人，不懂我们的婉转自谦，就应该这样说："这是我们特意为你挑选的礼物，希望你喜欢。""这是我们中国的工艺品，是特别为你选的。"

在商务活动中，一般不要在第一次见面时或业务洽谈开始阶段就送礼，避免行贿的嫌疑，对外商尤其要注意。业务洽谈结束之后送礼是合适的。但是一般不能太贵重，有纪念意义就好。

有不少单位会专门定购一些礼品，在上面印上自己单位的名称。这种礼品用于一般应酬尚可，如果是送比较重要的客人或重大场合，就不合适了，有做广告的嫌疑，降低了礼品的分量。

（2）受礼的礼节。中国的礼节是站起来双手接受礼品，接到礼品后不打开包装，以免有重礼轻情之嫌。在国内，与人交往时，我们还是要遵守这一习惯。有些年轻人可能已经接受了西方礼节，但是最好只在年轻人之间使用。

西方人的礼节是当面打开包装，并且说："太漂亮了，我很喜欢。""这正是我想要的，谢谢！"如果能马上用上，送礼者会更高兴。

不论中外，收到礼物之后都要道谢，并在适当的时机回礼。外国人的习惯是收礼后还要写信道谢。

如果公司在举行某个庆典活动中收了其他单位的不少礼品，就要派专人把礼品登记造册（送出的礼品也应该有登记），事后请有关领导一一过目。以后遇到外单位有礼仪活动的时候，查一查登记册就知道同类情况下送过什么礼、收过什么礼，该送多重的礼。

291

第二节 办公环境管理

【技能目标】

通过本节的学习，学生应能够选择办公模式；能够提出办公室布局方案；能够提出处理办公室安全隐患的方法。

【知识目标】

通过本节的学习，学生应能够掌握办公模式的种类及特点；掌握办公室的布局类型；掌握办公室合理布局的作用。

【先修内容】

1．能够维护接待室、会议室等公共区域的环境安全与整洁

秘书人员工作环境是指秘书人员工作所处的自然环境和人文环境。本教材重点讲述秘书人员工作的自然环境。

办公场所的公共环境要素主要包括硬环境和软环境两部分。办公环境硬环境主要包括办公室（会客室、接待室）内的空气、光线、颜色、办公设备及室内布置等外在的客观条件。办公环境软环境主要包括会客室的工作气氛、接待人员的个人素养等社会环境。

首先，保持接待室、会议室等公共区域的整洁就要对公共区域的环境及物品进行维护和管理，使公共区域随时保持环境的干净、整洁、整齐、办公通道的畅通和物品的完好、美观。

其次，要保持接待室、会议室等公共区域的环境安全。

第三，要恰当放置公用物品。常用公共物品有：公用文件及文件夹；公用办公用品柜；公用电话号码本、航班表、火车时刻表、字典等；接待区为访客阅览的宣传品、资料以及报纸杂志等。

2．能够维护个人办公区环境

个人办公区是指秘书人员自己的办公室、办公间以及直接用于个人办公的设备和用品。秘书人员要能够整理办公桌上的物品，恰当放置个人物品。

常用的个人办公用品有：纸簿类，笔尺类，小装订类，归档用品，办公设备专用易耗品等。

3．能维护上司办公室环境

秘书人员经常清洁、整理上司的办公桌，把文件放整齐，文件柜、书架、百宝

阁和各种陈设要经常清洁，地面和废纸篓要经常打扫和倾倒。经常打扫上司办公室的门窗，每天要打开窗户为上司的办公室通风，调试好空调、照明设备。经上司授权后，定期对上司的文件柜进行整理，把文件进行归类，将一些无用的文件销毁。注意对上司的办公室进行绿化，适当摆放一些绿色植物。

4．"5S"的要点

"5S"是整理（Seiri）、整顿（Seiton）、清扫（Seiso）、清洁（Seiketsu）和素养（Shitsuke）这5个词的缩写。开展以整理、整顿、清扫、清洁和素养为内容的活动，称为"5S"活动。

办公场所开展5S管理的目的是创建工作场所组织、提高生产率、实施目视化管理，并且为持续改进使用的所有其他精益工具打基础。

5．能够布置办公室

办公环境的好坏直接影响到办公室人员的工作效率。常见的影响办公室工作效率的因素有以下7方面：空气、光线、声音、空间、设备、文件和职能。办公环境管理的基本原则是方便、舒适整洁、和谐统一、安全。

办公环境布置要点是：营造一个安静的工作环境；保证良好的采光、照明条件；合理安排座位；力求整齐、清洁。

办公室可采用一个大间。桌子，使用同一大小。档案柜，应与其他柜子的高度一致。布置，采用直线对称。有许多客户来访的部门，通常置于入口处。主管的办公区域，需保留适当的访客空间。主管的工作区域，位于部属座位的后方。全体职员的座位，应面对同一方向布置。常用的文件与档案，应置于使用者附近。公共空间和私人空间应保持一定的独立性。桌与桌之间，应留有1米左右的距离。桌位的排列，宜使光线由工作人员的左侧射入。最常用的办公物品，应放在伸手可及的地方。办公自动化设备，应有其独立的空间，既要方便使用又不影响别人工作。

6．能够检查办公室环境安全

办公环境中常见的有碍健康和安全的隐患有：办公建筑隐患；办公室物理环境方面的隐患；办公家具方面的隐患；办公设备及操作中的隐患；工作中疏忽大意的人为隐患；消防隐患等。

健康、安全的办公环境的基本要求是：办公区建筑必须坚固安全、完好整洁；光线应充足；温度要适宜，最好室温不低于16℃；布局应注意通风；办公室空间及座位空间要适当；办公室噪声要低；办公家具要满足工作所需并符合健康、安全要求；办公设备、办公用品和易耗品要满足工作所需并符合健康、安全要求；办公设备的安装、操作要符合要求，操作指南和注意事项要明晰展示；办公区及办公室要设置相应的消防设施、设备及必要的报警装置；办公室提供饮水并符合健康、安全要求；办公区或办公室设置急救包，并定期更换；建立相应的规章和制度；室内有符合组织目标的装饰、标识和适当的绿色植物。

营造健康、安全的工作环境首先应确定安全检查周期，定期检查；发现隐患，立即报告、排除；发现个人职权无法排除的危险，有责任和义务向上级报告、跟进，直到解决。

一、能够选择办公模式

（一）引导案例

天地公司在本市经营销售电器产品已有一定规模，经总经理例会讨论，决定将已有产品推广销售到市郊和边远地区，同时着手开发设计两种新型小家电产品。为适应企业发展的需要，公司准备新录用一批销售人员和新产品设计人员。总经理希望行政助理高叶提出一个针对新录用人员工作特点的工作模式。他要求一方面要考虑开源节流，另一方面还要发挥人员的最大能力，注重工作成果和质量双方面因素。

几天后，行政秘书高叶提交了一份建议报告，建议到市郊和边远地区进行销售的人员采用弹性时间工作模式和远程工作模式，建议新产品设计人员采用兼职工作模式或定期合同制工作模式，并详细说明了理由。

点评：随着社会的发展及信息技术的进步，那种全体员工定点上、下班的传统工作模式已不适应某些企业的经营需要，导致传统的办公模式发生变化，出现一些新的办公模式。本案例中，行政秘书高叶能够根据公司的变化提出切实可行的办公模式方案，从而保证人尽其责、人尽其能、人尽其用，大大提高了工作效率。

（二）工作技能

1. 选择不同办公模式的工作程序

一个组织选择何种办公模式，直接影响到其工作效率。秘书应能够作出正确选择。

（1）深入调查现有办公模式所面临的问题（是否人工成本过高？是否有增加临时用工的需求？是否有可以不在公司场地完成的工作任务？是否有相当职工熟悉网络办公技术？）

（2）根据调查结果确定相应的新型办公模式。

（3）根据新的模式要求制定管理监督的标准和责、权、利相结合的分配制度。

（4）先在部分部门实行取得经验，逐步推广新模式。

（5）不断根据本企业特点完善新模式，评估启用新模式的得失。

2. 不同的办公模式及其管理

（1）在家工作。企业迫于办公场所拥挤的压力，为了减少花在交通上的时间和减少交通环境问题，在家工作的工作人员数量在增多。一些研发部门的科技人员，不需要与其他员工或客户有太多的接触，可安排在家工作。

在家工作模式的管理方法：

① 企业可以要求在家工作人员在电子工作日志上记录其工作时间和工作情况，以掌握每个人的工作进度，保证工作质量和完成时间。

② 企业可以通过定期会议要求在家工作人员去办公室参与活动。

③ 在家工作人员的上司应经常与之联系，要求督察员工的工作。

（2）远程工作。目前弹性时间工作模式已经引入许多企业，作为提供灵活工作时间和激励员工的方式，也给工作人员在工作时间方面更大的灵活性。

弹性时间工作模式的管理方法：

① 弹性时间工作模式只适用于某些部门，有些部门必须保持正常的上班时间。

② 实施前，先确定员工工作的时间带宽，如从早 7：00～晚 7：00。

③ 实施时，要明确告知员工一周弹性时间工作累计时数以及午餐时间，例如一周累计工作时数 40 小时。

④ 安排人员时先了解每个员工的意愿，再根据单位工作，统一协调每个员工的上班时间，保证工作任务有足够的人力。

⑤ 安排弹性时间工作，要注意避免节假日前夕或周末下午出现无人的现象。

⑥ 选择准确记录每个员工工作时间的方法，如手工签到、机器计时、刷卡、记录日志等。

⑦ 选择管理、监督和跟踪员工工作表现和进展的方法，保证工作质量。

⑧ 企业要对远程工作人员同样给予工作环境的保障，实施相应的安全等规范。由于对远程工作人员的监督和控制会更加困难，要求远程工作人员必须经常与总部联络，若有可能，在人员较集中的地方应安排较高级别的主管进行监督和管理。

（3）虚拟办公室。从桌面到计算机的引入，虚拟办公室改变了工作环境的焦点。有一个计算机的位置以及操作计算机是这类工作人员所需的全部工作，并且可能在办公室、在家或在其他远程位置工作。

虚拟办公室工作模式的管理方法：

① 当计算机工作场所是在办公室中时，企业需提供工作人员工作的临时办公桌。

② 当工作人员在家中或其他远程位置工作时，需要给他们提供计算机。

③ 要极为注意计算机环境的健康和安全，教育工作人员养成正确、安全的工作习惯。

（4）临时办公桌。由于在家工作、远程工作、弹性时间工作及兼职工作人员没有或不需要有固定的办公桌，来到企业工作时可临时安排空闲的工作位置办公。工作人员没有固定的办公桌，文件和信息存放在计算机网络中，书面文件存放在存储间的一辆小推车上，当他们来工作时，员工领取手推车，然后使用企业中一个空闲的工作位置。

（5）弹性时间。选择弹性时间这种工作模式，员工可自己选择一天的上班、午餐及下班时间，并征得组织许可，其工作时间累积计算，但必须达到组织规定的工时标准，如每周满 40 小时。目前它已经引入许多企业，作为提供灵活工作时间和激励员工的方式，也给工作人员在工作时间方面更大的灵活性。

（6）兼职工作。选择兼职工作模式可使工作人员充分展示在多家单位工作的多种技能。这些技能可以合同或收费的形式提供给一家企业，还可以在一周或短期内，再为几家不同的企业兼职工作。典型的例子是一个人拥有管理、记账和 IT 技能，在自己经营的基础上，再提供这种技能给不同的单位。

（7）合同工作。由于聘用人员的隐性成本，包括养老金、医疗费和假期，促使各企业聘用最少量的固定工作人员。聘用承包人和顾问可提供一种灵活的选择方式来完成特定的工作量。这些工作人员可能在企业内部工作或在企业外部他们自己的地方工作。

（8）交叉工作。交叉工作系由两个人员分担全部时间的工作；他们一起工作，共同管理这个工作并完成任务。每一个人员通常工作半周，两个人重叠的时间可以交换信息和更新进展。例如：

人员 A——星期一和星期二全天；星期三 9：00 ～ 15：00。

人员 B——星期三 12：00 ～ 17：00；星期四和星期五全天。

星期三 12：00 ～ 15：00 是传递和交换信息的时间。

（三）相关知识

1. 办公模式的种类

工作模式及环境的变化必然会对秘书工作产生影响。一些企业保留传统的工作惯例，但有些企业正在迅速发生变化，为此导致工作模式发生变化，除前面介绍的 8 种工作模式外，有的企业还采用项目团队的工作模式。

2. 办公模式变化的原因

随着竞争的加剧，组织为了节省人、财、物等各方面的开支，加快经营效益，对传统的工作模式进行了改变，出现了新的办公模式，导致办公模式发生变化的原因是：

（1）办公场地的费用过高，企业都想方设法压缩办公室的面积，让最小的面积创造最高的效益。

（2）城市中日益严重的交通拥挤问题和上班高峰时段的困难，使人们在工作模式上不得不重新安排。

（3）高科技的发展，尤其是通信技术的改变，使人们的联络更加方便，不在办公场所也能相互沟通。

（4）企业自身的发展需要灵活地聘用人员，如一些短期项目就不需聘用长期的正式员工。

（5）企业间竞争的加剧，使得企业不断压缩工资费、管理费、差旅费等人工成本。

（6）一些企业的组织结构进行了改变，需要用人制度相应改变。

（7）在宽松的社会环境中，人们希望最大限度地发挥自己的才干，多做工作，也需要不同企业实施多种模式的工作方式。

3．不同办公模式的特点

（1）在家工作模式。

表2-1 在家工作模式特点

序号	优点	缺点
1	节省办公室空间和资金	需投资计算机和电话给工作人员，以保持联系和能在家中开展工作
2	能把往返于办公室花费的时间用在工作上	有的家庭环境嘈杂，缺乏适宜的办公环境，工作难以集中注意力
3	有更大的灵活性管理自己的时间，安排工作与生活	增加了组织监督、管理和控制工作人员工作的难度
4	减少交通拥挤，减少交通污染	同事之间业务交流和情感交流减少，团队意识减弱，会感到寂寞
5	减少交通费用	减少了与专业人员与社会的联系

（2）远程工作模式。远程工作指工作人员通过电话或计算机等现代工具在异地接受指令完成组织交给的工作。这些人员可能在家工作，也可能在当地的工作间工作，还可能组成本地团队，设立主管与总部保持联系。常用于不必与客户进行实际接触的情形。

表2-2 远程工作模式特点

序号	优点	缺点
1	减少总部办公空间、取暖、照明、租借等费用	难以监督工作人员的工作
2	在低工资区聘用工作人员，人工费能够减少	必须加强管理和联系，以确保工作人员明确指令，达到要求
3	减少交通时间和费用，减少交通污染	加大了对工作人员监督和控制的难度
4	工作人员在控制工作时间上有更大的灵活性	由于远离组织，缺少同事间联系，会感到寂寞
5	给企业更多灵活性，可在工作高峰期聘用更多的当地人员而不需要提供工作空间	

（3）虚拟办公模式。虚拟办公模式是通过电话和计算机等现代工具和技术使所有任务能在一个虚拟的环境中执行，同时，管理者也在虚拟环境下对员工的工作进行管理的一种工作模式。如一个原文件被扫描录入，然后通过网络分发，工作人员能在计算机上访问它们，或者通过电子邮件互相交流，实施管理。

表2-3 虚拟办公模式特点

序号	优点	缺点
1	减少工作空间和办公用品的耗费	要投入资金购置计算机等现代设备
2	能实现即时的国内、国际间的交流	工作中难以控制任务和信息的质量
3	工作信息能存储、归档和通过计算机网络发送	难以管制网络，控制信息的安全保密

（4）临时办公桌模式。

表2-4 临时办公桌模式特点

序号	优点	缺点
1	因为使用较少的空间，可节省办公资金	员工因无个人固定位置，缺乏归属感，易降低积极性
2	办公桌和办公室空间有灵活性，不固定由某人使用	组织需细致管理，以保证工作人员来办公室工作时有办公位置
3	常外出的员工不用先去办公室报到，而直接去办事，节省了时间	员工交流少，不能得到充足的信息，从而降低工作效率
4		由于办公桌和周围的人总在变换，员工的团队意识差
5		难以对这类人员监督和管理

（5）弹性时间工作模式。弹性时间是在灵活的体制下允许员工对一天工作起止时间弹性化并积累计算总工作时间的一种方法。

表2-5 弹性时间工作的模式特点

序号	优点	缺点
1	缺勤减少，能有更灵活的时间做其他事情，如处理私事	某些时间段难以监督员工的工作，因为上司该段时间不在现场
2	可迅速完成紧急工作，不产生积压	有些特定岗位不能实施，正常上班时间必须保证人员足够，例如接待区
3	有更大的灵活性管理自己的时间，安排工作与生活	必须仔细协商安排实施者的工作时间，以保证工作时间衔接妥当
4	能自由控制上下班时间，避免交通高峰出行	难以满足所有员工期望的时间，大家都想周五休息则无人上班
5	激发工作动力，更好地安排工作时间，提高效率	员工可能对监督和检查他们工作时间感到反感

（6）兼职工作模式。兼职工作模式是指一人在多家企业或单位工作，充分发挥其专业技能，其兼职的组织与其协商好兼职的期限、任务、费用，并以合同确立的工作模式。

表2-6 兼职工作模式特点

序号	优点	缺点
1	能节省人工费用,因为只提供专业服务费用,节省全职人员和固定人员昂贵费用	因为他们不属于本组织职工,控制和监督较困难
2	能有目的、灵活地聘用组织缺乏的专项工作或服务	兼职结束,若不再继续合同,企业难以保证该项工作的连续性
3	节省设备费用,通常兼职人员自己备有专用设备	兼职人员因休假或生病不承担兼职,就无酬金
4	兼职人员自己能控制工作时间和多份工作,有动力、有效益	难以控制工作量,可能会出现有时有多份工作,有时又工作很少
5	兼职人员能充分发挥自己的专长,做愿意做的事,有成就感	难以控制报酬,兼职后可能会出现拖延支付报酬的情况

(7)合同工作模式。合同工作模式是指为完成某项任务聘用一些专门的技术人员,并制定合同明确其权利和义务,直至完成项目的工作模式。有的还采用承包一项特定任务的形式。

表2-7 合同工作模式特点

序号	优点	缺点
1	能灵活聘到非常优秀的技术人员或有特殊才能的人员,例如计算机顾问	需高级别的监督来保证工作达到标准并及时完成
2	能在需要时将特定的项目承包给一个人或一个组来完成	难以控制这些人对企业的忠诚,难以保证机密和安全
3	只支付完成该工作的费用,不用支付诸如医疗费、假期等费用	承包人可能会因遇更优越的业务而突然提出离职或更换人员,造成工作不连续
4	有的项目是在组织外的地方进行,节省企业空间和费用	这种合同工有合同任务才有报酬,缺乏工作保障
5	这些人工作有动力,效率高	

(8)交叉工作模式。交叉工作模式常由两人共同承担一项任务,每人工作一部分时间,但必须有一段重叠的工作时间以交换信息,商议工作进度,共同完成工作。

表2-8 交叉工作模式特点

序号	优点	缺点
1	公司能留住有特殊技能但又不能全职工作的人员	客户和其他人员更愿意与交替工作中的一名成员工作、交流
2	灵活的工作模式能激励工作人员	交接不当,可能会出现工作混乱
3	两个人合作通常会比一个人工作效果好	难以保证工作的连续性
4	交替工作的双方可以互相替补因疾病、假期造成的缺勤	

　　企业的员工采用什么形式的办公模式,应由企业的领导根据需要认真研究、选择,并要在实施新的办公模式前,制定相应的管理措施,发挥新的办公模式的长处,克服其弊端,真正为企业的节支增效带来益处。

　　4. 选择不同办公模式的注意事项

　　(1)办公模式的选择要慎重,一定要适宜企业经营和运作的需求,不能随风而动,赶潮流。

　　(2)在新的办公模式实施前,要建立一套与之适应的管理措施,而不能用管理传统办公模式的方法来管理新的办公模式。

　　5. 办公模式的革命——SOHO

　　SOHO(Small Office,Home Office 小型家居办公室)是由于网络的广泛应用产生的一种数字化的工作模式。SOHO 使得家庭将不再仅仅是人类社会生活的一个独立单位,而是变为信息社会中充满活力的细胞。据报道,IBM 公司属下的 20% 以上的员工已经取消了坐班制,据估算在美国已有 1 000 万人实现在家中远程办公,约占美国全部工作人口的 10% ~ 13%,并且 SOHO 在其他国家也呈增加之势。

　　虽然目前 SOHO 远远不是主流的工作模式,但 SOHO 的出现和兴起为社会的总体资源配置、企业的管理运作效率、甚至经济的格局都会带来一系列变化。这种工作模式的变化不是"下岗"而是通过"上网"在家中工作。

　　除了 SOHO,目前美国 IBM 公司正在推行"行动办公室",员工上班没有固定的座位,每位员工进公司的时候,先在每一层楼的电脑系统去查询空着的座位,然后再根据自己的需要去登记座位。

　　IBM 公司希望实施一套三维环境网路,可以使管理者和员工直接联络,还可以和分公司甚至客户连成大的工作网,构成虚拟办公室甚至虚拟团队。

　　以网络为基础设施和以笔记本电脑为办公设备的环境,使传统办公室的时间和空间概念被延伸,人们可以在任何地点、任何时间进行工作。社会的发展让传统的工作条件和环境不断演变、进步,如 8 小时工作、一周休两天、弹性上下班时间等。而在家上班的 SOHO 是工作模式多元化的代表,它使人连同工作回归自然、回归家庭。

二、能够提出办公室布局方案

(一)引导案例

　　某公司准备再开办一所销售分公司,租用了某写字楼一层的大厅,其中,大门左边用作产品展厅,大门右边作为销售分公司办公区,包括正副经理办公区、接待区、销售部、财务部。该销售分公司的负责人将整个一层大厅全部设计为当今很流行的全开放式办公室和半开放式办公室,用站立并能够移动的间隔物来分隔,没有门,所有人的工作都清楚可见。

点评： 根据办公结构和布局基本要求，产品展厅用开放式办公室是可行的，而销售分公司办公区中的各个部门全部采用全开放式办公室和半开放式办公室就不合适了。因为销售量大会引起的财务部门工作量增大，现金和支票的流动和保管需要安全，财务部应该设置在安全和保密的封闭式办公室中。

（二）工作技能

秘书要负责设计不同形式的办公室。

1. 分析不同部门业务特点对办公条件的要求

（1）面积、空间大小。

（2）人员流动的频率。

（3）声音对办公效率的影响。

（4）需要设备及家具量的多少。

2. 提出办公室规划设计意见

指定专人或委托他人设计平面图，并征询各使用部门的意见，根据意见修改设计，完善办公室的功能。

3. 选择办公家具、设施和装饰

当办公室空间已经分配和分开时，办公区必须布置家具、安装设施和进行装饰。

（1）家具与设施。办公室中使用的所有家具应符合健康要求和安全标准。大多数办公室通常提供给每一个工作人员下列的家具：

①办公桌——工作的空间。

②存储空间——通常用于存储文件、办公用品、设备和其他有间隔作用的办公室用家具、隔板。

③办公室椅子——样式根据工作类型而变化。

④其他办公使用的设备（见办公设备内容）。

（2）装饰。办公室的装饰应该仔细考虑：

①专业化及认真工作的外观：营销和广告部门给来访者和客户一个良好的企业印象是重要的；有质地良好的防盗门和护窗网的财务室给人以安全感。

②愉快的工作环境对工作人员有积极的作用，使他们感到工作是愉快的，这也是一个激励因素。

当计划装饰办公室时，应该考虑下列因素：颜色——特定的颜色促进平静的工作气氛；植物——会使办公室让人感到受欢迎；图片——能比裸露的墙壁更吸引人，有关团队的鼓励标语和成果图片能表现一个公司的团队精神。

4. 注意采光、温度和通风

（1）采光。在办公室中提供良好的光照非常重要，从窗户进来的自然光是非常好的光源，但强烈的阳光则太耀眼，特别是照在计算机屏幕上效果更差。窗户上需要安装百叶窗来遮挡日光。

（2）温度。温度控制应该在 20 ～ 25℃为宜。这能保证工作人员在舒适的环境下有效地工作。大多数办公室有中央空调系统，以维持办公室中适合的工作环境。但是还应该经常通风，保证良好的空气质量。

（3）通风。设置可打开的窗户，通风换气有利于员工的身体健康。但装修办公室时还应该注意到避免噪声影响办公环境。

（三）相关知识

办公空间是一个组织开展经营活动所必需的，也是一种必须支付的资源，费用通常是按平方米来计算的。如何在适当面积的空间中获取组织的最大效益是一个组织在选择与设计办公结构和布局时必须考虑的。

1．办公室的布局种类

（1）开放式办公室。

（2）封闭式办公室。

2．合理进行办公室布局的作用

（1）形成有效率的工作流程。

（2）有利于员工的工作分配。

（3）有利于工作顺利完成。

3．不同办公室布局的设计要求

（1）空间的使用。空间是一种必须支付的资源。空间的费用经常按每平方米计算。空间越大，费用越高。中心城市中心地点的地价昂贵，这意味着必须仔细设计办公空间，以保证费用维持最少，利用率最高。空间分类和使用方式也能影响办公室工作的方式，例如，有些办公室的设计更容易让人们交流，而在传统的办公室构建中，空间的分类是比较固定的。因此，需要仔细考虑不同部门和业务工作所需的空间和位置，例如打印室。在现代办公室中，经常需要有更大的灵活性。那些容易竖起、移动或拆除的间隔物，给办公室设计提供了更大的选择。

（2）开放式与封闭式办公室

1）开放式办公室。开放式办公室是大的空间，包含单个工作位置的组合。每一个工作位置通常包括办公桌、纸张和文具的存放空间、文件的存放空间、椅子、电话及计算机。

工作位置可能用屏风隔开，以降低噪声和区分不同的工作组。

办公空间开放式设计，也称"办公室美化布置"或"办公室模式设计"。它不像传统的封闭式办公室那样有固定的分隔独立空间，而是在开放的办公场地根据需要利用可移动物体随机确定工作间的位置。

开放式办公室的特点：不设个人专用办公室；组合工作间的材料丰富多样；办公室工作人员的地位级别主要不是用办公位置来确定，不设传统的首长座位，而是凭承担的任务来确定位置。

2）封闭式办公室。封闭式办公室是按照办公职能设置分隔式的若干个相对独立的办公室的做法。封闭式办公室的设计原则主要考虑常规办公室业务活动的各种因素，如人员、业务特点、职能、设备、空间等因素的稳定性，相关业务处理的连续性和系统性。

开放式办公室与封闭式办公室各有其优缺点（见表2-9）。

表2-9 开放式办公室与封闭式办公室的比较

办公室类型	优点	缺点
开放式办公室	1. 灵活应变，工作位置能随需要而移动、改变 2. 节省面积和门、墙等，节省费用，能容纳更多的员工 3. 易于沟通，便于交流 4. 易受监督，员工的行为容易得到上司的督察 5. 容易集中化服务和共享办公设备	1. 难保机密 2. 很难集中注意力，员工容易受电话、人们走动等干扰 3. 房间易有噪声，如说话声、打电话和操作设备声易影响他人 4. 员工难于找到属于自己的私人空间
封闭式办公室	1. 比较安全，可以锁门 2. 易于保证工作的机密性 3. 易于员工集中注意力，从事细致或专业工作 4. 易于保证隐私，明确办公空间由自己使用	1. 费用高，墙、门、走廊等占用空间多并要装修 2. 难于监督工作人员的活动 3. 难于交流，员工被分隔开，易感觉孤独 4. 设计办公结构和布局需要考虑的因素

（1）职工的人数。人数多，需要的空间就大，费用也要增加。

（2）购买或租用的面积。面积越大，费用也越高，尤其是在一些城市的中心地带，地价昂贵必须仔细斟酌。

（3）机构的建制和办公空间的分类。如需要多少个部室。

（4）组织经营的性质或内容。如接待区一般安排离门较近的区域，总经理办公室一般不在大门旁边。又如带有生产车间企业的办公区一般安排离门较近，车间相对远一些，而商店的办公室通常不会安排在商店的大门旁边。

（5）部门间的工作联系。以确保科学有效地实施工作流程，减少或避免不必要的重复与浪费。如将业务相关联、相衔接的部门安排为近邻，减少工作人员和文件流动的次数和距离。

（6）办公室的间隔方式应符合工作的需要和保密的需要，如开放式办公室的设计能增强人们的交流，而封闭式办公室的设计则易于保密。

（7）走廊、楼梯、通道的宽窄和畅通符合安全需要，并安排好公用区域。

（8）办公室随组织发展变化的变更，需要具有灵活性，如采用容易站立、移动或拆除的间隔物，给办公室的设计和改变提供了更大的选择。

5．SOHO在家办公的注意事项

（1）今天科技的发展，已经使在家办公和在办公室里的工作强度可以完全一样甚至更高——如果你愿意的话。虚拟专网（VPN）技术让我们在家里也可以接入公司的服务器，但是也意味着你也在受到公司网络的"监控"。因此，最好把你需要做的工作用存储卡的方式带回家。家庭宽带互联网接入既是在家办公最大的资源，同时也是最大的障碍。

（2）技术已经就位，但是你是否已经为在家办公完全做好了准备？在家工作最重要的一点是：离开你的床！这是在家上班和去办公室工作第一个重要区别。千万不要睡到下午3点才起床，然后发现上司发来的工作邮件是在早上9:01到达你的邮箱。

（3）在家办公还需要保持一个好的习惯——通过即时通信的方式和同事们保持联系。当然，是和他们谈论工作。此外，可以安排和你的客户共进午餐，把你的日程安排标注在日历上随时提醒你。这时候你就会深深体会出还是老话说得对：更多的自由意味着更多的责任。

三、能够提出处理办公室安全隐患的办法

（一）引导案例

天地集团公司董事会刚刚散会，做会议记录的秘书高叶急忙回到办公室，准备把董事会上废弃的选票用碎纸机处理掉。就在她操作的过程中，一不小心戴在胸前的长丝巾卷入了碎纸机，她立即关闭电源，但丝巾已经被毁掉。

下班前，办公室主任召集大家开会，以此事为例向所有员工进行安全教育，再次强调一定要遵守设备安全操作规程。他说，如果今天卷进去的不是丝巾而是披散的长发，那真是让人后怕呀！

点评：上述案例告诉我们，秘书人员必须树立安全意识，在工作中要避免安全事故的发生。否则，一旦疏忽大意，就会造成不堪设想的后果。

（二）工作技能

1．预防办公室安全隐患的程序
（1）建立办公室安全和整洁标准。
（2）定期组织评估办公室人员的安全行为和环境是否符合组织安全标准。
（3）教育所有人员必须理解和遵守办公室安全规则与要求。
2．避免办公室日常工作中安全隐患的措施
（1）不要堆放杂物阻塞楼梯及通道，上下楼梯要握紧扶手，切勿奔跑。

（2）电线及电话应远离通道，以免绊倒使用通道的人。

（3）热饮品要在指定的地方调制，使用电热水器、电炉应特别小心，以免电线负荷过重或漏电伤人。

（4）下班离开办公室时，应将所有电器的电源关上。

（5）办公桌应保持整洁，锋利及尖锐的文具应小心使用、妥善摆放，在不使用时将锋利部件保护起来，例如，小刀要合上、镊子头要戴上保护套等。

（6）文件柜及柜门用完后应立即关上，防止翻倒或绊倒人。

（7）若要拿取或存放高处物品，应使用稳固的梯子，不要站在木箱或纸箱、旋转椅或其他不稳固的物品上。

（8）搬运太重的物品，要请他人帮忙，以免伤及背部，当搬动物品时，不要让物品阻碍前进视线。

（9）办公室不要存放过量的易燃物品（如酒精、打火机充气罐等）。

（10）切勿堵塞救火设备，应学习如何使用紧急救火设备（如灭火器等）。

（11）可能范围内，办公室所有设备应符合人体工程学设计，以免使用者过分疲劳。

（三）相关知识

1. 办公室安全的目的

（1）全员参与，培养安全习惯。

（2）在抓生产安全的基础上，全面持续地提高安全管理水平。

（3）创建一个安全、专业、有序、整洁的办公室工作环境，消除导致伤害的条件。

（4）培育具有特色的安全文化。

2. 办公室安全责任

（1）每个人都必须遵守办公室安全规章制度，并维持工作区域整洁。

（2）不仅自己遵守办公室安全规章制度，而且还要要求别人遵守规章制度。

（3）所有人员都有责任维持一个安全的工作环境。

（4）发现不安全的隐患，应及时纠正或报告，不能置之不理。

3. 办公室危害的来源

（1）光线暗淡。

（2）噪声。

（3）办公家具设计不合理。

（4）物料储存不当。

4. 办公室安全注意事项

（1）预防摔倒。地板湿滑，应摆放警示标识并及时给予清洁。

（2）安全举重物。用手完全抓住物品，举起物品时，不要挡住视线。

（3）物料储存合理。柜子的顶部不得存放任何物品，重物应存放在低层架子上，办公设备不应放置在桌子、文件柜的边缘，走廊、拐角和过道上不应存放东西。

（4）工作台的人机工程。可能范围内，办公室所有设备应符合人体工程学设计，以免使用者过分疲劳。

（5）保障室内空气质量和通风。通风系统的过滤网应定期清洁或更换，办公室的机械设备应在通风良好的环境下操作，根据制造商的要求，对办公设备进行清洁与维护。

（6）保障照明。照明系统应定期维护、清洁或更换损坏的照明装置，办公室人员不应面对窗户、没有护罩的灯或其他耀眼光源。

（7）防止噪声。选择最安静的办公设备并定期维护；声音大的设备，应尽量放置在不影响人工作的地方；用隔离墙或屏障隔绝噪声源。

（8）办公室电气安全。提供足够的电源插口，避免使用接线板；固定在地板上的电源插口应合理安装，防止有绊倒的危险；电气设备及其电源线应定期进行检查；正确地安放电源线，破损电线必须更换。

（9）办公室防火。防止制热的设备附近存放可燃品；不得让易燃物品堵塞储存区域；下班前，一定要关闭电器设备的电源。

（10）办公室的紧急响应。应设立控制紧急情况的机构；准备适当的消防设备（警铃、灭火器、消防水龙带、探测器）；知道逃生路线和如何逃生；知道如何报警等。

第三节　办公室日常事务管理

【技能目标】

通过本节的学习，学生应能够管理印章和介绍信；能够制定执行值班计划；能够提出办公流程改进建议；能够提出预防及应对突发事件的建议；能够督查工作的执行情况；能够制定工作计划；能够确定承办期限；能够进行工作评估。

【知识目标】

通过本节的学习，学生应能够掌握印章的种类、样式、管理与使用要求；掌握介绍信的使用要求；掌握值班计划的内容与要求；掌握改进办公室日常事务工作流程的基本思路、注意事项；掌握突发事件的种类及处理突发事件的原则；掌握督查工作的内容、特点、原则与方法；掌握工作计划的种类、内容、要求及制订与实施工作计划的注意事项；掌握确定承办期限的要求；掌握工作评估标准、要求与注意事项。

【先修内容】

1. 能安排用车

秘书在管理用车预订工作时，要注意在时间上留有余地，确保用车人能及时用到所需车辆，同时还要善于协调用车矛盾。要请使用内部公用车辆的部门或人填表登记进行预订，在不出现使用矛盾时，即可安排落实；如果出现矛盾，则应能主动与双方协调，予以解决。若自己难以解决，应上报主管。

2. 能处理邮件

要做好邮件签收工作。办公室来信的基本程序是：初步分拣、及时拆封、如实登记、分发和传阅、负责复信。要做好邮件传阅工作，要做好邮件寄发的工作。

3. 能安排会议室

要做好预约工作，如遇多个部门同时申请使用同一个会议室时，秘书部门有权要求申请部门更换使用时间或地点。要注意会议所需设备的操作。对于有部门因紧急情况需要临时性使用会议室时，秘书部门应要求使用部门（单位）必须填写《会议室使用登记表》，并经秘书部门主管同意。会议室的管理原则是内宾让外宾，中层让高层，临时让预约。

4. 能编制时间表

秘书管理时间可运用工作时间表、工作日志、ABCD 法则等技巧进行。

秘书编制的工作时间表有 4 种：年度时间表、月安排表、周安排表、工作日志。时间表可以为一人使用，也可以多人共同使用。填写时要根据需求确定编制时间的周期，还要收集并列出该阶段所有工作、活动或任务，发现活动有矛盾，要主动与负责人协商，及时调整；要按照时间顺序将任务排列清晰，然后绘制成表格，标明日期、时间和适合的行、列项目；最后用简明的文字将信息填入表格，包括内容、地点。

5. 能编制、管理工作日志

秘书编制的工作日志有两种，一是自己的工作日志，二是上司的工作日志。秘书在编写时要做到：提前了解上司工作和活动的信息，并在两份日志上填入；提前在自己的日志上清楚标出自己当日应完成的工作；输入或填写的信息要清楚、完整、准确、方便阅读，保持日志整洁；出现变化，应立即更新日志，并告知上司出现的变化；在上司日志变化的同时，应更改自己的日志，并做好变更的善后工作；协助或提醒上司执行日志计划，在需要时能帮助上司排除干扰。

上司的日志内容通常包括：上司在单位内部参加的会议、活动情况；上司在单位内部接待的来访者；上司在单位外部参加的会议、活动、约会等情况；上司个人的安排等。工作日志一旦编制好，应尽量将变更限制在最小的范围。

6. 能够按规定办理现金使用的手续

秘书取得现金后，应将现金锁在保险箱内，并负起保管和支付备用的责任。秘书必须建立一本零用现金账簿，清楚注明收到现金的日期、收据编号、金额；支出现金的日期、用途；零用现金凭单编号、金额、余额等。内部工作人员需要使用领取零用现金时，应填写"零用现金凭单"，提交花销的项目和用途、日期、金额。秘书要认真核对零用现金凭单，经授权人审批签字后，方可将现金支付给需用者。同时还要认真核对领取者提交的发票等证据上的用途、内容、金额是否与零用现金凭单上填写的完全一致，然后将发票等证据附在零用现金凭单后面。每当支出一笔现金，秘书均须及时在零用现金账簿上记录。当支出的费用达到一定数额后或月末，秘书再到财务部门报销并将现金返还到零用现金箱中进行周转。

一般商务费报销的工作步骤是：申请人提交费用申请报告或填写费用申请表，详细说明需要经费的人员、时间、用途和金额等情况，并亲自签字。该报告或该表必须经过组织确定的授权人审核同意，并签字批准。在进行商务工作中，无论是使用支票，还是使用现金，都要向对方索取相应的发票，其内容中填写的时间、项目、费用等应与使用者实际用途相符，并应盖有出具发票单位的财务章。商务工作结束，申请者应将发票附在"出差报销单"后面，并亲自签字提交出纳部门，由出纳部门把先前领取的现金数额和支出情况进行结算。如果是先由申请人垫付的，在提交票据和"报销凭单"后，方可返还现金。如果实施商务工作时，计划的费用不够，需要超出时，应提前向有关领导报告，在得到许可和批准后，超出的部分才可得到报销。

7. 能够安排上司的差旅事务

上司出差，秘书人员需为其制订商务旅行计划。一份商务旅行计划至少应包括以下内容：出差的时间、启程及返回日期，接站安排；出差的路线、终点及途经地点和住宿安排；会晤计划（人员、地点、日期和时间）；交通工具的选择；需要携带的文件、合同、样品及其他资料；上司或接待人的特别要求；上司旅行区域的天气状况；行程安排；差旅费用；上司的住宅电话号码等。

差旅计划制订完后，要向上司报告，依其指示决定旅程。

此外还要为其制作旅程表。一份周密的旅程表主要包括以下内容：日期；时间；地点；交通工具；具体事项；备注等。旅程表应一式三份（或几份），一份存档，一份给上司及其家属，秘书存留一份。

8. 能够完成上司临时交办的事项

秘书要掌握完成上司临时交办各类事项的步骤。上司临时交办事项有广泛性、临时性、具体性、紧迫性等特点。

上司临时交办事项的范围：文书工作事项；会务工作事项；信访工作事项；信息工作事项；调研工作事项；督查工作事项；联络工作事项；协调工作事项；接待工作事项；其他交办事项。

办理上司临时交办事项的原则是：（1）积极主动，千方百计；（2）既要符合政策，又要灵活变通；（3）件件有着落，事事有回音。

办理上司交办事项应注意：（1）要态度和蔼，协商解决，不要打着上司的旗号发号施令；（2）要坚持原则，按章办事，不要违法乱纪，为达到目的而不择手段；（3）要一视同仁，不分亲疏，不要看人办事，有失公平。

办好上司交办事项的基本要求：（1）接受工作任务要弄清"三要素"；（2）优化办事成果"三比较"；（3）把握好办事"三形式"；（4）检验办事效率"三标准"；（5）向上司复命"三注意"。

9. 能完成文字记录工作

秘书进行文字记录的程序是：准备记录工具→认真听、快速记（听要有重点，记要无遗漏）→补充→修改→管理→请上司确认记录。

记录工作主要分为手工记录和机器记录两部分。秘书手工进行文字记录方法有要点记录法、详细记录法、常用速记法、笔记与录音并用法。

文字记录的要求：（1）记录上司讲话，秘书要视以下情况行事：如果上司是按讲稿讲话或发言，可记录要点，但对于讲稿之外的补充或发挥部分，则要详加记录；如果上司是即兴讲话或发言，秘书则要有言必录，哪怕是动作、表情和语气等。（2）记录上司口授，秘书应做到：要立即停止其他事项的办理，迅速走到上司身旁；要随手带上笔和本，以备记录之用；要注意聆听口授内容，不要插嘴和提问；要对上司的指示边听边记，疑问之处随手标示；口授结束后，秘书要复述要点，或向上司提问。

整理记录要注意：（1）要忠实于发话者说话的原意，尽量保持原话、原貌；（2）要体现发话人的语言特点；（3）在不背离原意的前提下，记录人可进行技术性的加工或润色。

一、管理印章和介绍信

（一）引导案例

宏远公司的员工李某找到天地公司经理助理高叶，称他有一笔好买卖，但他是个人，不如公司签合同方便，想借用天地公司的名义，让高叶给他出具一张天地公司的业务介绍信，等合同签完后就还给天地公司，并给高叶1万元报酬。高叶应允后，李某利用从天地公司借用的业务介绍信及印章，以天地公司业务经理的身份和天地公司的名义与大华公司签订了一份钢材购销合同，骗取了大华公司价值100万元的钢材。李某将钢材卖掉后，携款潜逃。

点评：根据最高人民法院《关于在审理经济纠纷案件中涉及经济犯罪嫌疑若干问题的规定》，个人借用单位的业务介绍信、合同专用章或盖有公章的空白合同书，以出借单位名义签订经济合同，骗取财物归个人占有、使用、处分或进行其他犯罪活动，给对方造成经济损失构成犯罪的，除依法追究借用人的刑事责任外，出借业务介绍信、合同专用章或盖有公章的空白合同书的单位，依法应当承担赔偿责任。

上述案例中，高叶为了一己私利，违反介绍信使用的有关规定，让不法分子有了可乘之机，使国家经济遭受损失。

（二）工作技能

使用印章、介绍信一般应经本单位领导人批准，办理签批手续，秘书人员不得擅自做主。秘书人员要严格执行监印制度，对不合法或不合手续使用印章、介绍信，有权拒绝盖印或提出异议，而不能违反规定"有求必应"，给自己和公司带来无法挽回的损失。

印章使用程序是：上级正式机关的批准→制发单位开具公函→附章样到公安部门办理登记→公安部门指定刻制单位→刻制印章→选定启用时间→发出附印样的通知→双人同行取回印章→拆封检验→专人保管。

1．刻制与启用印章

（1）印章的刻制。刻制印章是印章管理工作的一个首要环节，必须严格执行国家的有关规定。

无论刻制哪一级单位的印章，都要有上一级主管单位的正式公文。得到上级单位批准后，由印章的制发单位开具公函，附上章样到所在地的公安部门办理登记手续，由公安部门指定专门的刻字单位承担印章的刻制任务。印章刻制完毕，原刻字单位一律不得留存章样。

（2）印章的颁发与启用

1）印章启用前的准备

①选定印章的启用时间。

②提前向有关单位发出正式启用的通知并附上印模。

③填写"印模卡"一式两份（一份留存，一份交上级单位备案）。

④在印章启用通知所规定的生效日之前，所刻印章不得使用。

2）印章颁发与启用的要点

①为安全起见，取公章应实行双人同行制。

②取回公章后，立即交办公室负责人拆封检验，指定专人保管。

③使用单位启用新刻制的公章时，要将印模和启用日期报送上级主管部门。上级主管部门和使用单位都要把印模和启用日期的材料立卷归档，永久保存。

2．使用印章

使用印章的程序：申请→填写用印申请单→专人审核签名→用印→登记。

（1）申请用印。盖用单位公章，用印人必须填写"用印申请单"（见表2-10），经本单位的主要负责人或经主要负责人授权的专人审核签名批准。一般证明用印可由办公室主任批准，或遵循上司所确认的用印惯例。

表2-10 ××××（单位名称）用印申请单

文件标题			
发往机关		份数	
用印日期		用印申请人	
批 准 人		备注	

（2）正确用印。用印时，如有不明确的情况，应请示上司核准后，方能用印。盖用职能部门的印章，也必须由本部门的主要负责人审核签名批准。

正式公文只在文本落款处盖章。带存根的公函或介绍信、证明信要分别盖骑缝章和文末落款章。

用印时应当使实际盖印的文件数量和"用印申请单"上的份数完全一致。

（3）用印登记。用印后应当进行用印登记。登记的项目有：用印目的、文件名称、编号、签发人、领用人、盖印人等（见表2-11）。

表2-11 ××××（单位名称）用印登记表

顺序号	用印日期	文件标题	发往机关	份数	用印人	批准人	备注

3．停用与缴销印章

因机构变动、名称改变或公章损坏需启用新公章而停止使用旧公章时，在新公章启用后，同时将旧公章送缴，制发机关封存或销毁。自行销毁的，要经上级部门批准方可。

属于机构撤销的，应在撤销决定下达之日起，停止使用公章并缴销。公章送缴要有手续，销毁旧公章要登记造册，要经上司批准，要有两人监督。

4．使用经理名章

经理名章代表一个公司的领导身份，具有行使职权标志的作用，多用于书信、票证、合约、报表、文件等方面。各级领导机构之间，以经理个人名义发出的书信，一般都加盖经理名章，表示负责、尊重和信任；领导机关印发的一些票证，常加盖经理名章，表示负责、严肃和认真；签订合同、协定、协议等，要加盖双方或各方经理名章，表示负责和信用；布告、通告、表报等特殊文书也加盖经理名章，表示权威和承担法律责任。经理名章具有法定的权威性和代表性，因此要控制使用，加强管理，要像保管公章那样保管经理名章，防止他人利用经理名章招摇撞骗，进行非法活动。

5．管理介绍信

（1）介绍信的管理有明确规定，要指定专人负责管理。介绍信与用印紧密相连，一般情况下，介绍信由印章管理人员负责管理。

（2）介绍信的保管应同印章保管一样，牢固加锁，随用随开，用毕锁好，以防被盗、丢失。

（3）管理介绍信的人员在使用介绍信时，要在存根上加以记载，涉及重要事项的要请批准人在介绍信存根上签字。属于口头批准的，要在存根上记下批准人姓名，有批条的要将批条粘贴在存根上。介绍信要按编号、按顺序使用。

（4）对于开出后未用的介绍信，管理人员应及时催回，粘贴在存根上。

（5）介绍信持有者如将介绍信丢失，应及时报告单位或部门负责人，并告知介绍信管理人员，涉及重要事项的还应通知前往办事的单位，以防冒名顶替。

4．使用介绍信

（1）严格履行批准手续。使用单位的介绍信，要经上司或办公室负责人批准。

（2）介绍信内容要明确具体，不能含糊笼统。

（3）要填写有效时间。

（4）管理人员要对开出的介绍信负责，应检查无误后方可用印。

（5）一份介绍信只能用于一个单位，不能用于两个单位。

（6）要填写持信人的真实姓名和身份，不能为达到目的而随意提高持信人的地位和身份，不准弄虚作假。持信人不能将介绍信转借他人使用。

（7）介绍信的存根内容要同介绍信的正文内容相符。

（8）介绍信书写要工整，字迹要清楚，不能随意涂改或涂沫，如有涂改需在涂改处加盖公章，否则视为无效。

（9）填写介绍信要用毛笔或钢笔，禁止用铅笔、圆珠笔或红色墨水书写。

（三）相关知识

印章和介绍信是各级各类组织对外联系的标志和行使职权的凭证管理，严格按规定使用是秘书部门和秘书人员的重要职责。

印章是印和章的合称，我国古代叫印信，现代印章是指刻在固定质料上的代表机关、组织、单位和个人权力的图章。秘书部门掌管的印章主要有3种：一是单位印章（含钢印）；二是单位领导人"公用"的私章；三是秘书部门的公章。其中，单位印章是单位对外行使权力的标志。

1．印章的作用

（1）标志作用。只有得到法律认可的机构或人员（具有法人资格）才备有印章，并在印章上以印文的形式标明其法定名称（全称），对外联系工作就以印章作为标志。

另外，印章还表现为密封的标志。

（2）权威作用。人们习惯把"印把子"比作权力的象征。这是法律赋予的权力，具有相当的权威性，而这种权威性则是以印章为鉴证的。

（3）法律作用。单位具有法人资格，其印章是单位的标志，按法定程序制发、用印后的公文和凭证就具有法律效力，在刑事诉讼和民事诉讼中负有法律责任和法律义务。

（4）凭证作用。各种各样的文件、凭证、证据等，不盖章对外一律无效。

2．印章的种类

一般来说，公务印章分为以下几大类：（1）正式印章。（2）套印章。（3）钢印。（4）领导人签名章。（5）专用章。

3．印章的样式

印章的样式一般由以下几大部分构成：（1）印章的质料。（2）印章的形状。（3）印文。（4）图案。（5）尺寸规格。

4．印章的管理与使用要求

（1）专人负责。应选择事业心、责任心强的专人保管印章，不准随意更换公章管理人员或将公章交与他人管理。一般情况下，印章的保管者也是具体用印者。因此，秘书部门对于保管和使用印章的人员必须严格审查和挑选，并应加强平时的教育和考查。对不适合者，应坚决调离。

（2）确保安全。印章应选择安全保险的地方存放和保管，如机要室或办公室的保险箱内。如存放在办公桌的抽屉里，则应当装配牢固的锁。经管人员不得将锁存印章的钥匙委托他人代管，也不得将钥匙插入锁孔后离去，以免印章被人盗盖，造成严重后果。

（3）防止污损。使用印章要注意轻取轻放，避免破损。同时要注意经常洗刷，防止印泥和其他脏物将刻痕填塞。要保持图案和印文的清晰。

5．介绍信的使用要求

介绍信是用来介绍被派遣人员的姓名、年龄、身份、接洽事项等情况的一种专用书信，具有介绍和证明双重作用。

介绍信有多种。秘书部门掌握的主要是工作介绍信，这是统一印制的。出具介绍信要经过单位内部的审批手续，填写清楚，与存根一致，加盖骑缝章，并有存根备查。介绍信有时限要求。

6．印章使用的注意事项

（1）用印时，首先检查有无单位领导人批准用印的签字。加盖单位的公章应由分管领导审核签字。

（2）检查文件内容，看其是否超越或是降低了本单位公章的职权范围。超越或降低这两种情况均属不合理用印，应予制止。

（3）公章的使用必须登记，登记的内容为：用印日期、用印编号、用印单位、印文名称、用印人姓名、批准用印人姓名、盖章人姓名。

（4）盖印要保证位置恰当。通常在文尾，盖在署名中间，上不压正文，下要骑年盖月。印油要均匀，用力要适度，使盖出的印章清晰、端正、庄重。

（5）印章管理人员发现带有政治性错误的或政治上不严肃的文件，弄虚作假的或与实际有较大出入的文件，内容、观点、文字有毛病的文件，根本就不该盖印的文件，不能盖印并及时向上司反映。

（6）不允许违章用印，以印谋私。杜绝滥用印、私用印、空用印，以及将印章带出办公室。

二、制订执行值班计划

（一）引导案例

某县工商局办公室徐秘书星期天值班。下午5点，徐秘书正准备结束值班回家休息，突然电话铃响了，传来了急促的声音："出事了，请局里赶快派人来。""同志，请你冷静一下，到底出了什么事，把情况说清楚。"原来，局里一辆面包车与一辆大卡车相撞，司机重伤，另有3人受伤，车损严重，已不能开动，请求局里急速处理。徐秘书做好了电话记录后，立即向主管领导汇报，自己迅速赶到现场做紧急处理。

点评：值班是各单位办公室的一项重要日常工作。值班人员要根据相关要求和本单位领导指示，为领导同志处理紧急、重要事项和突发事件做好服务工作，发挥"承上启下、上传下达、下情上报、联系左右、沟通内外"的重要作用。

此案例中，值班人员徐秘书能够在值班时沉着冷静应对突发事件，措施恰当，值得称道。

（二）工作技能

1. 值班工作流程

制订值班制度与值班规定→编制值班安排表→通知并给领导班子发放值班表→值班人员做值班记录→重大事件做值班报告→值班结束交接班。

2. 制订值班工作计划

只有党政领导机关、大的企事业单位或一些性质比较特殊的单位才可能设立有固定人员值班的值班室，平时有固定的人员值班，法定节假日则由业务部门的人员轮流担负值班，较小的单位多采取轮流值班的办法。值班人员的值班计划表，一般由秘书部门具体编写，与有关部门协商并报上司审定后执行。

值班计划表一般包括值班的具体时间、地点、内容，领班人及电话，值班人，值班任务，注意事项等（见表2-12）。值班安排好以后，要事先通知有关部门及人员，并将值班表发到每位领班人及值班人员手中，让其做好准备。

表 2-12　值班计划表

时间	值班人			领班人	
	姓名	所在单位	电话	姓名	电话
月 日～月 日					
月 日～月 日					
月 日～月 日					
月 日～月 日					

3．执行值班工作计划

（1）坚守值班岗位。值班人员在规定的值班时间内，必须做到人不离岗、人不离机（电话机），始终保持通信联络畅通。值班室要接纳来自四面八方的函电信息，必须有人接收、传送处理。特别是在重要部门值班时，随时都可能有突发性的事件报到值班室，有许多紧急事件无规律可循，必须随时准备应付复杂情况和处理突发性事件。因此，值班室人员必须坚守岗位，有事要提前请假，如无临时接班人，不得离开岗位。

（2）认真处理事务。值班室工作庞杂、琐碎，无规律性，处理起来有时比较麻烦，但值班人员不得有丝毫大意和马虎，如果出现差错或处理不当，轻则耽误工作，重则造成严重后果。因此，值班人员必须有认真负责的态度。如认真接转电话，认真做好记录，认真接待来访人员等，真正起到问事员、联络员、收发员的作用。

（3）做好值班记录。一是记好值班电话记录。值班人员除接待来访人员外，相当一部分值班工作都是靠电话来联系处理的，因此，必须认真记好值班电话记录；二是做好接待记录。对外来人员的姓名、月份、证件、联系事由、接洽单位要一一登记清楚，以备查考；三是做好值班日记，对外来的信函、电报、反映情况、外来的电话等，都要认真登记，使接班人员保持工作的连续性。

（4）热情接待来访者。因事来值班室联系接洽的人很多，值班室对各种来人，要根据不同情况作出恰当的处理。对于来洽谈工作者，应验明身份证件，问清意图后，协助并指引其办理有关事务。对于一般问题者，只要不涉及机密，应尽可能地给予帮助。

（5）加强安全保卫。值班员的职责之一就是做好单位的安全保卫工作，值班人员一定要处理好热情接待来人和严格门卫制度的关系。既要热情接待，又要严格执行制度，严防坏人混入作案。如遇到紧急情况和可疑人员，应及时向领导和公安、保卫部门报告。值班人员要有坚强的保密观念，不能把亲戚、朋友带到值班室留宿，不能泄漏单位秘密，对于机密文件、他人信函，不得擅自拆阅。

（三）相关知识

值班是指在固定的时间、岗位和场所从事的日常事务，是秘书事务处理的重要方式之一，也是一个较大组织不可缺少的经常性工作。

值班工作是秘书部门的日常工作之一，各单位或部门值班的任务都非常庞杂，且各具特色。但一般来说，值班工作的任务与要求是相通的。

1. 值班工作的任务与要求

（1）办理上司交办的事项。上司有很多临时性紧迫性工作，在一时找不到其他部门办理时，多数交由值班室。因此值班室工作很大一部分是承办上司交办的事项。常见的事项有：

①临时性的会议通知。一些临时决定召开的会议，因时间紧，发书面通知已来不及，或会议内容与各个业务部门有交叉，难以确定哪个业务部门主办。在这种情况下，经常交由值班室处理，使用电话或其他方式召集有关部门和有关人员参加会议。

②有关部门和有关人员对上司某一批示、要求的贯彻落实情况进行查问，并将查问的结果及时回复交办给上司。在工作过程中，值班人员要适当发挥一些职能部门的作用，以便顺利完成任务。

③受委托做好接待工作，由于上司的工作原因或精力所限，有的接待工作就委托值班室来完成，值班室根据具体情况，或自己承担或通知有关部门做接待者的工作。

④向有关单位人员转告上司的指示等，上司交办的事项很多，范围也很广，需要根据具体情况灵活办理。

⑤上司生活服务的某些工作。

（2）上传下达，沟通内外。上级部门经常派人到下级部门检查工作，了解情况；下级单位也经常派人到上级部门汇报工作，反映问题；平级单位或无隶属关系的单位也常相互联系、协调工作。上述情况经常需值班室来处理。不论来自何单位、部门的人员，值班人员都要认真接待，或请有关负责人接洽，或介绍给有关部门。对上级的各项指示、通知和下级的请示、汇报，都要认真登记，及时汇报、及时处理。本单位的一些突发事件，值班室也有责任将新掌握的情况报告上司，通知有关人员。

（3）认真处理来函、来电。日常的函电来往是由业务部门办理的，但在下班后或节假日，由于有些业务部门无人值班，应当由值班室担负起函电接收的工作，对于其中的急电、急件及时通知具体承办单位、部门或报告分管负责人，对电话请示、文电内容，值班人员一般只传达不答复或不随意表态，以免造成上司工作被动。若上司有批示或指示，再按上司的要求，及时办理。

（4）负责接待工作。值班工作中的接待工作主要有两种：一是公务接洽，二是个人来访。接待任务包括：

①上级单位工作人员来了解或指导工作，值班人员应根据相应规定并结合来访者的意愿作出适当的安排。

②外地单位来参观、学习、考察，值班人员要热情接待，谦虚诚恳地向客人介绍简要情况。

③专程前来对本公司的工作提出意见、建议和要求的人员，值班人员要热情接待，虚心听取客人的意见，并尽可能满足客人的要求。

（5）掌握上司的外出活动情况。上司外出时应由秘书人员告知值班室，以便随时取得联系，值班人员要详细记录上司外出的情况，尤其是上司出差在外，要及时与上司联系，了解上司外出所在地的住址和电话号码，以便遇到有急事能随时找到上司，保证工作的正常开展。

（6）协调处理安全保卫工作。值班人员在单位下班后，除做好上述工作外，还要协助有关人员做好安全保卫工作，防止丢失、被盗、破坏等问题的发生。

2．值班实务处理的方法与技巧

值班人员在进行值班工作的时候，往往会被安排一些实质性的工作或者会遇上突发事件以及紧急情况。在这种情况下，就需要值班人员掌握相关方法与技巧，从容地处理每一件事。

（1）做好公务接洽工作

1）公务接洽的职责范围

①传达、承办公司电话指示、通知和其他联系事项。

②负责所属单位的电话请示、报告的传递和答复。

③负责同各方面派来的办事人员接谈商洽。

④负责转办或落实上司临时交办的事项。

2）按照接洽事项的性质采取适当的办法处理

①对电话或来人商洽的简单事项直接处理。简单事项主要是指事项涉及的问题，现行方针、政策、法律有明确规定，并且情况清楚，在上司和值班人员掌握之中的事项。如基层或员工询问某一方面的政策，而这方面的政策已很明确，值班人员可给予答复；再如，上级单位询问本公司经理行踪、本公司工作情况，如果值班人员对情况清楚，可以直接报告。

②把应由有关部门处理的事项介绍给有关部门处理。值班人员根据各部门的职责范围，把相关问题转给相应部门处理，同时，向来电来人单位说明办理的途径和方法，以免在转办过程中纰漏误事。

③对电话或来人商洽的重要事项请示上司后处理。重要事项主要指商办的事项事关重大，涉及的问题复杂，需要上司直接出面处理或上司决策的事项。如来人要求面见上司，汇报某项工作，值班人员应先请示上司，上司作出安排后，再根据上

司意见处理。

3）建立健全公务接洽制度

①岗位责任制度。明确公务接洽的职责范围、任务与要求。建立请示汇报制度。明确什么性质的问题必须向上司请示，什么性质的问题必须向上司汇报，同上司保持必要的联系。

②登记、记录制度。明确公务接洽的登记内容办法、记录形式等。建立《公务接洽记录本》（见表2-13）等登记、记录册，要坚持经常记录，对其中有保存价值的材料应立卷归档。

表2-13 公务接洽记录本

来电来人单位		姓名		职务	
接洽时间		年　　月　　日		接洽人	
洽谈事项					
经理意见					
处理结果					
备注					

（2）掌握汇报情况的技巧。经验告诉我们，值班时应当注意以下3点：

①问明情况，做好记录。凡是打来的电话，不论事情大小，都要问明情况，如来电者姓名、单位、职务（职业），来话时间，反映情况的内容等，并一一认真做好记录。有条件的还可配备录音电话。

②重要情况，及时报告。所谓重要情况，是指突然发生的重大事件、重大灾害、重大事故等，或者是需要上司立即知道（决策）、采取措施、亲临现场处置的问题。凡属此类情况，要毫不犹豫地立即向有关负责人报告，并迅速按其指示承办。一般来说，报告程序是：首先，报办公室值班经理或主管领导；然后报办公室主任；最后根据办公室主任的批示，报其他经理。非常重大紧急的情况，值班人员也可灵活掌握，直接报主要经理，然后再根据经理的指示进行办理。

③谨防"假冒"，避免失误。电话具有方便、迅速的独特功能，但由于打电话两头不见面，也容易被社会上一些不法分子利用来做"手脚"。如冒充上级部门或经理打电话，解决××问题；冒充经理亲属让办什么事情；冒充"记者""员工"等谎报重要情况等。如遇到此类可疑电话，值班人员一定要头脑冷静，冷静地分析、冷静地处置，善辨真伪，以免上当受骗，给工作造成不必要的损失。

（3）处置突发事件、紧急情况。值班工作中遇到突发事件或紧急情况时，应注意如下几点：

①尽快作出合理的反应。凡是报到值班室的突发事件、重大事故，以及有损公司安全的事件，大都对本公司、本部门影响较大或直接关系到员工的生命和公司利

益的安危。再有，要对值班室的常用通讯设备定期进行维护、保养，如对讲机、手持电话平时要充好电；专用交通工具平时要加好油；交通图册、重要联络电话以至手电筒、雨衣等，要作为值班室的基础装备，做到常备不懈。

②准确了解具体情况。要对突发事件、紧急情况的时间、地点、影响范围、损失大小等了解得十分清楚，否则会贻误工作。要想达到办事准确的效果，必须通过各种渠道把情况尽可能了解清楚，收听情况时要努力听清记准，对听不清楚或怕搞不准确的要逐字问清，如地名、人名、数字等，绝不能满足于"大概""差不多"。

③积极主动做好预测。有些突发事件、紧急情况是不可预知的，而有些则是可以通过日常工作了解情况、掌握信息、综合分析，对事物的变化发展进行预测，以便做到防患于未然，使损失减小到最低限度。做好预测，就要求值班人员平时要注意积累经验，遇到情况时要善于思索分析。回复时，要言语持重，不为所动。

3．值班内容的记录

秘书人员值班管理的一个必要环节，就是做好值班记录工作。这不仅是一个程序上的工作，还是值班工作做得好与坏的凭据。

（1）值班日志。值班日志以一天为单位，记录值班中遇到的情况和工作经历。凡值班期间的来人、来电、来函、上司批示、上司交办事项、值班人员办理事项，都要摘要记录在值班日志上。

值班日志有利于下一班值班人员了解情况，保持上、下班工作的连续性；有利于上司了解、检查、考核值班工作；有利于为编写情况反映、工作简报、大事记提供参考资料。

值班日志样式很多，现介绍一种样式供参考（见表2-14）。

表2-14　值班日志

编号：

时间	日　时　分～　日　时　分		值班人	
	记事		待办事项内容	
承办事项				
处理结果			接班人签字	

（2）值班报告。值班期间发生重大情况或突发事件，值班人员应立即向上司报告，必要时可形成书面值班报告送审。对把握不准的其他问题也要请示上司，不得擅自越权处理。上司批示后，值班人员应按上司意见办理。值班报告一般为单张正反面两页式，容量较小，把主要情况和拟办写清楚即可，不需要过多地分析原因、危害等内容（见表2-15）。

表 2-15 值班报告

编号：　　　　　　　值班人：

报告事项			
来人、来电、来函单位		时间	
姓 名	职 务	电话	
内容摘要：	拟办意见：		
	经理批示：		
处理结果：			
报告单位：			

（3）来人登记与接待记录。对办公时间和生产时间来单位的外来人员及其乘坐的车辆、携带的物品，以及非办公时间或非生产时间进出公司大门的人员及车辆、携带的物品，都要认真登记。登记可以由进出人员自己进行，也可由值班人员代为登记（见表 2-16）。

表 2-16 外来人员登记表

序号	姓名	性别	单位	乘坐车辆	携带物品	办理事项	进入时间	出门时间	备注

接待记录要编号，依次记下来人姓名、单位、来访时间、陈述的内容和要求，值班人员姓名、拟办意见，值班人员签名（见表 2-17）。

表 2-17 接待记录表

编号：　　　　　　　　　　　　　　　　　　值班人：

来访人姓名		来访人单位	
接待时间	年 月 日 时 分至	年 月 日 时 分	
内容			
拟办意见：			
经理意见：			
处理结果：			
		值班人签字：	

（4）电话记录。电话是值班室使用最频繁的对外联系工具。举办各种重大活动，召开重要会议，邀请经理出席活动或会议，大多数是用电话向有关人员通知；值班室反映情况、联系事情也多用电话。对于这些电话的内容，必须认真准确做好记录。用电话通知，事先要拟好通知稿。通知稿要简明、扼要、口语化，避免或尽量少用同音字、怪僻字。在通话过程中要作必要解释，通知完后要对方复述一遍。注意记下通话完毕时间、受话人姓名以备查。接上传下，通话内容核实后，记录者要签字负责。

记录电话及办理情况，要用统一格式的专用记录本（见表 2-18）。

表 2-18　电话记录专用记录本

电 话 记 录			
编号：　　　　　　　时间：　　年　　月　　日　　时　　分　到　　时　　分			
来电单位		发话人姓名	
来电单位电话号码		值班接话人姓名	
通话内容摘要：			
经理意见：			
处理结果：　　　　　　　　　　　　　　　　　　　　　　　　值班人签字：			

（5）处理值班电话是值班室最主要的工作，值班电话处理及时与否，直接影响公司的形象。因此，在处理值班电话时，要有高度的责任心，具体应注意以下 3 点：

1）要有耐心。值班室每天接打电话少则几十个，多则上百个。这样，在处理电话时就很容易产生不耐烦的情况，因此耐心是处理好每个值班电话的首要条件。值班员在接电话时容易产生不耐烦情绪，有以下几种情况：反复接到反映同一问题的电话时；对方态度不好时；听不清对方声音时；对方有口音，听不懂时；对方表述啰嗦时；一个人同时处理两个电话时；向对方反复解释，对方不理解时；夜间值班人睡后，有电话打来时；手头正忙于工作，不便中断时；由于种种原因，心情不好时。上述种种情况都容易使值班员在处理电话时，表现出不耐烦的态度。在处理一些员工反映问题的电话时，如果我们态度不好，不但给工作带来损失，还会有损公司在员工中的形象。

2）要有热心。每位值班员都要有充满热情，认真处理好值班电话，使每一位来电者都能满意地放下电话。接打电话时，双方只闻其声不见其人，首要要以亲切、热情的话语招呼对方，使对方一听到你的声音，心里就热乎乎的。如果遇到员工要求你协助解决困难时，则要以满腔的热情，充分发挥值班室的指挥调度功能，采取快捷、果断、准确、稳妥的措施，为员工排忧解难。

3）要有恒心。在有耐心、热心的基础上，还要有恒心。这里所讲的恒心是指千方百计克服一切困难，出色完成上司交办的各项工作的韧劲。特别是在处理一些难度较大的通讯联络工作中，值班员首先要有这种坚韧不拔的精神，不达目的决不罢休；其次，要善于发挥值班室联系面广的优势，寻求兄弟单位的支持与协助。这样，再大的困难也能克服，再艰巨的任务也能完成。

（6）交接班。值班结束后，应有完备的交班手续，要注意以下几点：

1）必须当面交接，不能委托他人。

2）交清值班记录，说明在班内出现的问题及处理办法。

3）值班人在值班记录上签名，确认记录内容。

4．值班要求

（1）值班室实行 24 小时值班制度，确保随时对各种情况和信息作出快速反应。每天安排一名带班领导带队值班，值班领导和主要值班人员要坚守岗位，保持 24 小时通讯畅通，不得离开本辖区。

（2）值班室实行每天轮班制，值班工作要求当日处理完毕，并做好交接班工作。

（3）遇重大突发事件，值班员要立即向值班领导报告，并作出应急处理。值班领导应及时向主要领导报告，并根据领导指示，第一时间赶赴现场及时处理。全体人员根据通知要求在规定时间内到达指定地点，履行工作职责。

（4）当日如有重要工作动态或重大突发事件，及时向市总值班室报告。

5．值班者职责

值班领导职责：统筹日常值班工作，及时了解工作动态，协调、协助市管领导处理突发事件，协调、参与重要接待等工作，并及时向市总值班室报告值班期间重大事项。

值班工作人员职责：日常值班、信息处理、情况反馈、相关接待、协助处理重特大突发事件、领导批示件办理及领导交办的有关工作。

三、提出办公流程改进建议

（一）引导案例

天地房地产公司持有 300 多套住宅、100 多家商业机构、60 ～ 70 处农场和地产的目录。这些目录全都登记在临时簿册上，按财产地址归档，并按业主姓名相互参见。目前主要的困难是由于公司没有资料整理的相关工作程序，使得推销员和顾客不能立即得到房地产的详细目录，影响了开展业务工作的效率。

点评：需要建立计算机网络管理模式，并修改工作程序。对大量的业务资料进行以业务区域分布为基础的整理和编册，任用有业务培训经历的管理者进行销售培训。针对业绩变化重新制定激励政策以提高效率。

（二）工作技能

改进办公室日常事务工作流程：

（1）定义。定义一个需要加以分析和改进的流程。在任何情况下，如果把分析和改进的对象定义为全部流程，是得不到什么效果的。因此，需要找出问题比较突出的流程。例如，效率最低的流程，耗时最长的流程，技术条件发生了变化的流程，物流十分复杂的流程等。确定要分析的流程以后，绘出该流程的流程图。

（2）评价。确定衡量流程的关键指标，用这些指标对该流程进行评价，以确认所存在问题的程度，或者与最好绩效之间的差距。

（3）分析。寻找所存在问题和差距的原因。

（4）改进。根据上述分析的结果，提出可行的改进方案。如果有不止一种的改进方案被提出，则需要进一步对这些方案加以比较。

（5）实施。实施改进方案，并对实施结果进行监控，用上述步骤（2）的关键指标对改进后的结果进行评价，保持改进的持续效果。如果仍然存在问题，则重复以上步骤。

（6）建议使用改进日常办公事务工作的流程表（见表2-19）。

表2-19 日常办公事务工作流程

第一步：确定问题		
	有关的事实	无关的事实
1．存在什么问题？ 2．问题出在什么地方？ 3．什么时候发生？ 4．涉及面有多大？	1．类目不足：在顾客要求的类目中很难查到目录的项目；目录变动频繁，公司档案总是不能及时整理出来 2．房地产公司与业主兼经理的住所登记资料的整理程序有问题 3．繁忙期每天发10～15次 4．每个推销员和顾客每天都要检索文件和目录满足顾客的需要	
第二步：分析有关的资料		
1．按要求最多的类目整理出来的所有目录没有一个集中的出处 2．没有制定一个标准的目录分类法 3．每个职工要与其他职工共同查阅目录的总档案 4．由于分类耽搁和增删目录需要时间，目录档案总是不能及时整理出来		
第三步：确定造成问题的可能的原因		
1．没有经过核准的标准的目录分类法 2．协会会员公司中没有有效的归档和检索制度 3．公司办事不分轻重缓急，如到工作日快结束时才办完所有登记项目档案的最新资料		
第四步：提出可能的解决方案		
为所有目录制定和批准一个标准的分类方法。根据这个方法重新整理天地房地产公司的档案。给天地公司每一个职工提供一份全部目录的副本。要求在收到登记项目当天下班前把新的和要剔除的登记项目计入总账		

（三）相关知识

1. 改进办公室日常事务工作流程的基本思路

（1）重新安排。工作能否重新分类或重新排列？如果能够，怎样进行？

（2）修改。工作程序能否采用新的类型、方式或方法？

（3）替换。能否调整某些职工来替换另一些职工？或用机器来取代职工？

（4）合并。能够将某些工作合并？例如把编制表册等类文书工作的程序或步骤合并到一起。

（5）精简。哪些工作程序、报表副本和办公室职位可以取消？

2. 改进办公室日常事务工作流程的注意事项

（1）工作流程应该不受组织性质或功能性结构的束缚，工作在其进行之处就地完成，而不应扩展至整个组织。

（2）流程应由职权明确的专人来负责。

（3）流程要与其他流程以及客户需求适当结合。

（4）各项流程既相互独立，又要在整体上严密不漏，这样才能避免重复的工作以及不必要的协调工作。

（5）流程本身要有不断改善的空间和弹性。

（6）复检的次数越少越理想。

四、提出预防及应对突发事件的建议

（一）引导案例

2011年9月18日，秘书高叶和接待处的实习生小王陪同《工商日报》的来访者张萍女士在天地公司厂区采访。行走中，张萍女士踩到没有盖好又没有安全标志的井口内，当即小腿部表皮划伤出血并有膝盖疼痛感。实习生小王见状不知所措，秘书高叶急忙上前，一面向访客道对不起，一面轻轻将访客扶起，接着她采取了如下措施：

1. 通知工作区急救员，利用单位急救箱进行紧急抢救。在急救员不在的情况下，通知上司并呼叫急救中心，抓紧时间进行伤员的抢救。

2. 当伤员得到抢救后，填写了公司的《事故情况记录表》。

3. 立即填写公司的《工伤报告表》，写出处理该受伤人的相关细节。

事后，秘书高叶耐心地告诉实习生：

1. 出现事故应尽量保持镇静，并按照事故应对措施加以处理。如果有人受伤，应立即救护。

2. 填写《事故情况记录表》的目的是为了记录发生该事故的时间、地点、事故人姓名、发生事故或疾病的细节，便于总结教训和为日后判定责任时使用。

3．填写《工伤情况报告表》的目的是为了记录受伤人的基本情况和事故发生时间、地点、伤害的细节以及事故发生时采取的行动和急救处理。

这份《工伤情况报告表》要在公司存档20年，以备认定工伤情况作依据。

最后秘书高叶将一本《紧急情况处理程序》拿给实习生小王学习。

点评：面对紧急情况的发生，秘书人员要沉着冷静，积极寻找对策，作应急处理。本案例中的秘书高叶处置措施是正确的，特别值得肯定的是她能够指导实习生小王正确填写《事故情况记录表》和《工伤情况报告表》，并说明两种表格的不同用途。

（二）工作技能

1．预防突发事件

（1）以书面形式确定的紧急情况处理程序，其中详细地记录出现火灾、人员受伤、突发疾病或发生炸弹威胁等恐怖活动时的具体处理程序。

（2）用上述紧急情况处理程序培训所有工作人员，如健康、安全培训、急救培训、保安人员的特殊培训。

（3）张贴显示有关的紧急程序，在可利用的地方显示相应的布告，让所有人员了解有情况发生该如何疏散和急救员的姓名。

（4）实行紧急情况模拟演练，如定期进行消防演习或疏散演习来测试编写的程序是否合适，并指导员工的应对行动。

（5）明确各级管理人员在紧急情况下所负的任务和职责，一旦有情况，由他们担当处理。

（6）保证配备相关的设备和资源以随时处理紧急情况，如有报警装置、灭火器、急救包等。

（7）保证定期检查和更新设备，如灭火器、急救包、报警装置的定期检查和维护。

2．应对突发事件

突发事件一旦发生应采取的措施是：

（1）准备清楚的书面紧急情况处理程序。

（2）用这些紧急情况处理程序培训所有人员。

（3）在可利用的地方清楚地显示有关紧急程序。

（4）实行紧急情况模拟演练来测试编写的程序。

（5）明确员工在紧急情况下的职责。

（6）保证工作场所有受过紧急情况处理培训的人员。

（7）保证配备相关的设备和资源以随时处理紧急情况。

（8）保证定期检查和更新设备。

由于各种突发事件发生的原因各有不同，因而采取的具体措施也有所区别，详情见表 2-20。

表 2-20 突发事件应对措施

要求的措施	火灾	伤害	疾病	炸弹威胁
备有清楚的书面处理程序	火灾的紧急处理程序	伤害的紧急处理程序	疾病的紧急处理程序	炸弹威胁的紧急处理程序
提供相关的工作人员培训	消防演习培训，一般的健康和安全培训。消防值勤员和消防员应该接受特殊的培训	急救培训，一般的健康和安全培训。对合格的急救员定期进行急救培训	急救培训，一般的健康和安全培训。对合格的急救员定期进行急救培训	提高对威胁造成后果的了解和对可疑包裹和物品的识别
张贴显示有关紧急程序	消防和疏散布告应张贴在每一个公共场所显眼的位置上	在显眼的位置显示值班急救员的姓名	在显眼的位置显示值班急救员的姓名	在相关场所显示预防炸弹布告，例如接待区、邮件室
实行紧急情况模拟演练	定期进行，例如每个月一次消防演习和疏散练习	在高危险区举行定期的演习，例如每年一次；伤害模拟演习，例如在制造区	这是非常不可预见的部分，通常没有模拟	定期举行炸弹威胁演习和疏散演习，例如每年两次
明确工作人员的职责	为每一个区域指定消防值勤员，负责关门和检查疏散的区域。应指定并培训消防员	所有管理人员负责处理在他们的区域里发生的伤害	所有管理人员负责处理在他们的区域里发生的疾病	所有管理人员负责处理在他们的区域里发生的炸弹威胁和恐慌
保证在工作场所中有培训过的管理人员	消防值勤员值班。消防员值班。负责消防演习的高级主管值班	培训过的急救员全天候值班	培训过的急救员全天候值班	管理人员或高级主管值班
保证相关的设备和资源是随时可用的	在每一个区域提供一定的灭火器。应在整个建筑中提供火灾报警装置。应该安装防火门，保证火灾不扩散。应该设立安全出口，保证万一发生火灾有足够的出口。安装烟雾报警器	提供急救包	提供急救包	在高危险的单位中，可提供用于检查信件的炸弹扫描设备。应在整个建筑中提供炸弹报警装置
保证定期检查和维护相关设备	灭火器应该定期检查和维护，例如每年一次。火警铃应该定期检查，例如每月一次。应该定期检查防火门和安全出口。定期维护和检查烟雾报警器	急救包应定期检查和维护，例如每年 4 次	急救包应定期检查和维护，例如每年 4 次	检查和维护扫描设备。定期检查炸弹警报铃，例如每年 4 次

3．处理突发事件的工作流程

（1）及早发现，马上报告，并保护好现场。如果是发生重大的自然性灾害，务必在第一时间向有关部门和当地政府报告情况，由政府统一组织和调动各种资源进行抢救。这时企业的主要任务是组织人员有序撤离危险地带，提供真实准确的情况，组织并配合专业人员进行抢救。

（2）查找问题的原因。如果是人为性的危机，企业领导者要临危不乱，沉着应对。首先要搞清楚问题的缘由，是竞争对手所为，还是消费者的行为主导；是政府机构发起，还是媒体的主动行为；是由于客观环境的冲击，还是企业管理上的失控。不同的原因意味着风险的性质不同，意味着需要调动的资源不同，意味着采取的对策和投入的成本不同。只有找准主要矛盾和矛盾的主要方面，才能选准主攻方向和突破口，迅速地化解危机。

（3）成立临时指挥中心。企业一旦发生危机，不管是什么性质，都要成立临时指挥中心，调动一切可以调动的资源，进入紧急状态。由企业的第一责任人担任总指挥，组建抢救组、调查组、善后处理组、接待组、宣传组、物资供应组等，明确各自的责任，统一指挥，集中资源，分工负责，做到忙而不乱。

（4）控制源头，釜底抽薪。在找到问题的原因后，最要紧的是尽一切努力与问题的"源头"直接取得联系，争取彼此达成谅解，满足对方的要求，防止事态的扩大。即使无法达成和解，也能够了解对方的态度，有助于问题的解决。对在危机中受到损失的客户，要主动与之进行联系，表示理解和问候，尽量满足客户的合理要求，采取积极的措施帮助他们解决实际困难，并视情况给予合理的补偿。如，采取产品召回措施、冻结措施、用户补偿措施等，以表明本企业是个负责任的企业。

（5）召开新闻发布会。发生危机后，企业要设立新闻发言人，统一口径，一个声音对外。要向公众坦诚地说明情况，避免因公众不了解情况而听信传言，损害组织形象。如果确实是企业自身的问题，除了诚恳道歉外，还要同时公布补救的措施，以获得公众的谅解和支持。要保持与媒体的紧密联系，必要时开通社会公众热线，正面回答媒体和公众的问讯，随时通报事件的进展情况。

（三）相关知识

1．突发事件的种类

突发事件通常指发生的事情是不可预见的或突发的，并带来危险，需要立即采取应对措施，尽力控制。每一个组织有责任保证在其办公地点工作人员、来访者工作的安全，使所有突发事件的危险最小化。

俗话说："天有不测风云，人有旦夕祸福。"任何组织都有可能发生突发事件，如何处理突发事件，消除危机，这里面大有学问。近年来，一些发达国家设立了专门的危机传播机构和危急事件处理机构，并把它看成是组织获得成功不可缺少的组成部分。由此可见，处理突发事件是组织负责人的重要责任，协助组织负责人处理突发事件则是秘书人员的重要职责。

可能出现的突发事件常有以下几种：（1）火灾；（2）伤害；（3）疾病；（4）炸弹威胁或恐慌。

2. 处理突发事件的原则

（1）快速反应，控制事态发展。及早发现、及时应对，是处理突发事件的第一要务。按照危机管理的理论，任何危机的发生和发展过程均可分为突发期、扩散期、爆发期、衰退期4个阶段，并随着危机事件的扩展和深化，处理和平息危机的成本也将成几何级数增长。因此，及早发现问题，并采取有效措施控制事态的发展，化解危机，不仅能减少事件所造成的消极影响，而且投入的成本也比较低。而一旦任其发展，事情就会像决堤的洪水一样难以控制，就有可能造成致命的伤害，并极有可能引起连锁反应。

以2003年底×县×××特大井喷事故为例。当事故发生后，井队及时将情况报告给了直接上级机关，却没有向当地政府报告，以致错过了政府组织人员疏散的最佳救援时机，造成了死亡234人的惨剧。

（2）以人为本，保护公众利益。当自然灾害发生时，保护人的生命安全是最高利益、最大原则。要在第一时间内组织人员迅速撤离危险地带，而不要组织非专业人员进行抢救，以致造成更大的和无谓的人员伤害。当人为的事件发生时，要最大限度地维护公众利益，努力降低公众的损失，以取得公众的理解和信任，维护企业的良好形象。在很多突发事件的处理中，企业的态度是最重要的，事实有时还退居其次，因为舆论总是保护弱者。如果可以预见到客户所受到的损失，主动地表示承担责任，比被动地应付的成本要低，效果也要好。

（3）公开透明，真诚面对公众。企业一旦发生突发事件，无论什么性质、无论多么严重，企图封锁消息、隐瞒事实真相都是最愚蠢的做法。到头来，不仅掩盖不住真相，还会造成舆论上的混乱，延误救援的最佳时机，极大地损害组织形象。正确的态度应是及时与新闻媒体联系，及时披露事实真相和企业所采取的态度及应对措施，争取公众的理解和支持。企业无论是否有错，都需要有一个正确的心态，增强透明度，向公众作出坦诚的解释。人们会为"敢于认错，知错就改，勇于负责"的态度叫好，却不能原谅不负责任的遮掩和逃避。事实上，出了问题并不可怕，重要的是化解危机的手段和过程。只要采取积极的态度和措施，给大家一个明确的交代，公众是会通情达理的。

近年发生的"×××牌婴儿奶粉"碘超标事件和"××××回炉奶"事件，都是由于企业领导的沉默应对和隐瞒事实真相，其傲慢的态度引发了社会公众的不满，结果导致了一场信任危机，产品的市场占有率急剧下降，企业的经济效益迅速下滑。

（4）重塑形象，置之死地而后生。企业遭遇风险、出现危机并不可怕，可怕的是因为惧怕挫折、困难、失败和危机而一蹶不振，痛失企业发展的良机。世界上许多优秀的大企业也都曾遭遇过危机，但由于平时的精细管理，危机来临时应对得当，都能够化险为夷，使危机变成转机。1985年，在世界范围内连续发生3起波音飞机空难事件，使波音公司备受打击，有人借机对波音飞机的质量提出了质疑。当时，波音公司正在与欧洲"空中客车"争夺日本市场。面对如此不利的局面，波音公司一方面对内采取"危机激励法"，使全体员工有不战即亡的危机感，激发他们的斗志；一方面对外采取超常的市场开拓措施，让利于对方，终于战胜了西欧对手。在空难5个月后，正式与日本签订了超过10亿美元的合同，化解了危机。

可见，危机是一场考验，也是一次机遇。关键是要有良好的心态和能够化解危机的举措。

3．事故情况记录表

所有事故、火灾和其他突发事件应该报告和记录。即使事故的结果没有发生伤害或破坏，也应该报告和记录。这样做符合法律要求，能监督事故，保证采取措施消除事故隐患，也是安全教育的案例资料，还可提供准确的记录，便于应对有关赔偿的法律案件。

事故应该立即报告给上司或安全主管。具体要求填写《事故情况记录表》和《工伤情况报告表》，证人和事故涉及的人员有可能也需要完成证人记录。

《事故情况记录表》通常记录下面的信息：

（1）事故日期。

（2）事故地点。

（3）事故涉及的人员。

（4）事故的证人。

（5）事故过程的概述。

（6）填写事故记录簿的人员签名。

4．工伤情况报告表

如果事故中有人受伤，涉及的每一个人都要填写一张《工伤情况报告表》，准确记录受伤人的信息、伤情和处理情况。记录在事故报告表上的信息主要有：

（1）完成表格人员的姓名、身份。

（2）事故涉及人员的姓名、出生日期、住址、职务。

（3）发生事故的日期、地点。

（4）事故的细节及对事故的看法。

（5）进行的急救行动和医疗处理的情况，包括由谁进行。如果受伤人员送往医院则要记清医院的名称和地址。

（6）必要时还要记录事故证人的姓名和职务。

（7）填写表格的人员签名和日期。

5．处理突发事件的注意事项

（1）一定要将供电电源切断后灭火，坚持"先断电、后灭火"的原则。

（2）如遇电视机着火，即使关掉电视机、甚至拔下插头，机内的元件仍然很热，可能发出热焰及产生毒气，荧光屏、显像管也可能爆炸。如遇电脑着火，也有同样的危险，故应对的方法相同。

（3）电视机或电脑若散发出橡胶或塑料的气味，或冒出白烟，应马上拔掉插头，必须经专业人员检查后才可再用。电视机开始冒烟或起火，应马上拔掉插头或关掉总开关，然后用湿地毯或棉被盖住电视机，这样既能阻止烟火蔓延，一旦爆炸，也可挡住荧光屏的玻璃碎片。

（4）切勿向失火的电视机或电脑泼水，因为温度突降会使炽热的显像管爆裂。此外，电视机或电脑内仍有剩余电流，泼水可能引起触电。灭火时，为防止显像管爆炸伤人，只能从侧面或后面接近电视机或电脑，切勿揭起覆盖物观看。

五、能够督查工作的执行情况

（一）引导案例

××××年×月，××报刊发了一篇文章，反映某县为了增加税收，强令农民放弃水稻而改种甘蔗。农民如不愿种甘蔗则由发包单位调整其土地给他人承包种甘蔗，或每亩罚款200元作甘蔗发展基金。因农民所得甚少，而抵制种甘蔗。为此，造成不少农民失去土地，甚至被抢走财物等，一些人还被非法拷打。文章发表后引起巨大轰动，干部群众议论纷纷。

××区党委办公厅信息督查室根据区党委领导的批示决定对此事立项督查，并于××××年×月初组成调查组深入该县开展督查调研工作。调查组经过深入细致的工作，弄清情况，作出符合客观实际的结论。调查认为，××报的文章存在片面性。调查报告通过大量的事实澄清了事实真相，消除了各级领导因此而产生的思想压力，促进了社会的稳定与发展。

点评：这是一次比较成功的主动立项的督查调研活动。对群众关注的"热点"问题、新闻媒介反映的各种问题以及一些看得到、听得到但却无人过问的问题，及时立项督查，这也是督查部门的一项任务。这次督查调研的主要特色主要在于抓住群众关心的"热点"问题认真查处，因此效果明显。其次是抓得紧，结案快，从立项到调查结束，前后仅半个多月时间。再就是调查工作做得深入细致，在大量掌握第一手材料的基础上，慎重、全面、客观地作出结论，澄清了事实，促进了该县的工作。应该说明的是，凡办公室督查部门主动立项的督查项目，必须对督查事项抓得准，保证确是领导所关注的问题。同时，还须严格按程序呈送领导批示，按领导批示精神办理。

（二）工作技能

秘书人员要能够完成上司交办的各项督查事务。上司交办事项督查的程序为：交办→立项→登记→转办→承办→催办→检查→办结→办结回告→审核→立卷→归档。下在就其中最重要的几项程序加以说明。

1．交办

上司向有关督查人员授权转承催办。交办的方式有批示交办、口头交办、文书和文件式的交办、会议交办；集体交办、个别交办；向督查部门交办、向督查人员个人交办；公开交办、单独交办。

2．转办

交办事项并不是件件都由督查人员亲自办理，很大一部分是转交各有关职能部门、单位或下属人员具体承办。在这种情况下，督查人员的职责是负责催办、督查与检查，有的还需下去协助，协助承办单位或承办人员办理落实。凡属转办的事项一般应有正式的转办通知单，并注明交办的事项、交办的意见要求，以及办结回告的时限等。

3．承办

有些交办事项是由上司指导督查人员亲自承办的，又称为"自办"。这类事项多系上司个别口头交办、单独交办的，往往带有一定保密性质的。或者是上司个人的某些需要办理的一般事项，由于上司工作太忙，顾及不过来，或者是不宜出面等，就委托某个督查人员去直接协助办理。有的是因为保密关系，无须他人知晓，而单独交某个督查人员去办理。督查人员在直接承办这类交办事项时，除了包含有领导与被领导之间上下级关系因素外，更多的是带来同事之间相互支持帮助的感情色彩。督查人员在承办这类交办事项时，一是要积极认真去办；二是要按上司要求去办；三是要按有关规定政策去办，切不可给上司帮"倒忙"；四是遵守办事纪律、尊重上司的感情和信任，不应让他人知道的绝不可外传、办完了只给交办上司回告即可。

4．催办

催办是对那些上司交办后又转交他人、其他单位承办的事项而言的。催办的方式有发正式催办通知单、电话催办、口头催办、下到承办单位当面催办等。催办事项应在转交办之后的一段时间，即按办理时限要求办结之前进行，或已到办结时限未报办结回告的，要及时催办。

5．检查

督办人员对转交办事项，要深入下去对承办单位、承办人办理的情况、办理的结果和实际效果进行检查。不仅要听取承办人员的口头汇报和文字回告，还要查看实际效果。督查人员对转交办事项的督促检查，在时间上一是在承办单位或承办人办理过程中进行，二是在办理完毕之后进行。前者是检查其办理的行动、进展状况，后者是检查评估其办理结果和实际效果。

6. 办结

办结是指上司交办事项办理完毕。凡办结的事项必须向交办上司报告办毕的结果，呈报办结汇报。

7. 办结回告

承办单位或承办人在办理上司交办事项完毕后，向交办上司回报反馈办理结果的报告。办结回告的方式有书面的，也有口头的，应视交办上司的要求而定。

办结回告的内容一般应有：上司交办的时间，交办的问题或事项内容，办理的过程以及办理过程所采取的方法与措施，办理的结果与实际效果，办理过程中和办理完毕存在的问题，今后或下一步改进的建议、意见或措施等。办结回告一定要真实地报告办理结果，切不可弄虚作假，也不能回避存在的问题和矛盾。还要对存在的矛盾和问题提出积极的建议和意见。

8. 审核

对办结回告进行审查评估。如果是转交承办，那么督查人员应先行初步审核，并签署意见，然后再呈送交办的上司审核。

对承办者呈报办结回告的审核，一是要认真审核其办结回告的内容；二是听取承办者的口头汇报情况；三是下去查看办结的实际效果；四是对办结的结果作出评估；五是对存在的问题提出改进的意见和建议。

9. 立卷

办结回告经交办上司审核认可之后，将上司交办事项的原则和办结回告按有关规定规范地装订在一起，装入有关卷宗，以保证领导交办事项从交办到办理完毕过程的全貌及有关资料的完整性。

10. 归档

立卷完毕，按有关规定及时存入档案或移交有关档案室或档案馆，以便备查。

（三）相关知识

1. 督查工作的内容与特点

督查工作是直接为上司服务、为实施上司的决策和实现上司决策的目标而进行的一项工作。秘书要围绕中心，突出重点，根据上司的工作习惯和重视程度来确定督查工作任务。

（1）秘书督查工作的内容。一般来讲，秘书的督查工作大体包括以下内容：

① 上级领导和本单位上司批示进行督查的事项。

② 上级直属单位的重要工作部署与重要会议精神的贯彻落实情况。

③ 本单位的中心工作、重要会议及文件决定事项的贯彻落实情况。

④ 新闻媒体和重要客户对本单位的批评、建议的答复与处理情况。

⑤ 人大代表、政协委员以及职代会、股东会的议案、提案和建议的办理情况。

⑥ 下级单位请示事项的答复与办理情况，以及基层请求上级机关帮助解决的问题的办理情况。

⑦ 秘书在日常工作中发现和了解到的、提议列入专项督查，并经上司批准的重要事项。

（2）秘书督查工作的特点

① 复杂性。凡是列入督查内容的工作，或者是涉及全局性的重要工作，或者是比较复杂棘手的问题，或者是影响比较大的重要事项，都有一定的落实难度，否则就不会进行督查。因此，秘书要有较强的沟通协调能力和解决复杂问题的能力，善于抓住主要矛盾和矛盾的主要方面，讲政策，讲原则，讲大局，讲纪律，讲方法，维护上司决策和意图的严肃性，雷厉风行，态度鲜明，做到查则必清，清则必办，办则必果。

② 原则性。从一定意义上讲，督查工作凡事皆涉及政策、涉及原则、涉及利益。在这种情况下，秘书一定要坚持原则，分清是非，明确责任，不能当"和事佬"，搞消极平衡照顾。该批评的要进行批评教育，该协调的要积极帮助协调，该向上司反映的要及时向上司反映，以求尽早解决问题。

③ 时限性。任何决策的实施都有明确的时限性，决策目标都必须在规定的时间内达到。这里，时间既是促进任务完成的约束条件，也是衡量任务完成与否的重要尺度。秘书在督查工作中一定要对督查对象有明确的时间要求，强调工作效率，讲究"形象进度"。对难度大的要进行全过程跟踪督办，适时掌握工作的进展情况，避免问题久拖不决。

④ 权威性。秘书和秘书部门的督查不同于其他部门的督促检查。其他部门的督促检查是一种业务行为，只能在其业务的范围内实施。而秘书则是根据上司的授意，代表上司和单位的意图对下属的工作进行督查的，是在行使上司职能。因此，秘书要正确运用这些权力，维护权威，当断则断。当然也要讲究艺术和方法，讲究原则性与灵活性，态度谦和，行为检点，力戒盛气凌人，指手画脚，也不能越权行事，自作主张。

2. 督查工作的原则与方法

督查工作具有明显的政策性、全局性和复杂性，因此，要做好督查工作，不仅要坚持原则，还要掌握正确的工作方式和方法。

（1）督查工作应坚持的原则

① 实事求是的原则。督查工作坚持实事求是的原则，就是要全面、准确地反映决策的落实情况。秘书向上司反馈情况时，一定要实事求是，客观公正；不能凭个人的经验与好恶而有所取舍，也不能唯上是从，先入为主。

② 主动性原则。督查工作是在上司授权或批准的情况下才能进行的工作，具有一定的被动性。但这种被动性并不是说"上司让干什么就干什么，让干多少就干多少，不让干的就不干"，而是要在正确领会上司意图的基础上，主动地去开展工作。同时，

秘书也应改变那种只管布置，不管检查；只负责传达，不问执行效果的被动状况，注重对执行过程和执行效果的检查和督促。实践证明，只有把"奉命行事"的被动督查与主动督查结合起来，充分发挥工作的主动性，才能使督查工作更好地为上司工作服务，为上司决策服务。

③ 分层次落实原则。通过督查促进决策和上司指示的落实，是督查工作的本质要求和基本目的，也是督查工作的出发点和归宿。秘书要牢固树立"摸实情、讲实话、办实事、求实效"的工作作风，着力化解矛盾，消除阻力，促进决策的落实。

④ 时效性原则。决策要掌握时机，决策的实施同样需要掌握时机，讲究时效。对企业来说，时间就意味着金钱，效率就意味着生命。坚持时效性原则，就要求秘书把时间观念渗透到督查工作的各个环节中去。具体事项的督查，强调要按时按质办结；重大决策、重要工作部署的督查，虽然需要的时间长些，但也要按实际情况把它划分为若干小的阶段，分段规定时限，并进行跟踪检查，分阶段反馈情况，使上司及时得到决策实施的反馈信息，有效进行调整控制。

⑤ 督查与帮办相结合的原则。秘书的督查与基层的承办，其目的是一致的，都是为了促进决策和工作的落实。秘书不能停留在一般化的督查上，而应主动帮助分析原因，寻找办法。这样既有助于问题的解决，也有利于树立自己的良好形象，与基层建立起和谐的人际关系。

（2）督查工作的方法

① 书面督查。书面督查一般有两种形式：一是下发文件，将已经集中立项的督查内容印发给有关单位，明确主办单位和协办单位的责任，明确办理的要求与时限；二是下发督查通知单，要求承办单位进行办理，并按要求的时限反馈办理情况。书面督查一般适用于常规性的工作，并且立项比较多，时间比较集中，涉及的单位也比较多。书面督查的内容比较重要，形式比较规范，权威性比较强。

② 电话督查。电话督查即用电话说明督查事项，通报上司批示要求，核实处理内容，提出上报期限等。这种方法主要用于情况比较紧急而内容比较简单的督查事项。在进行电话督查时，督查秘书要做好通话记录，以便备查和催办。

③ 专项督查。对上司批示或交办的重要事项，一般应列入专项督查。对于此类督查事项，秘书一定要跟踪催办，及时掌握办理情况。有的要直接下去，了解情况，指导办理，面对面地进行督查。要按照要求和规定的时限上报办理结果；特殊情况需要延长办理时间的，须提前请示或报告。

④ 会议督查。用会议形式进行督查的，一般有两种情况：一是涉及督查的事项比较多，这样把相关单位的人员集中起来，听取办理情况的汇报，集中进行指导，统一提出要求；二是督查的事项情况比较复杂，涉及的单位也比较多，有的还牵扯部门利益，这样把主办单位和相关单位的负责人召集在一起，听取汇报，分析原因，沟通协调，调整利益关系，明确主办单位和相关单位的责任，分别提出要求，以利于问题的解决。

⑤ 调研督查。调研督查是推动决策落实的重要手段之一，是高层次的督查工作。主要是围绕企业的中心工作开展调研，围绕决策实施的运行过程开展调研，围绕促进决策贯彻落实的机制和体制问题开展调研。

3. 查办催办技巧

查办催办工作应当遵循一定的规律和方法，但也有其自身的特点和工作方式。

(1) 与信息工作相结合。查办工作与信息工作相结合，既可以通过信息渠道（工作信息、快报等刊物和一些重要会议）发现查办线索，及时立案查处，又能在对查办案、事件的办理中适时提供新的信息，两者相互促进，共同提高，从而不断挖掘查办深度。

(2) 与调查研究工作相结合。调查研究包含两层意思：一方面，查办催办工作本身要注意调查研究，主动寻求调研查办题目，变被动查办为超前查办；另一方面查办催办工作要与各级党政机关调研机构配合，在领导安排下，就某一问题进行调查，综合分析，写出有力度、有情况、有建议的材料，为领导决策服务。

(3) 坚持归口办理，分级负责。归口办理，就是按照查办具体内容，根据各单位工作分工责成办理。分级负责，是指对上司批交的案件、事件，以及查办部门所看到、听到、见到的一些无人过问的重大问题，按照问题性质和隶属关系，转有关部门认真办理，做到层层负责，属于哪一级职权范围的就由哪一级部门办理。

(4) 坚持结报反馈制度。查办工作的目的是督促各项方针政策的贯彻落实。无论哪一级、哪个部门在接到上司的批示查办件后，必须严肃对待，按照程序认真查处，并如期上报办理结果。在结报时间上，可根据批件难易程度，给承办部门留点余地。到期不能上报的，承办单位必须说明原因，对拖延压误或顶着不办的单位和个人，要追究责任。

4. 督查工作的注意事项

(1) 实事求是。必须全面准确地领会上司决策指令的意图、准确传递上司决策指令，全面准确地了解实际工作中的真实情况，以客观事实为依据，按照党和国家以及上级有关政策、法令、规定，进行深入细致的分析，为上司提供真实可靠的实际情况和信息资料。

(2) 授权督查。秘书人员在开展督查工作时要根据上司的授权展开督查工作，不能自己做主，各行其是。

(3) 时限要求。开展督查工作时一定要讲究时效，要规定时限。

(4) 办实事。督办、督促检查工作本身就是为了防止和克服官僚主义与形式主义，促进各项工作落到实处。

(5) 谦虚谨慎。督查工作人员代表上级机关到下属单位去督办、督促检查，但并不是上级领导者。督查工作，旨在收集决策指令的反馈信息，促进决策指令的实施落实，并不具有指挥的权力和责任。督查人员必须谦虚谨慎，平等待人，态度谦和，行为检点。不可乱发议论，随意表态，自作主张。

六、能够制订工作计划

（一）引导案例

　　天地公司定于3月18日召开销售会议，时间为1天，参会人员预计50人，需要使用公司大会议室。会上要给每人发放一套会议文件，包括产品介绍、价格表和宣传材料等，并要准备会间的小点心及饮料。行政经理要求秘书高叶制订一份从3月开始的会议筹备计划表。

　　高叶制订的销售会议筹备工作计划如下：

销售会议筹备工作计划表　　　　　　　　　　2月28日

筹备工作期限要求：3月17日前完成 达到进度，完成工作后请打"√"				制表人：高叶	
第一周：3月1日～3月5日	工作进度	第二周：3月8日～3月12日	工作进度	第三周：3月15日～3月19日	工作进度
任务：草拟会议文件（产品介绍、价格表、宣传材料） 责任人：销售部王新生 完成时间：3月1日（星期一）		任务：印制资料70份，宣传品用重磅纸；拟订会议通知 责任人：秘书高叶 完成时间：3月8日（星期一）		任务：落实会议所需设备（投影仪、黑板、音响），落实大会议室 责任人：秘书高叶 完成时间：3月15日（星期一）	
任务：与销售部讨论会议文件的内容 责任人：王新生及销售人员 完成时间：3月3日（星期三）		任务：确认参会人员名单，打印会议通知 责任人：办公室尚晓琴 完成时间：3月9日（星期二）		任务：整理会议文件袋和宣传材料 责任人：销售部王新生 完成时间：3月16日（星期二）	
任务：最后修改会议文件并送交主管审核签发 责任人：王新生 完成时间：3月4日（星期四）		任务：取回会议文件、发放会议通知 责任人：秘书高叶 完成时间：3月11日（星期四）		任务：购买饮料点心，做好后勤准备和布置会场 责任人：办公室尚晓琴 完成时间：3月17日（星期三）	

　　★有关费用详见销售会议预算表

　　点评：在制订工作计划时，要明确每项任务的内容、具体承办人、完成期限、具体工作要求等方面的问题，常以表格形式表示。本案例中高叶制订的3月会议筹备计划就十分清楚、明确，让所有相关人员明确了任务、责任和工作时间要求，为以后工作的开展奠定了基础。

（二）工作技能

1. 制订工作计划的程序

（1）估量机会。对机会的估量，要在实际的计划工作开始之前就着手进行，它是计划工作的一个真正起点。其内容包括：对未来可能出现变化和预示的机会进行初步分析，形成判断；根据自己的长处和短处明确自己所处的地位；了解自己利用机会的能力；列举主要的不确定因素，分析其发生的可能性和影响程度；在反复斟酌的基础上，下定决心，扬长避短。

（2）确定计划工作的目标。计划工作的第一步是在估量机会的基础上，为组织及其所属的下级单位确定计划工作的目标。在确定目标这一步工作上，要说明基本的方针和要达到的目标，说明制订战略、政策、规则、程序、规划和预算的任务，并指出工作的重点。

（3）确定计划工作的前提条件。计划工作的前提条件就是计划工作的假设条件。负责计划工作的人员对计划前提了解得愈细愈透彻，并能始终如一地运用它，则计划工作也将做得越有针对性。

按照组织的内外环境，可以将计划工作的前提条件分为外部前提条件和内部前提条件；按可控程序，可以将计划工作前的提条件分为不可控的、部分可控的和可控的3种前提条件。前述的外部前提条件多为不可控的和部分可控的，而内部前提条件大多是可控的。不可控的前提条件越多，不肯定性越大，就越需要通过预测工作确定其发生的概率和影响程度的大小。

（4）拟订可供选择的行动方案。调查和设想可供选择的行动方案，这一步工作需要发挥创造性。但是，方案也不是越多越好。虽然我们可以采用数学方法和借助电子计算机的手段进行方案筛选，但是也必须对候选方案的数量加以限制，以便把主要精力集中在对少数最有希望的方案的分析方面。

（5）评价各种备选方案。评价实质上是一种价值判断。确定目标和确定计划前提条件的工作质量直接影响到方案的评价。它一方面取决于评价者所采用的标准；另一方面取决于评价者对各个标准所赋予的权数。在评价方法方面，可以采用运筹学中较为成熟的矩阵评价法、层次分析法，在条件许可的情况下可采用多目标评价方法。

（6）选择方案。选择方案是很关键的一步，也是决策的实质性阶段——抉择阶段。可能遇到的情况是：有时会发现同时有两个可取的方案。在这种情况下，必须确定首先采取哪个方案，而将另一个方案也进行细化和完善，并作为后备方案。

（7）拟订分计划。总计划要靠分计划来保证，分计划是总计划的基础。

（8）编制预算。计划工作的最后一步是把计划转化为预算，使之数字化。预算实质上是资源的分配计划。预算做好了，可以成为汇总和综合平衡各类计划的一种工具，也可以成为衡量计划完成进度的重要标准。

2．编制常见的工作计划

企业编制了规划，还必须制订工作计划，它是管理工作的一项功能，也是做好管理工作的基础。如果没有工作计划，人们常会无所适从。通常的工作计划中都指明一段时期预先决定做什么，怎么做，何时做，由谁做等具体问题。可以说它是在一个团队的现实状况与目标之间铺路搭桥。

计划不仅是实现工作目标的起点，而且贯穿于整个工作过程的各个阶段，计划在实施过程中，要进行必要的监控，包括对内外情况出现的变化的应对，因此管理者要做到：

（1）利用有效手段维护和控制各项工作按照制订的计划有条不紊地实施。

（2）根据既定目标，按阶段总结、分析和评估工作成果和计划执行情况。

（3）找出与计划目标偏差的原因，并在自己职权范围内采取正确的行动，如有必要，向有关人员汇报。

（4）根据情况变化，改变工作计划或实施方案的顺序，并与相关人员进行沟通。

（三）相关知识

一个经济组织是通过周密的规划和计划达到最佳效益，并尽可能地将风险降到最低程度的。因此，负有行政管理方面责任的秘书要清楚、了解本组织的总目标和阶段目标，并根据组织的总目标计划和安排好行政办公管理方面的工作。

1．办公室工作计划的种类

按不同的分类标准，计划可以有不同的分类：

（1）按照时间序列，办公室工作计划可以分为长期计划、中期计划、短期计划3种类型。长期计划的制订与组织整体发展目标相适应，中期计划的制订与组织发展的阶段性目标相适应，短期计划的制订则与组织具体项目工作安排相适应。

企业编制的长期工作计划，至少两年期限，普遍的为三至五年期限。短期计划通常为半年或一年期限，至少也要计划一个季度。

（2）按幅度和范围，可分为政策型计划、目标型计划、规则型计划、方法型计划、程序型计划。

① 政策型计划。政策型计划是指导组织成员制订决策、确保既定目标、增强行动一致性和连贯性的指导性规划。

② 程序型计划。程序型计划有助于减少各部门和单位在工作方法上的混乱和无序化。

③ 方法型计划。制订方法型计划是为了影响个体的行为，它描述业务单位或部门为完成某项具体的委派而履行各项任务的方法和顺序。

以上3种计划的区别在于：政策型计划和方法型计划，可以看作一个连续统一体的相对两端，而程序型计划则位于其两端之间。不同的是，政策型计划是所有计划中最为广泛的计划，并且它是由一个组织机构的最高管理层制订的；程序型计划涉及各主要职能部门的业务，并且影响着各部门之间的业务；方法型计划则是指导个体工作步骤的明确表述。

④ 目标型计划。所谓目标型计划，是对组织机构将要实现的各项目标或结局的表述。目标型计划是组织机构的使命和希望做些什么的全面表述，说明组织机构将要实现的目标。

确定组织目标和部门目标是制订计划过程的一个组成部分。管理人员应该对本组织的目标和部门的目标有一个清晰和简明的记忆，否则就不可能履行其他管理职能，如组织、指导和控制职能。

⑤ 规则型计划。规则型计划，就是对组织成员个体行为实行强制的行为规范。它们属于硬性规定，并详细列述对违犯行为的各种处罚。

2．制订工作计划的方法

计划不仅是实现目标的起点，它应贯穿于实施的整个过程中，在制订计划时，不但要科学地安排时间，还要考虑其他一些因素，以保证制订的计划能顺利实施，达到目标。通常将制订的计划用表格的方法显现出来，使计划更为清晰。制订计划表的方法是：

（1）根据组织确定的工作目标和期限要求，一项项列出本团队要完成的所有任务。可以使用专门制作的任务表格，将要做的工作内容列出，也可以将工作任务逐项写下。

（2）区别重要的任务和紧急的任务，通常按 ABCD 法则，先做重而急的任务，再做重而不急的任务，后做急而不重的工作，安排好工作的优先次序。

（3）按照工作的轻重缓急和逻辑顺序用数字编号标记出任务完成时间的前后顺序，对需要花时间的工作留出充足的时间量。

（4）列出完成每一项任务所需的资源和相关信息，包括人力、财力、物力等。

（5）明确完成每一项任务的各个阶段指标和估算的时间要求。

（6）指明每一项任务的负责部门或承担人以及负责人。

（7）从最终完成的时间期限向前推算各阶段工作应何时完成，确定后，逐项将其填入计划表中。

（8）明确工作进展的情况和出现的问题向谁报告，何时报告，确保计划的顺利实施。

（9）明确工作进展的情况和质量如何监督和管理。

3．计划的内容与要求

行动计划是用于管理时间和工作任务的文件；经常在接受某一项目或团队某一阶段工作任务之前制订，并用其进行管理，行动计划可以写成文字材料，也可以用表格显现。

行动计划或计划表与时间表虽然都从起始时间、阶段时间和最终期限上对任务做了要求，但是行动计划或计划表还必须指明所管理的项目或团队工作的其他一些重要方面，包括：

（1）每一项任务的具体目标，如编制一套会议资料共 5 种。

（2）每一项任务的数量要求和质量要求，如编制的会议资料内容的审核、用纸要求和数量要求。

（3）每一项任务所需的资源，如所需的费用。

（4）每一项任务所分配的负责部门或承担人以及负责人。

（5）如何监督工作进展和质量。

4．制订与实施计划中应注意的问题

（1）制订计划要实事求是，不要设立不切实际的工作目标，明知完不成，还要许诺。

（2）善于授权，明确分工，不要卷入他人的任务中而完不成自己的工作。

（3）定期检查所需的资源是能否保证满足，不至于供应不足影响进度。

（4）及时与同事沟通工作进展和出现的问题，让大家都知道工作进度和达标情况。

（5）在实施计划过程中，应进行监控，发现问题，要及时应变。

（6）所有的子计划、部门计划、派生计划必须与组织的总目标一致，有助于组织的总目标的实现。

（7）短期计划要与长期计划相结合，短期计划要有助于实现长期计划。在实际的计划制订过程中，各个环节之间是相通的、互相渗透的。

七、确定承办期限

（一）引导案例

天地公司在企业行政工作方面对员工提出如下要求：

工作行为	承办期限
接外线电话	应在 4 次铃声以内接起
打电话回答、告知对方信息	按对方指定的回应电话时间回答所要求的信息
回复信件	收到信件后 2 个工作日内发出 紧急信件应该在收到信件后当天发出
回复电子邮件	收到电子邮件后 12 小时内发出 紧急电子邮件应立即发送
处理投诉	接到后立即处理 应在收到投诉信之后 24 小时内发出回函

续表

工作行为	承办期限
归档	当日完成，周末进行清理，保证没有积压 紧急归档应在 2 小时内完成
复印	日常文件应在 24 小时内提交 紧急文件应在收到后 3 小时内提交
订购	收到订单当天发货 紧急订购立即处理，并使用快递服务发货

点评： 天地公司的承办周期规定是十分必要的。确定各类工作的承办期限，可以保证工作任务按时完成，有利于提高工作效率，对企业的运营有重要的影响。

（二）工作技能

现代企业管理要求工作的时效性，这就促使组织把注意力集中在完成任务的速度和时间上。为了约束、规范与警戒员工的行为，许多组织建立了在时效性上衡量和监督工作质量的规则和标准，承办期限制度就是其中的一种。

制订承办期限规定的程序如下：

（1）调查本单位或组织在行政管理工作方面有哪些行为需要作出时间期限的规定。

（2）确定时间期限的适宜标准。

（3）确定同一任务的不同承办周期。

（4）确定同一任务紧急情况不同的承办周期。

（三）相关知识

1．承办期限的内容

承办期限是指企业接到客户或询问者的问题后处理并回复的规定时间。

许多企业都对行政管理工作的行为作了有关承办期限的明文规定，明确处理工作花费的时间必须按照规定执行，并进行监督管理。

2．承办期限制度与要求

承办期限制度是针对时效性制订的规则，是在时效性上指导人们行动的标准。它要求人们照章办事，不允许人们的行为偏离规定的要求，以大大优化企业的形象、信誉和效率。

为进一步提高承办工作科学化规范化的程度，秘书人员应按照"统一受理、分类分办、限时反馈、跟踪回访"的原则，建立健全以下工作制度：

（1）登记制度。秘书人员要对各项工作进行确认、梳理和登记，明确承办期限。

（2）责任到人制度。在明确各项工作承办期限的同时，还要明确责任人。

（3）沟通、协调制度。办公室负责监督办理进度和与部门的沟通、联系。

（4）资料建档保存制度。工作完成后由办公室收集汇总有关资料并存档管理。

承办期限制度中量化的标准容易被人们接受和执行，也容易通过它对人们的行为进行衡量和监督，这是企业的一种管理方法，是组织管理决策的一个方面。

八、能够进行工作评估

对办公室工作进行评估实质上就是对办公室工作进行目标管理。目标管理是用可以考核的目标进行管理工作或者评价主管人员工作成效的一种方法。如果目标不明确，管理工作就是杂乱而随意的；如果没有目标，那么任何人和任何团队都难以期望完成任务。

（一）引导案例

天地公司通过多年目标管理实践，总结了经理或主管人员制订的目标标准要求，以方便大家确定目标时对照：

1. 目标概括了该职务的主要特点吗？

2. 目标数量多不多？能否把某些目标综合起来？

3. 目标是否具有可考核性，即人们在一段时间后能否知晓自己已实现目标？

4. 目标是否指明了数量多少、质量要求、时间要求、费用多少？定性目标如何考核？

5. 目标是否提出了挑战，是否可行？

6. 是否规定了各个目标的优先顺序？

7. 目标中是否包括了改进工作的目标及个人发展的目标？

8. 目标是否与上级领导、其他经理或组织的总目标协调一致？

9. 目标是否已经传达到所有需要知道的人了？

10. 目标是否用文字清晰地进行了阐明？

11. 目标是否适时进行反馈，并采取必要的纠正？

12. 现有的资源和职权是否足以支持目标？

13. 是否提供机会让下属订出并实现自己的目标？

14. 下属是否掌握了委派给他们的工作？

点评：拟订目标实际上是个困难的工作，它是一个需要上下左右循环往复、相互作用的过程。它要求上级领导必须具有理智的指导，和主管人员进行大量的实践，从而确定最后的目标。例如销售部门经理制定了一个比企业认为可行的数额更高的销售额目标，那么，企业生产部、财务部以至行政部的目标都要根据销售额目标进行变动。

（二）工作技能

1．办公室工作目标管理过程

（1）建立一套完整的目标体系。从企业的最高主管部门开始，由上向下逐级地确定目标。上下级的目标之间通常是一种"目的——手段"的关系。某一级的目标，需要用一定的手段来实现，这些手段就成为下一级的次目标，从而构成一种链锁式的目标体系。

（2）制订目标。制订目标的工作需要事先拟订和宣传前提条件，应采取协商的方式，鼓励下级主管人员根据基本方针拟订自己的目标，然后由上级批准。

目标体系应与组织结构相吻合，从而使每个部门都有明确的目标，每个目标都有明确的负责人。目标管理还有助于优化组织机构。

（3）组织实施。目标既定，主管人员就应放手把权力交给下级成员，自己去抓重点的综合性管理。

（4）检查和评估。要事先对各级目标的完成情况规定出期限，定期进行检查。检查时可灵活地采用自检、互检或责成专门的部门进行检查。检查的依据就是事先确定的目标。对于最终结果，应当根据目标进行评价，并根据评价结果进行奖罚。

2．办公室工作量化管理

办公室工作量化管理是指在组织开展工作过程中，运用科学方法（预测、概率估算、实测、预定动作时间法等）对各个工作项目计算出工作定额来实行定量考核的管理方法。办公室工作量化管理的一些基本概念及其含义阐明如下：

（1）优化劳动组合。优化劳动组合的关键是用人问题。它是指人与生产资料的最佳结合，即人在所分配的岗位上学以致用，能够做到人尽其才，才尽其用，能出较大成果；生产资料也因有了合适的人使用而发挥了更大的功能。

（2）定员定编。定员是指按工作定额来确定人员配备的标准。它是组织劳动，编制劳动计划的依据。合理的定员可以精简机构，提高效率。定编是指规定各个单位各类人员的编制，包括组织机构的设置，人员的定额和岗位的分配。

（3）工作定额。工作定额是劳动定额的一种。它是指在一定的生产、技术、组织条件下，按照正常作业速度，进行某项业务工作所需的社会必要劳动消耗量，可以用某个工程（业务）项目需要多少工时来表示，也可以用单位时间（天、周、月）内完成多少工作量来表示。

工作定额是办公室工作人员实行定量考核的一个标尺或衡量标准。没有工作定额，就无法实行定量精细考核和业绩评价。

（4）定量考核。定量考核是指用工作定额作为标尺来衡量办公室工作人员的业绩多少和贡献大小，用事实和数据说话，而不是单纯凭主观印象来评价。

3．办公室工作评估

目标要有意义，必须是明确并可以考核的。这就需要实施目标管理，并使目标量化。具体表现如下：

（1）数量目标评估。这是使目标可以考核的最简单方法。它要求所确定的目标不笼统，有数量要求。如所确定的目标是员工的月流动率不超过 4%；购置的设备费用不超过 3 万元；全年减少办公费用 3%。

（2）质量目标评估。许多目标是不适宜用数量表示的，质量目标要用质量的优劣作为衡量目标的标准。确定质量目标时可以用详细说明具体目标特征或完成时间等办法来提高可考核的程度。例如天地公司行政经理师林拟订一个"要在 11 月 30 日前完成对集团 35 名秘书进行不同等级的职业资格培训工作"的目标。这个目标中就包含了时间要求、人数要求和等级要求，这些因素都是可以考核的。

办公室工作评估实际上是一个循环的流动过程，它包括确定目标→实施评估方案→审查评估方案→对目标和实施方案进行修订共 4 个步骤并形成循环周期。

（三）相关知识

1．办公室工作评估的意义

运用目标进行管理并评价主管人员的工作成效是有很大优越性的，它体现在：

（1）可以提高管理工作效率。实施目标管理，就迫使主管人员为实现目标而认真制订计划，并想方设法去实现目标。同时还需要建立一套具体而明确的分目标，这是推动和控制工作的最好方法。

（2）可以明确组织机构的建制。实施目标管理，就需要理顺组织机构和人员编制，把目标落实到岗位上，使之有人负责。人人明确岗位职责，不会存在无目标、无职责的岗位。

（3）可以促进员工承担责任。实施目标管理，人们不再消极等待命令、指示去工作，而是工作有明确目的。他们都参与自己目标的制订，有机会提出自己的想法，知道自己的权限。

（4）有助于进行控制和监督工作。实施目标管理，有一套可以考核的目标，这是对业务活动进行测定和监督的最好指导，并更容易对计划在实施中出现的偏差予以纠正。

2．工作评估的内容

工作评估的内容主要包括：工作的任务和责任；完成工作所需的技能；工作对组织整体目标实现的相对贡献大小；工作的环境和风险等。

这些内容恰恰是工作分析所提供的信息，因此工作分析是工作评估的基础。在工作分析中我们对工作进行系统研究，工作描述的信息让我们了解了工作的责任大小、复杂程度，工作的自由度和权力大小等，工作规范中的信息让我们了解了对任职者完成工作所需要的技能的要求、任职者的任职资格、工作的环境条件等。对这些信息进行识别、确定和权衡使我们对工作的相对价值作出恰当的评估。因此可以说，工作分析是工作评估的起点。

3．工作质量评估的要求与注意事项

（1）目标不宜过多。组织或团队的目标会具有多样性，但要注意主要目标不宜过多，不要把小的目标放在重要位置而有损于大目标和主要目标的实现。

（2）目标之间要相互协调。一个组织中的部门或团队确定适合自己的目标是较容易的，但要注意各个部门或团队确定的具体目标之间的相互支持和相互连接，以形成一个协调有效的网络、一个互相支援的目标矩阵，实现总目标。

4．工作评估的标准

虽然不同的组织进行工作评估时所采用的标准有所不同，但通常来说，工作评估的标准大都会基于以下几个假设，围绕这几个假设来设计评估的要素和标准：

（1）一个职位所承担的责任和风险越大，对组织整体目标的贡献和影响越大，被评估的等级就应该越高，所得到的薪酬也应该越高。

（2）一个职位的工作难度越大，复杂程度越高，工作压力和紧张程度越高，需要任职者付出的努力越多，被评估的等级就应该越高，所得到的薪酬也应该越高。

（3）一个职位的工作环境越恶劣，被评估的等级就应该越高，所得到的薪酬也应该越高。

第四节 办公用品与设备的使用和管理

【技能目标】

通过本节的学习，学生能够制定办公用品和办公设备的采购程序，能够购买或租用办公设备；能够编制采购办公用品和办公设备的预算方案，单项或批量采购办公设备；能够调配和利用办公资源，对设备及其使用进行建档和记录，有效地利用办公资源。

【知识目标】

通过本节的学习，学生能够掌握办公用品和办公设备采购的注意事项；能够掌握政府采购的基本要求；能够掌握编制预算方案的基本原则与注意事项；能够掌握办公资源调配的基本要求。

【先修内容】

1. 办公用品的发放与管理

办公用品主要有 5 类，即纸簿类、笔尺类、装订类、归档用品、办公设备专用易耗品等。这些用品，有些是要保持充分供应的，有些是不应大量购买的。无论何人领取办公用品，都必须填写物品领用申请表。学习者应了解物品领用申请表的内容，能够根据需要设计出物品领用申请表。发放办公用品的工作程序主要包括：审核物品领用申请表→发放物品→更新库存记录→备案清单。学习者应能够根据程序要求发放物品，并且掌握发放办公用品时的注意事项。

秘书要负责日常办公用品的采购工作，选择办公设备及用品供应商时要从价格和费用、质量和交货、服务和位置、安全和可靠性等方面对其进行比较。要根据需要与实际情况选择合适的订购方式。在收到货物后，应准确办理进货手续，进行入库、登记、检验、核对，衔接好办公设备和耗材采购、进货、发货和使用的中间环节。要保管好物品。秘书应掌握库存控制的相关知识，明白库存控制的作用，理解最大库存量、最小库存量和再订货量的概念，能够使用库存控制卡管理库存，能够根据不同目的选择不同的库存监督类型以及时间间隔等，同时要掌握库存管理的注意事项。

2. 打印机的使用

打印机分为针式打印机、喷墨打印机和激光打印机 3 种，每种打印机都有其优缺点及独特的适用范围。学习者应充分了解这些知识，能够根据工作需要选配适当的打印机。打印机的安装分为两个步骤，一是进行硬件连接，二是进行软件安装。用户可以根据需要设置打印机的属性。安装好打印机后，在各应用程序中执行"打印"命令即可打印文件。学习者应掌握打印机的安装方法以及设置打印属性的方法，能够将文件打印出来。学习者应了解使用打印机的注意事项，如选择合适的安放地点，保持环境清洁等。另外，还应了解打印机不响应打印命令的诸多原因，以便排除故障。

3. 传真机的使用

传真机是目前采用公用电话网传送并记录图文真迹的唯一方法，是一种结合光学影印技术与电话传输技术将一份文件传送到另一端的设备。传真机不能同时发送和接收图文信息。发送传真前必须做好准备工作，第一是调整好传真机的状态；第二是装入记录纸；第三是检查原稿，不符合要求的原稿不能发送；第四是将欲发送的文件放置好。还可以选择复印的方式来检查传真机是否能够正常工作。学习者应掌握发送与接收传真的操作步骤。除了手动接收外，还应掌握设置自动接收的方法。使用传真机时要注意选择合适的安装场所，注意操作与清洁，尤其要注意对热敏纸的保管和使用。传真机最常见的故障是卡纸，学习者应明白卡纸的原因及具体的故障排除方法。另外，对于其他一些故障，如不能自动进稿、记录纸输送走斜、接收的文件中有竖白线或竖黑线也应能够进行简单处理。

4．复印机的使用

静电复印机属精密设备，主要由控制系统、曝光系统、成像系统以及供纸输纸系统组成。学习者应了解便携式个人机、中低档办公型复印机以及高速高档型机的特点及适用范围，能够根据办公需要选配合适的机型。使用复印机复印文件的具体操作步骤是：预热→检查原稿→放置原稿→选择复印纸尺寸→缩小与放大→调节复印浓度→设定复印份数→按下复印键。学习者应熟练掌握复印文件的方法。复印机要安放在合适的工作环境中，要注意保持复印纸干燥，及时为复印机添加碳粉。学习者需要了解复印机使用的这些注意事项。学习者还应了解复印机的清洁保养方法，能够处理卡纸问题、补充墨粉、处理废粉等。

5．碎纸机的使用

碎纸机一般由切纸部件和箱体两大部分组成。碎纸机的主要指标包括碎纸方式、碎纸效果、碎纸能力、进纸宽度等。碎纸机的操作比较简单，只要接通电源，插入纸张就可以切碎。使用碎纸机时要注意避免长时间连续使用，不可放入金属物品和禁止放入的其他物品。另外，学习者还应掌握碎纸机卡纸或噪声过大的处理方法。

6．数码相机的使用

数码相机是光、机、电一体化的产品，其核心部件是 CCD。数码相机与传统相机在感光方式、存储介质、图像质量、输入输出方式等方面都有很大的不同。数码相机的主要性能指标有分辨率、变焦、镜头、光圈与快门、测光系统、色彩位数等。学习者应掌握数码相机的工作原理与使用注意事项，能够使用数码相机拍摄照片，能够将图片文件导入计算机，能够利用相关软件编辑图片，能够对数码相机进行维护与保养。另外，学习者还应掌握突出照片主体的画面构图技巧。

7．扫描仪的使用

使用扫描仪可以把图形、图片和文字材料快速地输入计算机。普通的平台式扫描仪是目前使用最广泛的扫描仪，学习者应掌握扫描仪的工作原理与种类。扫描仪的主要技术指标包括精度、色彩位数、灰度级、接口类型、扫描幅面等。扫描仪的安装一般分为硬件连接、安装扫描仪驱动程序、安装扫描软件 3 个部分。学习者应掌握使用扫描仪扫描图像与进行文字识别的方法，能够对扫描仪进行维护和保养，掌握使用扫描仪的注意事项，能够对噪声大、找不到扫描仪、扫描出来的画面颜色模糊等扫描仪常见故障进行处理。

8．光盘刻录机的使用

使用光盘存储信息具有容量大、保存时间长、可靠性高、便于携带等优点，因而光盘刻录机迅速得到广泛使用。学习者应掌握光盘刻录机的原理与种类。刻录机的主要性能指标包括数据传输速度、缓存容量、兼容性等。使用光盘刻录机，必须先连接好硬件设备，安装好驱动程序与刻录软件。要根据需要选择合适的盘片，对盘片的质量、兼容性、容量、种类等进行比较。学习者应该能够使用刻录机刻制数据光盘，掌握维护与保养刻录机的方法、措施以及刻录机安装使用的注意事项。另外，掌握除光盘外的其他移动存储设备（如 U 盘与移动硬盘）的使用方法。

9．投影仪的使用

投影仪是集机械、液晶、电子电路技术于一体的高精密仪器，目前已经成为多媒体教室、多功能会议厅以及大中型会议等演示场所的标准配置。投影仪的性能指标主要包括分辨率、亮度、对比度、带宽、均匀度等。使用投影仪显示电脑桌面的步骤是：安放投影仪→连接投影仪与电脑→接通电源→设置输出方式→对焦→设置分辨率等。学习者应掌握投影仪使用的注意事项，并且能够对无输入信号、无图像、投影图像偏色等投影仪常见故障进行处理。

10．摄像机的使用

摄像机主要用于捕捉景物的连续活动，生成的主要是活动图像。学习者应掌握摄像机的组成及数码记录的基本原理。使用数码摄像机的主要操作步骤有：开机→装录像带→拍摄→回放检查→关机。学习者应该掌握采集编辑数码影像的方法，能够安装数码影像采集硬件设备，能够安装采集软件采集影像，能够利用软件编辑、压缩影像。学习者应掌握使用摄像机的注意事项与维护保养数码摄像机的方法，能够对镜头、磁头、磁带、电池等进行维护。摄像机运动包括了推、拉、摇、移、跟等基本运动方式，学习者应能够根据拍摄主题的需要选择适宜的摄像机运动方式，掌握数码摄像的基本技巧。

一、办公用品与设备的采购程序

（一）引导案例

高叶发现办公室采购人员在购买办公用品时较为随意，经常自作主张，有时甚至没有进行入库登记就直接发放了。为了规范办公用品的采购，高叶制定了办公用品采购的流程：填写购买申请表→部门主管签字→财务主管签字→选择供应商→签订供货合同→入库登记→支付货款→发放。在高叶的努力下，办公用品的采购管理逐渐规范。

点评：办公用品与设备的采购一定要严格遵照程序进行，各个环节都要严格把关，以确保经费的合理使用。

（二）工作技能

办公用品与设备的采购不能随意，必须遵照程序严格进行，这样，才能杜绝采购过程中可能存在的问题，确保采购物品的质量并保证经费能够得到合理的使用。下面是采购办公用品与设备的工作程序。

1．提出购买申请

由需要购买设备或用品的人或部门填写办公设备（用品）申购表，并由部门领导签字，说明需要该设备的理由及具体的型号、数量等内容。办公设备（用品）申购表示例见表 2-21。

表 2-21 办公设备（用品）申购表

日期：　　　　　　　　　　　　　　　　编号：

申购人			申购部门			
设备清单	序号	设备（用品）名称	规格型号	数量	单价	备注
申购理由						
部门意见					主管签字：（盖章） 年　月　日	
财务部门意见					主管签字：（盖章） 年　月　日	
领导意见					签字：（盖章） 年　月　日	

2．审批，落实经费

申购表填好后，交由财务部门进行综合平衡，确认采购经费来源。财务主管签字后交采购人员。

3．招标，选择供应商

采购人员向供应商发出购买需求，各供应商提供报价单。采购人员进行比较、筛选，最终选定供应商。若是大额采购，一般实行招标采购，按以下程序进行：

（1）在报刊或网络上发布招标公告，接受投标报名。

（2）起草招标文件，交领导审定，由招标领导小组确定入围投标供应商名单。

（3）向入围供应商发放招标文件，并在规定时间、地点接受投标文件。

（4）组织开标评标，由使用部门、财务等部门派人负责评标，根据评标结果确定中标单位。

4．签订供货合同

选择好供应商后，与其签订供货合同。合同中应详细规定所订购货物的型号、规格、数量等细节，约定交货方式与付款方式等，由双方签字盖章。依据合同，双方填写订货单与交货单。订货单与交货单样例见表 2-22。

表2-22 订货单与交货单样例

订 货 单

订单号：
供货单位：　　　　　　　　　　　购货单位：
联系人：　　　　　　　　　　　　联系人：
电话：　　　　　　　　　　　　　电话：
地址：　　　　　　　　　　　　　地址：
币种：人民币

序号	型号	规格	单位	数量	单价	总价	付款周期（天）	备注

合计	人民币小写：		人民币大写：			
收货资料	收货人：	电话：		提货方式：□自提　□送货上门		
	交货时间：					
	收货单位：					
	交货地址：					
备注						
经办人：		购货单位公章：		供货方确认：		
审批签字：						
审批日期：		年　月　日		回复时间：		

交 货 单

送货单位名称：_____
客户名称：_____
送货日期：_____　　　　　　　　　收货日期：_____

序号	品名/规格	采购/订单号	交货数量	实收数量	备注

送货人：	签收人：
随货发票：□有　□无	发票号码：_____

5．货物入库

合同签订后，采购人员负责催促货物按时到货，确保货物能够按申购部门要求的时间及时到货。

收到供应商的货物后，要对照交货单和自己的订购单检查货物，使用部门要及时组织验收，确认采购的物品是否符合要求。

采购人员要根据收到的货物填写入库单，库房人员要签字表示货物进库。

6．支付货款

会计部门收到发票后，对照交货单、入库单和订购单，三单货名、数字应当相符，经财务主管签字批准，支付货款。

（三）相关知识

1．获得设备使用权的方式

获得设备使用权主要有两种方式：一是购买，二是租用。

（1）购买。购买是指从组织外部购买该设备，从而获得设备的使用权。购买的优点在于设备归购买者所有，使用方便。缺点在于一次性付款费用较高，而且过了保修期后，需要额外支出设备的维护与修理费用。另外，设备还可能很快过时。

（2）租用。通过租用的形式也可以取得设备的使用权，根据合同，每月或每年向所有者支付一定的租金即可。租用的优点在于最初的费用较低，费用可以由不断获得的利润进行补偿。一般租用费用包括了维护和修理的费用，这样可以节省维修费。另外，在新的设备上市后，可以随时进行更换和升级。缺点是如果租期较长（例如几年），支出的费用将会较多，甚至超过购买的费用。另外，如果在租赁合同到期之前终止合同，违约金将会很高。

各个组织应根据自己的实际情况，选择设备使用权的获得方式。

2．政府采购

目前，我国已经建立现代政府采购制度。《政府采购管理暂行办法》《政府采购招标投标管理暂行办法》《政府采购合同监督暂行办法》及《中华人民共和国招标投标法》等法律法规的出台，标志着我国政府采购制度的正式启动。

政府采购被界定为各级国家机关、实行预算管理的事业单位和社会团体以购买、租赁、委托或雇用等方式获取货物、工程和服务的行为。与国际社会所追求的目的相同，我国政府也是为了规范政府采购行为，加强财政支出管理，提高财政资金使用效益，促进经济和社会发展等而建立政府采购制度的。政府采购应当遵循公开、公平、公正、效益及维护公共利益的原则。

政府采购的主体包括采购机关和供应商。采购机关分为集中采购机关和非集中采购机关。供应商是指具备向采购方提供货物、工程和服务能力的法人。

我国政府采购的主要方式有5种，即公开招标、邀请招标、竞争性谈判、询价、单一来源。当然，也可以采用国务院政府采购监督管理部门认定的其他采购方式。

公开招标采购是指采购机关或其委托的政府采购业务代理机构（统称招标人）以招标公告的方式邀请不特定的供应商（统称投标人）投标的采购方式。公开招标是政府采购的主要方式。政府采购公开招标活动应当遵循公开透明原则、公开竞争原则、公正原则和诚实信用原则。采购人或采购代理机构应在招标文件确定的时间和地点组织开标。一般遵循以下程序：

（1）由采购人或代理机构主持开标会。

（2）在招标文件规定的投标截止时间到点时，主持人应当宣布投标截止时间已到，以后递交的文件一律不予接受。

（3）主持人宣读开标大会会场纪律。

（4）开标时，应实行现场监督。现场监督人员应当是采购人、采购代理机构的监察人员或政府采购监督管理部门、监察机构、公证机关的派出人员。评标委员会专家成员不参加开标大会。

（5）应由监督人员确认投标文件的密封情况并当众拆封，按招标文件规定的内容当众唱标。

（6）开标会记录人应在开标记录表上记录唱标内容，并当众公示。如开标记录表上内容与投标文件不一致时，投标人代表须当场提出。开标记录表由记录人、唱标人、投标人代表和其他有关人员签字确认。

邀请招标方式一般用于以下两种情况：①具有特殊性，只能从有限范围的供应商处采购；②采用公开招标方式的费用占政府采购项目总价值的比例过大。

竞争性谈判方式一般适用于以下情况：①招标后没有供应商投标或没有合格标的或重新招标未能成立；②技术复杂或性质特殊，不能确定详细规格或具体要求；③采用招标所需时间不能满足用户紧急需要；④不能事先计算出价格总额。

单一来源方式采购适用于以下情况：①只能从唯一供应商处采购；②发生了不可预见的紧急情况，不能从其他供应商处采购；③必须保证原有采购项目的一致性或服务配套的要求，需要继续从原供应商处添购，且添购资金总额不超过原合同采购金额的 10%。

采购的货物规格、标准统一，现货货源充足且价格变化幅度小的政府采购项目，可以采用询价方式采购。

一般情况下，达到财政部及省级人民政府规定的限额标准以上的单项或批量采购项目，应实行公开招标采购方式或邀请招标采购方式。

国家财政部及省（自治区、直辖市）级政府财政部门为政府采购管理机关，负责合同的监督管理。

3．办公用品与设备采购的注意事项

（1）在自己的职权范围内，依照规定的程序进行购置，要多征求使用者的意见。

（2）按照采购程序与供货方确定购货内容、总费用、交货和售后服务等事宜，形成整套购买文件。

（3）按照进货验货程序检查所购设备和办公用品的型号、质量、数量、价格等，对相应单据要认真进行核对。

（4）若发现提供的货物或票据不符合要求，要立即与供应商联系。

（5）按单位规定同财务部门办理相关手续，存放购买货物的相关文件及单据。

二、采购预算方案的制订

（一）引导案例

公司要在一个新的地点设立销售二部，经理要求秘书高叶制订一个办公设备和家具的采购预算方案。高叶接到任务后，参照目前销售一部的情况进行了资金估算，与销售一部进行了多次沟通，并进行了市场调研，经反复比较选定了所购设备的型号，并且将所需要的设备按轻重缓急进行了排序。经理对预算方案非常满意。

点评： 制订预算方案一定要事先进行调研，调研内容包括两个方面：一是公司内部的，包括需求、财力等内容；二是外部市场的，包括物品的型号、价格以及供应商的情况等。只有在充分调研的基础上，预算方案才能落到实处。

（二）工作技能

办公用品与设备的采购预算既有年度预算，也有具体项目预算，这些预算的编制程序基本上是一致的。以下是编制采购预算的一般程序。

1．确定预算的核算基数

确定预算的核算基数实际上是要确定采购费用的总额。应根据办公活动的实际需要、具体项目的目标、公司的财力等统筹安排。可以参考上一年度以及类似项目的实际支出，确定一个核算基数与比例。有些办公设备高、中、低档差价是非常大的，确定了总额之后，基本上就能定位所购设备的档次。

2．进行市场调研

可以通过上网等各种方式了解所要采购产品的型号、价格、功能等详细信息，根据实际需要进行确定。对于以前从未购置过的某种办公设备、大型专用办公设备或批量购买要对多家供应商进行比较。调查的信息要考虑周全，例如可比较设备的性能、功效、价格、付费方式、供货时间、交货方法、售后服务以及供应商的信誉等。

3．确定采购产品的种类及型号、价格

根据总额与调研结果，确定购买何种产品以及产品的型号、价格。在选定购买的产品时要注意明确以下问题：

（1）此次采购要解决什么问题？

（2）这些采购的产品是不是必需的？

（3）可选择的产品有哪些？有没有比目前的方案更经济、更高效的方案？

（4）各项产品的重要次序是什么？

（5）从实现办公目标的角度看，到底需要多少资金？

4．编写预算方案

预算方案要进行科学的可行性论证，提出项目的效益目标、技术标准、动用的公共资源、支出标准和测算依据等。

5．征求意见，完善方案

制订好的预算方案要交使用部门征求意见，进行协商。对预算方案进行修改完善后交上司审批，然后再执行。

（三）相关知识

1．采购预算方案制订的原则

采购预算方案制订的原则如下：

（1）真实性原则。采购费用的预测必须以实际的市场调查为依据，对每一项目的数字指标运用科学合理的方法测算，力求各项数据真实准确。

（2）重点性原则。预算编制要做到合理安排各项资金，在兼顾一般的同时，优先保证重点支出。预算安排要先保证基本支出，后安排项目支出，先重点、急需项目，后一般项目。

（3）目标相关性原则。采购的用品应与办公活动的任务目标相关。

（4）经济合理性原则。预算应经济合理，在不影响任务目标的前提下，提高资金的使用效率。

2．编制采购预算方案的注意事项

（1）编制预算方案一定要进行调查研究，根据本单位以及市场实际情况认真进行测算。预算的编制一定要实事求是，不能虚报价格。

（2）不要一味追求购买高档的办公用品或设备，要根据单位的实际工作需要选配合适的产品。

（3）要购置的办公用品或设备必须是当前或预期所必需的，并且要考虑与原有设备的匹配关系。

（4）事先安排好要购置的设备所放置的位置，要安全可靠且有利于工作流程的进行。

（5）慎重选择供应商，对不同供应商要在各个方面进行认真的比较。

（6）预算方案的编制要注意征求各方面的意见，方案应切实可行。

3．编制预算的方法

一般而言，在具体的预算编制过程中，有两种预算方法可供选择：

（1）传统预算法。传统预算法是指承袭上年度的经费，再加上一定比例的变动。这种预算法核算比较简单，核算成本也较低，国内的很多企业都采用这一方法。但是这一方法的逻辑前提是上年度的每个支出项目均为必要，而且是必不可少的，因而在下一年度里都有延续的必要，这在实际工作中是存在问题的。

这种预算方法容易导致一些不良倾向。每次做预算时，会以上年实际支出为基础，再增加一笔金额，然后作为新的预算提交领导审批；主持审批的领导，明知预算里有水分，但因无法透彻了解情况，只好不问青红皂白大砍一刀。这种"砍一刀"的做法，使有经验的人员有意把预算造得大大超过实际需要，以便"砍一刀"后还能满足需要，而那些老老实实者则叫苦不迭，下一次恐怕就要狮子大张口了；最终的结果常常是预算确定下来了，但几乎人人都不满意，钱花了不少，却效果平平。

（2）零基预算法。零基预算是以零为基数编制的预算。它的全称叫作"以零为基础的编制计划和预算的方法"。这种方法在编制预算时从零开始，以零为起点，根据组织目标，重新审查每项活动对实现组织目标的意义和效果，并在费用—效益分析的基础上，重新排出各项管理活动的优先次序。这种预算方法下的资金和其他资源的分配是以重新排出的优先次序为基础的，而不是采取过去那种外推的办法。

零基预算的优势在于：第一，有利于管理层对整个活动进行全面审核，避免内部各种随意性费用的支出。第二，有利于提高主管人员计划、预算、控制与决策的水平。第三，有利于将组织的长远目标和具体目标以及要实现的效益三者有机结合起来。

但是零基预算法的缺点也影响了其广泛推广，这种预算方法需要花费大量的人力、物力和时间，而且在安排项目的优先次序上难免存在相当程度的主观性。

传统预算法和零基预算法各有优缺点，在实践中企业采用哪一种预算方法要根据企业的实际情况来确定。

三、调配办公资源

（一）引导案例

公司客服部新招了一名客服人员，需要办公桌椅。客服部交来一份要求购买一套办公桌椅的申请。秘书高叶打开电脑，启动办公资源管理软件进行查询，发现销售部在上个月有一名员工离职，正好空闲一套桌椅。于是高叶便将该套桌椅调配给客服部。

点评：办公资源的管理是非常烦琐的事务，秘书对所有的办公资源，包括日常用品、办公用房、办公家具、各类设备、车辆等的使用状况了如指掌，才能有效地调配和利用资源，要做到这一点是非常不容易的。现在，许多软件公司开发了各种办公资源管理软件，实现了办公资源管理的信息化，大大提高了办公效率。秘书人员应该学会运用这种软件来进行办公资源管理。

（二）工作技能

不论是使用人工还是计算机，办公资源管理的程序基本是一致的。

1. 全面了解现有办公资源情况

了解本单位所有办公资源的基本情况，包括名称、放置的地点、功能等。

2．对办公资源进行分类

对单位所有办公资源进行分类，对不同资源进行分类管理。分类可根据办公资源的实际情况进行，如设备类、日常用品类、行政用房类、车辆等，每一类都应该单独建册。

3．建立办公资源档案

对办公资源建档，记录应用情况。各类办公资源中的每一项资源都要建档，并记录其应用状况。下面以办公设备为例，分述办公设备的 7 项建档内容以及每项内容应保留的记录资料和存储方法。

（1）设备的购买信息：包括该设备的订购、采买、发票信息，常见的资料有订货单、交货单等的复印件，归档在文件夹中，放在文件柜中保存。

（2）设备的保修信息：包括该设备的保修文件复印件，归档在文件夹中，放在文件柜中保存。

（3）设备的维护合同：包括该设备的定期、非定期维护保养合同复印件，归档在文件夹中，放在文件柜中保存。

（4）设备的操作指南：包括该设备制造商编制的操作指南和相关手册，放在文件柜中保存，复印件放在设备旁指导使用。

（5）设备的基本信息：包括该设备购买日期、设备编号、供应商、安全检查和维修日期等，应做成相应的卡片索引存储在卡片索引盒中，并在计算机数据库中记录该设备的基本信息，这些数据信息应安全地存储在计算机、磁盘或网络服务器上。

（6）所有设备情况列表：所有设备要按照购买日期、设备编号等作出目录列表，安全地放在文件柜中保存。该目录列表应定期更新，如每年整理一次。

（7）设备的日志记录和故障登记：办公设备发生故障的日期、故障情况、报告人、维修情况等信息应清楚地记录在故障登记本上，该本应放在设备旁；各类设备也应有日志记录，将定期进行检查的情况记录在案，该记录本也应放在设备旁。

4．分析办公资源数据

要定期进行数据分析。根据记录的情况，定期对办公资源的利用率进行分析，分析时要注意以下问题：

（1）办公资源是否因为管理不善而导致不必要的流失？

（2）办公资源使用效率如何？是否达到了最大的效益？

（3）办公资源运行维护状态如何？是否有足够的备件？

（4）办公资源是否需要保养维护？它们下一次维护应是什么时候？

（5）办公资源购置计划如何？是否超出预算？

（6）办公资源相关合同执行状况如何？资产保修状况如何？

在分析中要注意发现问题，及时进行资源的调配。

（三）相关知识

1．办公资源概述

办公资源包括的范围比较广，主要有各类办公设备、办公家具、车辆、会议室、日常用品、图书等。办公资源管理就是实行办公资源统一规范管理，减少资源浪费，合理地调配与利用办公资源，提高办公资源的使用效率。

办公资源的管理一般由单位的行政部门负责，行政部门不但要负责办公物品的发放，还要负责申请、采购等工作，要做好就要理清各环节的运作，并做好计划、预算工作。在实际工作中，办公资源的管理依单位规模大小需制定不同的管理办法。一般而言，规模较小的单位人员少，涉及的办公资源较少，一个称职的秘书人员可以对单位的办公资源如数家珍，便于调配。而规模较大的单位员工众多，办公资源也较多，这就需要借助一些管理手段进行管理。建立办公资源档案和运行记录是办公资源管理的有效手段。

办公资源档案和运行记录是进行办公资源管理的核心，依据档案记录，秘书就能有效地调配办公资源。目前，不同的软件公司开发了各种各样的办公资源管理软件，能实现办公资源管理的自动化，可以提高办公资源的调配与利用效率。

2．调配办公资源的注意事项

（1）必须要对单位所有的办公资源进行建档，明确每一项资源所在的位置，在需要的时候能够迅速找到它们。

（2）要注意及时更新记录，办公资源的变动情况要记录在案，能够真实地反映目前的实际使用状况。

（3）要注意按规定清退办公用品，员工离开本单位，应退回领用的办公用品。

（4）办公用品的领用、更换要依照相关规定执行，特殊情况要有书面报告。

（5）公司员工的流动影响办公资源的调配与利用，应随时掌握员工的变化信息。

3．办公资源管理软件简介

办公资源的管理是办公自动化管理的一个重要内容，在许多公司开发的办公自动化管理系统中都具有办公资源管理的功能，也有一些软件公司开发了独立的办公资源调配管理软件，目前市场上这类软件较多，各单位可根据自己的实际情况选用。

虽然各种软件具体的使用方法有所不同，但其功能是大同小异的。这类软件致力于解决的问题是单位内部办公用品资源在人员之间的调配。利用软件可以详细登记办公资产编号、名称、配置、单价、数量、金额、购买单位、存放位置和资产图片信息等，可以登记办公资产的使用人，可以查询办公资产的借、领、还历史记录，可做到责任明确到人。大多数软件还提供详细人事档案管理的功能，按部门登记员工资料，这样能够做到办公资产在人员之间调配的自动化更新。

以日常办公用品的管理为例，软件一般包括登记、领用、盘存三大功能。

办公资源登记模块主要用于登记各种办公资源的入库情况，记录每次购进的品种名称、品种数量、价钱、购买日期及地点、有效期限、经办部门、经办人等相关信息。此模块包括办公资源的信息登记、修、删、改、查、打印、预览等功能。

办公资源领用模块主要用于登记各种办公资源的领用情况。它需要记录被领走的每样办公资源的种类、名称、数量、领用日期、有效期限、领用部门、领用人等相关信息，便于以后对办公资源进行季度、年度的领用盘存。此模块包括办公资源的信息登记、修、删、改、查、打印、预览等功能。

办公资源盘存模块主要是对办公资源做领用盘存。领用盘存＝登记件数－领用件数。采购部门根据领用盘存数据，决定何时该购买何种办公资源及其购买数量等。

总之，办公资源管理软件能够有效地控制内部办公资产资源的管理和调用，大幅度地提高办公效率和水平，有效地减少资产的浪费和流失，是单位正常运作和管理中不可缺少的工具。

第五节 信息管理

【技能目标】

通过本节的学习，学生能够开发信息；能够编写信息；能够利用信息；能够反馈信息。

【知识目标】

通过本节的学习，学生能够掌握信息开发的类型、形式、方法与要求；掌握信息编写的类型、方法与要求；掌握信息利用的含义、方法与要求；掌握信息反馈的含义、形式、方法与要求。

【先修内容】

1. 信息收集

信息收集是通过各种渠道和方式获取信息的过程。信息收集的方法有观察法、阅读法、询问法、问卷法、网络法、交换法、购置法。信息收集的范围包括：政策法规信息、国际经济信息、金融信息、自然环境信息、人文环境信息、企业信息、贸易信息。信息收集可通过大众传播媒介渠道、联机信息检索渠道、贸易交流渠道、信息机构渠道、供应商和客户渠道、关系渠道、调查渠道进行。信息收集的程序包括：明确信息收集范围→熟悉信息来源→选择信息收集方法→查找信息。学习者要了解信息的含义、特征与种类，熟悉信息工作的程序，掌握信息收集的要求；能够合理选择信息收集的方法、范围和渠道，获得所需信息。

2．信息整理

信息整理包括信息鉴别、筛选与分类。学习者要了解信息鉴别、筛选、分类的含义、方法与要求，熟悉信息鉴别、筛选、分类的步骤，掌握各步骤的具体操作内容和要求，能够对收集到的信息进行鉴别、筛选和分类。

3．信息传递

信息传递是人们借助于传输媒介或载体进行知识、数据和事实等的有效传递。信息传递有内向传递和外向传递，并且必须具备信源、信道、信宿 3 个要素。信息传递的方法有语言传递、文字传递、电讯传递、可视化辅助物传递。信息传递的程序是：确定传递信息的内容→确定传递信息的形式→确定传递信息的方法→进行信息传递→确认信息传递质量。学习者要了解信息传递的含义、方向、要素，能够运用适当的信息传递形式、方法，按照传递的要求有效地将信息传递给接收者。

4．信息存储

信息存储是将经过选择、加工、整理的信息，以某种形式记录在特定载体上，存放在特定的装具和场所以备利用，是一个管理和保护信息的过程。信息存储的载体有软盘、硬盘和磁带。信息存储的方式包括：手工存储、计算机存储、电子化存储、缩微胶片存储。信息存储的程序是：登记→编码→排列→保存→保管。学习者要了解信息存储的含义、内容、载体、方式，能够选好信息存储的载体与方式，对存储的信息加强日常保管，使信息存储达到价值性、时效性、科学性、方便性、安全性的要求。

一、开发信息

（一）引导案例

高叶有从报刊资料中获取信息的习惯，他经常翻阅国内外各种经济报刊，专门从报刊上收集消费市场的信息进行分类剪贴，汇集成册，供自己或他人使用。通过对剪报的分析研究，高叶发掘出有价值的信息，得出服装市场消费者需求变化情况和发展趋势，并通过市场调研取得大量第一手信息材料，验证自己的判断，为领导把握市场行情、进行产品决策提供了借鉴和参考。

点评：信息开发能够扩展信息的涵盖面，增加信息容量，提高信息质量，获得最佳服务效果。秘书应积极开发信息资源，挖掘深层次信息，为工作活动服务，创造社会效益和经济效益。

（二）工作技能

1．确定主题

选题是信息开发的起点和目标。选题的来源一般有 3 种渠道：一是下达的任务，二是利用者提出要求，三是根据工作需要自主选择。要针对特定的需要，分析信息的特点和内容，确定信息开发的主题。

2．分析信息材料

围绕主题进行选材，对获得的信息材料进行分析、梳理，决定取舍。

3．选择信息开发方法

针对信息开发的目标和用途，围绕信息开发的内容，选择信息开发方法。

4．选择开发信息的形式

信息开发是对信息进行有序化处理、加工和提炼。秘书要根据开发信息的需求，选择适合的信息开发形式。如果要将信息按专题进行组合利用，可选择一次信息开发，如剪报；要提供信息线索和信息主题、要点，可开发二次信息，如索引、目录、文摘；要提供信息的深层次、综合加工品，可开发三次信息，如简讯、调研报告。

5．形成信息产品

按照主题要求，依一定的逻辑顺序，把选择出来的信息材料有条不紊地组织起来，成为一个有机整体。

（三）相关知识

1．信息开发的类型

信息开发是对信息进行全面挖掘、综合分析、概括提炼，以获得高层次信息的过程。

信息开发具有多次性。一般物质资源经过消耗就可能丧失其功效，而信息具有共享的特性，它可以存储，被多次传输利用，能够不断地补充、完善和扩散，还可以进行综合和归纳，成为可增值的资源。

按照对信息加工的层次分，有一次信息开发、二次信息开发和三次信息开发。一次信息开发，主要是将无序信息转变为有序信息，提高信息的利用率，如剪报、外文文献编译。二次信息开发，是对一次信息进行加工整理形成新信息，提供信息线索，便于人们对信息进行概括了解。三次信息开发，是在一次、二次信息的基础之上，通过分析概括而形成更深层次的信息。

2．信息开发的形式

（1）剪报。根据需求选择专题，确定时间周期，对报刊资料中有价值的信息进行选取、组合、编辑、传递等工作。剪报属于一次信息开发，开发成本相对较低，获得信息量较多，但信息零散，有的信息缺乏时效性、可靠性。

（2）索引。索引是查找信息题名、出处等有关事项的检索工具，由一系列按字顺排列的款目组成。编制索引属于二次信息开发。信息资料索引有篇目索引和内容索引。篇目索引用于指明信息的出处；内容索引摘录信息中的事件、人名、地名等，分别按顺序排列，并指明其出处。

（3）目录编制。目录是依据信息的题名编制而成的，是对相关信息的系统化记载及内容的揭示，有分类目录、专题目录、行业目录、产品目录等。目录编制属于二次信息开发。

（4）文摘。文摘指简明扼要摘录信息重要内容，以便更全面地指示信息的方法，属于二次信息开发。文摘篇幅短小，主要内容语义上相同，不加评论和补充解释。文摘有指示性文摘和报道性文摘。指示性文摘是篇幅短小的摘要，以指示信息源的主题范围、使用对象为目的，适用于篇幅长、内容复杂的信息。报道性文摘是原文要点较详细的摘要，以提供信息的实质性内容为主要目的，适用于主题比较单一集中、内容新颖的信息。

（5）信息资料册。包括历史资料和近期资料，便于人们了解有关行业、产品的历史与现状。

（6）简讯。用简明扼要的语言报道最新动态信息，属于三次信息开发。简讯应做到文字简洁，内容精练，篇幅较短，主要内容准确，要指明信息来源。

（7）调查报告。在实地调查获得第一手信息的基础上，通过分析得出的反映有关事实本质特征信息的三次信息产品。

3．信息开发的方法

（1）汇集法。围绕某一主题，把一定范围内的信息按一定的标准汇集在一起。

（2）归纳法。将反映某一主题的信息集中，进行系统综合分析，明确说明某方面的工作动态。

（3）纵深法。把若干具有内在联系的信息或不同时期的有关信息，从纵向进行比较，形成新信息材料。

（4）连横法。按照某一主题，把若干不同来源的信息进行横向连接，作出比较分析，形成新的信息材料。

（5）浓缩法。压缩信息材料的篇幅，达到主题突出，文字精练、简明的效果。

（6）转换法。把不易理解的数字转换为容易理解的数字。

（7）图表法。将有一定规律的数据制成图表。

4．信息开发的要求

进行信息开发要注重调查研究，通过各种渠道全面、及时获取信息，充分利用信息网络开发系统，运用信息开发技巧，加强对信息的加工、综合分析、提炼和概括，开发出有特色、利用价值大、可信度高的信息。

秘书要对大量、零散、随机、个别的信息进行加工、提炼和概括，开发出全面、系统的高层次信息。从利用的角度看，综合性、预测性、系统性信息对科学管理、生产经营具有更直接的参考咨询价值。

二、编写信息

（一）引导案例

为了提高公司员工的专业技术水平，促进内部工作经验交流，天地公司于2012年12月12日至15日进行有关人员培训学习，邀请公司领导和专业技术人员讲授，组织现场经验交流和学习讨论，达到预期培训效果。高叶就此次培训写了简报，使公司员工能够了解培训的总体情况，共享培训传授的经验和体会。

点评： 高叶编写的简报是沟通情况的简短书面报告，具有在公司内部交流经验、总结教训、反映动向动态的作用。信息编写是在拥有全面信息的基础上，按照一定的要求和有关指示，对信息进行加工，形成新的成果的过程。秘书要根据单位的中心工作和热点、难点问题，编写各种类型的信息材料，达到交流信息的目的。

（二）工作技能

1. 确定主题

无论信息长短，包含内容多少，都有要明确说明的问题，只有确定主题后，才能围绕主题组织材料，进行综合分析。

2. 分析材料

围绕主题进行选材，对通过调查或其他渠道获得的原始信息材料进行分析、梳理，决定取舍。

3. 组合材料

按照主题要求，依一定逻辑顺序，把选择出来的信息材料有条理地组织起来，成为一个有机整体。

（三）相关知识

1. 信息编写的类型

（1）动态型信息。反映某项工作、活动或事件的发生、发展和变化的客观情况。

（2）建议型信息。反映问题，提出解决问题的措施，一般由标题、背景、建议内容及理由组成。

（3）经验型信息。反映一个地区、一个单位、一个部门某方面经验的信息。经验型信息的编写可采用顺叙法，先写做法和经验，后写效果；也可采用倒叙法，先写效果，再写做法和经验。

（4）问题型信息。即负面信息，由标题、背景和问题构成。

（5）预测型信息。预测工作情况、社会动态、经济动态、市场前景等，由标题、预测内容和预测根据组成。

2．信息编写的方法

信息编写是用书面形式对信息进行有序化处理，把筛选、加工过的信息按照要求写成信息文稿。信息编写的程序是确定主题、分析材料和组合材料。信息编写要确定一个鲜明的主题，表达一个中心思想；精心制作标题，概括出信息的内容；认真编写正文，尽量使用叙述性语言；把握好正文、结语的拟写。

3．信息编写的要求

（1）主题鲜明。（2）标题确切。（3）结构严谨。（4）内容客观。（5）角度新颖。（6）语言简洁。

三、利用信息

（一）引导案例

天地公司新上任的客户经理赵飞要去拜访公司的一个客户。为了让赵经理了解客户的情况，秘书高叶通过索引和目录查找客户信息，为赵经理提供了公司以往收集的客户资料信息，包括以前对客户的采购建议和该客户全部的历史资料，如订单、支付、送货、客户支持以及市场营销等方面的资料。赵经理仔细阅读了高叶提供的信息，掌握了该客户与公司所有来往的细节，了解了客户的基本情况，因而对进行新的销售充满了信心。

点评：秘书信息工作的全部意义在于充分利用信息，发挥参谋助手作用。要围绕中心工作，通过各种信息利用方式，主动开展信息利用服务，将收集、处理、存储的信息提供给利用者，满足信息需求。

（二）工作技能

1．熟悉信息的内容

了解和熟悉所存储信息的内容和成分。

2．确定利用需求

信息利用是使收集、处理、存储的信息满足工作需要的过程。因此，要结合工作中心、领导决策、日常管理，分析不同层次的利用对象，找准利用需求。

3．确定信息利用服务的途径

信息利用服务的途径包括：信息的检索、加工、定题、咨询和网络服务。选择信息利用服务途径应考虑以下方面：直接利用信息原件、复制品，还是信息加工品；利用特定内容的信息，还是利用查找线索的信息；利用纸质信息还是电子信息。

4．获取信息

通过各种信息利用途径，查找能够满足需求的信息。

5．提供信息

按需提供获得的信息及信息加工品。信息利用中可使用跟踪卡、文档日志记录信息借阅情况。

当信息被借出后，应建立跟踪卡，放置在信息原存放处，使其他利用者知道该信息去向。信息归还时，填好跟踪卡（见表 2-23）。应定期检查跟踪卡，如果信息已借出一段时间，要及时与对方联系。

表 2-23　信息借阅跟踪卡

借出时间	信息标题	借阅人	部门	归还日期	签名

跟踪信息还可用文档日志。当借出信息时，在日志簿上签名；归还时再签名以示归还。如果找不到某信息，查看日志簿，了解信息利用情况。

（三）相关知识

1．信息利用的含义

信息利用是通过有效的方式，将信息提供给利用者，实现信息的价值。信息利用具有周期性、经常性、广泛性和实效性特点。利用是信息工作的出发点和归宿。信息利用有利于实现信息的价值，促进管理水平的提高；有利于信息的增值和信息资源共享；有利于提高决策的成功率。

2．信息利用的方法

（1）信息检索利用。进行信息检索有 4 个环节：分析信息需求，明确检索要求；选择检索系统；选择检索途径和检索方法，确定检索词；实施信息检索，获取信息。

为了更好地进行检索服务，秘书应选择使用适宜的信息检索系统。利用图书馆公共联机目录查询系统，可以了解图书的基本信息，以借阅或复制的方式获得信息；利用联机信息系统，可以用联机传递或脱机邮寄方式获取信息；利用相关的全文数据库，可以直接打印或下载信息；利用网络搜索引擎，可以直接检索大量信息。

在实施检索的过程中，可以根据检索结果的情况，调整检索词、检索途径和检索方式，充分利用信息检索系统提供的缩检和扩检功能，提高检索的满意度。

（2）信息加工利用。通过对信息内容进行分析研究、选择、加工、编辑，利用者利用信息成果的方式。这种利用方式建立在对信息加工的基础上。

（3）定题查询利用。向利用者提供特定主题和内容的信息，以满足利用者需求。

（4）信息咨询利用。答复利用者询问，指导其利用信息的服务方式，如问题解答、事实咨询服务、利用者教育服务。

（5）网络信息利用。建立在现代信息技术基础上，以计算机硬件和通信设备为依托，以应用软件为手段，以数据库信息为对象进行的利用服务，如电子信息发布、电子函件、光盘远程检索服务。

3．信息利用的要求

（1）遵守信息法规。

（2）维护信息安全。

（3）最大限度地满足信息需求。

（4）注意对日常信息的积累。

四、反馈信息

（一）引导案例

天地公司拟订了一个员工奖励办法。为进一步充实和完善此办法，办公室责成高叶了解员工的意见。高叶很快将奖励办法及征求意见通知、征求意见表下发到各个部门，还多次到部门中直接听取员工的反映。高叶利用收集上来的信息分析汇总，起草了一份报告上交。办公室利用高叶提供的反馈信息对办法进行了修订补充。

点评：信息工作的目的是为各项工作服务。信息反馈可以使信息管理形成良性循环，保证工作活动和决策的有效进行，促进工作活动的最优化。秘书要不断获取、传递反馈信息，为进一步改进工作提供依据。

（二）工作技能

1．明确目标

明确信息工作和信息传递活动的具体目标和具体要求，对信息工作和信息传递活动目标的实现情况的评估有明确的依据。

2．获取反馈信息

选择信息反馈的方法，根据确定的具体目标和具体要求所涉及的内容，及时地收集和回收各种反馈信息。一般来讲，获取的反馈信息主要包括：有关方针、政策和重大工作部署执行情况的信息；新思想、新观点和独到见解；经验型信息；反映工作中存在问题的信息；对全局有影响的倾向性、苗头性信息；反映意见、建议的信息；反映重大事件、突发事件的信息。

3．加工分析反馈信息

对收集上来的反馈信息进行管理、加工、分析，并将其结果与既定目标和要求进行比较分析，找出差距。

4．传递反馈信息

将反馈信息传递给相关部门或人员。

5．利用反馈信息

采取各种手段、方法和具体行动，使信息工作和信息传递活动的实施回到完成既定目标、满足原有要求的正确轨道上来，为各项工作活动顺利开展打下良好的基础。

（三）相关知识

1．信息反馈的含义

信息反馈是将信息使用过程中产生的效应及活动中不断产生的信息进行再收集、再处理、再传递的过程。信息反馈的目的是：检查输出信息的真实性；对信息传递进行检验与调整；为决策提供依据。

信息反馈的特点有：针对性，不同于一般的反映情况，不是被动反映，而是主动收集，有很强的针对性；及时性，信息工作要讲时效，信息反馈也要讲时效，要及早发现问题，解决问题；连续性，对工作活动的情况连续、有层次地反馈，有助于认识的深化。

2．信息反馈的形式

（1）正反馈和负反馈。正反馈一般为决策执行中的成绩、经验方面的信息反馈，使系统的输入对输出的影响增大。负反馈一般为决策执行中的问题、失误方面的信息反馈，使系统的输入对输出的影响减少。

（2）纵向反馈和横向反馈。纵向反馈是向上级管理部门和决策层反映执行指令情况的反馈形式。横向反馈是同级组织之间的信息反馈。

（3）前反馈和后反馈。前反馈是在信息发出前，信息接收者向信息发出者表示的要求和愿望，希望将发出的信息能满足自己的需求。后反馈是在信息发出后，信息接收者对信息作出的反应。

3．信息反馈的方法

（1）系列型反馈信息。将工作活动的全过程情况，按不同的发展阶段连续反映。

（2）广角型反馈信息。对工作活动的某个过程，从不同角度进行反映。

（3）连续型反馈信息。对工作活动中的某个关键问题，在短期内连续不断地进行反映。

4．信息反馈的要求

（1）信息反馈要准确真实。

（2）尽量缩短信息反馈时间。

（3）信息反馈要广泛全面，多信源、多通道反馈。

（4）及时了解来自各方面的反映，收集人们对已推行政策、实施措施的意见，把各种指令执行情况的偏差信息反馈给决策者，以便发现问题，纠正偏差，修正或完善政策与措施，作出新的布置，发出新的信息。

（5）做到既报喜又报忧，既讲究实效性又把握准确性，既重视初级反馈又综合加工深层次反馈信息，既提供目前状况的反馈信息又提供过去或将来工作的反馈信息。

通过对事务管理相关知识和技能的学习，我们应该能够承担来访团体的接待，做好来访者的食宿、交通、行程的安排工作。掌握办公环境管理的各种方法，能够编制工作时间表和管理工作日志。掌握差旅事务安排的流程与方法，会管理零用现金，能够完成上司临时交办的各种事项。能够订购、接收、登记、发放、保管办公用品。掌握数码相机、扫描仪、光盘刻录机、投影仪、摄像机等办公设备的使用和维护方法及要求。同时，能够鉴别、筛选、划分、传递、编写、利用和反馈各种信息。在本章，要重点掌握涉外迎送仪式、涉外礼宾次序，安排好涉外会见、会谈拜访和宴请工作，正确选择馈赠礼品。安排好办公室布局，掌握正确选择办公模式的方法，处理好办公室的各种安全隐患，妥善管理印章和介绍信，有效制订和执行值班计划，不断改进办公流程，及时应对处理各种突发事件。做好各项重点工作的督查，确定工作计划和承办周期。在办公用品和办公设备的管理过程中，要掌握办公用品和办公设备采购程序，并做好相关的信息管理工作。

思考与练习

（1）信息开发、编写、利用、反馈的含义与方法是什么？

（2）信息开发、编写、利用、反馈的程序与要求是什么？

（3）如何确定礼宾次序？如果几个代表团团长的身份相同，如何确定这几个代表团的礼宾次序？

（4）会见和会谈有什么不同？会见会谈的准备工作有哪些？

（5）接到正式宴请的请柬后要做哪些准备工作？

（6）出席正式宴会时，有什么需要特别注意的？

（7）招待会有什么讲究的礼节？

（8）选择礼品有哪些需要了解的？

（9）如何正确选择办公模式？

（10）办公室工作为什么要强调健康、安全？请为你的组织制订一套办公室安全隐患防范措施。

（11）谈谈三级秘书时间管理的主要内容。

（12）三级秘书如何开展印信工作及值班工作？如何处理突发事件？

（13）采购办公用品及设备应遵循何种程序？其注意事项有哪些？

（14）简述采购预算方案制订的原则与程序。常用的采购预算方法有哪些？

（15）简述办公资源管理的程序与方法，调配办公资源的注意事项有哪些？

第三章 文书拟写与处理

第一节 文书拟写

【技能目标】

通过本节的学习，学生能够拟写简报、通告、通报、决定、计划、总结、报告、讲话稿等常用文书，并能掌握这类常用文书的概念、格式、写作要求及注意事项等。

【知识目标】

通过本节的学习，学生能够掌握公务文书、事务文书与商务文书相关文种的拟写要求，并掌握文书处理和文档管理的相关知识。

【先修内容】

1．行政公文的拟写

通知的适用范围、类型及拟写要点，能够拟写通知；函的适用范围、拟写要点及注意事项，能够拟写函；请示的适用范围、特点、类型、拟写要点及注意事项，能够拟写请示。

2．商务文书的拟写

订货单的格式及拟写要点，能够拟写订货单。

3．礼仪文书的拟写

请柬的格式及拟写要点，能够拟写请柬；邀请信的拟写要点，能够拟写邀请信。邀请信与请柬的区别。贺信（电）的拟写要点，能够拟写贺信（电）；感谢信的写作要求、拟写要点，能够拟写感谢信。

4．事务文书的拟写

条据的种类及拟写要点，能够拟写条据；传真件的格式及拟写要点，能够拟写传真稿；备忘录的格式及拟写要点，能够拟写备忘录；启事的概念、种类、特点及拟写要点，能够拟写各种类型的启事；规章制度的写作要求及拟写要点，能够拟写规章制度。

一、简报

（一）引导案例

公司为举办十周年庆典进行了充分的筹备。为了让公司员工了解筹备进展，筹备工作小组决定制发简报，计划每2周一期。助理高叶让钟苗负责简报的编写与制发。由于工作繁忙，简报超过了规定制发时间3天才完成，并且钟苗只是将筹备工作进展罗列出来，而没有进行总结提炼，看起来就像是一本流水账。

点评：简报贵在"简"。表达要简，但内容要实，选材要有新意、有特色、有代表性，不能大事小事全部罗列。同时，行文要"快"。快既是简报的特色，又是简报的优势，更是编写简报的要求，要力争在最短的时间内将信息传播出去，否则就失去了简报的作用。

【例文分享】

××街道安全生产大检查

工作简报

（总字第1期）

××街道安全生产领导小组办公室编　　2013年2月11日

××街道

安全生产大检查工作全面启动

2月9日区委区政府召开安全生产工作会议后，我街道认真落实会议精神，立即行动，精心组织，全面启动安全生产大检查工作。

为了做好安全大检查工作，街道成立了领导小组，制订了"迎两会、保安全"安全大检查工作方案。并组织召开了安全生产工作紧急会议，传达区会议精神，部署地区安全大检查工作。工委书记×××对本次检查提出具体要求：一是提高认识，落实责任，加强属地管理；二是明确标准，突出重点，不留死角；三是全员参加，分工明确，密切配合。自2月10日起，我街道分三大联合检查组开展了以火灾隐患、城乡结合部、建筑工地、流动人口密集区、生产安全的特定区域为重点的安全生产拉网式大检查。截止到今天，共查地下空间、网吧、出租房屋、建筑工地、幼儿园、社会单位共计60家，发现隐患点73处。

报：×书记、×主任和街道各位领导

发：机关各科室

（共印30份）

这是一则工作情况简报，概括式标题，让人一目了然。正文采用总结式写法，写明活动内容、要求，自然结尾。这篇简报语言简明，信息清楚，行文流畅。

（二）工作技能

简报是国家机关、企事业单位、社会团体为汇报工作、交流经验、反映情况、沟通信息、报道动态而编发的内部常用事务文书。

简报的结构一般为"报头＋报核＋报尾"。

1．制作报头

报头相当于公文眉首部分，在首页的上方，约占全页 1/3 的位置，下边用横线与正文部分隔开，主要用来标明简报的名称、期号、编制单位和编制日期。具体要求如下：

（1）简报名称。居中位置，用套红印刷的大号字体排印。如"××简报"。

（2）期号。位于简报名称的正下方，用阿拉伯数字标注"第 × 期"，可用括号标注。

（3）编制单位。在期号下、间隔线上居左书写编制单位全称。

（4）编制日期。用阿拉伯数字写在与编印单位平行的右侧。

在编制单位和编制日期之下，用一条与版心等宽的红色间隔横线将报头与报核隔开。

2．拟写报核

报核是简报的核心，主要包括标题和正文两部分，其主要结构是：

（按语）＋标题＋（导语）＋主体＋结尾

（1）按语。部分简报在标题上端加注编者按语，以说明编发这份简报的目的，或对文中所列事项进行评价。

（2）标题。简报的标题类似新闻的标题，要揭示主题，简短醒目。

（3）导语。即简报的开头。简明扼要地概括全文的主旨或主要内容，给读者一个总的印象。导语一般有 4 种写法：提问式、结论式、描写式、叙述式。导语一般要交待清楚谁（某人或某单位），什么时间，干什么（事件），结果怎样等内容。

（4）主体。即简报的主要内容。用足够的、典型的、有说服力的材料，把导语的内容加以具体化。

（5）结尾。是全文内容的总结。可以对主体部分进行归纳和概括，或提出希望及今后打算。内容单一，篇幅短小的简报，也可以省略结尾。

3．制作报尾

报尾相当于公文的版记部分，在简报最后一页末端，用两条平行横线相夹。两横线间居左写明发送范围。下方横线下居右的括号内注明共印多少份。

【简报写作模板】

拟 写 顺 序	文 字 模 板
密级要求 ↓ 简报名称 ↓ 期号 ↓ 编发单位、时间 ↓ 红色间隔线 ↓ 按语 ↓ 标题 ↓ 导语 ↓ 主体 ↓ 结尾 ↓ 报尾	（密级和保存要求）（若无要求，则不写） ＸＸＸＸＸＸＸＸＸＸ 简 报 （简报名称套红大字排印） （第×期） ×××（编发单位全称）　　　　20××年×月×日 　　按语：×××××××××××××××××××××××××××（又称"编者按"，简要介绍编制简报的目的、意义、原因等，说明材料来源、主体内容以及编者的立场、观点等）。 ＸＸＸＸＸＸＸＸＸＸＸＸＸＸ（标题） 　　导语：××××××××××××××××××××××××××××××。（简要概括全文中心内容或主要事实，引起注意）。 　　××××××××××××××××××××××，×××××××，××××××××××××××××（主体内容）。 　　×××××××××××××××××××××××××（总括全文。可写对所述事实的评价，也可写注意问题等）。
注：以上为简报的基本内容结构模式。简报中的"按语""导语"可视情况作相应的省略。	报：　×××、×××（上级机关） 送：　×××、×××（同级或不相隶属机关） 发：　×××、×××（下级机关） （共印××份）

（三）相关知识

1. 简报的特点

（1）简。即简明扼要，篇幅简短、文字凝练。简报要将最新的信息快速地报道出来，就要言简意明。

（2）快。即报道迅速快捷，讲究时效性。简报应该便于有关部门及时掌握动向和趋势，作出判断，指导工作。

（3）新。即内容新鲜。简报应该报道新情况，宣传新典型，反映新动向，提供新信息，传播新思想，表达新观点，以便更好地发挥其指导和沟通的作用。

（4）实。即内容真实。简报的内容一定要真实可靠，准确无误。特别是时间、地点、具体数据一定要经过认真的核实，绝不允许虚构和编造。

2．简报的类型

简报按照不同划分标准可以分为不同类型。按时间分，有定期简报、不定期简报；按性质分，有综合简报和专题简报；按内容分，有工作简报、动态简报、会议简报。下面着重介绍按内容划分的3种简报：

（1）工作简报。这类简报是主要反映本系统、本部门日常工作或问题的经常性简报。它包含的内容较广，工作情况、成绩问题、经验教训、表扬批评、对上级某些政策或指示执行的步骤措施等都可以反映。它常以定期或不定期的形式出现，在一定范围内发行。

（2）会议简报。是会议期间反映会议情况的简报，内容包括会议的进行情况、讨论发言及会议决定等。规模较大、时间较长的会议常要编发多期简报，以起到及时反映会议动态、交流信息和经验的作用。

（3）动态简报。包括情况动态简报和思想动态简报。主要用于报道单位的内部消息或向上级反映社会情况、群众思想情绪。这类简报的时效性、机密性较强，阅读范围有较严格的限定。

3．简报制发的注意事项

（1）内容真实、准确。简报所反映的事实应是客观存在的，所涉及的时间、地点、人物、数据等都要做到准确无误，否则会严重影响简报的质量。

（2）文字凝练，篇幅简短。简报是简明扼要、短小精悍的文字材料，能够起到快速传递信息的作用。如果文字冗长，就成了"报告"，失去了简报的意义。为此，要选择典型材料，开门见山，直切主题。

（3）快写快发。简报具有一定的新闻性，类似于新闻报道中的"消息"。简报不求全，但求快。快写快发，才能发挥其指导作用。

二、通告

（一）引导案例

公司几经努力，争取到了承办全国出口转内销产品交易会的任务，助理高叶让钟苗以交易会组委会的名义制发一份通告，以使人周知交易会的相关事宜。钟苗认为这次交易会规模大，涉及面广，为显示其重要，就拟写了一份公告拿给高叶审阅，结果受到高叶的严肃批评。

点评：通告与公告尽管都具有公布性和知照性，但二者的性质和用法不同。公告用于发布重大事项，范围涉及国内外，且发布者只能是国家行政机关或权力机关；而通告则多用于发布专业性或业务性事项，范围只是国内一定区域或业务范围，各级机关、企事业单位与社会团体都可以是发布者。钟苗将需要用通告周知的事项错用公告，显然对公告与通告的特点及适用范围不清楚。

【例文分享】

××市工商行政管理局

关于对利用电子邮件发送商业信息的行为进行规范的通告

为促进我市网络经济健康发展，保障电子邮件收件人的合法权益，创造公平的市场竞争环境，××市工商行政管理局决定依法对利用电子邮件发送商业信息的行为进行规范。特通告如下：

一、因特网使用者利用电子邮件发送商业信息应本着诚实、信用的原则，不得违反有关法律法规，不得侵害消费者和其他经营者的合法权益。

二、因特网使用者利用电子邮件发送商业信息，应遵守以下规范：

（一）未经收件人同意不得擅自发送；

（二）不得利用电子邮件进行虚假宣传；

（三）不得利用电子邮件诋毁他人商业信誉；

（四）利用电子邮件发送商业广告的，广告内容不得违反《中华人民共和国广告法》的有关规定。

三、对违反上述规定的因特网使用者，工商行政管理部门将做如下处罚：

（一）对违反本通告第二条第一项的，工商行政管理部门将责令其停止发送该商业信息；对后果严重或屡教不改的，工商行政管理部门将支持被侵权的收件人诉诸法律的请求，并依据有关法律法规对违规责任人予以处罚。

（二）对违反本通告第二条第二项、第三项的，工商行政管理部门将依据《中华人民共和国反不正当竞争法》的有关规定予以查处。

（三）对违反本通告第二条第四项的当事人，工商行政管理部门将依据《中华人民共和国广告法》的有关规定予以查处。

四、在消费者权益受到损害并向工商行政管理部门提出申诉后，工商行政管理部门将依据《中华人民共和国消费者权益保护法》及《××市实施〈中华人民共和国消费者权益保护法〉办法》对违法者予以查处。

本通告自公布之日起实施。

20××年5月15日

这是一则规范性通告。正文部分首先指出发布通告的目的，然后逐条逐项公布通告的具体内容，文字简练，表达有力，事项清楚，措辞严厉，很好地体现了规范性通告的写作特征和写作要求。

（二）工作技能

根据《党政机关公文处理工作条例》的规定，通告是在一定范围内公布应当遵守或者周知的事项时使用的公文。

通告的结构一般为"标题＋正文＋落款＋成文日期"。

1．拟写标题

通告的标题有4种形式：

（1）发文机关＋事由＋文种。对外界发布（发表、张贴）的通告，或从公文系统下发的通告，一般采用完全式标题。如《北京市人民政府关于空气重污染期间采取临时交通管理措施的通告》。

（2）发文机关＋文种。如《中国网络通信集团北京市通信公司通告》，它省略了事由。

（3）事由＋文种。如《关于禁止利用公司名义从事商业牟利活动的通告》，它省略了发文机关。

（4）文种。即"通告"。在本部门、团体内部发放、张贴的通告，可以以文种作标题。如果事情紧急，必须立即执行，发文单位可在"通告"前加"紧急"二字，以引起人们关注。

2．拟写正文

通告的正文结构是：发文缘由＋通告事项＋尾语。

（1）发文缘由。一般要求写明发布通告的意义、根据、目的等，然后，用"现通告如下"或"特此通告（如下）"开启下文，承启语后紧跟冒号。如例文说明了目的后，在第一段末尾运用了"特通告如下"的语言形式承启下文。缘由部分应力求简明。

（2）通告事项。即通告的具体事项或规定，这是通告全文的核心。事项单一的，可采用一段式完成；事项复杂的，可分条列项书写。上述例文就采用了条款式结构。事项部分力求严谨，便于人们周知和遵守。

（3）尾语。尾语多是对通告内容的强调或要求。尾语常用形式有3种：

1）专用尾语。以"特此通告"表示正文结束。

2）发出要求或说明其他问题。如"本通告自×年×月×日起施行"，就是说明生效实施日期的尾语。

3）秃尾。指通告事项陈述完毕即收束全文。

3．拟写落款

落款处应具发文机关全称或规范化简称（标题中没有发文机关名称，必须在落款处标注）。

4．拟写成文日期

用阿拉伯数字将年、月、日标全，年份应标全称，月、日不编虚位（即 1 不编为 01）。

【通告写作模板】

拟写顺序	文 字 模 板
标题 ↓ 编号 ↓ 依据、目的 ↓ 通告事项 ↓ 希望要求 ↓ 结语 ↓ 落款	**1. 规范性通告** 　　　　　×××关于×××××××的通告 （标题或可写为：关于×××××××的通告；××××××（发文机关）通告；通告） 　　　　　　　　××发〔20××〕××号 （编号也可按照一个年度中"通告"的发文顺序号编制，如"第×号"或"20××年第××号"） 　　×××××××（背景、依据）。为了×××××××（目的、意义），现将有关事项通告如下（文种承启语）： 　　一、×××××××（通告事项） 　　二、×××××××（通告事项） 　　三、×××××××（通告事项） 　　×××××××××，×××××××，×××××××，×××××××××（提出要求）。 　　特此通告（结语）。 　　　　　　　　　　　20××年×月×日 （因为标题中已有发文单位名称，故落款处则不再标注,只写成文日期） **2. 告知性通告** 　　　　　关于×××××××的通告 　　×××××××（背景、依据）。为了×××××××（目的、意义），现将有关事项通告如下（文种承启语）： 　　一、×××××××（通告事项） 　　二、×××××××（通告事项） 　　三、×××××××（通告事项） 　　特此通告（结语）。 　　　　　　　　　　　　××× （标题中没有发文机关名称，落款处必须标注） 　　　　　　　　　　　20××年×月×日
注：以上为通告的基本内容结构模式。根据通告的类型，可视情况作相应的省略。	

（三）相关知识

1. 通告的类型

根据《党政机关公文处理工作条例》对通告的适用规定，通告可以分为规范性通告与告知性通告两种类型。

（1）规范性通告。需公众周知且带有强制性行政措施的通告，属于规范性通告。

（2）告知性通告。主要告知需公众周知的事项而没有强制性措施的通告，属于告知性通告。

2. 通告与公告的区别

通告与公告同为具有广泛告知性和约束力的公布性公文，但它们又具有明显的区别：

（1）发布范围不同。通告的发布一般只是面向国内与此相关的一定范围，而公告则面向国内外发布。

（2）发布事项不同。通告常常用于宣布人们应当遵守或者周知的具体事项，而公告则用来公布国家重要事项或者法定事项。

（3）制发机关不同。通告的制发者可以是各级机关、企事业单位与社会团体，而公告的制发者则是国家行政机关或权力机关。

3. 注意事项

（1）一篇通告只发布一个事项。即一文一事。这一事项体现社会管理的某一方面，范围明确，对象确定。不能把社会管理几个方面的工作写入一篇通告。

（2）发布的目的和要求必须明确。通告所提出的要求必须明确，以便人们遵守执行或清楚知晓。

（3）在表达上多采用说明的方式。通告着重说明公布的事项，而不对通告事项进行具体解释。

三、通报

（一）引导案例

经过一年的开拓，公司市场部取得了骄人的成绩，为公司发展作出了重大贡献。高叶要求钟苗撰写一份表彰通报，对市场部进行表彰，同时，号召其他部门学习市场部积极进取、开拓创新的精神，共同为公司发展献力献策。钟苗为了使市场部的先进事迹更加富有感染力，详尽描写市场部一年来的工作。高叶审阅完毕，对钟苗说，你写的哪是通报，简直就是一篇报告文学。

点评：通报的事例是写作的重点，固然要多用笔墨，但要注意详略得当：过于简单，变成抽象的概念，人们难于受到教育和鼓舞；但过于详细，将通报写成近似于报告文学，又会让人难于把握要领。表彰性通报正文部分可以分4个层次：首先写成绩，最好能用数据说明；其次分析评价表彰对象所发挥的作用及其事迹的意义；然后说明表彰决定，最后提出要求。力求行文规范，结构完整，语言简约，概括力强。

【例文分享】

2013年一季度建筑施工企业安全生产检查情况通报

市管各建设、施工、监理企业：

为强化各方安全生产责任主体的安全生产管理责任，及时发现、消除建筑施工现场各类安全隐患，有效防范各类安全事故的发生，根据安全工作计划安排，结合市建委下发的《关于加强复工前建筑施工安全生产管理的通知》（建管〔2013〕26号）的要求，我委组成安全生产检查组，于2013年3月20日至26日，对市管在建工程进行全数检查，现将检查情况通报如下：

一、检查基本情况

检查依据建设部《建筑施工安全检查标准》（JGJ59-99）及其他相关标准、规范和近期我委关于建筑施工安全生产管理文件要求，我委对项目各方责任主体在岗履责情况、项目安全实体防护水平情况进行了检查，并对工程实体现场打分考评。此次共检查在建单位工程181项，其中基础工程16项、主体工程165项，涉及施工企业33家、监理企业11家，现场共查塔吊47台、龙门（井）架67台、钢管脚手架165项，对符合评分条件的165项单位工程进行了现场考核评分，合格率为65%，下发隐患整改通知书15份、停工通知书9份，涉及隐患83条。从检查情况来看，各方责任主体对安全生产检查较为重视，绝大多数建筑施工企业能按照市建委文件要求积极落实建设工程复工前安全检查工作。但仍有个别企业对安全生产重视不够。

二、存在的主要问题

1. 施工、监理企业虽然进行了复工前安全生产检查、督查工作，但实际效果较不理想，安全投入不足，现场存在较多常见隐患；

2. 部分施工、监理企业主要安全管理人员（项目经理、项目总监理工程师）不在岗，现场安全实体监管不到位（不在岗行为将近期另文公布，并录入缺岗数据库）；

3. 安全生产管理资料不能随项目施工进度及时更新，安全检查简单、粗糙，缺乏真实性、可操作性；

4. 钢管脚手架基础不平、不实，无排水措施，连墙件偏少，内立杆与墙体间距过大，防护不严，脚手板设置不连续、铺设不牢等问题较为普遍；

......

三、检查结果处理

为进一步提高施工安全管理水平，增强施工、监理企业安全责任主体意识，促进我市建筑施工安全生产水平进一步提高，对本次检查较好的承建××一期5#-8#

楼的××建设股份有限公司及项目经理×××，承建××5#、10#、14#楼的××建筑工程有限公司及项目经理×××给予通报表扬，对检查存在严重安全隐患的承建××学生公寓工程的××建筑工程有限公司及项目经理×××，承建××5#、6#楼的××建筑工程有限公司及项目经理×××给予通报批评，并按我委规定给予不良行为记分。同时对上述2家通报批评的施工、监理单位主要负责人进行安全约谈。

四、下一步工作要求

1．继续实行安全生产责任目标管理和安全生产一票否决制。（略）

2．进一步落实项目总监理工程师安全监理责任制。（略）

3．加强安全、质量联动机制，确保各类隐患执法文书执行到位。（略）

4．继续深入开展安全生产隐患排查治理专项行动，积极开展重大危险源公示和跟踪检查验收制度。（略）

5．进一步开展建筑施工企业安全质量标准化创建工作。（略）

××市建设委员会

2013年3月29日

这是一则情况通报，旨在传达工作中出现的新情况、新问题、新动向。本文首先概述发文缘由，然后概述检查情况，指出存在的问题，对检查结果作出处理，最后提出下一步工作要求。文中引用数据，翔实准确，使受文者能够了解真实情况。撰写情况通报，要注意有情况、有分析、有结果，从而起到沟通认识、交流信息、推动全盘工作的作用。

（二）工作技能

通报适用于表彰先进、批评错误、传达重要精神和告知重要情况，是各级机关、企事业单位和团体经常使用的文种。

通报的结构一般为"标题＋主送机关＋正文（＋附件）＋落款＋成文日期"。

1．拟写标题

通报的标题一般有两种形式：

（1）发文机关＋事由＋文种。如《××公司关于表彰2012年度业绩突出部门的通报》。

（2）事由＋文种。如《关于表彰×××见义勇为先进事迹的通报》。

2．拟写主送机关

通报通常需标明主送机关，但普发性通报或公开张贴的通报可省略主送机关。

3．拟写正文

通报正文的构成是：发文缘由＋通报事项＋分析＋（决定）＋号召要求。

【通报写作模板】

拟 写 顺 序	文 稿 模 板
标题 ↓ 主送机关 ↓ 主要事实 ↓ 分析评价 ↓ 决定 ↓ 希望、要求 ↓ 落款	**1. 情况通报** <div align="center">×××关于××××××情况的通报</div> ×××、×××（主送机关。可多个下级单位）： 　×年×月×日××单位发生了××××××××事件（背景、问题、依据）。为了×××××××（目的），现将情况通报如下（文种承启语）： 　××××××××（概括叙述事件情况） 　××××××××（对事件进行分析） 　××××××××（希望和要求） <div align="right">××××× 20××年×月×日</div> **2. 表彰通报** <div align="center">×××关于表彰×××的通报</div> ×××、×××（主送机关。可多个下级单位）： 　××××××××××××××××××（事件背景：基本情况、主要先进事迹及结果）。 　××××××××××××××××××××××（先进事迹评析：成绩、影响）。 　为了表彰×××××（目的），经研究，作出以下表彰决定： 　一、××××××（表彰事项） 　二、××××××（表彰事项） 　………… 　希望××××××，进一步做好××××××（希望、号召）。 <div align="right">××××× 20××年×月×日</div> **3. 批评通报** <div align="center">×××关于批评×××的通报</div> ×××、×××（主送机关。可多个下级单位）： 　××××××××××××××××××（事件背景：基本情况、事故或错误事实及后果）。 　××××××××××××××××××××（分析事故原因、性质及危害）。 　为了严肃纪律，××××××（目的），经研究决定，对×××（批评对象）予以××××的处分（处分事项）。 　希望大家引以为戒，从××××××中吸取教训，××××××（希望、要求）。 <div align="right">××××× 20××年×月×日</div>

注： 以上为通报的基本内容结构模式。拟写通报可视情况作相应的省略或调整。

（1）发文缘由。一般要求写出通报的背景、意义或根据、事项提要，以及对此事的态度。不一定每段缘由都写全上述项目，这要根据实际行文来确定。

（2）通报事项。通报事项或写表彰事迹，或写错误事实与事故经过，或写重要情况，这是正文的主体。通报的目的是报告事实，以使人们知道怎样去做，因而这一部分要详写。

表彰通报与批评通报都要求写明事情发生的时间、地点，当事人或单位，事情的经过、结果。表彰通报要抓住主要的先进事迹，批评通报要抓住主要的错误事实或事故过程。传达通报要抓住主要的情况或事实，以使人们了解事实本身。

（3）分析。分析不在于长，而在于自然中肯，鲜明简洁，具有说服力。写分析时，切忌脱离通报事项本身借题发挥。

（4）决定。决定是对表彰或批评的典型作出的嘉奖或惩处的措施。表彰通报与批评通报均需运用决定形式表达上级机关意见，而传达通报一般无决定内容，所以不需设置决定部分。

（5）号召要求。对表彰通报来说，是激励人们学习先进典型；对批评通报来说，是重申某一方面的精神或纪律，要求人们引以为戒；对传达通报来说，则是提出指导性意见以指导全局工作。这一部分应根据不同的通报内容，向不同的对象提出号召要求。

4．拟写落款

落款处应具发文机关全称或规范化简称。

5．拟写成文日期

用阿拉伯数字将年、月、日标全，年份应标全称，月、日不编虚位（即1不编为01）。

（三）相关知识

1．通报的性质

（1）通报属于奖励与告诫性公文。通报承负"表彰先进、批评错误"的任务，因而具有奖励与告诫性质，这一点不同于通知。

（2）通报属于传达和告晓性公文。虽通报与通知均有传达、告晓之能，但通知传达的是"要求下级机关办理和需要有关单位周知或者执行的事项"，而通报传达的则是"重要精神或者情况"。

（3）通报的发布范围有限，往往是在一个机关或一个系统内部使用。通报虽然具有公开"通"晓、广而"报"告之意，但发布范围仅仅限于本机关或本系统，这一点与公告、通告不同。

2．通报的类型

根据《党政机关公文处理工作条例》对通报的适用规定，通报可以分为表彰通报、批评通报和传达通报 3 种类型。

（1）表彰通报。用以表彰先进集体和先进个人事迹的通报。表彰通报的主要内容是：表彰先进集体和先进个人，评价典型经验，宣传先进思想，树立学习榜样，号召人们学习等。

（2）批评通报。用以批评错误，以示警戒。批评通报的主要内容是：批评严重违法违纪事件，揭露问题，处分错误，总结事故教训，要求人们吸取教训等。

（3）传达通报。用以传达重要精神或者情况的通报。传达通报的主要内容是：在一定范围内传达上级机关重要指示精神、重要会议精神，指出工作重点或者具有倾向性的问题、情况和动向，以指导工作。

3．通报与通告的区别

（1）适用范围不同。通告适用于公布各有关方面应当遵守或周知的事项；通报适用于表彰先进、批评错误、传达重要情况。

（2）行文目的不同。制发通告旨在使人遵守或周知有关事项，告知性与规范性较强；制发通报的目的则是通过具有代表性的人和事旗帜鲜明地表明发文机关的态度，宣传教育性更明显。

（3）行文时间不同。通告用于发布需要遵守或周知的事项，需在事前行文；而通报则是针对已经出现的典型人物、发生的典型事件表明态度，因此，可在事后或事中行文。

4．通报与通知的区别

通报与通知均为知照性公文。通知带有一定指令性，其事项具体，是上级机关下达至下级机关的公文；而通报重在传达重要精神或者情况，以使有关单位和公众知晓，一般不具有指令性。通知重在告知人们执行什么任务或怎样做；通报则是为了提高人们的认识和开阔人们的视野，以便把工作做得更好。

5．注意事项

（1）要以真实情况为基础。通报所涉及的事实，必须客观存在，真实可靠。对事件或人物进行分析评价，要客观公正，态度鲜明。

（2）注重时效性。通报具有教育、警示的作用，所通报的事项必须出自当前工作。只有及时地将现实工作中的先进经验或反面典型、重大事项、重要情况予以通报，才能更好地发挥其宣传教育、指导工作的作用。

（3）掌握传达通报正文的写法。传达通报的目的是"传达重要精神或者情况"，所以不像表彰、批评通报那样必有"决定"，传达通报正文一般无决定内容，所以不需设置决定部分。

四、决定

（一）引导案例

　　公司员工张强的技术发明，填补了国内空白，在行业内产生了极大影响，为公司赢得了荣誉，公司董事会决定对张强进行奖励，高叶让钟苗起草这份文件。钟苗经过斟酌，提交给高叶一份表彰通报，但高叶认为应该使用"决定"这一文种，钟苗对此不甚明了。

　　点评： 决定与通报都有表彰、批评的功能，但决定的表彰或批评程度要高于通报。决定奖励或惩戒的单位及人员，其先进事迹或错误过失，在全国或某一地区、某一领域、某一行业具有较大影响，而通报表彰或批评的单位及个人，则仅为本系统、本部门内部的先进典型或事故人员。张强由于技术发明享誉整个行业，若用"通报"对其进行表彰，显然分量不够，还是选用"决定"更恰当。

【例文分享】

××公司关于表彰2013年度技术创新获奖人员的决定

各分公司：

　　为贯彻落实科学发展观，大力推进科技创新，公司决定，对2013年度在技术革新、技术发明中作出突出贡献的人员（项目）予以表彰。

　　根据《技术革新奖励办法》，经评审专家网络初评、复核和公司经理办公会审定，授予"×××××研究"等8项成果技术革新一等奖、"×××××控制"等10项成果技术革新二等奖、"××××××的调控"等7项成果技术革新三等奖，授予×××科技功臣奖，授予×××、×××、×××、×××技术革新能手奖。

　　希望公司全体员工向上述获奖者学习，继续发扬团结协作、顽强拼搏、奋力攀登、开拓创新的精神，创造更多的革新成果，促进技术进步，为公司的发展作出更大贡献。

（印章）
2014年1月15日

　　这是一则表彰决定。开篇用"为"引导的2个动宾句式简要交代表彰目的，增强了发文的针对性。然后说明决定的事项，点明公文主旨。主体部分首先交代表彰的依据、评审程序，表明公文内容的合法性，接着说明决定事项的具体内容，包括获奖项目、获奖人员及所授奖项类别、等级，项目表达清晰明确。结尾提出希望要求。整篇公文层次清楚，内容明确，主题集中。

（二）工作技能

　　决定适用于对重要事项作出决策和部署、奖惩有关单位和人员、变更或者撤销下级机关不适当的决定事项，国家机关、企事业单位与社会团体均可使用。

【决定写作模板】

拟 写 顺 序	文 字 模 板
标题 ↓ 主送机关 ↓ 目的、依据 ↓ 决定事项 ↓ 希望要求 ↓ 附件 ↓ 落款 **注**：以上为决定的基本内容结构模式。拟写决定时可根据决定事项作相应的省略或调整。	**1. 决策指挥决定** <div align="center">×××关于×××××××的决定</div> ×××、××××（可多个下级单位。需周知的公开发布的决定可不写主送机关）： 　　为了×××××××××（目的），根据×××××××××（依据），现就×××××××××决定如下（文种承启语）： 　　一、×××××××××（决定事项） 　　二、×××××××××（决定事项） 　　三、×××××××××（决定事项） <div align="right">×××</div><div align="center">（如果标题或题注中已有发文机关名称，则落款处不再标注）</div><div align="center">20××年×月×日</div><div align="center">（如果题注中已有成文日期，则落款处不再标注）</div> **2. 奖励惩处决定** <div align="center">×××关于××××××奖励（或处罚）的决定 （或：×××关于表彰（处罚）××××××的决定）</div>×××、××（可多个下级单位）： 　　为了×××××××××（目的），根据×××××××××（依据），×××决定，对×××××××××予以奖励（或处罚）（文种承启语）： 　　一、×××××××（荣誉或处罚） 　　二、×××××××（荣誉或处罚） 　　………… 　　希望×××××（受到表彰或处罚的单位、个人）再接再厉（或吸取教训）。要求×××××（其他部门或人员）向××××××学习（或引以为戒）。 <div align="center">×××××</div><div align="center">20××年×月×日</div> **3. 变更撤销决定** <div align="center">×××关于撤销（变更）×××的决定</div> ×××、××（可多个下级单位）： 　　根据××××××××（背景、依据），为了×××××××××（目的），经严格审核和论证，×××（发文机关）决定撤销×××（撤销的事项）。 　　要求××××认真做好×××工作，加强××××××，力争在××××××××取得新的进展。 　　附件：×××（发文机关）决定撤销×××的目录 　　（若撤销或变更事项内容较多，可用附件） <div align="center">×××××</div><div align="center">20××年×月×日</div>

决定的结构一般为"标题 + 主送机关 + 正文 +（附件）+ 落款 + 成文日期"。

1．拟写标题

决定的标题有两种类型：

（1）发文机关 + 事由 + 文种。如《国务院关于全国中小企业股份转让系统有关问题的决定》。

（2）事由 + 文种。如《关于进一步加强水利管理的决定》。

2．拟写主送机关

决定属于重要的下行文种，主送机关应为下级机关。如有明确的主送机关，可以使用全称或规范化简称，或直接标出统称；对于需要周知，没有特定收文对象的决定，则可以省略主送机关。

3．拟写正文

决定的正文，是决定内容的主体和核心部分。其构成是：发文缘由 + 决定事项 + 要求。

（1）发文缘由。发文缘由写明发文的原因、理由、依据或目的、意义等。

（2）决定事项。写明作出决定的内容，如事项、安排、决策等。一般分条目开列，有的条目还要作出适当的解释。

（3）要求。一般写明对贯彻执行决定的希望和要求，或者进行某些强调。

4．拟写附件

如有附件，应在正文下一行标注附件名称与序号。

5．拟写落款

落款处应具发文机关全称或规范化简称。如果标题或题注中已有发文机关名称，则落款处不再标注。

6．拟写成文日期

一般的决定在落款处注明成文日期。经会议讨论通过的决定，发文机关和成文日期采用题注的形式，在标题之下的括号内标明。如"（×年×月×日××公司第八次职工代表大会全体会议通过）"。

（三）相关知识

1．决定的特点

（1）决策性。决定表明了领导机关对重要事项或者重大行动安排的决策，它集中体现了领导机关的指挥意志、处置意图和政治倾向，是行使领导决策职权的重要形式。

（2）制约性。决定内容具有不可更动的确定性，要求下级机关必须遵照执行。

2．决定的类型

（1）决策指挥决定。决策指挥决定用于对重要事项作出决策、对重大行动作出部署，具有较强的行政约束力。

（2）奖励惩处决定。用于对有关组织、人员或者某些事项予以表彰或惩处，具有较强的教育警示作用。

（3）变更撤销决定。用于变更或撤销下级机关不适当的决定事项或其他事项，以适应管理需要或纠正不当管理行为。

3．注意事项

（1）不可用文种作标题。省略发文机关与事由，以文种"决定"作标题，不符合公文处理条例相关要求。

（2）慎用决定文种。选择文种时必须考虑事项的重要性，不能事无巨细都使用决定，特别是关于奖惩的通报、决定，在选用时尤其要注意相互之间的差异性。通常，一般性的奖惩事项可以选用通报；如果是有关法律法规、规章条例等明文规定的奖惩事项，应该选用决定，切忌小题大做，把本应写为"表彰通报""处罚通报"的，写成"表彰决定""处罚决定"。

五、计划

（一）引导案例

公司开完年度总结会后，经理要求高叶拟写一份下年度公司工作计划。高叶把拟好的计划发到各部门征求意见，结果主要部门的几位经理纷纷找到公司经理诉苦，表示难以完成任务。

点评：计划是对未来的工作任务预先作出安排，包括拟订目标，设想步骤。高叶制订计划注意征求意见，做得很好，但制订计划也要注意切实可行，留有余地。制订计划时，要实事求是，量力而行。在实际工作中，任何一项工作的开展，都会受到诸多客观条件的制约，这就要求制订计划时要留有充分的余地，既积极又稳妥。

【例文分享】

工会2013年度主要工作计划

2013年工会工作以构建和谐企业、促进企业发展为主题，以服务大局、服务职工为根本，以建立健全良好的沟通互动机制为前提，以加强工会会员、工会建设为重点，以提高工会干部维权能力和水平为关键，以创新工作方式为途径，最广泛地调动各方面的积极性，在企业发展和稳定的工作大局中充分发挥工会的积极作用。

一、活动开展目标

1．进一步推进民主管理，调动和发挥全体职工的积极性和创造性，不断提高职工综合素质，不断增强凝聚力和积极开拓进取的精神风貌。

2．发挥工会组织的"桥梁"和"纽带"作用，及时反映并积极帮助解决职工在工作、生活中出现的难点和热点问题，主动为职工排忧解难。

3. 深入开展送温暖活动，为公司创造稳定、和谐的工作氛围。开展职工生日期间送礼物活动；关心困难职工，做好职工的沟通交流，做好服务和慰问工作。以全心全意服务职工为宗旨，坚持为职工办好事做实事。

4. 积极开展有益于职工身心健康的文体活动，组织职工踊跃参加工会开展的各项活动。

二、具体活动计划及时间安排

1. 总结 2012 年工会工作，研究 2013 年工会工作，组织学习工会 2013 年工作计划；

2. 配合公司领导慰问公司困难职工，做好年底评优选先工作；

3. 进一步做好工会女职工工作，充分发挥女职工在各项工作中的作用，切实维护女职工的合法权益，主动全面地关心女职工的生活，"三八"国际妇女节期间组织全体女职工开展有意义的活动，暂定烧烤踏青、看电影或发放礼品等活动（视工会经费情况及公司业务而定）；

4. 做好工会财务和经费的审查准备工作，筹备并组织好工会会员会议；

5. 组织"五一"国际劳动节的活动（视工会经费情况及公司业务而定），加强职工间的交流沟通、增进职工间的友谊；

6. 组织"六一"儿童节慰问品发放工作，做好工会半年工作及经费支出总结；

7. 组织好职工旅游活动，暂定 3 年一次（视工会经费情况及公司业务而定）；

8. 做好员工生日庆祝，给每个寿星在生日那天送上生日祝福短信，全员参与庆生活动；

9. 重视、关注职工身体健康，继续执行职工体检制度；

10. 举办庆"元旦"活动（视工会经费情况及公司业务而定）；

11. 做好工会年终工作总结。

××玻璃钢有限公司工会
2012 年 12 月 28 日

这是一份条文式工作计划，先概括交代工会工作的指导思想，接着交代公会工作目标，然后分条列项交代具体的工作任务和时间安排。全文条理清晰，语言简洁。

（二）工作技能

计划是为完成一定时期的工作任务而事先拟订目标、措施和完成要求的一种事务性文书。

计划是个统称，除了一般所说的"××计划"之外，常见的"安排""方案""设想""纲要""规划"等都属于计划的范畴。它们的区别主要体现在涉及范围的大小、时限的长短和内容的详略上。

计划的结构大致有两种：

【计划写作模板】

拟写顺序	文 稿 模 板
标题 ↓ 目的、依据 ↓ 任务目标 ↓ 工作措施 ↓ 具体步骤 ↓ 结语 ↓ 落款 **注**：以上为计划的基本内容结构模式。拟写计划时，可视情况作相应的调整。	×××（单位名称）××××年×××工作计划 　　××××××××××××××，××××××××××××××××。为此，特制订本计划（文种承启语）。 　　（前言部分或写制订计划的依据，或写制订计划的目的。也可写总任务和要求，或写制订计划的指导思想，还可写完成任务的意义） 　　一、工作目标（即"做什么"，包括做多少、做到什么程度、什么时候做） 　　1. ××××××× 　　2. ××××××× 　　3. ××××××× 　　二、工作措施（即"怎么做"，包括谁来做、用什么方法、有什么措施） 　　1. ××××××× 　　2. ××××××× 　　3. ××××××× 　　三、具体步骤（具体"做"的程序安排和时间进度） 　　1. ××××××× 　　2. ××××××× 　　3. ××××××× 　　××××××××××××××，×××××××××××××××××，××××××××××××××××××（结语，可是计划的补充，也可写完成计划的注意事项，还可提出号召。也可无结语）。 　　　　　　　　　　　　　　　　×××××（署名） 　　（如果标题中已出现单位名称，落款时可不再写单位名称） 　　　　　　　　　　　　　　　　20××年×月×日

　　（1）条文式。即把计划按照指导思想、目标和任务、措施和步骤等分条列项地编写成文，这种形式有较强的说明性和概括性，经常用于全局性的工作计划。

　　（2）表格式。即整个计划以表格的形式表述，经常用于时间较短、内容单一或量化指标较多的工作计划。

　　条文式计划的结构是"标题＋正文＋尾部"。

　　1. 拟写标题

　　（1）单位名称＋时间＋事由＋文种。如《汽车摩托车运动管理中心2012年宣传工作计划》。

（2）时间＋事由＋文种。如《2013年政治理论学习计划》。

（3）单位名称＋事由＋文种。如《大成公司员工轮训工作安排》。

（4）事由＋文种。如《业务考核计划》。

（5）文种。如《计划》。

2．拟写正文

正文的构成是：前言＋主体＋结语。

（1）前言。这是计划的开头部分。简明扼要地论述制订计划的指导思想、依据、意义，本单位情况及总目标等。

（2）主体。主体是计划的核心内容。包括目标、措施和步骤3个要素。

第一，目的。明确地写出要达到的目标、指标和数量质量方面的要求，即"做什么"。第二，措施。说明完成任务的具体措施和行动步骤，时间分配，人力、物力、财力安排等，即"怎么做"。第三，步骤。是实现目标的程序安排和时间进度，即"何时完成"。

（3）结语。可以提出执行的要求，也可以展望计划实施的前景，或指出完成计划的注意事项。有的计划主体内容表述完毕全文就结束，写不写结尾，要根据内容表述的需要确定。

3．拟写尾部

尾部包括落款和成文日期两项。落款写上制订计划单位的名称。标题中已标明单位名称的，这里可以不写。题注中已标明成文日期的，正文末落款处不再标注。

（三）相关知识

1．计划的特点

（1）可行性。制订计划要符合实际情况，切实可行。计划所确定的目标要适中，目标过高，难以完成；目标过低，则缺乏激励。

（2）预见性。计划是在工作实施之前制订的，是对某项工作的目标、措施、步骤及可能出现的情况所作出的正确预想。没有预见性就没有计划。

（3）约束性。计划一旦确定，就对实践产生了一定的行政约束力，人们必须围绕计划开展工作，减少工作的盲目性。

2．计划的类型

按照不同的划分标准，可以将计划划分为不同的类型。

（1）按内容分，有学习计划、工作计划、生产计划、财务计划、教学计划、科研计划、销售计划等。

（2）按范围分，有国家计划、地区计划、单位计划、部门计划、班组计划、个人计划等。

（3）按时间分，有长期计划、短期计划、年度计划、季度计划、月计划、周计划等。

（4）按性质和作用分，有综合性计划、专题计划、指令性计划、指导性计划等。

（5）按表现形式分，有条文式计划和表格式计划。

3．注意事项

（1）要符合政策规定。制订计划时，要注意深入领会党和国家的有关方针、政策和法律、法规精神，以之作为制订计划的指导思想。

（2）要切合实际。制订计划，要注意从本部门的实际情况出发，不脱离现实，不把任务指标订得过高或过低；计划的目的、任务、指标、措施、步骤要制订得具体明确，以便于落实和监督检查。

（3）力求明确具体。制订计划时，要力求目标明确、指标具体、措施得当、进度合理，便于计划的实施，确保计划的执行。

六、总结

（一）引导案例

又到年底了，钟苗按照惯例将公司全年工作进行了梳理，看到公司取得的骄人成绩，钟苗很受鼓舞，下笔有神，妙笔生花，将总结材料写得感人肺腑，激动人心。助理高叶审阅后让钟苗重新撰写这份总结，并要求她先好好学习总结的写法。

点评： 撰写总结，首先要坚持实事求是的原则，立足事实、一切从实际出发，这是总结写作的基本原则，但在实际写作中，往往有人违反这一原则，"三分工作七分吹"，夸大成绩，隐瞒缺点，甚至弄虚作假，浮夸邀功。这对工作、对事业毫无益处，必须杜绝。所以，写总结要充分占有材料，在此基础上，客观分析，谨慎提炼，找出经验与教训，为今后工作提供借鉴。

【例文分享】

2013年财务部工作总结

在各部门同事的大力支持配合下，在公司领导的关怀指导下，财务部以强烈的责任心和敬业精神，圆满地完成了各项日常工作，充分发挥了财务部的职能作用，取得了一定的成绩。财务部是公司的关键部门之一，对内，要时刻注意财务管理水平的提高，以适应公司的发展；对外，要时时应对税务、审计等机关的各项检查，及时掌握税收政策及合理应用。近年来公司规模扩展，尤其是房地产开发项目每年都在不断壮大，今年同时开发了宏发大厦、敖包风情街、公园首府小高层3个项目工程，由于我公司一直采用手工记账，财务部人手相对较少，日常工作比较繁重，但我们高效、有序地组织，能够分清轻重缓急，妥善处理各项工作。在这一年里，我们财务部的员工能够任劳任怨、齐心协力、尽职尽责地做好各项工作，综合工作能力相比2012年又迈进了一步。当然，在完成工作的同时也还存在一些不足。现将2013年的工作做如下简要回顾和总结：

一、工作成绩

1．认真执行《会计法》，进一步加强财务基础工作的学习，规范记账凭证的编制，严格对原始凭证的合理合法性进行审核，对不符合规定的原始凭证予以退回并责令其整改，强化会计档案的管理。对所有成本费用按部门、项目进行归集分类，月底将共同费用进行分摊结转，以体现各部门效益。

2．在原来的记账基础上，细化了成本费用的管理，加强了收入、成本及各类费用的监督和审核，统一核算口径，严格控制支出，使公司的收入支出核算尽量达到合理。在日常工作中，与银行、税务等相关单位及部门保持密切联系，建立了良好的工作关系，真正做到银企一家，税企一家。

3．在借款、费用报销、报销审核、收付款等环节中，我们坚持原则，严格遵照公司的财务管理制度，把一些不合理的借款和费用报销拒之门外。

4．在凭证审核环节中，我们认真审核每一张凭证，坚决杜绝不符合要求的票据，不把问题带到下一个环节。

5．每月核算员工工资与往来明细账结转是财务部较为繁重的工作，除了计算发放工资外，还要为新员工说明工资的构成及公司相关规定，这就要求财务人员必须耐心细致，尽量做到少出差错或不出差错。经过财务部员工的努力，公司每月基本上能准时发放工资。

6．按时完成公司营业执照网上年检、会计师事务所的年终审计、统计局的季度申报、与银行的账目核对及有关借贷行所需财务报告和资料的相关工作。

7．加大固定资产核算管理的同时，往来账目的核对、款项催收和索要发票是财务部的重要工作。由于某些原因的影响，催收难度有所增加，虽然我们尽了很大的努力，也取得了很大的成效，却不是很理想。

8．及时完成公司的纳税申报和各类财务报表，发票购买和管理台账登记工作。在公司的常规审查中，积极配合，成功地完成了审核任务，并积极协助其他部门，提供所需要的各类数据和资料，为公司领导决策起到了参谋作用。

9．正确计算各项税金，及时足额地交纳税款，积极配合税务部门检查工作，及时发现违背税务法规的问题并予以纠正，保持与税务部门的沟通与联系，取得他们的支持和指导，使我们的纳税工作更加完善和快捷。2013年全年，交纳各种税费570万余元。

二、不足和有待改善之处

一年来，财务部虽然做了很多工作，但还有一些应做好而未做好的工作，比如在资产实物性管理，各项经营费用的控制，规范财务核算程序、统一财务管理，及时准确地向公司领导汇报财务数据，实施财务分析等方面都相当欠缺。在财务工作中我们也发现公司的基础管理工作比较薄弱，财务部的管理职能没有充分发挥；有关制度和规定执行力度不够；对公司存在的不合理现象，财务部没有提出合理化建议；也有部分财务人员综合素质和业务水平一般。这些应该是 2014 年财务管理要重点思考和解决的问题，也是每一位财务人员提高自我、服务企业所要思考和改进的问题。我们确信财务部是一个团结、高效的工作团体，希望每位财务人员都能够独当一面，我们有信心与公司共同走向辉煌。

作为财务人员，我们决心在以后的工作中不断地总结、反省，鞭策自己，加强学习，提高自身的综合素质，把学到的知识真正有效地运用到具体的工作中去，以适应时代和企业的发展。在未来，我们一定要认真学习和领会十八届三中全会精神，与时俱进，求真务实，大胆实践探索，稳中求进，与社会同进步，与公司同发展，增强公司的公信力，为公司迈上一个更高的台阶作出应有的贡献。

财务部

2013 年 12 月 30 日

这是一份年度工作总结。开篇总括成绩，提炼经验，客观评价自己的工作，紧接着分条列项总结各项工作成绩与做法、不足和有待改进之处，最后指出今后努力的方向。全文语言平直，事项具体，既有客观回顾，又有经验提炼，是一篇较为规范的总结。

（二）工作技能

总结是各级机关、企事业单位、社会团体和个人通过对过去阶段工作的回顾、分析和研究、评价，从中找出经验、教训，得出规律性的认识，以指导今后工作的一种事务性文书。

总结的结构一般为"标题 + 正文 + 尾部"。

1. 拟写标题

（1）公文式标题。单位名称 + 时间 + 事由 + 文种，如《×× 公司 2013 年度工作总结》。

（2）非公文式标题。此类标题比较灵活，有的为双行式标题，如《开源节流，减员增效——销售部第四季度工作总结》；有的为单行标题，如《推动人才交流，培植人才资源》。

2. 拟写正文

正文的结构是：前言 + 主体 + 结尾。

（1）前言。即正文开头，一般概括介绍工作基本情况、背景，点明主旨或说明成绩，对工作成效进行总体评价。

【总结写作模板】

拟 写 顺 序	文 稿 模 板
标题 ↓ 概述基本情况 ↓ 成绩和经验 ↓ 问题和教训 ↓ 今后打算 ↓ 落款 **注**：以上为总结的基本内容结构模式。可视情况作相应的调整。	**×××（单位名称）××××年×××工作总结** 　　××××年是我单位×××等各项工作取得明显成效的一年。一年来，全体员工坚持×××××××，围绕×××××××，抓住机遇，开拓创新，锐意进取，无论××××××××，还是××××××××，都取得了可喜的成绩（前言部分概括介绍基本情况和总体评价）。现将一年的各项工作情况作如下总结（文种承启语）： 　　一、工作回顾（完成了什么工作，取得的成绩，有何经验） 　　1. ××××××× 　　2. ××××××× 　　3. ××××××× 　　二、存在的主要问题（不足之处，什么原因造成的，有何教训） 　　1. ××××××× 　　2. ××××××× 　　3. ××××××× 　　三、今后工作和努力方向（今后怎么办，针对问题，提出改进措施） 　　1. ××××××× 　　2. ××××××× 　　3. ××××××× 　　××××××××××，××××××××× ××××，××××××××××××。 ×××××（署名） 20××年×月×日 （如果标题中已出现单位名称，落款时可不再写单位名称）

　　（2）主体。包括成绩和经验、存在的问题和教训以及今后努力的方向等。对于一般的工作总结，重点放在成绩和经验上。

　　除了上述写法，正文主体还有过程式、经验式等多种形式。"过程式"是按过程写，即把整个工作按时间顺序划分为几个阶段，然后再就每一阶段的工作情况、经验、教训去总结。"经验式"是按经验写，是把工作中的主要经验按问题的性质归纳出来，一条一条地分开来写，各条之间有严密的逻辑关系，通过研究、分析，从中揭示出规律性的东西。专题性总结通常采用这种形式。

　　（3）结尾。可以总括全文，重申主旨，可以提出改进设想或展望未来。

3．拟写尾部

尾部包括落款和成文日期两项内容。如果标题中已有发文单位，这里可不必再写发文单位，只写成文日期即可。成文日期用阿拉伯数字标全。

（三）相关知识

1．总结的类型

按内容分，有学习总结、工作总结、生产总结等；按范围分，有单位总结、个人总结等；按时间分，有年度总结、季度总结；按性质和作用分，有综合性总结、专题性总结等。此处，主要介绍综合性总结与专题性总结两种类型。

（1）综合性总结。综合性总结也叫全面工作总结，是一个单位或一个部门对某一时期各方面工作进行的全面性总结，如阶段工作总结、年终工作总结等。

（2）专题性总结。专题性总结也叫单项工作总结，是一个单位或一个部门对某项工作或某一方面某一问题所作的专门的工作总结，如经济工作总结、思想教育工作总结等。

2．总结的特点

（1）回顾性。总结是对前一阶段实践活动的回顾，归纳经验，查找不足，总结教训，引出规律性的认识，用以指导今后工作。

（2）客观性。总结是对过去工作的回顾与分析，必须以实践为依据，分析、评价要客观，不夸大经验，不隐瞒问题，否则就失去了总结的意义。

（3）自我性。总结中回顾的都是本人、本部门、本单位已经完成的工作，通常用第一人称"我"、"我们"对过去的事实进行自我分析、自我评价。

3．注意事项

（1）坚持实事求是。写总结要求内容真实可靠，如实反映客观实际，要反复核实材料，仔细推敲观点，去伪存真，字斟句酌，这样才能增强总结的科学性和可信性。

（2）总结出规律性的认识。这是写好总结的关键。一篇好的总结应能从实践活动中揭示出带有规律性的东西，以指导今后的工作。

（3）分清主次，突出重点。写总结一定要注意分清主次，突出重点。所谓分清主次即指抓住主要矛盾或矛盾的主要方面，写带有普遍指导意义的人和事。所谓重点即指同类事物的主要或中心方面。抓住了重点，就抓住了决定事物性质矛盾的主要方面。这样的总结对工作才有指导意义。

（4）语言简明、准确。总结的语言一定要简明、准确。要用第一人称，即从本部门的角度来撰写。

七、报告

（一）引导案例

经理让钟苗将公司员工业务培训的情况上报给总公司，钟苗写完报告后交给助理高叶审核。高叶审阅后表扬了钟苗，认为这份报告客观全面地报告了员工业务培训的情况，特别是提出了一些建议，对将来进一步做好员工培训很有价值。但他也指出了报告中存在的问题。原来，在报告的最后，钟苗使用的尾语是"特此报告，请批准"。钟苗认为，报告最后提出的建议，应该由上级机关批准，以便实施，故以此结尾。

点评：报告是下级机关向上级机关汇报工作、反映情况、答复问询经常使用的公文，在行文中，陈述完事项后，为配合领导工作或协助领导决策，可以提出工作意见或建议。但这只是对报告事项的补充与延伸，而不是"请示"中的建议，不需要上级机关批复。所以，撰文时要准确适用尾语，以免造成误解。

【例文分享】

关于 2012 年"十一"黄金周旅游工作情况的报告

市旅游局：

根据上级旅游主管部门的要求，我区旅游局精心组织、周密安排，节前联同安监、技监、消防、卫生等部门对全区的旅游企业进行了卫生、安全工作大检查。同时，我区加强导游人员管理，进一步整治和规范旅游市场秩序；加强配套设施建设，着力营造赏心悦目的旅游环境；加大旅游宣传推介的力度，提高我区旅游资源的知名度。实现了黄金周"欢乐、祥和、健康、安全、秩序"的目标，取得喜人成绩。现将今年黄金周我区旅游工作情况报告如下：

一、旅游市场的基本情况

今年"十一"旅游黄金周，我区共接待外来游客 30 600 人次，比去年同期增长 21.8%。其中各酒店共接待 4 251 人次，客房平均出租率 68.2%，与去年同期基本持平；各景区（点）接待外来游客 25 197 人次，比去年同期增长 21.8%。旅游业总收入 2 019 万元。节假日期间旅游市场秩序井然，没有发生一宗安全事故，也没有收到一宗旅游投诉。

二、旅游市场的特点

今年"十一"旅游黄金周，前来我区旅游的人数较去年同期有大幅增加，各主要道路大小车辆川流不息，景区（点）内游人如织。概括起来有以下特点：

（一）自驾车休闲旅游成热点

由于生活水平的提高，私家车数量大幅增加。经过多个黄金周后，人们的假日消费渐趋理性，旅游的基本要素已逐步由传统的"3S"（阳光、海水、沙滩）向"3N"（自然、怀旧、回归）转变，而自驾车游正好满足了都市人这种渴望更大的自由支配空间和独享"车随景走"闲情逸致的愿望。据调查，今年"十一"旅游黄金周期间，我区接待的游客中，家庭型、知己型、情侣型自驾车游客人数占80%以上，与去年相比有较大幅度的增长；而我区外出游客主要也采取自驾车出游方式。

（二）生态健康游备受青睐

随着生活水平的提高，人们逐步意识到健康生活的重要性，追求"真山水"，纵情大自然成为一种生活时尚。我区的青山绿水、众多的生态农庄正好符合这股潮流的需求。黄金周期间，我区的大小景点热闹非凡、人头攒动，据调查，其中××生态园共接待游客近万人次，并创下单日接待2 500人次的纪录；10月1日当天，×山第一峰、"新八景"候选景点××山山脚下车辆大排长龙，人们争相感受"会当凌绝顶，一览众山小"的意境。

（三）客源市场不断拓宽，境外游客增幅大

我区以往接待的游客主要来自南海、禅城、广州等地，而今年"十一"黄金周，顺德、中山、江门的游客纷至沓来。更值得欣喜的是境外游客有较大幅度的增长，据统计，10月1－7日，××口岸共接送游客2 320人次，比去年同期增加125%。

（四）旅游团队显著增加

由于近年我区不断增加旅游投入，完善旅游基础设施建设，加大旅游宣传推介力度，逐步确立了我区"休闲度假生态旅游胜地"地位，各地游客慕名而至。七天国庆假期，我区共接待了20多个旅游团队，游客1 100多人，比去年同期增加327%。

三、存在的问题

（一）景区（点）接待能力不足。如10月2日，××生态园的游客达2 500人次，面对蜂拥而来的客人，该景点工作人员显得手忙脚乱，难以应对。

（二）通往景区（点）的道路建设未完善，一定程度上影响了客源。

（三）服务人员的素质尚待提高。

特此报告。

××区旅游局

2012 年 10 月 20 日

这是一份工作情况报告。开篇点明行文的依据，概述工作成绩，以"现将今年黄金周我区旅游工作情况报告如下"承启下文，然后分条列项叙述基本情况，总结特点，指出存在的问题。全文叙述客观，结构严谨，条理清楚，语言简明。

（二）工作技能

报告是向上级机关汇报工作、反映情况，回复上级机关询问的公文。

报告的结构一般为"标题＋主送机关＋正文＋落款＋成文日期"。

1．拟写标题

报告一般采用完全式标题，即：发文机关＋事由＋文种。如《××市政府关于百货大楼重大火灾事故处理情况的报告》

有时标题也可以由主要内容＋文种构成，如《关于2012年规范性文件备案审查情况的报告》。

2．拟写主送机关

一般主送一个上级主管机关，根据需要同时抄送相关上级机关。写明报送机关全称或规范化简称。

3．拟写正文

正文的构成是：发文缘由＋报告事项＋结束语。

（1）发文缘由。发文缘由通常写明报告的目的，或概括地提示报告的主要内容，或简要介绍所报告的事项、情况等。然后，以"现将有关情况报告如下"承启下文。

（2）报告事项。报告事项是正文的主体，应将工作的主要情况、措施与结果、成效与存在的问题等分段加以表述。不同类型的报告具有不同的写法。

1）工作报告。工作报告的主体一般包括各方面或某方面工作所取得的成绩、做法、经验与问题。工作成绩要求写出做了哪些工作，采取了哪些措施和做法，结果怎样。在叙述基本情况的同时，有所分析、归纳，找出规律性认识，指出工作中的缺点、不足或遇到的困难。

2）情况报告。反映情况报告的主体是报告情况，一般以"情况——原因——措施"来构成全篇。先将情况叙述清楚，然后分析情况产生的原因，最后说明处置措施。

3）答复报告。答复报告的主体是答复上级机关所询问的事项。答复事项指针对上级机关所提问题答复的意见或处理结果，这种报告内容针对性最强，上级询问什么就答复什么，既不要答非所问，也不要擅做主张，借题发挥。

（3）结束语。结束语有两种写法。

1）今后工作的意见。为了配合领导工作或协助领导决策，可以在陈述完报告事项后说明今后的打算，提出工作意见或建议。

2）尾语。报告的尾语应另起一行，空2个字符。根据报告种类的不同，一般都有不同的程式化用语。工作报告、情况报告常用的尾语有"特此报告""特此报告，请审阅""以上报告，请审查"；答复报告多用"专此报告"。

4．拟写落款

落款为发文机关全称或规范化简称。

5．拟写成文日期

规范标注成文日期。以阿拉伯数字标全年、月、日。

【报告写作模板】

拟写顺序	文 稿 模 板
标题 ↓ 主送机关 ↓ 目的、依据 ↓ 陈述、说明事项 ↓ 结束语 ↓ 落款 **注**：以上为报告的基本内容结构模式。根据报告事项的不同，主体部分可视情况作相应的调整与省略。	×××关于××××××的报告 ×××：（主送机关一般为一个） 　　为了××××××××（目的），根据××××××××要求（依据），我们开展了××××××××工作，取得了××××××××效果（基本情况概述、总体评价）。现将有关情况报告如下（文种承启语）： 　　一、基本情况 　　××××××××。 　　二、主要成绩（及做法、经验、体会） 　　××××××××。 　　三、存在问题及改进建议　（主体部分） 　　××××××××。 　　四、今后工作安排 　　××××××××。 以上报告，请审阅（文种惯用语）。 　　　　　　　　　　　××××× 　　　　　　　　　　　20××年×月×日

（三）相关知识

1. 报告的特点

（1）汇报性。所有的报告都是用来向上级机关汇报工作或情况的，没有下级机关的汇报，也就没有上级机关的决策。发文机关应注意采用"汇报性"的语气。

（2）陈述性。报告属陈述性公文，在表达方式上，只能运用叙述和说明来陈述事项。

（3）行文的单向性。报告行文的目的是让上级机关了解下级机关工作的情况，通常不要求上级回复。

2. 报告的类型

根据《党政机关公文处理工作条例》对报告的适用规定，报告可分为汇报工作报告、反映情况报告与答复询问报告3种类型：

（1）汇报工作报告。包括汇报例行工作、成绩经验、问题教训、今后打算，汇报完成上级机关交办事项的结果，汇报执行上级机关指示的进度等工作事项。

（2）反映情况报告。包括反映本机关、本地区发生的重大事件，带有倾向性的新问题、新现象、新动向等。它不局限于某项具体工作，通常以陈述情况为主。一般来说，在发生特殊情况、较大事故、突发事件时，常常采用这种报告。

（3）答复询问报告。与前两类不同的是，答复询问报告是被动行文，它必须有上级机关的询问，须针对所询问的内容或交办的事项进行答复。

3．报告与请示的区别

（1）性质要求不同。报告为汇报工作，反映情况，答复询问所用。因此，报告机关不必等待上级机关的答复。请示则是为了某一问题请求上级机关批准的公文，请示机关必定要等待上级机关的明确回复。

（2）行文时限不同。报告可以在事前、事后或工作进行中行文，而请示则必须在事前行文。

正确使用报告与请示，最重要的是掌握两个文种的行文目的。需要上级机关批复的，用请示；只向上级机关报告情况而不需要答复的，用报告。

（3）内容含量多少不同。报告内容较杂，报告所涉事项数量不限，可一文一事，也可一文多事，侧重于陈述情况；而请示只能一文一事，要求体现请求性。

4．注意事项

（1）报告事项真实。报告事项务必真实，有喜报喜，有忧报忧。

（2）报告时间及时。报告的基本任务就是向上级机关反映工作与情况，违背了时效性，报告也就失去了意义。

（3）报告不得夹带请示事项。切忌将报告提出的建议或意见当作请示，要求上级指示或批准。

（4）报告用语谦和。报告是上行文，对上级机关不宜用指令性语言，语言表达要谦和有礼，表达方式以概括叙述为主，不要过多地议论和说明。

八、讲话稿

（一）引导案例

年末公司要召开年会，经理让高叶为他写一份在公司年会上的讲话稿。在写作前，高叶首先学习了讲话稿的写作方法与要求，然后又参考了往年年会上经理的讲话稿，立足年度工作与成绩，结合经理平时讲话的风格，出色地完成了讲话稿的撰写工作，受到了经理的表扬。

点评：讲话稿是领导者在特定场合发表见解、表明态度所使用的文稿，讲话稿的内容针对性要强，要紧扣会议或活动主题，结合听众接受习惯，篇幅不宜过长，语言要精练准确、通俗生动，既符合讲话者风格、习惯，便于讲话者表达，又易于听众理解和接受。

【例文分享】

凝心聚力　稳健发展

——董事长在 2013 年集团总结表彰大会上的讲话

各位员工、各位领导：

大家好！

今天，我们召开集团公司 2013 年度总结表彰大会，主要对过去一年的工作进行总结，对 2014 年工作进行安排部署。今天大会的主题是：凝心聚力，全面推进公司的各项重点工作在新的一年继续稳健发展，争取突破。

过去的一年，房地产市场环境和竞争格局发生了根本性变化，面对严峻的市场形势，集团公司提前谋划，合理部署，切实有效推进各项工作。一年来，公司在工程建设、楼盘销售及土地储备上，取得了一定进展，为公司今后的发展奠定了坚实基础。在多元经营上，各公司强化队伍建设，提高经营管理水平，其中物业公司获得国家一级物业服务管理资质。公司治理、文化建设不断创新，组织结构和队伍建设继续夯实。一年来，成绩的取得，凝结了各位同仁的辛勤和汗水，更是大家不懈努力的结果。在此，我对大家的辛勤工作致以诚挚的谢意，希望大家在新一年里再接再厉，取得更好的成绩！

2014 年，是国家十八届三中全会经济计划起航的第一年，也是我们迎接挑战，需要加快发展的一年。面对复杂多变的宏观环境和艰巨繁重的企业任务，在新的一年里，我们要把握好经济发展的良好契机，勤奋工作、勇于创新，以更加蓬勃向上的精神状态，更加昂扬的斗志、务实的作风，不断开创各项工作新的篇章，完成好 2014 年的各项经营目标任务。

下面我就 2014 年的各项工作提出以下要求和建议：

一、规范企业管理，提高工作效率，建立现代企业制度

建立现代企业制度是企业改革的方向。（略）

规范企业管理，提高工作效率，需要团队高度的执行力和凝聚力，要用合理的制度激励员工，从制度上增强员工对公司的信任度，从思想上唤起员工对企业的认同感；要认真做到战略合理，组织高效，制度完善，流程顺畅，人员精干。同时要改善沟通环节，提高沟通水平。（略）

二、大力推进销售工作

销售工作是公司 2014 年工作的重中之重，相关部门要认真分析市场形势，确定销售策略，乘势而上，使销售工作尽快呈现出良好局面。（略）

三、加快项目建设，努力解决好工程相关问题

项目建设关系公司的持续发展。所以，要把最精锐的力量集中到项目建设上来，确保项目如期完工。（略）

四、进一步加强企业文化建设

企业文化是企业发展壮大的力量源泉和精神支柱。良好的企业文化有利于优化企业建设，推动企业发展。（略）

五、理顺、优化集团组织，做好发展保障

企业进步要求继续理顺和优化集团组织结构，加强制度建设与创新，规范企业经营行为，实现有效管理与行为约束。（略）

六、多元经营是企业战略延伸和发展的必由之路

做好房地产业的同时，对多元发展要进行研究和实践，我们在资本经营、资源领域进行的探索及在物业服务方面的长足进步，是对公司现有主体业务的有益补充，今后要继续深化，必须坚持不懈，不断践行，以主人翁精神探索发展途径，拓宽发展视野。（略）

各位同仁，困难和挑战越多，越要锤炼攻坚克难的意志，通过今天的会议，我希望大家能够进一步统一思想，认真履职，扎实工作。新的一年里，站在新的起点上，让我们团结起来，把握机遇，迎难而上，力争顺利实现公司战略经营目标，全力推进集团发展再上新台阶。同时，让员工持续进步，让企业平稳发展。拼搏铸就梦想，梦想成就未来，我深信在大家的共同努力下，在未来的征程中，我们必将充满生机，满载而归！

最后，恭祝大家新春快乐、身体健康、心想事成、阖家幸福！

谢谢大家！

2014 年 1 月 27 日

这是一篇年度总结大会上的讲话稿。开篇就点出会议的性质和主题，然后，概括说明公司 2013 年取得的成绩，接着提出 2014 年工作的要求和建议，目标明确，措施具体，最后，提出期望，并借春节之机表达衷心祝愿。讲话稿结构紧凑，条理清晰，语言平实，感情真挚。

（二）工作技能

讲话稿是在各种会议或公共场合发表讲话之前事先准备的书面文稿，是讲话者发言的依据。

讲话稿的结构是："标题＋日期＋署名＋称谓＋正文"。

1．拟写标题

讲话稿的标题一般直接标明是在什么场合发表的讲话，具体有以下几种：

（1）在……会议上＋讲话。如《在国家科学技术奖励大会上的讲话》。

（2）何人＋在何时（何地）＋讲话。如《王兆国同志在接见第十四届"中国十大杰出青年"时的讲话》。

（3）文章式标题：正标题＋副标题。如《加强实训基地建设 推进职业教育发展

——在 2014 年职业教育实训基地建设新闻发布会上的讲话》。

【讲话稿写作模板】

拟 写 顺 序	文 稿 模 板
标题 ↓ 讲话发表日期 ↓ 署名 ↓ 称谓语 ↓ 开头 ↓ 主体 ↓ 结语 **注：**以上为讲话稿的基本内容结构模式。可根据讲话的场合、性质等，视情况作相应的调整。	×××××××××××××× ——在××××的讲话 20××年×月×日 ×××（讲话人姓名） ×××、××××（称谓语。针对与会人员身份而定）： 　　×××××××××，×××××，××××××××（开头语。交代会议相关情况，或说明讲话的要领，或表示感谢）。 　　××××××，××××××，×××××××，××××××× 。×××××××，××××××××，××××××××××（主体内容。可分条列项讲述）。 　　一、×××××× 　　二、×××××× 　　三、×××××× 　　希望××××××××，××××××××，×××××××××，×××××××（结语。提出希望、号召、要求）。

2．拟写日期

日期指讲话发表时的日期，加括号、居中置于标题之下。年、月、日要完整，用阿拉伯数字书写。

3．拟写署名

署名即讲话者姓名，多在日期之下、居中标示。若有必要，署名前面可写上讲话者的职务或职称。

日期和署名的先后位置不固定，以文面美观为原则。

4．拟写称谓

针对不同的听众要有不同的称呼，如"女士们""先生们""同志们""朋友们"。称呼要恰当，要注意先后次序。称谓语顶格书写，其后标注冒号。

5．拟写正文

这一部分是讲话稿的核心，写法比较灵活，一般来说包括 3 个部分：开头＋主体＋结尾。

（1）拟写开头。讲话稿开头的总体要求是能充分调动听众的注意力，并引出主体内容。开头较常用的方式有概述式和表态式。概述式开头简要说明会议或活动的背景、目的、内容、意义、作用等，较为郑重。表态式开头往往对参与者表示欢迎，对承办者表示感谢。这种方式显得亲切，易拉近与听众的距离。

（2）拟写主体。这是讲话稿的核心内容，是讲话成功与否的关键。这部分往往承接开头部分所提出的观点展开阐述，要做到中心突出、条理清晰、论据充分、论证严密。

（3）拟写结尾。讲话稿的结尾要对讲话的主要内容加以概括，再一次点明主旨。要求简明扼要，收笔自然。常用的结尾方式有以下几种：一是希望式，对与会者或活动参与者提出要求和希望；二是展望式，在即将结束讲话时，对未来前景进行展望；三是总结式，对全文的主要内容加以总结概括。

（三）相关知识

1．讲话稿的特点

（1）内容针对性强。讲话稿要针对讲话对象的身份、职业、心理、文化程度、接受能力的不同而选择相应的材料和语言风格，同时，还要根据会议或活动主题写作讲话稿，做到有的放矢，强化讲话的效果。

（2）语言大众化。讲话稿的语言讲求简明准确、生动活泼，力戒生涩隐晦。要让听众容易明白，易于接受。

（3）有效沟通性。讲话稿是讲话人与听众进行沟通的文字材料，既要符合讲话人的讲话风格，又要切合听众的特点和兴趣，达到有效沟通的效果。

2．讲话稿的类型

讲话的地点、内容，讲话者的身份不同，也就构成了不同类别的讲话。

（1）按场合分，有集会讲话、广播讲话、电视讲话、会议讲话等。

（2）按讲话者的身份分，有领导讲话、群众代表讲话、来宾讲话等。

（3）按讲话的目的分，有鼓动性的、说服性的、祝贺性的、凭吊性的讲话等。

（4）按讲话的内容分，有政治的、军事的、经济的、文化的、学术的、礼节性的讲话等。

3．注意事项

（1）主旨要集中，观点要明确。讲话稿都有明确的使用场合和意图，因此，撰写讲话稿，要做到主旨集中，观点明确，表明讲话者的立场、态度。

（2）讲话稿的内容要有针对性。为此，应该对听众有一定的了解，掌握听众的基本情况，做到有的放矢。

（3）语义要清楚，适宜宣读。讲话稿大多在会议上宣讲，要针对听众的需求，用词不能有歧义，力求语义清晰。同时，要考虑讲话时口头表达的需要，讲话稿要适宜宣读，让听众能迅速、准确地理解讲话意图。

（4）语言要通俗、生动。讲话稿的语言一定要通俗易懂，要符合口语习惯，不能咬文嚼字。另外，讲话如果枯燥乏味，也很难吸引听众。因此，最好能用生动形象的语言，要善于把抽象的道理具体化，把枯燥的概念形象化。

九、商品说明书

（一）引导案例

公司新产品通过了各项检测，准备推向市场。经理让高叶帮忙修饰润色产品研发部撰写的一份商品说明书，高叶一看说明书，感到看不明白。原来，说明书没有将产品性能、使用方法、注意事项等普通消费者关心的内容写清楚，而是侧重产品技术原理的讲解。

点评：商品说明书的目的就是方便人们了解产品，正确使用产品。因此，撰写商品说明书，要求内容全面真实，说明突出重点，语言通俗易懂。特别是产品使用者关心的内容，更要明白清楚，便于学习与掌握。

【例文分享】

通用名称：京都念慈庵蜜炼川贝枇杷膏

汉语拼音：Jingdu Niancian Milian Chuanbei Pipa Gao

【成　　份】 川贝母、枇杷叶、南沙参、茯苓、化橘红、桔梗、法半夏、五味子、瓜蒌子、款冬花、远志、苦杏仁、生姜、甘草、杏仁水、薄荷脑，辅料为蜂蜜、麦芽糖、糖浆。

【性　　状】 本品为棕褐色稠厚的半流体；具杏仁香气，味甜，辛凉。

【功能主治】 润肺化痰、止咳平喘、护喉利咽、生津补气、调心降火。本品适用于伤风咳嗽、痰稠、痰多气喘、咽喉干痒及声音嘶哑。

【规　　格】 每瓶装150毫升。

【用法用量】 口服，成人每日3次，每次一汤匙（15毫升），小儿酌减。

【不良反应】 尚不明确。

【禁　　忌】 糖尿病患者忌用。

【注意事项】

1．忌烟、酒及辛辣、生冷、油腻食物。

2．患有肝病、肾病等慢性病严重者应在医生指导下服用。

3．服用一周病情无改善，或服药期间症状加重者，应停止服用，去医院就诊。

4．对本品过敏者禁用，过敏体质者慎用。

5．本品性状发生改变时禁止使用。

6．儿童必须在成人监护下使用。

7．请将本品放在儿童不能接触的地方。

8．如正在使用其他药品，使用本品前请咨询医师或药师。

9．孕妇、哺乳期妇女、儿童、老人等应在医师指导下使用。

【药物相互作用】如与其他药物同时使用可能会发生药物相互作用，详情请咨询医师或药师。

【贮　　藏】密封，置阴凉处。（不超过20℃）

【包　　装】玻璃瓶装，每瓶装150毫升。

【有 效 期】36个月。

【执行标准】进口药品注册标准 JZ20020004

【批准文号】医药产品注册证号 ZC 20050012

【说明书修定日期】2007 年 6 月 8 日

【生产企业】

企业名称：京都念慈庵总厂有限公司

生产地址：香港荃湾德士古道 256 号德士古工业中心 A 座 16 楼

电话号码：（00852）2438-9988

传真号码：（00852）2407-6269

网　　址：www.ninjiom.com

这是一份规范的药品说明书。它从药品的名称、成分、性状、功能主治、规格、用法用量、不良反应等一直写到注意事项、贮藏、包装、有效期、执行标准、批准文号、生产企业等，既介绍了该药品的相关医学知识，又明确告诉使用者服用方法、保存贮藏方式，采用条款式写法，条理清楚，语言简明易懂，方便使用者了解和掌握。

（二）工作技能

商品说明书是对商品的性能、规格、用途、保存和使用方法等进行说明的文书。它的作用是指导和帮助用户正确地理解、掌握、使用和维护被介绍的商品。

商品说明书的写法因商品而异，没有固定的格式，一般包括标题、正文和具名 3 部分。

1．拟写标题

一般写明商品名称加上"说明""介绍""说明书""使用说明"等字样即可。如："××牌数码照相机使用说明"。

2．拟写正文

正文是商品说明书的主要部分，包括产品的性质、特点、原料配方、功效、适用范围、注意事项、使用方法等应该让消费者了解的信息。根据写作需要，可以采用条款式（分条列款逐项说明）、图表式（用图表直观说明）、文章式（用概括、叙述的方式进行介绍和说明）和综合式（综合以上几种形式）。

3．具名

正文结束后，在正文正下方或右下方，写上产品生产、经销单位的有关信息，如企业名称、详细地址、联系方式等，便于消费者联系咨询或购买。

【商品说明书写作模板】

拟写顺序	文稿模板
标题 ↓ 相关背景 ↓ 产品性能与特点 ↓ 产品规格与使用 ↓ 产品储存与保养 ↓ 注意事项 ↓ 执行标准 ↓ 附文 **注**：以上为商品说明书的基本内容结构模式。不同类别的商品其说明书的侧重点不同，拟写时需加以注意。	×××××××说明书 　　本公司生产的×××系×××，经×××××验证，达到×××××标准，并荣获××××荣誉称号。（相关背景介绍可写可不写） 【产品名称】××××××× 【成　　分】××××××× 【性　　状】××××××× 【规　　格】××××××× 【用法用量】××××××× 【贮　　藏】××××××× 【保　　养】××××××× 【有效期】××××××× 【注意事项】 　　1．××××××× 　　2．××××××× 　　3．××××××× 【执行标准】××××××× 【批准文号】××××××× 【生产企业】 　　企业名称：××××××× 　　生产地址：××××××× 　　电话号码：（×××）××××××× 　　传真号码：（×××）××××××× 　　网　　址：××××××××

（三）相关知识

1. 商品说明书的特点

（1）实用性。商品说明书的目的是方便人们了解产品，正确使用产品，因此，要特别强调其实用性，主要围绕产品的性能、特点、功用、使用方法、注意事项、维护保养等具有实用价值的内容来写。

（2）科学性。商品说明书是指导人们正确地认识和使用产品的，因此，说明书的内容必须真实可信，有科学依据，不能为了推销产品而任意夸大其功用，或为了某种目的而有意回避、隐瞒某些信息，要力求客观、准确，实事求是。

（3）说明性。商品说明书的性质决定了它在表达上要采用科学、准确的说明方式，表述要条理清楚，层次分明，便于读者理解。

2. 商品说明书的写作要求

（1）内容要全面真实。为了使消费者正确认识产品，避免因不了解产品而错误使用造成产品损坏，甚至造成人身伤害，商品说明书应对产品的有关内容作全面、真实、客观的介绍。

（2）说明要突出重点。商品说明书的重点，是指对产品必须说明而且消费者急切想要了解的内容，写作时应抓住重点，简明扼要，一目了然，不要画蛇添足，废话连篇。

（3）语言要通俗易懂。产品销售的最终目的是供大众消费使用，因此，商品说明书的用语应当通俗易懂，即使是非用不可的专业术语，也应该尽量用平实的语言来解释明白，有时还需用图示的方式来说明操作的步骤和方法，使人便于理解和接受，切忌故弄玄虚。

第二节 收文、发文处理

【技能目标】

通过本节的学习，学生能够按规定用印；能够审核文书；能够对文书进行编号；能够拟办文书；能够承办文书；能够催办文书。

【知识目标】

通过本节的学习，学生能够掌握盖印的含义与要求；掌握文书审核的含义、内容与要求；掌握文书复核的含义与内容；掌握文书编号的方法与要求；掌握文书拟办的含义、范围与要求；掌握文书承办的含义与要求；掌握文书催办的含义、方法与要求；掌握传阅对象的职务序列与工作特点。

【先修内容】

1．文书签收

签收是收到来文后履行交接手续。学习者要了解文书办理工作的内容，熟悉收文与发文办理程序，明确签收是收文处理的第一个环节。签收的程序包括：清点→检查→签字。学习者应掌握文书签收的内容与要求，能够根据程序签收文书。

2．文书拆封

拆封是把收到的封闭的文书拆开，取出封内的材料。签收的程序包括：确定拆封范围→启封→检查核对。学习者应掌握文书拆封的内容与要求，知道什么性质的文书由谁拆封，能够做到启封前核对、启封时不损坏、启封后检查与保存文书。

3．文书登记

登记是在文书登记簿上记录文书的来源、去向、密级、缓急程度、编号、内容和处理运作过程等情况，有收文登记和发文登记。登记的程序包括：确定登记范围→选择登记方法→填写登记表。学习者要了解文书登记的作用，掌握文书登记的内容与要求，会区分文书是否需要登记，可以根据簿式、卡片式、联单式登记的特点，选择合适的登记方法，能够设计和填写登记表。

4．文书分发

分发是将文书发送给有关人员或承办部门的过程。文书分发的程序包括：文书分类→明确分办对象→递送文书→履行手续。学习者要了解哪些文书需要分办，掌握文书分发的内容与要求，能够根据发送范围和文书的内容性质，采用适当的递送方法，准确、及时发送文书，做到主次分明、手续齐全。

5．文书封发

文书封发是对需要发出的文书进行封装，按发送范围发往指定单位。文书封发的步骤是：检查→登记→书写封面→装封→封口→发出。学习者要掌握文书封发的程序、内容与要求，能够对发出的文书如数封装、正确填写封皮，通过合适的渠道准确发给接收对象。

6．文书审查

文书审查是按照文件办理要求对下级来文从内容到形式进行审查核对。文书审查的程序包括：确定审核范围→进行全面审核→审核结果的处理。学习者要掌握文书审查的内容和要求，能够对文书进行审查。

7．文书校对

文书校对是根据定稿对文件校样进行核对校正。文书校对的程序包括：准备原稿和校样→选择校队方法→核对校正。学习者要掌握文书校对的内容和要求，能够采用正确的方法校对文书。

8．文书缮印

文书缮印是对文件进行誊抄膳写和打字、油印、铅字排印、电脑打印以及复印机复印等工作。文书缮印的程序包括：确定印制文书→确定印制格式→完成印制→交付印制文书。学习者要掌握文书缮印的内容，能够按要求缮印文书。

9．文书传阅

文书传阅是指单份或份数很少的文书以及一些非承办性文书，需经单位领导和工作职责范围内的一些部门阅知时，由文书人员在阅文人之间传递阅读。文书传阅的程序包括：确定传阅对象→选择传阅方式→传递文书→履行传阅手续→检查清理。文件学习者要掌握文书传阅的要求，能够按照正确的方法传阅文书。

10．文书注办

文书注办是在文件处理单上简要注明文书办理的情况和结果。文书注办的程序包括：确认、准备、注明。学习者要了解文书注办的内容与要求，能够对文书进行注办。

一、用印

（一）引导案例

天地公司客服部的小马来到高叶的办公室，从手中的文件夹中拿出一份文件，让高叶给盖个章。高叶接过文件看了看，摇了摇头。小马立即问："有什么问题吗？"高叶答道："你这份文件没有经过领导签字是不能盖章的。"

点评：印章的使用是一项严肃的工作，必须建立严格的用印制度。凡使用印章，要经有关领导批准，任何人不得私自动用印章。

（二）工作技能

1．核对内容
以定稿为依据进行核对，经核对无误后方可用印。

2．检查手续
签发手续完备的文件才能用印。

3．正确用印
用印要端正、清晰，符合用印要求。

（三）相关知识

1．盖印的含义
盖印是指在印好的文件正本的落款处正确加盖单位公章，以示文件生效的过程。

印章是单位行使职权的凭证，是文件有效性的重要标志，也是公文格式的组成部分。

2．盖印的要求

（1）遵守制度。使用印章应执行遵守有关制度。用印必须经本机关领导批准。文件用印时，文件落款必须同印章的名称一致。如果是代用章，用印后应注明"代章"二字。在开介绍信和证明信时，不得在空白信上盖章。用印必须坚持办理登记手续，填写印章使用登记表（见表3-1），认真做好详细记载。

（2）按规定用印。公文用印要端正、清晰，不得模糊歪倒。整个印模应颜色鲜明，位置突出。盖印的位置要正确。要端正地盖在成文日期上方，做到上不压正文，下要骑年盖月。对于两个及以上的单位或部门联合下发的公文，各单位部门都要加盖印章。用印要核实份数，超过份数的不能盖印，要防止将印章错盖在漏印的空白纸上面。

（3）保管好印章。印章应由文书部门负责人或专人保管，保管人不得擅自委托他人代管。印章要放在有保险措施的抽屉或文件柜中，不得随便乱扔。用印时要随用随取，用后及时收回锁好。

表 3-1 印章使用登记表

用印类别		用印数	
用印事由			
经办人		部门负责人	
办公室审核		单位领导签批	
日　期	年　月　日	备　注	

二、审核文书

（一）引导案例

办公室主任交给高叶一个任务，起草一份"公司产品展销会保卫工作意见"，并于两日内发出。高叶接受任务后，遵循草拟文件的要求，很快撰写好了文件。为争取时间，她立即将文稿交给行政经理签发。行政经理发现文件格式不符合标准，内容有遗漏，文中还有一些错别字，不满意地说："文件质量差、不规范，这怎么行？拿回去重新修改、审核。"高叶只好返工。

点评：根据文书处理程序，起草的文件经过审核以后才能送去签发。高叶拟写的文件没有审核，导致格式和内容出现问题而不能及时纠正。为了保证文书质量，一定要加强文稿的审核环节。

（二）工作技能

1．明确审核范围

不是所有的文书都要经过审核处理程序，那些例行或事务性的文书就不必审核。

2．看是否需要行文

可行可不行的一律不行文；通过口头、面谈或电话能完成请示、答复事项，则不行文；与已经发出的文件内容重复的，不需行文。

3．把好"四关"

审核文书要把好政策关、文字关、格式关和程序关，确保文书达到质量要求。

（三）相关知识

1．文书审核的含义

文书审核是对文件草稿从内容到形式所做的全面检查和修正工作。

2．文书审核的内容

文书审核的内容主要包括以下几方面：

（1）行文。审核是否需要行文。

（2）文稿内容。审核文书内容与有关规定是否一致，政策界限是否清楚明确，有无笼统含糊、模棱两可、前后不一致之处，有无规定过于机械、烦琐之处，提出的意见和办法是否可行。

（3）文字表达。检查文字表述是否通顺、简练、准确，是否合乎语法逻辑，文字有无错漏，标点符号是否正确；事实陈述是否清楚明白，理由说明是否充分有力；结论的提出是否明确具体。

（4）文件体式。检查文种是否恰当，格式是否规范完备，标题是否反映内容，密级、处理时限定得是否恰当，主送单位、抄送单位是否符合规定。

（5）处理程序。检查发文的名义是否合适，是否须交一定的会议讨论通过；如文书涉及其他部门，是否已征得相关部门同意。

3．文书审核的要求

（1）审核中发现的问题必须逐一纠正。

（2）一般性问题可以直接修改。

（3）需做较大的改动，可附上具体修改意见，退回拟稿人或与承办部门共同协商。

（4）书写不工整或改动过多的文书，应重新誊录。

（5）审核中发现问题必须及时解决。

4．文书复核的含义

在文书正式印制之前，可以对文稿进行再次审核，以保证文件的质量。

5. 文书复核的内容

复核的重点是：检查文书的审核、签发手续是否完备；附件材料是否齐全，附件的份数、页数是否符合正文要求，内容是否完整；格式是否统一、规范。

三、对文书进行编号

（一）引导案例

高叶起草的《关于表彰 2012 年度先进工作者的决定》一文，领导很快就审批签发了。由于忙于一个会议的筹备工作，高叶让办公室新来的小王去完成发文的其他工作。小王赶紧将文稿送去印制，然后回到办公室继续工作。没过多久，小王接到电话，通知她由于没有编发文字号，文稿不能印制。小王这才意识到自己疏忽了文件的编号环节。

点评：文件送印之前，应编好发文字号。编号的作用在于统计发文数量，便于文件的管理和查找。秘书应掌握发文字号的构成和标识方法，重视文书的编号工作。

（二）工作技能

1. 编单位代字

单位代字是单位或部门名称中最有代表性的字。

2. 编年份

年份即发文年度，用阿拉伯数字标识。

3. 编序号

序号即发文顺序号，用阿拉伯数字标识。

（三）相关知识

1. 文书编号的方法

文书编号是同一年度公文排列的顺序号。编号一般以年度为周期，由发文单位代字、发文年份和文件顺序号组成。单位代字应当反映发文单位或部门的性质。同一单位、部门的同一类公文的代字应当统一。

2. 文书编号的要求

（1）联合行文，只标主办单位的发文字号。

（2）年份标全称，用六角括号括入。

（3）序号不编虚位，不加"第"字。

四、拟办文书

（一）引导案例

天地公司收到上级主管部门"关于组织企业参加德国五金工具展览的通知"，总经理认为参展可以宣传公司产品，了解国际市场，扩大出口，考虑带队参展，让办公室高叶对此事的办理提出一些意见供参考。高叶认真研读了文件内容，提出由展览部主办、出口部协办，请展览部与相关部门协商，于3日内拿出具体参展意见。总经理在高叶提出意见的基础上，作了进一步的批示。

点评：拟办是秘书为领导批办文件所做的准备工作，包括：在收文处理单上书写收文办理的方案和建议，并签署拟办人姓名和日期；查询并附录文件中涉及的有关指示或规定；查询以前处理同类事情的有关文件，使批办前后衔接具有连续性；对收文中有关数据和重要情节进行初步鉴别，为领导批办提供依据和参考。

（二）工作技能

1．明确拟办范围

不是所有的文书都需要拟办，应判断收到的文书中哪些需要拟办。

2．阅读文书内容

认真研究文件的内容和发文单位的要求，以便有针对性地提出切实可行的拟办意见。

3．提出拟办意见

根据文件的内容要求，在收文处理单的拟办栏中简明扼要地写明文书处理方案和理由，并署上拟办人的姓名和拟办日期。

（三）相关知识

1．文书拟办的含义

文书的拟办是对文件的办理提出初步意见，以供领导批阅时参考。

2．文书拟办的范围

需要拟办的文书主要有：需要传达、贯彻执行的文件；报送来的重要请示或报告；需本单位领导参考或知道的文件。

3．文书拟办的要求

（1）熟悉有关政策和规定。

（2）熟悉本单位各部门的职责范围及业务情况。

（3）熟悉办文程序和有关规定。

（4）拟办意见要符合政策规定和实际情况。

（5）拟办意见力求准确、及时、简洁。

（6）拟办意见要明确具体。写明要对文书进行阅示的领导或文书承办部门；承办的时限和要求；发送范围和阅读范围。

五、承办文书

（一）引导案例

为了提高员工现代化办公能力，建设一支高素质的员工队伍，天地公司计划分期分批对员工进行办公自动化技术培训，由培训部承办此项工作。培训部接受任务后，根据批示，确定培训内容和方式，安排培训时间、地点，排出每期参加培训人员名单，制订了详细的培训计划，并且严格按照培训计划要求对员工进行培训，通过学习考核、出勤考查等方式对员工进行评估。培训结束后，培训部对培训过程中的成功经验和不足予以归纳提炼，并对今后培训工作提出新的设想。经过这次全员培训，公司员工提高了计算机应用水平，工作效率得到提高。

点评：承办是对需要办理的工作的具体执行或问题的解决。进行承办要按政策规定和领导批办意见，在规定的时限内处理。需要两个及以上部门联合承办的事项，主办部门要主动会同有关部门协商处理，协办部门要积极配合。

（二）工作技能

1．了解文书内容
阅读文件内容，了解文件精神，明确需要办理的具体事项。
2．研究批办意见
看批办意见的内容，了解领导意图，明确领导对该文办理的基本想法和要求。
3．进行具体办理
遵循有关的政策、规定，根据领导的意图、意见，结合本部门的情况，借鉴以前对相关问题处理的做法，贯彻落实文件精神。
4．注办文书
文件承办完后，在文件处理单上注明办理的情况与结果。

（三）相关知识

1．文书承办的含义
文书承办包括办理有关事宜和撰文答复，是按照文件要求或领导批示，结合工作的实际情况，具体处理文件的工作。承办是文件处理的关键环节，是具体解决问题的阶段，也是检验工作质量和工作效率的重要标准之一。
2．文书承办的要求
（1）认真领会拟办、批办意见。批办是领导对文书如何办理、办理原则、办理中应注意的问题所作的批示。

（2）文书的承办要区分轻重缓急，在承办时限内完成办理。

（3）不属于自己承办的要说明原因及时退回。

（4）来文内容涉及以前的收文，要查找或调阅有关文件作为承办复文的参考。

（5）对于已经承办和处理完毕的文书，应及时清理，并将有关情况及时说明。

（6）要将办理完毕的文书与待办的文书分别保存。

五、催办文书

（一）引导案例

办公室确定高叶专人负责文件催办工作。为了使催办工作落到实处，高叶做到紧急文书跟踪催办，重要文书重点催办，一般文书及时催办，并在周末进行清理，确保文书的执行时效性，受到行政经理的好评。

点评： 催办有对内催办和对外催办两种。对内催办是根据对收文批办的意见，对本单位文书处理工作进行督促检查。对外催办是向发文的接收单位催询办理和答复。需催办的文件要逐件登记，随时记录、定期汇总催办情况，及时报告办理进程和情况。一般文件发催询单、便函或登门催办，重要文件可责成专人催办，经常检查所经办文件的处理情况，防止积压和遗失。

（二）工作技能

1．确定催办的范围

催办范围一般包括：上级单位主送本机关需要具体落实、实施的文件；下级单位主送本单位的请示及其他需要办理的文件；平行或不相属的单位发送的商洽、征询意见的函件。秘书要对领导交办和有明显时间要求或急需处理的文书，按文书处理的要求进行催办。

2．确定催办的方法

（1）电话催办。

（2）发函催办。

（3）登门催办。

（4）约请承办部门来人汇报。

3．进行催办

对需要催办的文书，根据缓急程度和办理时限要求，适时对承办工作进行查询督促。

（三）相关知识

1. 文书催办的含义

催办是对文书办理情况的督促和检查，以便使承办按照文书的时限要求及时办理。催办可以加速文书的运转，防止文书的积压，促进承办的办理，提高工作效率。

2. 文书催办的方法及要求

（1）选择催办方式。根据公文的实际情况选用催办形式，切忌事无大小、不分缓急一律选用文字催办方式。

（2）填写《催办登记表（单）》。文秘人员分送公文时，填写一张催办单，注明承办要求（如"请于×月×日办毕"），随公文一起交给承办人，另一联催办部门（人）留存备查；或将催办事项输入电脑，填写一份催办单，随公文发给承办单位，催办时限一到，电脑会自动显示当天需催办的公文。

（3）建立反馈机制。建立目标并具体落实为其提出的要求和标准，以灵敏及时的反馈机制迅速将反映监督对象的实际情况反馈文书处理部门或有关领导。

（4）注销办结公文。催办人员应在《催办登记表》登记栏中简要注明公文办理的方式、公文办毕的时间等情况。

第三节 文档管理

【技能目标】

通过本节的学习，学生能够编制档案检索工具；能够利用档案；能够编写档案参考资料；能够管理电子档案。

【知识目标】

通过本节的学习，学生能够掌握档案检索工具的含义与类型；掌握档案利用的含义、方法与要求；掌握档案参考材料的含义、类型与编写要求；掌握电子档案的含义、特点、种类与管理要求。

【先修内容】

1. 归档文件的选择

有价值的文件应归档保存。学习者要了解档案的概念、特点与种类，掌握档案收集的含义与方法，熟悉归档范围，能够在分析文件内容的基础上选择出需要归档的文件。

2．文书立卷

立卷是将文件组合成案卷的工作。学习者要掌握立卷的方法，能够按程序进行文书立卷。

3．归档文件整理

归档文件整理是将归档的文书以件为单位进行修整、装订、分类、排列、编号、编目、装盒，使之有序化的过程。学习者要掌握归档文件整理的要求，熟悉档案装订的方法和要求，能够按照规则和程序整理归档文件。

4．文件归档

各单位在工作活动中形成的具有保存价值的文件材料，由单位的文书部门或业务部门整理，定期移交给档案室或负责管理档案的人员集中保存，即为归档。学习者要掌握归档的要求，能够遵循归档制度进行文件的归档。

5．档案分类

档案分类是按照来源、时间、内容和形式等方面的异同，将归档文件划分为若干层次和类别，构成有机体系的工作。学习者要掌握档案分类的要求，能够运用年度、组织机构、问题分类法或复式分类法进行档案的分类。

6．档案整理

档案整理是将零乱的和需要条理化的档案进行分类、组合、排列和编目，使之系统化。学习者应掌握档案整理的内容，能够遵循档案整理的原则，按程序整理档案。

7．档案鉴定

档案鉴定是按照一定的原则、方法和标准，判定档案的价值，确定档案的保管期限，剔除失去保存价值的档案予以销毁的档案业务工作。学习者要了解档案鉴定的意义与要求，明确档案保管期限的含义与类型，掌握档案鉴定的方法，能够按照档案鉴定的原则，进行档案鉴定工作。

8．档案保管

档案保管是根据档案的成分和状况所进行的存放管理和维护完整与安全的活动。学习者要了解档案保管的内容和物质条件，能够按照档案保管的要求和程序，做好档案保管工作。

9．档案统计

档案统计是以统计数字反映和揭示档案及档案工作中各种现象的特征和规律性的工作。学习者要明确档案统计的任务，能够按照档案统计的原则，开展档案统计工作。

一、编制档案检索工具

（一）引导案例

随着天地公司员工档案意识的增强，查询利用档案的员工日渐增多。为了满足不断增多的利用档案的需求，公司规范档案著录和标引，编制种类多样的检索工具，不断构建功能齐全、系统的检索体系，为人们利用档案提供基础和保证。

点评： 档案检索是据所藏档案材料的线索编制各种检索工具，建立档案检索系统，并通过它查找所需档案以提供利用的工作。完善的档案检索工具可以满足利用者多途径检索的需求，是提高档案工作水平的重要手段。

（二）工作技能

1．确定编制的类型

档案检索工具的种类较多，应根据本单位档案的特点以及检索的具体要求确定编制哪些检索工具。

2．熟悉检索工具的情况

（1）案卷目录。以案卷为单位，揭示一个全宗内某一部分档案内容和成分，依据档案整理顺序组织起来的检索工具。

（2）案卷文件目录。又称全引目录，是以全宗为单位将案卷目录和卷内文件目录汇集而成的检索工具。项目包括案卷号、案卷标题、文件的作者、文号、文件标题、文件形成日期、所在页码。

（3）分类目录。按照体系分类法的基本原理，将档案主题按《中国档案分类法》的逻辑体系组织的检索工具。

（4）专题目录。根据库藏情况和实际工作需要编制的，系统揭示档案部门某一专题档案内容和形式特征的检索工具。

（5）主题目录。根据主题法的原理，用规范化的词、词组揭示文件或案卷的主题内容，按照主题词字顺排列组织的检索工具。

（6）人名索引。揭示档案中涉及的人物并指明其档案出处的检索工具。

（7）地名索引。揭示档案中涉及的地名并指明其档案出处的检索工具。

（8）文号索引。文号索引是将档案的文号与档号相对应，揭示文号与档号之间关系，提供按文号查找档案的途径的检索工具。

（9）专题指南。专题指南是按照一定题目，以文章叙述的形式揭示和介绍保存的关于某专题的档案内容和成分的检索工具。

3．形成检索工具

根据每个档案检索工具包含的基本项目，将档案的内容、形式特征转变成检索标识，编制成档案检索工具。

（三）相关知识

1. 档案检索工具的含义

档案检索工具是记录、报道和查找档案的工具。

2. 档案检索工具的类型

按照编制方式划分，档案检索工具有：

（1）目录。目录是将档案的著录条目按照一定的次序编排而成的检索工具，如分类目录、题名目录等。

（2）索引。索引是将档案中的某一内部或外部特征及其出处按照一定的顺序排列而成的检索工具，如人名索引、地名索引、文号索引等。

（3）指南。指南是以文章叙述的方式，综合介绍档案情况的一种工具，如全宗指南、专题指南、档案馆指南等。

二、利用档案

（一）引导案例

天地公司业务经理要到上海与客户谈一笔服装生意，高叶主动找来了在上海开展此类业务的一些档案，包括一些合同、会谈纪要等给经理作参考。经理看后，说："我现在心里更有底了"，并夸奖高叶做得好，有档案服务意识。

点评： 利用是档案工作的目的和出发点。档案价值的实现，关键在于积极、主动、及时地提供利用。高叶适时地提供档案利用，发挥了档案的作用，使档案的价值得以实现。因此，秘书应在做好档案整理工作的前提下，及时开展档案服务，为各项工作提供充分的依据和参考。

（二）工作技能

1. 熟悉库藏

熟悉库藏才能准确解答利用者提出的问题，提高利用工作的质量和效率。熟悉库藏包括了解档案内容、成分及存放位置，明确单位档案的形成、整理状况及利用价值。

2. 分析利用需求

有效地开展档案利用工作，要掌握利用者的需求。

（1）决策人员的档案需求。决策人员需求概括性、综合性、可靠性强的高层次档案信息；政策性文件和分析论证材料；工作活动方面的历史信息。秘书应分析决策人员的利用需求，主动、及时、周到地为决策人员提供档案利用服务。

（2）基层管理者的档案需求。基层管理者需求具体、实用的档案信息；业务方面的档案信息；对工作有借鉴作用的档案信息。

（3）科研人员的档案需求。科研人员需求某一个或多个相关主题的档案信息；完整、准确、系统的成套的专题档案材料。

（4）工程技术人员的档案需求。工程技术人员需求针对性强、内容具体的档案信息；专利文献和标准化材料；同类项目或同行业的档案信息。

3．获取档案

选择档案利用方式，通过各种档案利用方式获取档案原件、档案复制品和档案信息加工品。

4．提供档案

及时、主动向利用者提供获得的各种形式和内容的档案信息。

（三）相关知识

1．档案利用的含义

档案利用工作是开发和直接提供档案，满足利用者的档案需求的工作。档案利用工作可以区分为"提供档案利用"和"利用档案"两个概念。"提供档案利用"是档案管理部门及其人员，直接提供档案，为了解查询问题的利用者提供服务。"利用档案"是利用者为了研究和解决问题，以阅览、复制、摘录等形式使用档案。

2．档案利用的方法

（1）阅览室提供利用。开设阅览室，直接提供档案原件或复制件借阅利用。阅览室是专门为利用者设置的阅览档案的场所。为了做好阅览工作，秘书应注意：阅览室的设置要兼顾优质服务和严格管理，建立维护阅览室秩序和档案安全的各项规章制度，在有条件的情况下实行对科技档案的副本及非密或密级较低的档案的内部开架阅览。

（2）档案外借。由于工作的特殊需要，按照一定的制度，履行外借手续，将档案借出档案室阅览利用。档案外借的要求是：必须经过审批手续才能外借；借出期限不能过长，数量也有所限制；借用者要确保档案的安全，不允许转借或私自摘录、复制、翻印档案，不能遗失、拆散、调换和污损档案，要按期归还档案。

（3）制发档案复制本。又称复制供应，包括内供复制和外供复制。档案复制本有副本和摘录两种类型。复制方法主要有复印、手抄、打字、印刷和摄影。为了保证档案的安全，应对档案复制本制发范围和批准权限作严格的管理规定。

（4）制发档案证明。档案证明是根据利用者的申请，为证实某种事实在所保存档案中有无记载和如何记载而开具的书面证明材料。档案证明对有关材料进行客观、如实的叙述或摘录，起关键性作用的内容与原件的字、句甚至标点相吻合，要注明依据材料的出处。档案证明必须加盖公章才能生效。

（5）提供咨询服务。以档案为依据，运用相关的业务知识和专业技术知识，对人们提出的问题进行解答，或指导其获得有关某方面档案的线索。档案咨询的类型有：一般性咨询、专门性咨询；事实性咨询、知识性咨询；专题研究性咨询、情报性咨询。

（6）印发目录。为了交流信息，将档案目录印制分发而进行的档案利用。包括内部印发和外部交流两种方式。

（7）档案展览。根据需要，按照一定的主题，系统地陈列档案材料，发挥档案的宣传教育作用。举办档案展览，要体现科学性、业务性和艺术性，达到广泛、深刻、生动的影响效果。参展档案，一般使用复制件，必须展出原件时，应陈列于玻璃柜或采取其他保护措施，确保档案不受损坏。

3．档案利用的要求

（1）依法开展利用工作。

（2）主动、及时开展利用工作。

（3）不断完善档案服务方式和手段。

（4）掌握本单位近期的重点工作、重大活动，据此开展档案利用。

（5）利用工作是档案工作的根本目的和中心任务，对档案工作的发展有决定性影响。开展档案利用工作必须熟悉档案的内容成分，了解业务活动及业务流程，掌握利用者的档案需求，重视对档案的筛选、综合、归纳和提炼，根据不同利用者的利用权限，通过档案咨询和接待等服务，把档案提供给利用者，充分满足其利用需求，发挥档案的作用。

三、编写档案参考材料

（一）引导案例

天地公司为庆祝公司成立 10 周年，拟编写成立以来的大事记。高叶和大事记编写组成员一起，确定编写大事记的类型、体例、结构，通过各种渠道收集材料，对收集的材料进行选择、校核，在此基础上进行了大事记的编写，使人们能够了解单位的历史发展和主要情况。

点评：大事记是根据档案内容编写的书面材料，是向利用者系统介绍档案内容的一种档案参考材料。编写大事记等各种档案参考材料，是主动、系统、广泛开展档案利用服务的方式，可以节省利用者查找档案的时间和精力，为现实工作提供参考，充分发挥档案在各项工作中的作用，实现档案信息资源共享。

（二）工作技能

1．确定编写的档案参考材料的种类

各种档案参考材料的作用、特点和构成不同。应根据利用目的，选择编写的档案参考材料的种类。

2．收集档案材料

借助档案检索工具，根据确定的题目和准备编写的参考材料的种类，了解哪些案卷中有编写的参考材料所需的材料，调阅相关案卷，从存储的档案中进行材料的选择和摘录、复制。

3．进行编写

根据一定的目的和要求，对收集起来的大量分散的原始档案信息进行选择、甄别和价值鉴定，按照各种档案参考材料的构成和形式进行编写，揭示相关档案的主要内容。

（三）相关知识

1．档案参考材料的含义

档案参考材料是档案部门或人员按照一定题目，根据所保存档案综合而成的可供人们参考的档案材料加工品。档案参考材料既可以介绍和报道档案情况，又能直接提供有实际内容的档案材料。档案参考材料的优点是利用者不必翻阅大批档案，就可以简明地得到所需的材料。

2．档案参考材料的类型

（1）大事记。按照时间顺序，简要地记载一定历史时期发生的重大事件的参考材料。大事记主要由重大事件时间和重大事件记述两部分组成。重大事件时间，一般要求记载准确的日期（年、月、日），按照重大事件发生的时间顺序排列。对没有注明时间或时间反映不准确的事件，应尽力进行考证。重大事件记述是大事记的主要组成部分，通过一系列重大事件的记述，反映历史发展的概貌和规律。要立足本单位，根据本单位的性质、任务和主要职能活动，围绕中心工作选择大事。

（2）组织沿革。系统记载一个单位或专业系统的体制、组织机构和人员编制变革情况的一种文字材料。其内容包括：单位（系统）概况、机构名称改变、地址迁移、机构变动时间、隶属关系、性质与任务、职权范围、领导人员变动、编制扩大与缩小及内部机构设置等方面变化的情况。组织沿革可采用文字叙述或图表的形式，也可图文并茂。其编写体例通常有：编年法，按年度依次列出组织机构的演变发展；阶段法，按组织机构重大变革的若干历史阶段，记述组织机构的演变发展；系列法，按组织机构变化的主要内容，分别记述演变发展情况。

（3）统计数字汇集。反映一个单位、系统或某方面基本情况的数字材料，其类型有：综合性的统计数字汇集，记载和反映一个单位、系统全面情况；专题性的统计数字汇集，记载一个单位或系统某方面基本情况。

（4）会议简介。简明扼要地记述会议基本情况的文字材料。主要内容包括：会议届次，会议时间、地点、主持人、参加人，会议议程，讨论与会议决策事项以及选举结果。

（5）科技成果简介。对获得成果的科研设计项目的档案，扼要摘录其内容，汇集编印成册的参考材料。主要内容包括：项目名称、项目内容、投资费用、主要技术经济指标或主要技术参数、经济效益、应用推广情况、鉴定评审情况、获奖情况、转让方式或费用。

（6）企业年鉴。记录和汇集一个企业一年间生产、经营、基本建设、科学研究等大事的有关文献、照片、统计数据等的综合性参考资料。一年编制一个卷册，年年记录汇集。

（7）企业史志。根据企业档案编写的，记载企业发展历史和发展规律的史料性质的参考资料。其类型有：综合性史志，反映企业全部生产经营活动；专门性史志，反映企业某项专业活动。

3．档案参考材料的编写要求

档案参考材料是根据一定的专题对有关档案材料的内容进行加工编写而形成的系统材料，改变了档案原来的形式。编写档案参考材料，一定要获取大量的档案材料，在掌握丰富的档案材料的基础之上，选择准确、典型的材料。编写要做到真实、准确、实用，注意档案的保密性；问题集中，内容准确，文字凝炼，概括性强。

四、管理电子档案

（一）引导案例

近几年，天地公司逐渐实现了办公自动化，在形成纸质档案的同时，产生了大量的电子档案。为了便于档案的利用，公司还将纸质档案进行扫描转化成电子形式，供人们在一定的利用权限内通过计算机查阅。现在，公司员工在自己的办公室就可以利用单位的电子档案，而不必像以往那样必须到档案部门查阅档案。

点评：由于电子计算机技术与通讯技术的运用，出现了电子政务和电子商务等管理和经营方式，电子汇款、电子购物，甚至电子合同的签订都已成为现实。因此，在单位的工作活动中，形成了大量的电子档案，它们发挥着与纸质档案同样重要的作用。秘书要加强对电子档案的管理，确保电子档案的真实、安全。

（二）工作技能

1．电子档案的收集积累

电子档案有文本文件、图形文件、图像文件。对电子档案的收集积累应按照纸质档案收集范围的规定进行，考虑电子档案的特点。要收集积累电子档案的软硬件系统设备材料，记录重要文件主要修改过程和办理情况、有查考价值的电子文件及其电子版本的定稿。为了实现对正式的纸质档案进行全文信息自动检索，与正式文件定稿内容相同的电子档案也应收集积累。

2．电子档案的归档

（1）归档方式。电子档案的归档方式有物理归档和逻辑归档。物理归档是将计算机及其网络上的电子档案集中传输至独立的或可脱机保存的载体上，向档案部门移交的过程。逻辑归档是指文件形成部门将归档电子档案的逻辑地址通知档案部门，档案部门通过网络接收、控制与管理电子档案。

（2）归档时间。电子档案归档按归档时间分有实时归档和定期归档两种。实时归档是在电子档案形成后即时归档；定期归档是按规定的归档周期归档。采用逻辑归档的单位，应尽可能实时进行归档，以免发生失控。采用物理归档方式的单位，电子档案的归档可参照纸质文件归档经验，遵照有关规定定期完成。双套归档的电子档案和纸质档案，归档时间应统一。

（3）归档要求。归档的电子档案应完整齐全，凡是归档范围内的文件均应及时归档，不得分散保存。归档的电子档案应真实有效，文本文件应是最后定稿，图形文件如经更改，应将最新版本连同更改记录一并归档。各种文件的草稿，根据需要决定是否归档。归档的电子档案要整理。文件形成部门应对文件载体进行整理，在其包装盒表面粘贴说明性标签，注明编号、名称、密级、软硬件环境等，填写归档电子文件登记表。

电子档案的整理是指按照一定的原则和方法，将收集积累的电子文件分门别类进行清理，为归档做好准备的工作。电子文件整理包括两个层次。一是对分类、排序的组织。就是将磁性载体传递的零散的、杂乱的电子文件予以分类、标引、组合，使电子文件存储格式处于一种有序状态。文件名称、文件号、分类和隶属编号等电子文件的著录标引应由归档人员来完成。二是组织建立数据库。主要工作内容：首先是对电子文件进行分类和编号。一个单位的电子文件类别是多种多样的，对这些电子文件要进行分门别类的管理，就要进行科学的分类。要按门类划分要求，结合本单位的专业和电子文件内容制订分类编号方案。分类编号就是按照分类编号方案的规定对电子文件进行划分，并给每份电子文件一个固定的唯一的号码，从而使全部电子文件成为一个有机的整体。其次是对电子文件的登记。电子文件的整理是未来的电子档案管理和利用等工作的基础。

与纸质文件相比较，电子文件在数据库中是以虚拟形式存在的，经过对电子文件的科学整理，构成有序的虚拟状态，通过检索，可以提取电子文件并在计算机屏幕上显示出来，数据库是存、取电子文件的"虚拟文件库"。特别说明的是，在任何条件环境下都要拷贝一套文件保存，并对这套文件的软、硬件环境做说明。有些文件必须以纸质文件存在时，可输出纸质文件保存。

（4）归档手续。电子档案经检验合格后，形成部门或档案部门要履行归档手续，即形成部门与档案部门均应在归档电子文件登记表和归档电子文件检验登记表上签字或盖章，这两张表格均应一式两份，双方各留存一份备查。

3．电子档案的保管

（1）存放方式。电子档案的各种磁带、软硬磁盘和光盘应垂直放置，防止变形和受重物挤压。电子档案整理、保管和利用过程中，禁止用手直接触摸载体表面，不允许使用其他物品捆绑、固定载体，防止划伤载体。

（2）控制库房温湿度。电子档案各种磁性载体库房的温度应为 5 ～ 27℃，相对湿度为 40％～ 60％。光盘档案保管的环境温度应为 14 ～ 24℃，相对湿度为 45％～ 60％。

（3）防有害因素的影响。电子档案应放在一定的装具内，防尘、防光、防火、防磁、防有害气体。

（4）检查保存状况。每年对电子档案的读取、处理设备的更新情况进行检查登记，发现问题应采取恢复措施。

4．电子档案的利用

（1）电子阅览室阅览。电子阅览室配备专用的计算机阅览设备，为利用者提供良好的阅档环境，方便对利用者进行指导，利于控制电子档案使用情况和保护电子档案。不便在计算机网络上浏览以及具有机密性的电子档案，可以在电子阅览室提供利用。要建立相关的阅览制度，对利用者阅览、拷贝、摘抄档案的手续、权限等作出明确的规定，保证电子档案的安全。

（2）复制。按照有关规定，向利用者提供复印文件以及拷贝在各种载体上的电子档案复制件的利用方式。

（3）出借。在单位内部，因工作的特殊需要，借出电子档案磁盘或光盘在工作岗位上利用的方式。电子档案的出借必须建立严格的审查与借阅制度。借出电子档案要履行借阅手续。

（4）在线利用。在线利用是在网络上进行电子档案的利用活动，包括局域网服务和互联网服务。局域网有特定的服务范围，主要用于电子档案的查询。尚未开放的档案信息应在局域网进行利用，根据利用者的利用权限提供利用。

互联网用于开放档案的提供利用，其服务的具体形式多样，包括提供档案信息检索、提供开放的档案目录、公布档案原件、网上展览、电子档案汇编成果展示等。

（三）相关知识

1．电子档案的含义

电子档案是在计算机系统中形成的具有查考利用价值的社会活动的原始记录。

2．电子档案的特点

（1）非人工识读性。电子档案采用的数字式代码是人工不可识读的，只有借助计算机解码，才能转换成文字、声音、图形、图像等人们可识读的记录。

（2）对电子技术和设备的依赖性。电子档案的形成和利用均依赖于电子环境和电子技术。必须借助一定的设备和技术才能识别和利用。当生成电子档案的软件、运行该软件的操作系统和硬件更新换代以至与原系统不兼容时，要保存老的系统，进行适应新系统的转换、迁移工作，确保电子档案的可读性。

（3）信息的可变性。电子档案的信息是以数字编码记录在载体上的，其信息内容与形式相对独立，使人们对信息的增删更改十分方便。动态文档中的数据不断被自动更新或补充。

（4）信息与载体的可分离性。电子档案的信息内容可以在不同载体上同时存在或相互转换，可以根据需要随时改变如扩展、缩小其存储空间，可以通过网络传给异地的计算机终端。

（5）信息的可共享性。电子档案的信息可以不受时间和空间限制，通过网络传播和交流，随时随地进行查阅和利用，实现档案资源的共享。

（6）多种信息载体的集成性。使用多媒体计算机，可以将图文信息、音频信息、视频图像等不同媒体形式的信息记录在同一份文件上，使其声像并茂，真实再现工作活动情况。

3．电子档案的种类

（1）按照电子档案的存在形式划分为：①文本文件，利用文字处理技术生成的文字文件、表格文件等。②数据文件，一般以数据库的形式存在。③图形文件，运用计算机辅助设计或绘图等手段生成的静态图形文件。④图像文件，借助视频设备获得的动态图像文件，如使用扫描仪扫描的各种原件画面，用数码相机拍摄的照片等。⑤声音文件，采用音频设备录入或用编曲软件生成的文件。⑥多媒体文件，借助计算机多媒体技术制作的由文本、图像、影像、声音等若干种文件合成的多种媒介的文件。⑦命令文件，为处理各种事务用计算机语言编写的程序，是一种计算机语言。

（2）按照电子档案的功能划分为：①主文件，表达作者意图、行使职能的文件。②支持性文件，主要指生成和运行主文件的软件，如文字处理软件、表格处理软件、图形软件、多媒体软件等。③辅助性、工具性文件，主要指在制作、查找主要文件过程中起辅助、工具作用的文件。如计算机程序类文件往往附带若干辅助设计文件、图形文件，数据库往往附带若干辅助数据库和相应的索引文件、备注文件等。

（3）按照电子档案产生的环境划分为：①一般办公室工作中产生的文件。②计算机辅助设计和制造中产生的文件。

（4）按照电子档案的属性划分为普通文件、只读文件、隐含文件、加密文件、压缩文件等。

（5）按照电子档案生成方式划分为由计算机直接产生的文件、对传统文件用扫描仪和数码相机等输入设备处理后生成的文件。

4．电子档案的管理要求

（1）真实性。保障电子档案的真实性，使电子档案内容、结构和背景信息经过传输、迁移处理后保持不变，与形成时的原始状态一致。

（2）完整性。确保电子档案的齐全完整，使记录工作活动的具有联系的电子档案及其他形式的相关档案数量齐全，每份电子档案的内容、结构、背景信息没有缺损。

（3）可读性。确保电子档案经过存储、传输、压缩、加密、媒体转换、迁移等处理后内容的真实性，能够被人们识读。

（4）双套制归档。为了在计算机系统或网络系统出现意外故障时能够确保电子档案的完整性和真实性，可以采取"双套制"归档。"双套制"归档指采取物理归档或逻辑归档的电子档案，同时制成纸质档案予以归档的方式。实行"双套制"归档的主要是具有法律凭证作用的，需要确保其安全、秘密和真实性的电子档案。

（5）技术鉴定。归档时要进行技术鉴定。鉴定的内容包括：档案的技术状况是否完好，支持软件以及配套的纸质文件和登记表格是否完整等。应就检验的结果填写电子档案接收检验登记表。

（6）维护安全。应运用电子信息安全防护的技术手段，如信息加密、电子签名、身份识别、防止计算机病毒、信息备份、信息迁移等，保护电子档案信息的安全。

通过对办文工作相关知识和技能的学习，我们应该能够拟写请柬、邀请信、贺信（电）、感谢信、启事、请示，重点要学会通告、通报、决定、计划、总结、报告、讲话稿和商品说明书的拟写和修改。能够做好审查、校对、缮印、用印、传阅、注办文书和文书立卷归档工作。重点掌握收发文处理过程中的拟办、批办、承办和催办文书环节，并掌握档案分类、整理、鉴定、保管和利用等重要工作环节。能够编制档案检索工具，做好档案的统计工作，能够编写档案参考材料和管理电子档案。

思考与练习

（1）简报的格式有什么具体要求？

（2）通告与公告的差异表现在哪里？

（3）通报与通知有何区别？

（4）表彰决定与表彰通报有何区别？

（5）计划写作中应注意哪些问题？

（6）总结包括哪些类别？

（7）报告与请示有什么区别？

（8）撰写讲话稿时应注意些什么？

（9）商品说明书有什么特点？

（10）文书用印、审核、编号、拟办、承办、催办的程序是什么？

（11）如何做好文书的用印、审核、编号、拟办、承办、催办工作？

（12）编制档案检索工具、利用档案、编写档案参考材料的程序与要求是什么？

（13）如何做好电子档案的管理工作？

参考文献

[1] 中国就业培训技术指导中心．职业道德．北京：中央广播电视大学出版社，2007.

[2] 中国人寿保险股份有限公司教材编写组．职业道德与行为规范，北京：中国金融出版社，2010.

[3] 徐彦哲．职业道德与员工礼仪．北京：中国电力出版社，2010.

[4] 杨文丰．现代应用文书写作．4版．北京．中国人民大学出版社，2011.

[5] 徐成华，孙维，房庆，等．《党政机关公文格式》国家标准应用指南．北京：中国标准出版社，2012.

[6] 中国就业培训技术指导中心．秘书国家职业资格培训教程．北京．中央广播电视大学出版社，2006.

[7] 郭春燕．办公自动化应用．北京：中央广播电视大学出版社，2009.

[8] 郭春燕．办公自动化：修订版．北京：高等教育出版社，2007.

[9] 郭春燕．网络信息采集．北京：中央广播电视大学出版社，2007.

[10] 王建民．管理沟通实务．北京：中国人民大学出版社，2008.

[11] 康青．管理沟通．北京：中国人民大学出版社，2005.

[12] 姜炳麟，董士波，孙伟．管理沟通．哈尔滨：哈尔滨工程大学出版社，2006.

[13] 〔美〕基蒂·O．洛克（Kitty O．Locker）．商务与管理沟通．6版．康青，译．北京：机械工业出版社，2005.

[14] 陈嫦盛．秘书沟通．深圳：海天出版社，2007.

[15] 胡巍．管理沟通——原理与实践．济南：山东人民出版社，2003.

[16] 赵春明．团队管理——基于团队的组织构造．上海：上海人民出版社，2002.

[17] 庄恩平．跨文化商务沟通．北京：首都经济贸易大学出版社，2011.

[18] 靳娟．跨文化商务沟通．北京：首都经济贸易大学出版社，2010.

[19] 王春阳，鲍平平，周江．跨文化商务沟通．2版．大连：大连理工大学出版社，2010.

[20] 刘园．国际商务谈判．4版．北京：对外经济贸易大学出版社，2012.

[21] 白远．国际商务谈判——理论、案例分析与实践．3版．北京：中国人民大学出版社，2012.

[22]〔美〕杰弗里·库瑞（Jeffrey Curry）．国际商务谈判．3 版．王琼，译．北京：中国人民大学出版社，2011.

[23] 黄卫平，丁凯，宋洋．国际商务谈判．北京：中国人民大学出版社，2011.

[24] 李雪梅，张弼．国际商务谈判．北京：清华大学出版社，北京交通大学出版社，2011.

[25] 唐亚伟，唐可智．汉字简明速记法．北京：金盾出版社，2003.

[26] 范立荣．高效双式速记．北京：科学技术出版社，1993.

[27] 唐亚伟．亚伟式中文速记．北京：北京师范大学出版社，1994.

[28] 谢健，奚从清．现代企业文化．杭州：浙江大学出版社，2011.

[29] 龚荒．公共关系——原理·实务·案例．北京：清华大学出版社，北京交通大学出版社，2009.

[30] 宋剑锋．行政办公管理工具箱．北京：中国时代经济出版社，2011.

[31] 张文显．法理学．3 版．北京：法律出版社，2007.

[32] 沈宗灵．法理学．3 版．北京：北京大学出版社，2009.

[33] 吴汉东．知识产权法．3 版．北京：北京大学出版社，2010.

[34] 伊强．办公管理法律实务．北京：清华大学出版社，2011.

[35] 湛中乐．行政法学．北京：北京大学出版社，2012.

[36] 全国人大常委会法制工作委员会．中华人民共和国行政强制法解读．北京：中国法制出版社，2011.

[37] 张丽琍．秘书会务工作与实训．北京：中国人民大学出版社，2009.

[38] 张丽琍．商务会议组织与管理．北京：中国人民大学出版社，2005.

[39] 张丽琍．商务秘书实务．2 版．北京：中国人民大学出版社，2008.

[40] 向国敏．现代会议策划与实务．上海：上海社会科学院出版社，2003.

[41] 郑彦离．秘书实训．郑州：郑州大学出版社，2003.

[42] 张晓彤．高效会议管理技巧．北京：北京大学出版社，2003.

[43] 刘森．商务秘书实务与训练教程案例集．成都：西南财经大学出版社，2007.

[44] 蔡超．网络秘书．北京：中国轻工业出版社，2007.

[45] 方圆．办公室文秘事务处理技巧．北京：石油工业出版社，2001.

[46] 张丽琍．涉外秘书实务．北京：首都经济贸易大学出版社，2008.

[47] 张锡民．高效会议出业绩——提升企业效能的实战指南．北京：人民邮电出版社，2012.

[48] 高永荣．会议服务．北京：清华大学出版社，2011.

[49] 赵志强．会议管理实务．北京：中国人民大学出版社，2011.

[50]〔美〕伊丽莎白·波斯特．西方礼仪集萃．齐宗华，靳翠微，李志良，等，译．北京：生活·读书·新知三联书店，1991.

[51] 李斌，国际礼仪与交际礼节．北京：世界知识出版社，1985.

[52] 金正昆．涉外礼仪教程．北京：中国人民大学出版社，1999.

[53] 谭一平．职业秘书实务．北京：东方出版社，2006.

[54] 钟筑．商务秘书实务．重庆：重庆大学出版社，2007.

[55] 葛红岩．新编秘书实务．北京：高等教育出版社，2007.

[56] 马志浩．吕发成．秘书实用大全．北京：中国人民大学出版社，1998.

[57] 王树进．现代商务设备管理．南京：东南大学出版社，2010.

[58] 蔡超．办公设备操作与管理．大连：大连理工大学出版社，2007.

[59] 安博萍，谢强．常用办公设备知识问答．北京：中国标准出版社，2008.

[60] 李洪喜．办公室管理实务．上海：上海交通大学出版社，2009.

[61] 刘萌．办公信息处理．北京：中央广播电视大学出版社，2012.

[62] 刘萌．信息与档案管理．北京：中央广播电视大学出版社，2009.

[63] 沈固朝，施国良．信息源和信息采集．北京：清华大学出版社，2012.

[64] 刘红军，李志刚，朱涛，等．信息管理概论．北京：科学出版社，2008.

[65] 李国英，段学红．现代秘书实用写作．北京：高等教育出版社，2012.

[66] 胡亚学．秘书写作．北京：中国农业出版社，2006.

[67] 杨霞．公文写作规范与例文解析．2 版．北京：北京大学出版社，2013.

[68] 中国公文写作研究会．公文写作培训教程．2 版．北京：中国言实出版社，2013.

[69] 王燕．应用文写作项目化教程．北京：中国人民大学出版社，2013.

[70] 刘萌．文书与档案管理．北京：首都经济贸易大学出版社，2012.

[71] 倪丽娟．文书学．2 版．北京：高等教育出版社，2010.

[72] 戈秀萍．文书工作与档案管理．大连：大连出版社，2010.

[73] 成芳．文书工作与档案管理．北京：首都经济贸易大学出版社，2009.

[74] 松世勤．文书学．北京：首都师范大学出版社，2006.

[75] 陈武英，王立维，沈楚琴．档案管理学简明教程．3 版．杭州：浙江大学出版社，2012.

[76] 楼淑君，钟小安，雷振华，等．档案管理实务．重庆：重庆大学出版社，2010.

[77] 陈智为，邓绍兴，刘越男．档案管理学．北京：中国人民大学出版社，2008.

[78] 丁栋轩，刘海平．文书档案管理基础．北京：科学普及出版社，2007.

[79] 陈兆祦，和宝荣，王英玮．档案管理学基础．北京：中国人民大学出版社，2005.

后 记

　　随着经济全球化和科技的进步，竞争环境的不确定性向组织和职场个体提出了新的挑战。秘书职业化已成为秘书工作发展的趋势，也成为现代秘书职业的基本特征。职业化趋势要求从业秘书在职业资质、职业素养、职业行为、职业技能等方面符合组织和职场的需求。1997年8月，《秘书职业技能标准》和《秘书职业技能鉴定规范》颁布试行。1998年6月，《秘书职业资格培训工作方案》发布，开始了秘书职业的全国统一鉴定工作，这标志着我国秘书职业化开始走上规范化道路。推进秘书的职业化进程有力地促进了秘书教育的全面发展，为培养更多合格的秘书人才打下了坚实的基础。

　　回首秘书国家职业资格鉴定走过的16年历程，无论是技能标准的确定，还是历次教材的修订，这其中都凝聚着秘书领域"老中青"三代专家和一线秘书工作者的智慧、心血和汗水，正是因为这些同仁们的不懈努力，才迎来了秘书职业资格全国统一鉴定工作的丰硕成果。

　　从2011年起，人力资源和社会保障部组织专家进行了大规模的调研，在此基础上，对《秘书国家职业标准》进行了修订，新一轮的教程是依据最新颁布的《秘书国家职业标准》编写而成的。教程的主编、副主编及主要撰稿人员都是参与制定秘书职业标准的专家，且不少专家多年从事秘书国家职业资格鉴定的命题工作，具有丰富的职业资格鉴定经验。

　　三级秘书教程在编写过程中紧贴职业标准，并听取了一线秘书工作者的意见和建议，强调了教程内容的实用性、操作性和系统性，突出了实用型、技能型人才培养的目标。新教程在结构上对原版教程进行了较大范围的调整。为便于考生使用，新教程分为两编，将基础知识与工作要求两本教材合二为一，在每节前面都设有"先修内容"模块，对五级和四级中涉及的相关知识与技能进行了概括，以便于知识的前后衔接和技能掌握的系统化。

　　本教程编写人员及分工如下：王英红负责编写上编第一章，张平负责编写上编第二章第一节，郭秀敏负责编写上编第二章第二节及下编第三章第一节，郭春燕负责编写上编第三章及下编第二章第四节，汪玉川负责编写上编第四章，苏丽莹负责编写上编第五章第一、二节，廖清负责编写上编第五章第三节，刘建华负责编写上编第六章及下编第一章第三节，伊强负责编写上编第七章，张丽琍负责编写下编第一章第一、二节，周季平负责编写下编第二章第一节，胡晓涓负责编写下编第二章第二、三节，刘萌负责编写下编第二章第五节与下编第三章第二、三节。

　　在本教程的编写过程中，专家团队参考了大量的资料，并进行了反复酝酿、推敲、校对、审核。同时，本教程的编写还得到了来自人力资源和社会保障部、京内外各高校以及中央广播电视大学出版社的大力支持。在此一并表示衷心的感谢。由于时间仓促，加之水平有限，本教程难免存在缺陷和不足，欢迎广大读者及诸位同仁批评指正。

　　衷心感谢在本书编写过程中付出辛劳的各位同仁！

张丽珣

2014 年 2 月